D1751253

Christoph Schmitz/Hans-Jürgen Urban (Hrsg.)
Das neue Normal
Konflikte um die Arbeit der Zukunft

Christoph Schmitz/Hans-Jürgen Urban
(Hrsg.)

Das neue Normal
Konflikte um die Arbeit der Zukunft

Redaktion:
Nadine Müller/Klaus Pickshaus/Jürgen Reusch

Ausgabe 2023

BUND VERLAG

Bibliografische Information der Deutschen Nationalbibliothek
Die Deutsche Nationalbibliothek verzeichnet diese Publikation in der Deutschen Nationalbibliografie; detaillierte bibliografische Daten sind im Internet über http://dnb.d-nb.de abrufbar.

© Bund-Verlag GmbH, Emil-von-Behring-Straße 14,
60439 Frankfurt am Main, 2023

Umschlaggestaltung: Bernd Adam, Weinheim, www.adam-design.de
Umschlagbild: © Artothek, »Spiel der Kräfte einer Lechlandschaft«, Paul Klee

Satz: Dörlemann Satz, Lemförde
Druck und Bindung: Druckerei C. H. Beck, Bergstraße 3, 86720 Nördlingen

ISBN 978-3-7663-7222-2

Das Werk einschließlich aller seiner Teile ist urheberrechtlich geschützt. Jede Verwertung außerhalb der engen Grenzen des Urheberrechtsgesetzes ist ohne Zustimmung des Verlages unzulässig und strafbar. Das gilt insbesondere für Vervielfältigungen, Übersetzungen, Mikroverfilmungen und die Speicherung und Verarbeitung in elektronischen Systemen.

www.bund-verlag.de

Inhalt

Die Autorinnen und Autoren — 9

*Nadine Müller/Klaus Pickshaus/Jürgen Reusch/Christoph Schmitz/
Hans-Jürgen Urban*
Einleitung: Das neue Normal. Konflikte um die Arbeit der Zukunft — 13

Sozial-ökologische Transformation – Trends und Umbrüche

Mario Candeias/Stephan Krull
»Dafür braucht es unglaublich viel Arbeitskraft ...«
Die sozial-ökologische Verkehrswende – eine Beschäftigungsbilanz — 29

Heiko Reese
Unser Herz aus Stahl hat eine grüne Zukunft — 42

Daniel Friedrich
Transformation an der Küste – Gute Arbeit sichern — 54

Kai Burmeister/Maren Diebel-Ebers/Jendrik Scholz
Eine Gerechtigkeitsoffensive für Baden-Württemberg –
Gewerkschaftliche Forderungen für die Transformation
von Arbeit, Wirtschaft und Gesellschaft — 63

Probleme der Digitalisierung

Nadine Müller
Digitalisierung nach vorn gedacht – Corona-Pandemie,
Künstliche Intelligenz und »Gute Arbeit by design« — 77

Inhalt

Thorben Albrecht / Detlef Gerst / Julia Görlitz
Herausforderung Künstliche Intelligenz:
Regulierung und Mitbestimmung _____ 89

Barbara Susec / Robert Spiller
Digitalisierung in der stationären und
ambulanten Gesundheitsversorgung:
Zwischen Ambivalenz und Zukunftsversprechen _____ 101

Peter Schadt / Nathan Serafim Weis
Von der Plattform zum politischen Programm.
Industrie 4.0 als staatliche Förderung der Digitalisierung _____ 109

Veronika Mirschel
Gute Arbeit – auch in der Plattformökonomie _____ 120

Luca Karg / Maurice Laßhof
Digitalisierung first – Mitbestimmung second?
Empirische Einsichten in die industrielle Ausbildung 4.0 _____ 132

Konflikte um das neue Normal

Steffen Lehndorff
Gewerkschaften als Treiber der Transformation _____ 149

Rolf Schmucker / Robert Sinopoli
Entgrenzung von Arbeit im »Neuen Normal« –
Ergebnisse einer Sonderauswertung des DGB-Index Gute Arbeit _____ 161

Astrid Schmidt / Christian Wille
Ortssouveränität
Homeoffice und das »Neue Normal« im Dienstleistungssektor _____ 173

Rudolf Hickel
Preistreiberei und Inflation. Mit klugen Maßnahmen
gegen die neuen Triebkräfte der sozialen Spaltung _____ 186

Inhalt

Hans-Jürgen Urban
Zeitenwende?
Impulse für nachhaltiges Arbeiten und ökologisches Wirtschaften ___ 211

Anhang

Das Neue Normal. Konflikte um die Arbeit der Zukunft
Daten, Schwerpunkte, Trends

Daniela Blank/Joseph Kuhn/Uwe Lenhardt/Jürgen Reusch

1. Basisdaten zu Arbeitsbedingungen und Arbeitsverhältnissen ___ 231
   1.1 Prekarisierung und erodierende Tarifbindung ___ 231
   1.2 Verfestigung des Niedriglohnsektors ___ 235
   1.3 Homeoffice und mobile Arbeit ___ 240
2. Psychische Belastungen ___ 247
3. Psyche und Arbeitswelt ___ 250
   3.1 Psychische Störungen in der Allgemeinbevölkerung ___ 250
   3.2 Krankenstand: Trends und Ursachen der Arbeitsunfähigkeit ___ 253
   3.3 Arbeitsunfähigkeit infolge psychischer Störungen ___ 254
   3.4 Frühberentungen infolge psychischer Störungen ___ 258
4. Arbeitsunfälle ___ 261
5. Berufskrankheiten ___ 264
6. Arbeitszeiten – aktuelle Trends ___ 273
7. Infrastrukturdaten ___ 280
   7.1 Personalstand und Tätigkeit der Aufsichtsbehörden und -dienste ___ 280
   7.2 Zum Entwicklungsstand des betrieblichen Arbeitsschutzes ___ 285

Die Autorinnen und Autoren

Thorben Albrecht
Leiter des Funktionsbereichs Grundsatzfragen und Gesellschaftspolitik beim Vorstand der IG Metall. Kontakt: thorben.albrecht@igmetall.de

Daniela Blank
Bayerisches Landesamt für Gesundheit und Lebensmittelsicherheit. Kontakt: daniela.blank@lgl.bayern.de

Kai Burmeister
Vorsitzender des DGB Baden-Württemberg. Kontakt: kai.burmeister@dgb.de

Dr. Mario Candeias
Direktor des Instituts für Gesellschaftsanalyse der Rosa-Luxemburg-Stiftung, Mitgründer der Zeitschrift LuXemburg. Arbeitsfelder u. a. Sozialistische Transformationsforschung, sozialökologischer Systemwechsel. Kontakt: mario.candeias@rosalux.org

Maren Diebel-Ebers
Stellvertretende Vorsitzende des DGB Baden-Württemberg. Kontakt: maren.diebel-ebers@dgb.de

Daniel Friedrich
Industriemechaniker, Gewerkschaftssekretär, seit Dezember 2019 Bezirksleiter des IG Metall Bezirks Küste. Kontakt: Daniel.Friedrich@igmetall.de

Dr. disc. pol. Detlef Gerst
Leiter des Ressorts Zukunft der Arbeit beim Vorstand der IG Metall. Kontakt: detlef.gerst@igmetall.de

Julia Görlitz
Gewerkschaftssekretärin im Ressort Politik und Verbände (Berliner Büro) beim Vorstand der IG Metall. Kontakt: julia.goerlitz@igmetall.de

Die Autorinnen und Autoren

Prof. Dr. Rudolf Hickel
Wirtschaftswissenschaftler, Hochschullehrer, bis 2009 Direktor des Instituts Arbeit und Wirtschaft (IAW) an der Universität Bremen, seit 2010 Forschungsleiter für Wirtschaft und Finanzen am IAW. Mitglied der Arbeitsgruppe Alternative Wirtschaftspolitik. Kontakt: hickel@uni-bremen.de

Luca Karg
Student der Soziologie und Psychologie, Mitarbeiter am Institut für Soziologie der Technischen Universität Darmstadt. Kontakt: luca.karg@web.de

Dr. Joseph Kuhn
Arbeitspsychologe, Bayerisches Landesamt für Gesundheit und Lebensmittelsicherheit. Kontakt: joseph.kuhn@lgl.bayern.de

Stephan Krull
1990 bis 2006 Mitglied des Betriebsrates bei VW in Wolfsburg und des Ortsvorstands der IG Metall Wolfsburg, Koordinator des Gesprächskreises *Zukunft Auto Umwelt Mobilität* der Rosa-Luxemburg-Stiftung. Kontakt: stephan@krullonline.de

Maurice Laßhof
Student der Soziologie und Wirtschaftswissenschaften, Stipendiat der Hans-Böckler-Stiftung, Mitarbeiter am Institut für Soziologie der Technischen Universität Darmstadt. Kontakt: maurice.lasshof@gmx.de

Dr. Steffen Lehndorff
Bis 2012 Leiter der Forschungsabteilung Arbeitszeit und Arbeitsorganisation beim Institut Arbeit und Qualifikation (IAQ) der Universität Duisburg-Essen, seit 2012 Research Fellow am IAQ. Kontakt: steffen.lehndorff@icloud.com

Dr. Uwe Lenhardt
Gesundheitswissenschaftler, Bundesanstalt für Arbeitsschutz und Arbeitsmedizin, FuE-Management. Kontakt: lenhardt.uwe@baua.bund.de

Veronika Mirschel
Gewerkschaftssekretärin bei der ver.di-Bundesverwaltung Berlin, Referat Selbstständige. Kontakt: veronika.mirschel@verdi.de; www.selbststaendige.verdi.de

Die Autorinnen und Autoren

Dr. Nadine Müller
Leiterin des Bereichs Innovation und Gute Arbeit bei der ver.di-Bundesverwaltung, Redaktion des Jahrbuchs Gute Arbeit. Kontakt: nadine.mueller@verdi.de

Klaus Pickshaus
Politikwissenschaftler, freier Autor und Publizist. Redaktion des Jahrbuchs Gute Arbeit. Kontakt: klaus.pickhaus@t-online.de

Heiko Reese
Leiter des Stahlbüros beim Vorstand der IG Metall. Kontakt: heiko.reese@igmetall.de

Dr. Jürgen Reusch
Politikwissenschaftler, freier Autor und Berater, Redakteur des Jahrbuchs Gute Arbeit. Kontakt: juergen.reusch@gmx.net

Dr. Peter Schadt
Soziologe und Sozialarbeiter, Gewerkschaftssekretär beim DGB Stuttgart. Kontakt: peter.schadt@dgb.de

Astrid Schmidt
Gewerkschaftssekretärin im Bereich Innovation und Gute Arbeit sowie im Fachbereich TK/IT in der ver.di-Bundesverwaltung in Berlin. Kontakt: astrid.schmidt@verdi.de

Christoph Schmitz
Mitglied des Bundesvorstands der Vereinten Dienstleistungsgewerkschaft. Leiter der Fachbereiche Telekommunikation/IT, Finanzdienstleistungen, Ver-/Entsorgung und Medien, Kunst und Industrie, zuständig u. a. für den Bereich Innovation und Gute Arbeit. Mitglied des Institutsbeirats DGB-Index Gute Arbeit. Kontakt: christoph.schmitz@verdi.de

Dr. Rolf Schmucker
Sozialwissenschaftler, Leiter des Instituts DGB-Index Gute Arbeit in Berlin. Kontakt: rolf.schmucker@dgb.de

Jendrik Scholz
Abteilungsleiter Arbeits- und Sozialpolitik beim DGB Baden-Württemberg. Kontakt: jendrik.scholz@dgb.de

Die Autorinnen und Autoren

Robert Sinopoli
Sozialwissenschaftler, Mitarbeiter am Institut DGB-Index Gute Arbeit in Berlin. Kontakt: robert.sinopoli@dgb.de

Robert Spiller
Politikwissenschaftler, Gewerkschaftssekretär im Bereich Gesundheitswesen/Gesundheitspolitik bei der ver.di-Bundesverwaltung. Kontakt: robert.spiller@verdi.de

Barbara Susec
Politikwissenschaftlerin, Gewerkschaftssekretärin im Bereich Gesundheitswesen/Gesundheitspolitik bei der ver.di-Bundesverwaltung. Kontakt: barbara.susec@verdi.de

Dr. Hans-Jürgen Urban
Politik- und Wirtschaftswissenschaftler, geschäftsführendes Vorstandsmitglied der IG Metall, zuständig für die Funktionsbereiche Sozialpolitik sowie Arbeitsgestaltung und Qualifizierungspolitik. Mitglied des Institutsbeirats des Instituts DGB-Index Gute Arbeit. Kontakt: www.hans-juergen-urban.de; hans-juergen.urban@igmetall.de

Frank Walensky
Hamburg, freier Journalist, Grafiker, Bildredakteur. Kontakt: frank@walensky.de

Nathan Serafim Weis
Sozialwissenschaftler, Doktorand am Wissenschaftszentrum Berlin für Sozialforschung (WZB) im Promotionskolleg »Gute Arbeit in einer transformativen Welt«. Kontakt: nathan.weis@wzb.eu

Christian Wille
Gewerkschaftssekretär im Bereich Innovation und Gute Arbeit bei der ver.di-Bundesverwaltung. Kontakt: christian.wille@verdi.de

Nadine Müller/Klaus Pickshaus/Jürgen Reusch/Christoph Schmitz/
Hans-Jürgen Urban
Einleitung: Das neue Normal. Konflikte um die Arbeit der Zukunft

Zum alten Normal der Vor-Krisenzeit führt kein Weg zurück. Aber wie wird das neue Normal aussehen und wie sollte es aussehen, das Normal des Jahres 2023 und darüber hinaus? Und wer entscheidet darüber? Mit dieser Frage haben wir das Erscheinen dieses Buches angekündigt. Das war im Januar 2022. Seitdem haben sich schon länger virulente Krisen dramatisch zugespitzt. Der Ukraine-Krieg und die Explosion der Lebenshaltungskosten sind zu allen anderen sattsam bekannten Übeln hinzugekommen. Unsicherheiten, wohin man blickt. Krisen und Brüche drohen zum Dauerzustand von Wirtschaft, Arbeit und Gesellschaft zu werden. Ist Krise das neue Normal? Und wenn ja, wer gewinnt und wer trägt die Kosten?

Auf die Krise kann man von ganz unterschiedlichen Perspektiven blicken. »Wir stehen vor der größten Krise, die das Land je hatte«, meinte etwa der Präsident der Bundesvereinigung der deutschen Arbeitgeberverbände (BDA).[1] Er meinte in erster Linie eine Krise der Profitwirtschaft und nahm das zum Anlass, soziale Errungenschaften ein weiteres Mal zu attackieren: später in Rente gehen, unbezahlt länger arbeiten, »Lohnnebenkosten« deckeln, Mitbestimmungsrechte schleifen, Arbeitsschutz zurückstellen. Um gleichzeitig beim Staat die Hand aufzuhalten. Aber die Krise trifft nicht alle gleich. Die Frankfurter Allgemeine Zeitung titelte am 12.7.2022: »Die Gewinne steigen trotz Krieg und Krise.« Und weiter: »Krise sieht anders aus. … Krieg, Corona, knappe Güter – in den Zwischenbilanzen der großen deutschen Unternehmen dürfte sich das noch kaum niederschlagen.« Für die Mehrheit der Gesellschaft, für die Erwerbstätigen und abhängig Beschäftigten sind die Bilanzen aber auch jetzt schon beunruhigend. Der Präsident des Deutschen Instituts für Wirtschaftsforschung (DIW), Marcel Fratzscher, sagte dem Handelsblatt am 9.7.2022: »Die gegenwärtige Krise könnte der letzte Tropfen sein, der das Fass der zunehmenden sozialen Spaltung zum Überlaufen bringt.« Und er warnte: »Explodierende Mieten und ein steigendes Armutsrisiko in den letzten zehn Jahren, eine Spaltung bei Bildung und Gesundheit in der Pandemie und nun bei der Inflation könnte Deutschland vor eine soziale Zerreißprobe stellen.«

---

1 Süddeutsche Zeitung 13.7.2022.

Einleitung

Das ist nicht übertrieben. Die Krise von Politik, Gesellschaft und Arbeit hat dramatische Ausmaße erreicht. Hans-Jürgen Urban skizziert sie in diesem Buch so: »Säkulare Umbrüche – wie Globalisierung, Digitalisierung und Klimawandel – prallen aufeinander mit einer Serie externer, unvorhergesehener Schocks – wie etwa der Covid-19-Pandemie (Corona-Pandemie) und dem Ukraine-Krieg. Aus dieser Gleichzeitigkeit gehen Probleme hervor, die an Tiefe und Komplexität ihresgleichen suchen. Die Gesellschaften sind mit einer Vielfachkrise (›Polykrise‹) des Gegenwartskapitalismus konfrontiert.« Urban zitiert dann den britischen Historiker Adam Tooze mit der Feststellung, dass »das Ganze gefährlicher [ist] als die Summe seiner Teile. Oder anders gesagt: Die einzelnen Krisen existieren nicht einfach nebeneinander, sondern beeinflussen sich gegenseitig.«

Wir haben durchaus schon Übung darin, Krisen als Element des Normalen zu betrachten. In der (2020 geschriebenen) Einleitung zur Ausgabe 2021 unseres »Jahrbuches« hatten wir festgestellt: »Pandemie und Lockdown trafen auf einen instabilen Kapitalismus, in dem soziale Polarisierung, zunehmend prekäre Beschäftigung, ökologische Destruktion und eine Tendenz zur ›Postdemokratie‹ längst virulent waren.« Im folgenden Jahr zeichnete sich zum ersten Mal ab, dass es – wann und wie auch immer – ein »nach Corona« geben würde und der Blick sich auf die Zeit »danach« richten müsse. Das war das zentrale Thema unseres »Jahrbuches« 2022, das im Verlauf des Jahres 2021 geschrieben wurde. Das Krisenmanagement von Kapital und Politik in dieser Zeit war geprägt von der Hoffnung, die lästige Unterbrechung der Corona-Krise möglichst bald zu beenden und auf die gewohnten Pfade zurückzukehren. Auch damals holten die Arbeitgeberverbände alte Konzepte der Deregulierung und Flexibilisierung aus der Schublade und setzten noch eins drauf. Die Politik ging mit und wollte »nach Corona« die »Entfesselung der Wirtschaft« unterstützen. Die enormen Kosten der Krise und der ökologischen Transformation sollten die Beschäftigten tragen. Bei allem Gerede vom »zurück zur Normalität« befand sich die Gesellschaft längst in einem Prozess tiefgreifender Umbrüche und Veränderungen. Aber in welche Richtung?

Das ist heute umso mehr die Frage. Es wird darauf ankommen, wie Urban schreibt, das neue Normal eben nicht »den Marktkräften und den Interessen des Gegenwartskapitalismus« zu überlassen. »Das zukünftige Entwicklungsmodell« dieser Gesellschaft müsse »sozial, ökologisch und demokratisch ausfallen«. Die damit verbundenen Aufgaben und Konflikte sind auch die zentralen Themen dieses Jahrbuches.

Einleitung

Zuspitzung scheinbar über Nacht
Es hat nur wenige Monate gebraucht, um im Lauf des Jahres 2022 die »größte Krise, die das Land je hatte« zum alles beherrschenden Thema auch im Bewusstsein der arbeitenden Bevölkerung zu machen. Krise gab es auch schon, als wir im Januar 2022 dieses Buch geplant hatten. Aber der Ukraine-Krieg lag noch in unbekannter Zukunft, Rohstoff- und Energieknappheit waren noch nicht überall bemerkbar geworden, Inflation war noch weitgehend ein Fremdwort, die Explosion der Lebenshaltungskosten hatte noch nicht eingesetzt.

Aber nur wenige Monate später sah alles ganz anders aus. Rudolf Hickel skizziert die neue Situation in seinem Beitrag so: »Scheinbar über Nacht hat die Inflation mit ihren sozial-ökonomischen Folgen Gesellschaft und Politik herausgefordert.« Und weiter: »Mit diesem doppelten Schock – durch die Corona-Krise und den Eroberungskrieg Russlands gegen die Ukraine – sind zugleich brennpunkthaft längerfristig angelegte strukturelle Triebkräfte der Inflation offensichtlich geworden. Ursache ist die schon länger erkennbare Krise der Hyper-Globalisierung.«

Hickel untersucht die komplexen Ursachen dieser explosionsartigen Zuspitzung der Probleme. Er nennt »sehr unterschiedliche endogene, exogene, aber auch politisch gewollte und geopolitisch erzwungene Einflüsse«. Zwei externe Schocks, die Corona-Krise mit den unterbrochenen Lieferketten und der Ukraine-Krieg, sind hier besonders wirksam. Mit den gegen den Aggressor Russland »gerichteten Sanktionen und Lieferbeschränkungen ist die über Jahrzehnte für alle Beteiligten vorteilhafte Verflechtung vor allem im Bereich fossiler Energien in eine machtpolitisch missbrauchte, bedrohliche Abhängigkeit umgeschlagen«, so seine Feststellung. »Zugleich«, so fährt er fort, sind »brennpunkthaft längerfristig angelegte strukturelle Triebkräfte der Inflation offensichtlich geworden.« Neben der »Krise der Globalisierung« verweist Hickel auf weitere Faktoren. »Schließlich haben politisch gewollte Maßnahmen die gesamtwirtschaftliche Preisbildung beeinflusst. Beispiele sind das Klimaziel von 1,5 Grad auch durch Einsatz ökologischer Preisaufschläge sowie die Sicherung fairer Bezahlung und Arbeitsbedingungen auf allen Ebenen der Wertschöpfung in der Welt.« Aus dieser Gesamtschau müssen sich solidarische sozialpolitische Maßnahmen ergeben, die sich auf die am stärksten Betroffenen konzentrieren und die großen Einkommen und den privaten Reichtum zur Finanzierung dieser Maßnahmen hinzuziehen.

Die Explosion der Lebenshaltungskosten droht, eine positive Entwicklung der Reallöhne in den Jahren vor der Corona-Krise zunichte zu machen. Das WSI-Tarifarchiv kommt zu dem beunruhigenden Fazit: »Nach den bislang vorliegenden Abschlüssen steigen die Tariflöhne 2022 durchschnittlich

Einleitung

nominal um 2,9 Prozent, nach Abzug der Inflationsrate sinken sie real um 3,6 Prozent.«[2]

Krise und unsichere Perspektiven

Die aktuelle Erwerbstätigenbefragung der Hans-Böckler-Stiftung zeigt, wie sich die krisenhafte Zuspitzung auch im Bedrohungsgefühl der Beschäftigten niederschlägt.[3] 57 Prozent der Befragten empfinden Sorgen wegen einer möglichen Ausweitung des Ukraine-Krieges, fast ebenso viele (54 Prozent) sind verunsichert wegen der steigenden Preise. 52 bis 60 Prozent der Befragten berichten von »äußersten« oder »starken« Belastungen durch den Anstieg der Lebensmittel-, Energie- und Kraftstoffpreise. Bei den Erwerbspersonen mit niedrigen Einkommen bis 1300 Euro netto im Monat betrifft das 79 Prozent der Befragten. Die Sorgen reichen aber weit hinein in die mittleren Einkommensgruppen mit 54 bis 59 Prozent. Befragte, die schon während der Pandemie Einbußen hinnehmen mussten und besonders hohen sozio-emotionalen Belastungen ausgesetzt waren, müssen sich nun erneut in überdurchschnittlichem Maß finanzielle Sorgen machen.

»Besonders ausgeprägt«, schreibt die Böckler-Stiftung, »sind auch Sorgen um die soziale Gerechtigkeit«. Dies auch vor dem Hintergrund von satten Gewinnen vieler Konzerne trotz Krise. Sehr hoch ist der Anteil derjenigen, die die wirtschaftliche Entwicklung und die zunehmende soziale Ungleichheit als bedrohlich empfinden (44 Prozent bzw. 41 Prozent) und den gesellschaftlichen Zusammenhalt gefährdet sehen. Ein großer Teil der Beschäftigten sieht also sehr klar, dass der finanziellen Benachteiligung der Mehrheit die Zunahme des privaten Reichtums gegenübersteht. Dieser Widerspruch gibt dem Thema Gerechtigkeit einen neuen, höheren Stellenwert, auch in den gewerkschaftlichen Aktivitäten, so der sehr zutreffende Hinweis von Kai Burmeister, Maren Diebel-Ebers und Jendrik Scholz auf den folgenden Seiten dieses Buches.

Drei Viertel der von der Hans-Böckler-Stiftung Befragten fürchten, so die Befunde, dass die Einkommensverteilung durch den Ukraine-Krieg und seine Folgen (noch) ungleicher wird. Zwei Drittel fühlen sich vom Staat nicht ausreichend unterstützt. Und ebenso viele fürchten, »dass die Gesellschaft so weit auseinanderdriftet, dass sie Gefahr läuft, daran zu zerbrechen«. Entsprechend gering ist die Zufriedenheit mit dem politischen Krisenmanagement: Fast zwei Drittel der Befragten (63 Prozent) äußern Unzufriedenheit. »Diese Befunde zeigen«, so schlussfolgert die Stiftung, »dass in der Krise eine

---

2   Hans-Böckler-Stiftung, Pressedienst 23.8.2022.
3   Hans-Böckler-Stiftung, Pressedienst vom 27.5.2022.

Einleitung

enorme Sprengkraft liegt, die das Potenzial habe, die Gesellschaft als Ganze zu destabilisieren«.

Vorliegende Daten stützen diese Warnungen. Perspektivisch werden bis zu 60 Prozent der bundesdeutschen Haushalte ihre gesamten verfügbaren Einkünfte – oder mehr – monatlich für die reine Lebenshaltung einsetzen müssen.[4] Der deutsche Mieterbund befürchtet, dass das untere Einkommensdrittel der Bevölkerung die Kosten für Energie nicht bezahlen kann.[5] Das DIW wies warnend darauf hin, dass fast 40 Prozent der Menschen in Deutschland praktisch kein Erspartes und auch sonst keinen Schutzmechanismus hätten, um mit den höheren Lebenshaltungskosten umzugehen.[6] Sebastian Dullien, Direktor des Instituts für Makroökonomie und Konjunkturforschung (IMK) bei der Hans-Böckler-Stiftung, errechnete für die deutsche Wirtschaft einen Schock in der Größenordnung von 200 Mrd. Euro – der kurzfristig von Unternehmen, Privathaushalten und Staat zu tragen sei. Steigt der Gaspreis weiter, könnte sich diese Summe auf 265 Mrd. erhöhen. Besonders betroffen seien die Privathaushalte, die eine Mehrbelastung von 70 Mrd. Euro jährlich stemmen müssten, mit der (inzwischen allerdings gecancelten) Gasumlage sogar 80 Mrd. Euro. Da die Haushalte gezwungenermaßen den Konsum zurückfahren müssten, drohe eine konsumgetriebene Rezession.[7] Bedenkt man nun noch, dass die Wirtschaftsleistung absehbar sinken wird und die Inflationsrate von rund 8 Prozent (im Sommer 2022) schon im Herbst auf 10 Prozent stieg – so die Befürchtung der Bundesbank[8] –, dann klingen die Warnungen der Hans-Böckler-Stiftung keineswegs übertrieben.

Das sind beunruhigende Ausblicke auf das neue Normal, für Arbeit, Wirtschaft und Gesellschaft. Darauf verweist auch Urban: »Widersprüchliche Arbeitsbedingungen, unsichere Arbeitsmarktentwicklungen und soziale Polarisierung mit Blick auf Inflationsbetroffenheit und Einkommen bilden das Problempanorama, das die Arbeitswelt der Krisen- und Pandemiezeit prägt.« Zu den nun schon seit Jahren schwelenden Problemen der Globalisierung, der Digitalisierung und der sozial-ökologischen Transformation kamen in den Jahren seit 2020 neue Probleme der Corona-Pandemie und der Sicherung von Arbeitsplätzen hinzu und nun auch die mit dem Ukraine-Krieg, den fragilen Lieferketten und der Inflation verbundenen Konflikte. In diesem Zusammen-

---

4 So die Befürchtung des Sparkassen- und Giroverbands, s. Frankfurter Rundschau 22.8.2022.
5 Focus 7.8.2022.
6 Handelsblatt 9.7.2022.
7 Sebastian Dullien am 26.8.2022 auf Twitter.
8 Bundesbank, Monatsbericht August 2022, https://www.bundesbank.de/de/publikationen/berichte/monatsberichte/monatsbericht-august-2022-895886.

Einleitung

hang sind vor allem die Konflikte um die digitale und sozial-ökologische Transformation die zentralen Themen dieses Buches.

Konflikte um die sozial-ökologischen Transformation
Die radikale Umstellung von Wirtschaft und Gesellschaft weg vom fossilen Wirtschaften, die sozial-ökologische Transformation ist ein hochgradig konfliktreicher, mit tiefen Umbrüchen verbundener Prozess, der – vor dem Hintergrund der skizzierten Krise – noch zusätzlich komplizierter geworden ist, so der Hinweis von Steffen Lehndorff in diesem Buch. Das betrifft in hohem Maße auch die Automobilindustrie und den Verkehrssektor. Mario Candeias und Stephan Krull schreiben in ihrem Beitrag dazu: »Aus Sicht der Beschäftigten darf das neue Normal nicht durch Arbeitsplatzverluste und Unsicherheit geprägt sein. Transformation und Verkehrswende müssen mehr sein als ein Wechsel der Antriebe vom Verbrenner zum Elektromotor.« Den Beschäftigten müssten Ängste genommen und für sie müssten »Sicherheiten und gerechte Übergänge« geschaffen werden. Die beiden Autoren zeigen, dass über eine alternative Produktion »hunderttausende Arbeitsplätze geschaffen und Beschäftigungsverluste in der Automobilindustrie ausgeglichen und sogar überkompensiert werden können.« Nur wird das alles andere als ein harmonischer Prozess sein. »So plausibel und machbar unsere Szenarien aber auch sein mögen«, schreiben Candeias und Krull: »Ihnen stehen knallharte Interessen entgegen. Sie müssen in absehbaren harten Konflikten erkämpft werden.« Und in diesen Konflikten werden auch die Profit- und Wachstumsinteressen der mächtigen fossilen Konzerne und der sie schützenden Politik thematisiert werden müssen. Das erfordert Druck auf eine aktive staatliche Industriepolitik und umfangreiche demokratische Beteiligung und neue Allianzen für eine sozial und ökologisch gerechte Mobilitätswende. Wie notwendig das ist, hat der Ende August 2022 vorgelegte Bericht des Klima-Expertenrats ein weiteres Mal gezeigt.[9] Dem Bericht zufolge droht der Sektor des motorisierten Verkehrs – vor allem der Automobilsektor – die vorgegebenen CO_2-Minderungsziele weit zu verfehlen, wenn die Politik kein Umsteuern durchsetzt.

Es geht bei alledem aber keineswegs um De-Industrialisierung. Das zeigt der Beitrag von Heiko Reese am Beispiel der Stahlindustrie. Der Autor nennt einen »starken industriellen Sektor« als Ziel, der »klimafreundliche Produkte nachhaltig produziert«. Auch hier geht nichts ohne eine aktive Industriepolitik. Es geht um eine Stahlproduktion ohne fossile Energien – eine Mam-

---

9 file:///C:/Users/49170/Downloads/ERK2022_Pruefbericht-Sofortprogramme-Gebaeude-Verkehr.pdf.

Einleitung

mutaufgabe, die durch die drastische Verteuerung von Energie noch einmal schwieriger geworden ist. Und es geht insgesamt um mehr als eine halbe Million Arbeitsplätze. Für die Transformation wird für eine gewissen Zeit Gas als Übergangsenergieträger benötigt, da Wasserstoff kurzfristig nicht zur Verfügung stehen kann. Das alles ist durch Ukraine-Krieg und Energiekrise noch sehr viel schwieriger geworden. Aber es gibt nun einmal keine Alternativen zum Großprojekt grüne Stahlproduktion.

Ähnliche Probleme zeigen sich beim Schiffbau und bei der Luftfahrtindustrie. Wie auch schon beim Stahl drängt die IG Metall mit der aktiven Unterstützung der Betriebsräte der Branchen die Politik zu einem Handeln, das die sozialen Seiten der Transformation mit den ökologischen Aufgaben verbindet. Daniel Friedrich skizziert die schwierige Aufgabe, von fossilen Treibstoffen wegzukommen, einen grünen Schiffbau als Schlüsselindustrie für den globalen Handel zu schaffen und dabei nicht nur Arbeitsplätze zu sichern, sondern auch gute Arbeit durchzusetzen. Ähnlich anspruchsvoll stellen sich die Aufgaben bei der Schaffung einer ganz neuen Flugzeuggeneration, die Wasserstoff als Treibstoff verwendet.

Insgesamt vollziehen sich in der Industrie, im Handwerk, im öffentlichen und privaten Dienstleistungssektor gewaltige Veränderungen. »Schon lange befinden sich Wirtschaft und Gesellschaft in einer tiefgreifenden Transformation«, so die Feststellung von Kai Burmeister, Maren Diebel-Ebers und Jendrik Scholz. Was sie am Beispiel des Landes Baden-Württemberg – ein industrielles Zentrum in Deutschland – aus gewerkschaftlicher Sicht beschreiben, trifft auch auf die Probleme der sozial-ökologischen Transformation generell zu: »Der Anspruch der Gewerkschaften ist: Es muss dabei gerecht zugehen.« Es braucht eine »starke Wirtschaft und eine gute Daseinsvorsorge.« Die Krisen der jüngsten Zeit, die hinzukamen, haben den Prozess zusätzlich schwieriger gemacht. Umso wichtiger ist ein aktives Eingreifen auch der Gewerkschaften. Das ist der Kern der gewerkschaftlichen Initiative »BWGERECHT.jetzt«: Sie zielt auf gute Arbeitsbedingungen, demokratische Teilhabemöglichkeiten für alle Menschen und eine verlässliche Daseinsvorsorge – damit aus Umbrüchen keine Brüche werden.

Ein neuer Schub der Digitalisierung
In den vergangenen drei Jahren ist die Arbeitswelt auch durch einen Schub der Digitalisierung stark verändert worden. Vor allem die Corona-Pandemie mit ihrem Zwang, schnelle Maßnahmen zum Infektionsschutz auch in den Betrieben durchzusetzen, hat auf einigen Gebieten die Arbeitsprozesse und Arbeitsbedingungen durch digitale Mittel nachhaltig verändert: Wir haben eine rasche »Flexibilisierung von Arbeitsort und Arbeitszeit, eine forcierte

Einleitung

Digitalisierung von Arbeit und Arbeitsprozessen sowie Veränderungen in der Führungskultur« erlebt, wie es im Beitrag von Hans-Jürgen Urban heißt. »Für viele waren diese Veränderungen mit steigender Arbeitsintensität sowie erhöhten Beschäftigungsrisiken und -ängsten verbunden.«

Bevor wir dem weiter nachgehen, lohnt es sich aber unter die Lupe zu nehmen, wie weit die Digitalisierung Wirtschaft und Arbeitswelt tatsächlich schon prägt. Peter Schadt und Nathan Weis blicken in ihrem Beitrag zurück auf das Jahrbuch Gute Arbeit 2016, das sich mit Trends und Anforderungen hinsichtlich der digitalen Arbeitswelt befasste. Die Erfinder des Begriffs Industrie 4.0 hatten damals kaum mehr zu bieten als einen Hype um eine clevere Marketing-Strategie. Auch heute sind die tatsächlichen Auswirkungen der Digitalisierung auf die reale Produktivkraftentwicklung mit Vorsicht zu bewerten. Aber eines hat sich seit damals grundlegend verändert, so das Fazit der beiden Autoren: Durch den »Zusammenschluss von Akteuren aus Wirtschaft, Politik, Wissenschaft und Gewerkschaft in der Plattform Industrie 4.0« ist aus dem reinen »agenda-building« ein »Megatrend« und ein »milliardenschweres politökonomisches Programm« geworden, das durch politisch gewollte und geförderte »ökonomische Aufrüstung« eine wichtige Rolle spielt in der Konkurrenz der kapitalistischen Staaten um den größten Marktanteil und an den erwarteten Profiten.

Wenn die Software zum vorherrschenden Arbeitsmittel wird, so schreibt Nadine Müller, ist das in der Tat eine tiefgreifende Umwälzung. Während der Pandemie wurde Kommunikation auch bei Interaktionsarbeit, bei der Arbeit mit Menschen in hohem Maß digitalisiert, vor allem im Dienstleistungssektor. Persönliche Kontakte wurden vielfach durch digitale Kommunikation ersetzt. Dadurch entstanden für die dort Arbeitenden neue Belastungen. Einen gewissen Schub erlebte auch die »künstliche Intelligenz«, d. h. dialogfähige Systeme und Algorithmen, die »lernen« und selbstständig Aufgaben übernehmen. Müller warnt aber vor übertriebenen Erwartungen. Anforderungen an die Humanisierung der Arbeit hinken der Software-Revolution hinterher, und der Handlungsbedarf beim Arbeitsschutz, bei der Mitbestimmung und bei der Qualifizierung ist sehr groß. Ohne aktive Beteiligung von Beschäftigten und Interessenvertretungen werden solche Neuerungen nicht zu mehr humaner Arbeitsgestaltung führen. Dass sich bei KI ganz neue Regulierungsanforderungen stellen, ist auch Thema des Beitrags von Thorben Albrecht, Detlef Gerst und Julia Görlitz. KI-Anwendungen können Arbeit erleichtern, sie können aber auch menschliche Arbeit verdrängen und Beschäftigte lückenlos überwachen und ihre Handlungsspielräume verengen. Deshalb bedarf es bei ihrer Einführung umfassender rechtlicher Regulierung und weitreichender betrieblicher Mitbestimmung. Das bisherige Mitbestimmungsrecht und die

Einleitung

darauf fußende Praxis müssen, um den neuen Anforderungen gewachsen zu sein, gründlich reformiert werden. Das betrifft vor allem das Betriebsverfassungsrecht. »Beim Einsatz von KI im Arbeitsumfeld handelt es sich um ein entscheidendes Handlungsfeld von Gewerkschaften in den kommenden Jahren«, so das Fazit von Autorin und Autoren.

Den Zusammenhang von Arbeitsbedingungen und Digitalisierung diskutieren Barbara Susec und Robert Spiller am Beispiel des Gesundheitswesens, eines – wie sich in der Pandemie gezeigt hat – systemrelevanten Wirtschaftszweigs. Inzwischen werden die Beschäftigten im Gesundheitswesen zwar besser bezahlt, schreiben Susec und Spiller, es zeigt sich aber, »dass sich die Arbeitsbedingungen insbesondere in den Pflegeberufen nicht verbessert haben, obwohl das pflegerische Versorgungssystem bereits vor der Pandemie an der Belastungsgrenze war. Für viele Beschäftigte in Krankenhäusern und Pflegeeinrichtungen ist im dritten Pandemiejahr das tägliche Arbeiten in Mindestbesetzung zum neuen Normal geworden.« Dagegen wehren sich die Beschäftigten zusammen mit ihrer Gewerkschaft ver.di auch mit Streiks und der Forderung nach wirksamer Entlastung, nach verbindlichen Personalbemessungen. Beispielhaft stehen dafür z. B. der 77-Tage-Streik der Krankenhaus-Beschäftigten in NRW im Sommer 2022 oder Warnstreiks an großen Kliniken, etwa an den Unikliniken in Frankfurt. Susec und Spiller zeigen, dass »digitale Assistenzsysteme bei gleichzeitiger Aufwertung der Tätigkeit« Entlastung unterstützen können. Das bleibt aber ein konfliktreicher Prozess. Seine Ziele: »Verbesserung der Arbeitsbedingungen, Aufwertung der Pflegeberufe und Verbesserung der Versorgungsqualität.«

Wie stark Digitalisierung und Gute Arbeit auseinanderfallen können, illustriert Veronika Mirschel am Beispiel der Plattformökonomie. Crowdwork ist geradezu ein Tummelplatz prekärer Beschäftigung. Zwar gibt es einige wenige positive Beispiele freiwilliger Selbstverpflichtung einiger Unternehmen. Aber letztlich hängt alles von der Politik ab – der bundesdeutschen und der der EU. »Die Bereitschaft einiger Plattformen zu einer freiwilligen Selbstverpflichtung zur Einhaltung fairer Arbeitsbedingungen und die Akzeptanz einer entsprechenden Schiedsstelle (Ombudsstelle) ist begrüßenswert«, schreibt Mirschel. »Doch letztlich bedarf es hier klarer gesetzlicher Regeln, deren Einhaltung auch kontrolliert wird und die bei Verstößen wirksame Sanktionen vorsehen, sowie eines Rechts der formal selbstständig Beschäftigten auf diesen Plattformen, sich gewerkschaftlich zu organisieren und Kollektivverhandlungen über ihre Arbeitsbedingungen zu führen.«

Luca Karg und Maurice Laßhof haben auf der Basis des IG Metall-Transformationsatlas' und mit eigenen Befragungen der Jugend- und Auszubildendenvertretungen (JAVen) den gegenwärtigen Digitalisierungsstand der indus-

Einleitung

triellen Berufsausbildung in den Betrieben und die damit einhergehenden antizipierten Chancen und Risiken für Auszubildende sowie ihre Möglichkeiten und Grenzen der Mitbestimmung auf diesem Gebiet genauer untersucht. Das ernüchternde Resultat zeigt, dass bei rund 40 Prozent der Azubis die Digitalisierung noch auf einem (sehr) niedrigen Niveau verharrt; das Agieren der Betriebe ist oftmals von Unsicherheit und mangelnder Planung geprägt. Gleichwohl sehen die befragten JAVen perspektivisch eine ähnliche Belastungszunahme wie bei allen Beschäftigten, die mit Digitalisierungsprozessen konfrontiert sind. Um das im Sinne guter Arbeit zu regeln, bedarf es einer starken Mitbestimmung auch in der Ausbildung. Damit die JAV hier gegenüber den Betriebsräten ihrer beratenden Funktion nachkommen kann, müsste sie von den Betriebsleitungen über jeweilige Digitalisierungsvorhaben gut informiert sein. Hier sehen Karg und Laßhof besonders große Defizite und Schwächen, die auch die Mitbestimmungsmöglichkeiten der Betriebsräte einschränken.

Homeoffice als Teil des neuen Normal

Es sind gegensätzliche, sich teilweise diametral widersprechende Interessen, die auf die Konturen des neuen Normal Einfluss zu nehmen versuchen. »Der Markt« wird es nicht richten. Kaum jemand kann heute noch die Augen davor verschließen, dass in diesen Konflikten auch dem Staat eine Schlüsselrolle zukommt, darauf weist Steffen Lehndorf in seinem Beitrag hin. Das zeichnete sich bereits nach der Wirtschafts- und Finanzmarktkrise nach 2008 ff. ab und schälte sich in den vergangenen drei Jahren der Pandemie noch deutlicher heraus.

Die Erfahrungen mit dem Homeoffice als eine von den Zwängen der Pandemie stark geprägte digitale Arbeitsform sind dafür ein gutes Beispiel. Im Frühjahr 2021 arbeitete etwa ein Drittel der Beschäftigten oft oder ständig im Homeoffice; nach Daten des Statistischen Bundesamts waren rund 25 Prozent der insgesamt 41 Mio. abhängig Beschäftigten im Homeoffice (s. dazu auch den Datenanhang in diesem Band). Es sind – auch längerfristig – aber mehr als diese rund 10 Millionen, für die digitale und mobil einsetzbare Arbeitsmittel künftig die Arbeitsbedingungen stark prägen werden. »Das Arbeiten von zuhause hat die Arbeitsbedingungen der Betroffenen grundlegend verändert«, so die Zusammenfassung von Hans-Jürgen Urban. »Es dürfte nicht für alle, aber für viele Beschäftigte ein Element der zukünftigen Arbeitswelt bleiben. ... Gerade die Arbeit im Homeoffice zeigt, wie traditionelle Probleme wie Arbeits- und Leistungsverdichtungen sowie physische und psychische Belastungen sich mit neuen Ent- und Belastungen verschränken. Auf der einen Seite waren ein Mehr an Selbstbestimmung durch die Vermeidung

Einleitung

von Pendelzeiten und Erleichterungen bei der Koordinierung von Erwerbs- und Sorgearbeit zu verzeichnen. Zugleich aber stiegen die Belastungen in der Arbeit.«

Rolf Schmucker und Robert Sinopoli sind dieser Entwicklung auf der Basis der Erhebung des DGB-Index Gute Arbeit 2021 genauer nachgegangen. Sie zeigen, dass die Verlegung der Arbeit ins Homeoffice zwar der Ausbreitung des Covid-19-Virus entgegenwirken konnte, dass sie auch in Hinsicht auf Flexibilität und Vermeidung von langen Anfahrtswegen den Wünschen vieler Beschäftigter entgegenkam, dass sie aber auch in hohem Maß Entgrenzung, Zeitdruck, Erwartungen an ständige Erreichbarkeit, neue Belastungen und Stress mit sich gebracht hat. Wenn das neue Normal nicht zu Lasten der Gesundheit der Beschäftigten gehen soll, wird es vor allem darauf ankommen, die neuen digitalen und mobilen Arbeitsformen viel stärker als bisher durch betriebliche, tarifvertragliche und gesetzliche Regelungen zu flankieren.

Arbeit im Homeoffice war vor allem im Dienstleistungssektor stark verbreitet – 2021 lag dort die Quote der so Arbeitenden bei rund 41 Prozent. Astrid Schmidt und Christian Wille sind daher – gestützt auf Daten des DGB-Index Gute Arbeit 2020 und 2021 – den Erfahrungen des Homeoffice im Dienstleistungssektor genauer nachgegangen und beziehen sich dabei auch auf Betriebs- und Dienstvereinbarungen zum Thema. Sie können zeigen, dass solche Vereinbarungen entscheidend waren für eine Verbesserung der Arbeitsqualität. Allerdings täuschen die positiven Beispiele nicht darüber hinweg, dass auch nach den Pandemiejahren 2020 und 2021 die Regelungsdichte kaum besser geworden ist. Noch immer waren zu dieser Zeit nur in rund der Hälfte der Betriebe und Dienststellen entsprechende Vereinbarungen wirksam.

In der zweiten Jahreshälfte 2022 legte das Bundesarbeitsministerium eine neue Sars-CoV-2-Arbeitsschutzverordnung vor. Entgegen dem ursprünglichen Entwurf werden die Arbeitgeber für die Zeit von Oktober 2022 bis (vorerst) April 2023 nicht verpflichtet, den Beschäftigten Homeoffice anzubieten, sondern sie müssen die Möglichkeit des Homeoffice im Rahmen ihres Hygienekonzepts (zu dem sie allerdings verpflichtet sind) lediglich »prüfen«. Dabei ging es diesmal – anders als bisher in der Pandemie – nicht nur um Infektionsschutz, sondern auch – mit Blick auf die Energiekrise – um die Temperaturen in Arbeitsräumen. Politik und viele Unternehmen drängten darauf, gesundheitsverträgliche Mindesttemperaturen in Arbeitsräumen per Ausnahmeregelung absenken zu dürfen. Die Beschäftigten könnten zum Ausgleich zu Hause arbeiten – offenbar in der optimistischen Erwartung, dass es dann in den Privatwohnungen noch immer warm genug sein werde. Damit

Einleitung

könnten Betriebe allerdings auch einen Teil der gestiegenen Kosten für Heizenergie auf den Privatbereich der Beschäftigten abwälzen.

Das neue Normal braucht breite demokratische Allianzen
»In der Ausnahmesituation der Vielfachkrise prallen die Interessen von Beschäftigten, Unternehmen und politischen Akteuren aufeinander«, schreibt Hans-Jürgen Urban. »Die Ausstattung mit Machtressourcen entscheidet darüber, welche Interessen sich durchsetzen. Das gilt für die Arbeitswelt, für Gesellschaft und Politik gleichermaßen.« Diese Konfliktsituation, so schätzt er, wird die Auseinandersetzungen der nächsten Zeit prägen. Im Grunde geht es also darum, die längst in Gang gekommene Transformation nicht nur ökologisch, sondern auch sozial zu gestalten. Lehndorff unterstreicht, dass das für die Arbeitswelt z. B. bedeutet, die Tarifbindung zu stärken. Denn die Transformation wird zu einer Beschäftigungsexpansion im Dienstleistungssektor führen, und gerade hier ist der Anteil der tariflosen und teilweise auch prekären Beschäftigungsverhältnisse groß. Eine bessere Tarifbindung »ist deshalb eine der Schlüsselaufgaben der arbeitspolitischen Flankierung der sozial-ökologischen Transformation der Industrie und wird absehbar eines der großen Konfliktfelder der kommenden Jahre.«

Rudolf Hickel nennt weitere notwendige Maßnahmen im Sinne einer sozialen Sicherung. »Die Bekämpfung der Inflation ist die eine Aufgabe. Die andere Aufgabe konzentriert sich auf die Sicherung des sozialen Ausgleichs für die von der Inflation hart Betroffenen.« Das erfordert aus seiner Sicht, auf Maßnahmen nach dem Gießkannenprinzip zu verzichten, die den gut Verdienenden und Wohlhabenden Mitnahmeeffekte ermöglichen. Ein negatives Beispiel dafür war die »Gasumlage«. Die Alternative: »Ausgleichsprogramme für die sozialen Belastungen durch die inflationstreibenden Energiepreise müssen gezielt bei der eingrenzbaren Gruppe der Betroffenen ansetzen.«

Hickel nennt hier insbesondere einen Gaspreisdeckel, der auch die Tarifparteien entlastet. Er plädiert weiter für »staatliche Ausgleichsbeträge aus der Übergewinnsteuer.« Lehndorff unterstreicht in seinem Beitrag, dass soziale Forderungen von Gewerkschaften, Sozialverbänden usw. auch eine Abkehr von der schwarzen Null und »umfassende Steuerreformen (progressive Vermögensteuer, höhere Besteuerung von Unternehmensgewinnen und hohen Einkommen, Entlastung geringer und mittlerer Einkommen)« erfordern. Dazu gehören auch Forderungen nach einer humanen Gestaltung der Arbeitsbedingungen. Es müsse verhindert werden, dass die Arbeitgeberverbände die Krise nutzen, um hier ein Rollback in Gang zu setzen.

Weitere gewerkschaftliche Forderungen sollen verhindern, dass das neue Normal eine soziale Schieflage bekommt. In den aktuellen Debatten

Einleitung

sprachen sich der IG Metall-Vorsitzende Jörg Hofmann und der ver.di-Vorsitzende Frank Werneke schon früh für einen Preisdeckel für Gas und Strom aus und für eine zweite Energiepreispauschale auch für Rentner:innen und Studierende. Werneke nannte die Zahl von 500 Euro. Hofmann warnte vor einem Bruch des sozialen Zusammenhalts, zumal die massiv belasteten Beschäftigten zugleich erleben müssten, »wie Steuermilliarden etwa Energiekonzerne subventionieren sollen.«[10]

Anfang September 2022 legte die Ampel-Koalition Eckpunkte für ein so genanntes drittes Entlastungspaket vor, das mit einem Gesamtumfang von 65 Mrd. Euro etwa doppelt so groß dimensioniert war wie die beiden vorhergegangenen (von Rudolf Hickel ausführlich erörterten) Pakete. Es sah u. a. Entlastungen für Rentner:innen, Arbeitslose und Studierende vor und stellte einige Weichen in die richtige Richtung, war insofern auch eine Reaktion auf Forderungen der Gewerkschaften. Im Paket fehlten aber »weitere direkte Zahlungen für Menschen mit mittleren und eher niedrigen Einkommen«, wie Frank Werneke kritisierte. Und Jörg Hofmann bemängelte, wirksame Entlastungen für »Durchschnittshaushalte« seien »unzureichend«. Insgesamt war der Tenor der gewerkschaftlichen Reaktionen: Das Konzept enthalte richtige Maßnahmen, bleibe aber auf halbem Wege stehen. Vor allem werde am Fetisch der Schuldenbremse festgehalten, es sei immer noch kein Gaspreisdeckel vorgesehen, und an die längst fällige Übergewinnsteuer habe sich die Koalition nicht herangetraut. Mit solchen Inkonsequenzen beraube sich die Regierung ihres »eigenen Handlungsspielraums«, so auch das Fazit des Paritätischen Wohlfahrtsverbands. »Eine wuchtige Krisenbewältigung«, so hieß es dort weiter, »die diese Gesellschaft zusammenhält und alle mitnimmt, braucht eine beherzte Finanz- und Steuerpolitik und klare sozialpolitische Prioritäten.« Beides sei die Ampel bisher schuldig geblieben.

Damit ist auch die Frage nach den Akteur:innen in diesen Konflikten aufgeworfen. Oben haben wir schon darauf hingewiesen, dass dem Staat eine Schlüsselrolle zukommt. »So wichtig das ist«, ergänzt Lehndorff in diesem Band, bedarf es aber auch »eines breiten Engagements gesellschaftlicher Akteur:innen und insbesondere der Gewerkschaften, um die Richtung staatlicher Politik beeinflussen zu können.« Und Lehndorff weiter: »Hier kommt es darauf an, gewerkschaftliche Handlungs- und Konfliktfähigkeit möglichst rasch aufzubauen und weiter zu entwickeln. Aufbauen und Weiterentwickeln bedeutet zweierlei: erstens Stärkung der Handlungsfähigkeit ›von unten‹ und zweitens eigenständiges politisches Engagement.«

---

10 Süddeutsche Zeitung 27. 8. 2022.

Einleitung

Um das neue Normal sozial, ökologisch und demokratisch zu gestalten, bedarf es starker und breiter demokratischer Allianzen, die mutig genug sind, auch die gesellschaftlichen Macht- und Eigentumsverhältnisse zu thematisieren. Hans-Jürgen Urban fasst zusammen: »Insgesamt könnten sich die skizzierten Politiken im Kampf um ein sozial-ökologisches Sofortprogramm bündeln. Ein solches, Akteure und Interessenlagen integrierendes Projekt müsste den entsprechenden arbeits-, verteilungs- und demokratiepolitischen Anforderungen genügen und finanziell ausreichend dimensioniert sein. Unverzichtbar wären also eine offensiv-regulative Arbeitspolitik, ein umverteilendes Steuer-, Abgaben- und Beitragsregime sowie eine Demokratisierungsoffensive in Arbeitswelt und Wirtschaft. Wie immer seine Teilschritte ausfallen mögen, Ambitionen und Zielbilder müssen über den grünen Kapitalismus hinausweisen. Es geht um mehr als eine grüne Modernisierung der aktuellen Wirtschaft. An weitreichenden Eingriffen in die Strukturen und Spielregeln eines Wirtschaftsmodells, das aus sich heraus die systemische Übernutzung von Arbeit und Natur nicht beenden wird, führt perspektivisch kein Weg vorbei.«

**Sozial-ökologische Transformation –
Trends und Umbrüche**

Mario Candeias/Stephan Krull
»... dafür braucht es unglaublich viel Arbeitskraft«
Die sozial-ökologische Verkehrswende – eine Beschäftigungsbilanz

I Die Zeit drängt

Der Weltklimarat (IPCC) berichtet, dass schneller gehandelt werden muss, um die Erderwärmung auf 1,5 bis maximal 2 Grad zu begrenzen.[1] Die bisherigen Reduktionspläne der einzelnen Staaten reichten nicht aus. UN-Generalsekretär Antonio Guterres erhob schwere Vorwürfe gegen Wirtschaft und Politik, die er in der Verantwortung sieht: »Es ist ein Dokument der Schande, ein Katalog der leeren Versprechen, die die Weichen klar in Richtung einer unbewohnbaren Erde stellen. Sie ersticken unseren Planeten. Dieser Verzicht auf Führung ist kriminell.«[2]

Die Transformation ist in vollem Gange. Politik und Industrie bestreiten das nicht. Das neue Normal zeichnet sich ab. Aber wer bestimmt, was das ist? Darum drehen sich die Konflikte. Großkonzerne und Politik setzen überwiegend auf technische Lösungen: Antriebswende statt Verkehrswende. Für die Ampel ist die Reduzierung des Individualverkehrs kein vorrangiges Thema. Die soziale Seite der Transformation ist für Politik und Industrie eher nachrangig. In der Automobilindustrie zeichnen sich scharfe Rationalisierungen ab, Druck auf die tariflichen Standards, auf Löhne und Arbeitsbedingungen, es drohen Arbeitsverdichtung, Unsicherheit und Beschäftigungsabbau in Dimensionen von mehreren hunderttausend Arbeitsplätzen.

Aus Sicht der Beschäftigten darf das neue Normal nicht durch Arbeitsplatzverluste und Unsicherheit geprägt sein. Transformation und Verkehrswende müssen mehr sein als ein Wechsel der Antriebe vom Verbrenner zum Elektromotor. Der Verkehrssektor und vor allem der motorisierte Individualverkehr muss einen großen Beitrag leisten zur CO_2-Reduktion und zum Klimaschutz. Deshalb ist es notwendig, Allianzen für einen Spurwechsel zu entwickeln. Um den Beschäftigten und Betroffenen Ängste zu nehmen, um für sie Sicherheit und gerechte Übergänge zu schaffen. Unsere Studie zeigt: Über eine alternative Produktion können hunderttausende Arbeitsplätze geschaffen und Beschäftigungsverluste in der Automobilindustrie ausgeglichen und sogar überkompensiert werden können.

---

1 https://www.ipcc.ch/report/ar6/wg3/
2 https://unric.org/de/ipcc280202022/

So plausibel und machbar unsere Szenarien aber auch sein mögen: Ihnen stehen knallharte Interessen entgegen. Sie müssen in absehbaren harten Konflikten erkämpft werden. Die Gewerkschaften sind dem Pariser Klimaabkommen verpflichtet. Wolfgang Lemb, geschäftsführendes Vorstandsmitglied der IG Metall, sagte: »Die IG Metall steht zu den Klimaschutzzielen von Paris. Wir fordern, dass die Transformation der Wirtschaft *sozial, ökologisch und demokratisch* erfolgt. Das müssen Politik und Arbeitgeber gewährleisten. Und die Beschäftigten müssen in diesen Prozess einbezogen werden.«[3] Sein Vorstandskollege Hans-Jürgen Urban ergänzte: »Über die Notwendigkeit und Dringlichkeit einer klimapolitischen Wende besteht ein breiter gesellschaftlicher Konsens. Gewerkschaften und Sozialverbände haben die ökologischen Umbauziele unterstützt und soziale Nachhaltigkeitsziele adressiert. Aber: Sozialpolitisch gibt es Leerstellen. Die Gewerkschaften sollten sich nicht der Illusion hingeben, dass die Ampel-Koalition unter einem sozialdemokratischen Kanzler – gleichsam aus alter Verbundenheit und von sich aus – gewerkschaftliche Forderungen zu erfüllen bereit und in der Lage wäre. Soll sich der ökologische Wandel wirklich fair – will sagen: sozial, ökologisch und demokratisch – vollziehen, dürfen auch die Infragestellung der Profit- und Wachstumszwänge einer kapitalistischen Ökonomie kein Tabu darstellen.«[4] Die Autoindustrie vermittelt den Eindruck, sie sei auf dem richtigen Weg und es bedürfe keiner Änderungen im Geschäftsmodell. Tatsächlich wird die für die Überwindung der Klimakrise essenzielle Verkehrswende durch den kapitalistischen Wachstumszwang und die Verkehrsminister der letzten Jahrzehnte blockiert.

II Sozial-ökologische Transformation der Mobilität und gerechte Übergänge

Den Beschäftigten der Autoindustrie, Betriebsräten, Gewerkschaft und dem Management ist klar, dass es so nicht weitergeht. Die Beschäftigten wissen, dass aus dem motorisierten Individualverkehr (MIV) in den zurückliegenden Jahren keine Reduktion von Klimagasen erreicht wurde. Dafür tragen sie selbst keine Verantwortung, denn es ist nicht ihre Entscheidung, was in den Fabriken gebaut wird. Die Eigentümer und Manager haben entschieden, keine Drei-Liter-Autos zu bauen, weil mit Luxusautos mehr Geld verdient wird. Insbesondere die mangelnden Mitbestimmungsmöglichkeiten führen, wie in anderen Sektoren der Wirtschaft, zu Veränderungsängsten, zu Angst

---

3   https://www.igmetall.de/politik-und-gesellschaft/umwelt-und-energie/wolfgang-lemb-interview-ausbau-der-erneuerbaren-energien

4   https://www.sozialismus.de/fileadmin/users/sozialismus/Leseproben/2022/Sozialismus_Heft_01-2022_L3_Urban_Ehlscheid_Ampel.pdf

vor Einkommens- und Statusverlust. Dennoch gibt es Veränderungsbereitschaft und Verständnis für die Notwendigkeit, Mobilität anders als hauptsächlich durch den MIV zu organisieren.

Wie bringen wir Ökologie und Beschäftigungsperspektiven zusammen? Dies ist der Knackpunkt der Debatte um die Mobilitätswende und gerechte Übergänge (vgl. Candeias 2011). Wir gehen dabei von der Annahme aus: *Für diese Transformation einer gerechten Mobilitätswende braucht es eine andere industrielle Produktion – und unglaublich viel Arbeitskraft.*

Die Rosa-Luxemburg-Stiftung hat 2020 mehrere kurze Studien initiiert; sie ermöglichen zusammen ein Bild über die Beschäftigungswirkungen einer Verkehrswende. Bereits 2019 wurde die von der Hans-Böckler-Stiftung beauftragte Mfive-Studie zu den Beschäftigungseffekten nachhaltiger Mobilität vorgelegt.[5] Die Ergebnisse wurden wenig zur Kenntnis genommen, obgleich sie von hohem Interesse für Beschäftigte, Gewerkschaften, Verkehrsinitiativen und Klimabewegung sind: Die Beschäftigung im Sektor Mobilität (Auto, Bus- und Bahnindustrie) bleibt bei der Mobilitätswende stabil – mit größeren Schwankungen in sektoraler und regionaler Hinsicht. Das bedeutet eine Reduzierung von Produktion und Arbeit vor allem in den »Autoclustern« wie Stuttgart, München, Wolfsburg, Leipzig und Köln. Andererseits einen Zuwachs von Produktion und Arbeit im Bereich Schienenfahrzeugbau und im öffentlichen Verkehr.

Die geringe Aufmerksamkeit für die genannte Studie der Böckler-Stiftung ist bedauerlich, weil damit vielen Beschäftigten in der Autoindustrie die Befürchtungen vor Verlust von Arbeitsplatz und Sozialstatus genommen werden könnten – zumindest könnten sie gemildert werden. Ebenso könnte den Gewerkschaften die Befürchtung des Verlustes von Organisationsmacht genommen werden. Dabei ging die Mfive-Studie mit Blick auf den Umbau bzw. Ausbau anderer Mobilitätsformen zur Erreichung der Klimaziele noch von konservativen Szenarien aus. Aus diesen Gründen sahen wir uns veranlasst, die Erkenntnisse eigener Studien und diverser Veranstaltungen in dem Sammelband »Spurwechsel« (Candeias/Krull 2022)[6] zusammenzufassen.

Wir gehen von folgendem Szenario aus: In der Autoindustrie haben wir rund 800 000 Beschäftigte inklusive Zuliefererbetriebe. Bei einer Trans-

---

5 Studie von MFive und Fraunhofer ISI, »Beschäftigungseffekte nachhaltiger Mobilität«: https://www.boeckler.de/de/suchergebnis-forschungsfoerderungsprojekte-detailseite-2732.htm?projekt=2016-974-1 sowie https://m-five.de/wp-content/uploads/M-Five_AP5_Gesamt wirtschaftliche_Analyse_Nachhaltige_Mobilitaet_200131_FINAL.pdf

6 Mario Candeias/Stephan Krull (Hrsg.): Spurwechsel. Studien zu Mobilitätsindustrien, Beschäftigungspotenzialen und alternativer Produktion, Hamburg 2022; https://www.rosalux.de/publikation/id/45696/spurwechsel-buch sowie https://www.vsa-verlag.de/nc/buecher/detail/artikel/spurwechsel/

formation dieser Branche würden etwa 150 000 Arbeitsplätze durch Reduzierung von Kapazitäten/Überkapazitäten und Rationalisierung wegfallen. Außerdem würde die Umstellung auf E-Mobilität etwa 100 000 Arbeitsplätze kosten. Es verblieben dann 550 000 Beschäftigte. Berücksichtigt man die demografische Entwicklung und rechnet tarifliche Initiativen zur Arbeitszeitverkürzung hinzu, wie sie von der IG Metall verfolgt werden, könnte der Abbau *theoretisch* und *rein quantitativ* »sozialverträglich« laufen, sofern die gewerkschaftliche Kraft ausreicht, die Konzerne dazu zu bewegen.

In der Praxis sieht es aber schwieriger aus. Es sind Arbeitsplätze und industrielle Beschäftigungsperspektiven für künftige Generationen gefährdet, bedroht ist der Kern der Industriegewerkschaften: die organisierten Belegschaften in den Großbetrieben mit hohen tariflichen Standards. An ihnen orientieren sich die Arbeitsbedingungen in anderen Betrieben, und sie bilden die Basis für die Absicherung sozialer Errungenschaften (samt ihrer gesetzlichen Regelungen) sowie die Voraussetzung für die Organisierung anderer Bereiche (vgl. Candeias 2011).

In der Debatte um die Dekarbonisierung der Wirtschaft wird oft argumentiert, dass dieser Umbau mehr Beschäftigung schafft als verloren geht. Wir teilen diese Auffassung. Auf einer abstrakten Ebene können sich die Beschäftigten vorstellen, an anderen Produkten zu arbeiten. Allerdings verfügen sie alleine nicht über die zeitlichen und fachlichen Ressourcen, die für eine konkrete Konversion erforderlich sind. Zudem fürchten sie Einkommenseinbußen, weil Ersatzarbeitsplätze erfahrungsgemäß nicht so gut bezahlt sind wie in der Autoindustrie mit ihrer hohen Wertschöpfung und den entsprechend hohen Gewinnen. »Ich kann ja schließlich nicht Pfleger oder Busfahrer werden«, ist eine oft geäußerte Haltung. Das ist keineswegs abwertend gemeint. Die Automobil-Beschäftigten stimmen zu, dass diese Berufe besser entlohnt werden müssten, sehen allerdings angesichts der Verhältnisse nicht, dass das in nächster Zeit zu schaffen wäre.

Wenn wir im engen Sinne bei der Mobilitätsindustrie bleiben, gibt es auch dort Bedarfe, die in der Debatte kaum eine Rolle spielen. Es bedarf eines massiven Ausbaus anderer Mobilitätsansätze, die zentral auf *öffentlichen* Verkehr setzen. Das erfordert den Ausbau eines preiswerten und klimaneutralen öffentlichen Nahverkehrs, eines Regional- und Fernverkehrs der Bahn mit verkürzten Takten, eines komfortableren Radwegenetzes sowie einen Anteil des Umweltverbundes am Verkehrsaufkommen von 80 Prozent – das wären die Grundlagen einer echten und gerechten Mobilitätswende (vgl. LuXemburg H.1, 2020; Candeias 2020; Riexinger 2020). Die starke Nachfrage nach dem 9-Euro-Ticket hat die Bereitschaft zum Umstieg gezeigt, wenn der öffentliche Verkehr kostengünstig ist und auch funktioniert. Dazu bräuchte es massive und kontinuierliche öffentliche Investitionen und eine Finanzierung, die Drittnutzer und Wirtschaft heranzieht (Sander 2021).

Wir haben die Entwicklung der Mobilitätsindustrien analysiert und versucht durchzurechnen, wie groß das Beschäftigungspotenzial wäre.

Bahn- und Schienenfahrzeugindustrie
Die größte Sparte ist die Produktion von Schienenfahrzeugen. Sie beschäftigt derzeit rund 53 000 Menschen, zusammen mit der Zulieferindustrie und dem Multiplikatoreffekt sind es ca. 200 000 Beschäftigte (Knierim 2022). Die Unternehmen liefern Spitzentechnologien bis hin zu Komplettsystemen. Zwei Drittel der Nachfrage in Deutschland werden von den ansässigen Unternehmen bedient, ein Drittel wird importiert, wobei der gleiche Anteil exportiert wird. Mengenmäßig decken sich die industriellen Kapazitäten mit der inländischen Nachfrage. Somit ist die Situation anders als in der exportorientierten Autoindustrie. Eine Steigerung der inländischen Nachfrage übersetzt sich direkt in zusätzliche Aufträge für hiesige Anbieter, schon ohne steuernde Eingriffe des Staates. Die schwankende Nachfrage der Vergangenheit in Zeiten der Ausdünnung des Fern- und des Regional- und Nahverkehrs (vgl. Waßmuth/Wolf 2020; Waßmuth 2020) hat zum Abbau von Kapazitäten geführt. Planungszeiträume für neue Ausrüstungen oder Modellreihen der Nahverkehrsbetriebe und der Deutschen Bahn sind ohnehin lang. Engpässe in der Produktion verlängern die Wartezeiten, so dass die Auslieferung einer neuen Straßenbahn zehn Jahre dauern kann. Seit einigen Jahren steigt die Nachfrage (zumindest bis zum Ausbruch der Pandemie). Die Planungssicherheit hat sich verbessert: Die Beschäftigtenbefragung ergab, dass klare politische Zielvorgaben dazu führen, Planungs- und Entwicklungszeiten zu verkürzen (vgl. Boewe u.a. 2022). Die Unternehmen setzen in Anbetracht »gut gefüllter Auftragsbücher« (ebd.) auf feste Arbeitskräfte zu guten tariflichen Bedingungen, Lohnsteigerungen waren höher als im Schnitt des Lohnindexes, vergleichbar mit der Automobilindustrie.

Die frühere Bundesregierung von CDU/CSU und SPD strebte eine Verdopplung der Fahrgastzahlen im Schienenverkehr an, die Ampelkoalition bekräftigte das Ziel – zum Nahverkehr äußerten sich beide kaum, da sie sich nicht zuständig fühlen. Die Regierung plant keine Maßnahmen zur Reduzierung des Autoverkehrs. Wir gehen für unser Szenario 1 also zunächst von diesem Ziel aus, schließen den Personennahverkehr jedoch mit ein. Unser Szenario 2 geht von einer Investitionsoffensive in den ÖPNV und die Schiene aus, wie sie in den Vorschlägen für einen linken Green New Deal (Riexinger 2020b) entwickelt wurden, sowie von einer Halbierung des motorisierten Individualverkehrs (MIV) in den nächsten zehn Jahren – was eine geschätzte

Steigerung der Fahrgastzahlen um den Faktor 2,5 annehmen lässt. Zudem muss ein Teil des Streckennetzes und der Fahrzeuge erneuert werden. Es geht nicht nur um wachsende Bedarfe, sondern um Erneuerung. Hinzu kommen die Bedarfe durch die Digitalisierung, hier besteht ein Investitionsbedarf von rund 32 Mrd. Euro bis 2040 (vgl. Knierim 2022). Die Reaktivierung stillgelegter Strecken, der Neu- und Ausbau von Linien kommen hinzu, ebenso die Ausweitung und der Neubau von Instandhaltungswerken. Nicht eingerechnet ist ein Innovationsschub, mit dem die Branche zu einer Leitindustrie werden kann, denn der Bedarf wächst global, wie am Beispiel Chinas zu erkennen. Es bedarf also eines beträchtlichen Ausbaus der Produktionskapazitäten.

Stellt man Rationalisierungspotenziale in Rechnung, so kommt Bernhard Knierim bei unserem *Szenario 1* (Verdopplung der Fahrgastzahlen) auf 100 000 bis 155 000 zusätzliche Arbeitsplätze. In *Szenario 2* wären es 145 000 bis 235 000. Viele der benötigten Arbeitskräfte können mit überschaubaren Umschulungsaufwand aus anderen Sparten mit »zurückgehenden Bedarfen wie der Automobilindustrie übernommen werden« (ebd.).

Busindustrie

In der Bundesrepublik ist ein Bestand von 81 000 Bussen im Einsatz (57 Prozent von Daimler/Evo, 21 Prozent von MAN), davon ca. 50 000 im ÖPNV. 98 Prozent der Busse fahren mit Dieselantrieb. Bei E-Bussen und Hybrid-Modellen ist Deutschland abgeschlagen. Kleinbusse werden im ÖPNV bisher wenige eingesetzt. Der Bestand ist veraltet, es besteht großer Nachholbedarf. Die hiesigen Hersteller haben die Mobilitätswende verschlafen und Beschäftigung in der Größenordnung von 5000 ins Ausland verlagert. Die Marktanteile von Solaris aus Polen, VDL aus den Niederlanden und der baskischen Genossenschaft Irizar am deutschen Busmarkt sind gewachsen. Produzenten entwickeln sich von »reinen Herstellern hin zu integrierten Service-Anbietern« (Blöcker 2022). Kunden-Nähe ist gefragt, jeder Auftraggeber wünscht ein besonderes Design, unterschiedliche Funktionen und Ausrüstungen. Das Fahrgastaufkommen steigt, entsprechend steigt die Nachfrage nach Bussen. Bis zum Jahr 2030 müssen 65 Prozent der Flotte klimafreundlich sein.

In Deutschland werden jährlich ca. 6000 Busse produziert, knapp 50 Prozent davon werden exportiert. Die Produktion von Fahrgestell, Karosserie und Antriebsstrang ist zentral für die Wertschöpfung, die Wertschöpfungstiefe ist größer als in der PKW-Produktion. Insgesamt sind 10 200 Beschäftigte in der Sparte aktiv, bei Zulieferern sind es ca. 22 000. Fast durchgehend handelt es sich um qualifizierte Facharbeit, gewerkschaftlich hochorganisiert, mit Tarifen fast »doppelt so hoch wie die ver.di-Tarife« (ebd.). Sofern es deutschen Herstellern gelingt, mit Qualitätsprodukten, Service und Wartung als Systemlieferanten aufzuholen, könnte die steigende Nachfrage die Arbeitsplatzverluste überkompensieren. Eine wirkliche Mobilitätswende würde die Nachfrage zudem beträchtlich steigern, so dass Produktionskapazitäten deutlich ausgeweitet werden müssten. Denn: »Mit Blick auf die positive Entwicklung im Busbestand in Deutschland klafft also eine große Lücke zwischen Bus-Bedarf und Bus-Produktion deutscher Hersteller« (ebd.). Geschätzt müssen 70 Prozent des Bestands umgerüstet oder erneuert werden, hinzu kämen für die Ausweitung des Angebots weitere 50 000 (Szenario 1) bzw. 75 000 Stück (Szenario 2). Die derzeitige Jahresproduktion von 6000 entspricht gerade mal dem Erneuerungsbedarf, von der zudem bisher 50 Prozent in den Export gehen. Daraus errechnet sich eine Produktionslücke von 55 000 bzw. 80 000 Stück bis 2030.

In unserem Szenario 1 (Verdopplung der Zahlen im Personennahverkehr) plus Ersatzbedarf braucht es eine jährliche Produktionssteigerung von fast 7000 Stück. Unter Berücksichtigung von Rationalisierungseffekten errechnen wir daraus ein Beschäftigungspotenzial von ca. 33 000 Beschäftigten. Zusammen mit den Bedarfen für die Umrüstung ergibt sich ein Gesamtpotenzial von ca. 43 000 Beschäftigten in der Busindustrie.

In unserem Szenario 2 (Steigerung der Zahlen im Personennahverkehr um den Faktor 2,5) plus Ersatzbedarf braucht es eine jährliche Produktionssteigerung um 10 000 Stück. Unter obigen Bedingungen errechnen wir ein Potenzial von ca. 48 000 Beschäftigten. Zusammen mit den Bedarfen für die Umrüstung ergibt sich ein Gesamtpotenzial von ca. 58 000 Beschäftigten in der Busindustrie.[7]

Fahrradindustrie

»Bemerkenswert ist das starke Wachstum«, schreiben das Wuppertal Institut und das Institut Arbeit und Technik in einer Studie zur Fahrradwirtschaft in Deutschland (Rudolph u. a. 2020). Die Beschäftigung in diesem Bereich stieg im Zeitraum 2014 bis 2019 um 20 Prozent, der Umsatz zwischen 2013 und 2018 um 55 Prozent an (ebd.).

Über 5 Mio. Stück werden laut Zweirad-Industrie-Verband (ZIV 2021)[8] im Inland pro Jahr verkauft, davon sind 3,7 Mio. aus dem Ausland importiert. Fast zwei Mio. sind bereits E-Bikes, davon 78 000 Lastenräder. Der Anteil der Importe ist um 16 Prozent zurückgegangen, der Export nimmt zu (ebd.). Ur-

---

7   Beschäftigte 32 000 / Jahresproduktion 6000 = Faktor 5,3 – Rationalisierungseffekt 0,5 = Faktor 4,8; Zahl der jährlichen Umrüstungen 4125 x Faktor 2,4 = ca. 9900 Beschäftigte; S1: Zahl der zusätzlichen Jahresproduktion 6875 x 4,8 = ca. 33 000 Beschäftigte; S2: Zahl der zusätzlichen Jahresproduktion 10 000 x 4,8 = ca. 48 000 Beschäftigte; Gesamt S1: ca. 43 000 Beschäftigte; Gesamt S2: ca. 58 000 Beschäftigte.
8   Eine nützliche Auflistung der Daten des ZIV findet sich hier: www.pd-f.de/themenblaetter/die-fahrradwelt-in-zahlen

sächlich sind u. a. die steigende Nachfrage nach E-Bikes und Leihfahrrädern sowie steuerliche Vergünstigungen (vgl. Rudolph u. a. 2020). In Vollzeitäquivalenten gerechnet arbeiten im Jahr 2019 in der Fahrradindustrie 21 000 Beschäftigte, Tendenz steigend (ebd.). Im Jahr 2020 überstieg der Gesamtumsatz der Fahrradindustrie 10 Mrd. Euro, noch 2017 waren es nur 7 Mrd. Von den 10 Mrd. wurden 6,4 Mrd. Euro auf dem deutschen Markt realisiert, die übrigen 3,6 Mrd. im Export. Deutschland hält 21 Prozent des europäischen Fahrradmarktes und 40 Prozent beim europäischen Markt für E-Bikes. Das Potenzial ist enorm: 31 700 000 E-Bikes wurden bisher weltweit verkauft, allein 5 100 000 in Europa (plus 42 Prozent gegenüber 2019). Zum Vergleich: Die Zahl der zwischen 2009 und 2016 weltweit verkauften E-Autos liegt bei nur 1,3 Mio. (ebd.).

Nehmen wir eine Steigerung des Fahrradverkehrs um den Faktor 2 bzw. 2,5 zur Grundlage, berücksichtigen mögliche Rationalisierungseffekte durch Produktionssteigerung und kalkulieren zurückhaltend, dann gehen wir nur von einem Beschäftigungspotenzial von ca. 10 000 bis 18 000 aus.

Gesamt-Potenzial alternativer Produktion für die Beschäftigung
Im Folgenden versuchen wir, das mögliche Beschäftigungspotenzial für die verschiedenen Szenarien einer Mobilitätswende genauer zu beziffern.

Szenario 1 »moderate Mobilitätswende statt einfacher Antriebswende«: Steigerung der Fahrgastzahlen im ÖPNV und im Bahnverkehr sowie im Fahrradverkehr um den Faktor 2:
Bahn- und Schienenfahrzeugindustrie: 100 000–155 000
E-Busindustrie: 41 000– 45 000
Fahrradindustrie: 10 000– 14 000
Gesamtpotenzial: *151 000–214 000*
zusätzliche Arbeitsplätze.

Szenario 2 »ambitionierte Mobilitätswende statt einfacher Antriebswende«: Steigerung des Fahrgastzahlen im ÖPNV und im Bahnverkehr sowie im Fahrradverkehr um den Faktor 2,5:
Bahn- und Schienenfahrzeugindustrie: 145 000–235 000
E-Busindustrie: 55 000– 61 000
Fahrradindustrie: 15 000– 18 000
Gesamtpotenzial: *215 000–314 000*
zusätzliche Arbeitsplätze

Das Gesamtpotenzial ist höher, wenn wir die »*kurze Vollzeit für alle*« (vgl. Riexinger/Becker 2017) ansetzen, die um die 30-Stunden-Woche kreist. Dies würde circa 27 000 (Szenario 1) bzw. 40 000 (Szenario 2) weitere Stellen mit sich bringen, nur im Bereich der alternativen Produktion. Mit einer solchen Arbeitszeitverkürzung in der Automobilsparte kämen 82 500 Arbeitsplätze hinzu. Damit wären wir bei einem *Gesamtpotenzial von ca. 260 000 bis 323 500 (Szenario 1) bzw. 337 000 bis 436 500 Arbeitsplätzen (Szenario 2).*

Bei diesen Zahlen fehlen noch Arbeitskräfte, die im Betrieb des öffentlichen Nahverkehrs, der Bahn oder beim Umbau der Infrastrukturen benötigt werden. Geschätzt gibt es für den Betrieb von Bahn und ÖPNV einen Bedarf von 220 000 Beschäftigten (vgl. Waßmuth/Wolf 2020).

Wenn wir grob eine Halbierung der Autoproduktion zugrunde legen, geht es bei den 550 000 verbliebenen Stellen in der Autoindustrie um die Reduktion von 275 000 Arbeitsplätzen, die infolge eines konsequenten sozial-ökologischen Umbaus wegfielen. Dies würde bereits im Szenario 1 von der Ausweitung alternativer Produktion aufgefangen. Szenario 2 führt zu einer Überkompensation bzw. zu einer Ausweitung der Beschäftigung. Rechnen wir die »kurze Vollzeit« als Bestandteil eines »neuen Normalarbeitsverhältnisses« hinzu, wäre das *Ergebnis die Schaffung hunderttausender zusätzlicher Arbeitsplätze.*

Wir reden also nicht von ein paar zusätzlichen Stellen, sondern von der Überkompensation der prognostizierten Arbeitsplatzverluste, mithin dem Ausbau von industrieller Beschäftigung im Kernbereich der IG Metall. Keineswegs wird da ein »naiver Anti-Industrialismus« gepredigt, wie Hans-Jürgen Urban treffend schreibt (Urban 2019, 168). Es geht nicht einfach um »Ersatzarbeitsplätze«. Wenn wir auf einen neuen Produzent:innenstolz setzen, der das sozio-technische Wissen der Beschäftigten ernst nimmt, geht es um gesellschaftlich unverzichtbare Tätigkeiten im Sinne der *Schaffung einer industriellen Basis für die klimagerechte Mobilitätswende.*

Sicherlich würde das nicht in jedem Fall für Beschäftigte bedeuten, im selben Betrieb bleiben zu können. Damit so eine Transformation nicht angstbesetzt ist (oder gar bekämpft wird), braucht es eine Jobgarantie (vgl. Riexinger 2020; Candeias 2020): Alle, die erwerbstätig sein wollen, sollen das Recht auf eine öffentlich finanzierte, tariflich bezahlte Arbeit mit »kurzer Vollzeit« haben. Also nicht einfach weniger, sondern andere Arbeit, anders arbeiten und anders leben.

III Was zu tun bleibt – Machtressourcen bündeln, Transformationsräte und neue Allianzen

Die ökonomische Krise und der Trend weg vom eigenen Auto zwingt die Autoindustrie in Richtung Kapazitätsabbau. Unser Konzept ermöglicht eine sozial-ökologische Transformation als mehrjährigen Prozess mit Minimierung sozialer Brüche. Voraussetzung ist aktive Industriepolitik auf allen staatlichen Ebenen. Voraussetzung ist, dass die Unternehmen verpflichtet werden, in die Verkehrswende zu investieren. Sollten sie dies nicht tun, so ist es die Aufgabe des Staates, eigene Produktionskapazitäten zu schaffen (vgl. Knierim 2022b). Dafür können vielfältige staatliche Hilfen für die Transformation eingesetzt werden, gebunden an eine Erweiterung der Mitbestimmung sowie an öffentliche Beteiligung. Diese wirtschaftsdemokratische Dimension der sozial-ökologischen Transformation ist entscheidend, damit die Befriedigung der Bedürfnisse im Einklang mit den endlichen Ressourcen und in Verantwortung für künftige Generationen durchgesetzt wird. Die Schaffung öffentlicher Unternehmen oder genossenschaftlicher Betriebe, wie sie in anderen Bereichen üblich sind, ist ein Weg aus der Misere (vgl. Candeias 2020).

Die DGB-Vorsitzende Yasmin Fahimi plädiert für die Einrichtung von Transformationsfonds mit Investitionen der öffentlichen Hand und Geld privater Anleger. Der Osnabrücker Zeitung[9] sagte sie: »Wir müssen das enorme Privatvermögen für die Transformation mobilisieren.« Sie schlägt Staatsanleihen vor mit den Kriterien Klimaneutralität und gute Beschäftigung in tarifgebundenen und mitbestimmten Unternehmen. Das geht in die Richtung von öffentlichen Investitionen, öffentlicher Beteiligung oder öffentlichen Unternehmen – Mobilität ist als Teil der Daseinsvorsorge ohnehin eine öffentliche Aufgabe.

Transformationsräte, in denen Beschäftigte und Gewerkschaften, Umwelt- und Sozialverbände Vertreter:innen der betroffenen Regionen und Kommunen beraten, könnten über den Einsatz der Mittel aus den Transformationsfonds entscheiden, über die Schritte, die notwendig sind, um die Konversion von Automobilkonzernen in ökologisch orientierte Dienstleistungsunternehmen für die Stärkung der öffentlichen Mobilität voranzutreiben. Ein solcher Umbau kann nur gelingen, wenn er von umfangreicher demokratischer Beteiligung getragen wird.

Die Bedingungen dafür haben sich verbessert. In den letzten Jahren werden soziale und ökologische Fragen aus ihrem falschen Gegensatz herausgeholt:

---

9 https://www.faz.net/aktuell/wirtschaft/mehr-wirtschaft/klimaschutz-dgb-chefin-warnt-vor-oekonomischem-selbstmord-18108442.html

von Gewerkschaften, Klimabewegung und Umweltverbänden. Ausdruck davon sind zahlreiche Gesprächsrunden, gemeinsame politische Erklärungen bis hin zu neuen Allianzen. Genannt seien die Papiere von IG Metall und BUND, von DGB und den GRÜNEN, das Bündnis sozialverträgliche Mobilitätswende (AWO, BUND, IG Metall, NABU, SoVD, VdK, ver.di und VCD). Oft sind Positionen und Forderungen noch vage. Aber sie verdeutlichen: Gewerkschaften sind sich der Bedeutung der ökologischen Problematik bewusst, sie verteidigen nicht ein überkommenes fossilistisches Projekt, weder an der Spitze noch in den Belegschaften. Allerdings ist auch der Anteil derjenigen, die ökologische Fragen als zweitrangig betrachten, nicht zu unterschätzen. Anders als beim Kohleausstieg gehen die Gewerkschaften das Problem bewusst an. Die Annäherung an soziale und ökologische Verbände und Bewegungen ist Ausdruck dieses politischen Suchprozesses – der allerdings immer noch zu langsam vorangeht gemessen am Tempo des Klimawandels.

Der linke Flügel bei Fridays for Future nennt dies einen »ecological turn« in den Gewerkschaften und einen »labour turn« der Klimabewegung, also eine wechselseitige Bezugnahme und Hinwendung (vgl. Candeias 2011). Ein positives Beispiel einer solchen progressiven »ökologischen Klassenpolitik« (Candeias) war die Allianz zwischen ver.di und Fridays for Future bei der bundesweiten Tarifrunde im Nahverkehr – ein längerer politischer Prozess der Annäherung, des Kennenlernens und Zuhörens, der Produktion gemeinsamer Interessen und schließlich der Organisation gemeinsamer Aktionen: Es war der Versuch, »Machtressourcen der verschiedenen Bewegungen zusammenzuführen« (vgl. Autor:innenkollektiv climate.labour.turn 2022). Nicht die Kritik am Anderen sollte dabei im Vordergrund stehen. Wichtiger sind die Gemeinsamkeiten und »Potenziale der beiden Bewegungen«. So kämpften »die 60-jährigen Bus- und Bahnfahrer:innen« für das Klima, den Ausbau des öffentlichen Nahverkehrs und bessere Arbeitsbedingungen, »Hand in Hand mit der 20-jährigen Lehramtsstudent:in« (ebd.). Im Organisationsbereich der IG Metall ist etwas Vergleichbares schwieriger, aber auch durchaus möglich.

Die nächste Tarifrunde im Nahverkehr steht im Jahr 2023 an. Sie wäre ein guter Anlass, neue Allianzen zu bilden für eine gerechte Mobilitätswende *und* eine »Green Industrial Revolution« (wie es bei Corbyn hieß). Nur wenn es gelingt, die unterschiedlichen Machtressourcen von Gewerkschaften (vor allem IG Metall, EVG und ver.di), Bewegungen (von FfF, BUND und VCD bis hin zu Mobilitätsinitiativen) und linken Organisationen (von #unteilbar bis Die LINKE) zu bündeln, kann ausreichend Gegenmacht aufgebaut werden. Weshalb also nicht eine gemeinsame Kampagne für den Ausbau des ÖPNV und der Bahn plus den Aufbau von Schienenfahrzeug-, Bus- und Radproduktion organisieren? Und gemeinsame (Solidaritäts-)Streiks für dieses Common Good (Zeise 2022) anpeilen, ganz im Sinne einer ökologischen Klassenpolitik?

Literatur

Blöcker, Antje (2022): Busse – Seitenstrang oder Potenzial für die Mobilitätswende?, in: Candeias/Krull 2022, 249–94

Boewe, Jörn/Krull, Stephan/Schulten, Johannes (2022): »E-Mobilität, ist das die Lösung?!« Eine Befragung von Beschäftigten, in: Candeias/Krull 2022, 19–60

Candeias, Mario (2011): Strategische Probleme eines gerechten Übergangs, in: LuXemburg H. 1, 90–97, www.zeitschrift-luxemburg.de/strategische-probleme-eines-gerechten-uebergangs/

Candeias, Mario/Rilling, Rainer/Röttger, Bernd/Thimmel, Stefan (Hrsg.) (2011): Globale Ökonomie des Autos. Mobilität.Arbeit.Konversion, Hamburg

Candeias, Mario (2020): Der Mietendeckel der Mobilität, in: LuXemburg H.1, https://zeitschrift-luxemburg.de/artikel/mietendeckel-der-mobilitaet/

Knierim, Bernhard (2022): Beschäftigte in der deutschen Schienenfahrzeugindustrie, in: Candeias/Krull 2022, 295–324

Knierim, Bernhard (2022b): Öffentliche Unternehmen als Einstiege in eine Konversion der Mobilitätsindustrien und Gute Arbeit, Rosa-Luxemburg-Stiftung, www.rosalux.de/publikation/id/46512/oeffentliche-unternehmen-als-einstiege-in-eine-konversion

LuXemburg (2020): Bahn frei!, H. 1, https://zeitschrift-luxemburg.de/ausgaben/bahn-frei/

M-FIVE (2020): Beschäftigungseffekte nachhaltiger Mobilität: Eine systemische Analyse der Perspektiven in Deutschland bis 2035, https://m-five.de/nationales_projekt05.html

Riexinger, Bernd (2020): Ein linker Green New Deal. Für eine Mobilitätswende und eine soziale, ökologische und demokratische Transformation der Autoindustrie, in: LuXemburg-Online, März, https://www.zeitschrift-luxemburg.de/ein-linker-green-new-deal/

Riexinger, Bernd (2020b): System Change – Plädoyer für einen linken Green New Deal, Hamburg

Riexinger, Bernd/Becker, Lia (2017): For the many, not the few: Gute Arbeit für Alle! Vorschläge für ein Neues Normalarbeitsverhältnis, in: Sozialismus, Supplement zu Heft 9, www.sozialismus.de/fileadmin/users/sozialismus/pdf/Supplements/Sozialismus_Supplement_2017_09_Riexinger_Becker_NAV.pdf

Rudolph, Frederic/Giustolisi, Alessio/Butzin, Anna/Amon, Eva (2020): Branchenstudie Fahrradwirtschaft in Deutschland: Unternehmen, Erwerbstätige, Umsatz, hrsg. v. Wuppertal Institut für Klima, Umwelt, Energie und Institut Arbeit und Technik der Westfälischen Hochschule, Wuppertal/Gelsenkirchen, www.ziv-zweirad.de/uploads/media/Studie_der_Fahrradwirtschaft_lang.pdf

Sander, Hendrik (2021): Wer bezahlt die mobilitätsgerechte Stadt? Instrumente für eine alternative Finanzierung der ÖPNV, Rosa-Luxemburg-Stiftung, Berlin, www.rosalux.de/publikation/id/45473/wer-bezahlt-die-mobilitaetsgerechte-stadt

Urban, Hans-Jürgen (2019): Wirtschaftsdemokratie als Transformationshebel, in: Blätter für deutsche und internationale Politik, Nr. 11, 105–14

Waßmuth, Carl (2020): Eine andere Bahn ist möglich. Wieso die Deutsche Bahn grundlegend umgebaut werden muss, in: LuXemburg, H. 1, www.zeitschrift-luxemburg.de/eine-andere-bahn-ist-moeglich/

Waßmuth, Carl/Winfried Wolf (2020): Verkehrswende. Ein Manifest, Köln

Wolf, Winfried (2020): Die E-Auto-Lüge öffnet Scheunentore für die Rechtsextremen, in: lunapark21, 12. Januar, www.lunapark21.net/die-e-auto-luege-oeffnet-scheunentore-fuer-die-rechtsextremen/

Zweirad-Industrie-Verband (ZIV) (2021): Marktdaten 2020, 9. März, Berlin

Heiko Reese
Unser Herz aus Stahl hat eine grüne Zukunft

Wir müssen handeln! Diese Erkenntnis setzt sich nicht erst nach den immer dramatischeren Naturkatastrophen der letzten Jahre durch. Die Klimaerwärmung spricht eine eindeutige Sprache, und ihr größter Treiber ist die Industrialisierung. Diese Erkenntnis leugnen heute nur noch wenige. Wie aber muss dieses Handeln aussehen? Lösen wir den Zusammenhang von Klimaerwärmung und Industrialisierung nur dadurch auf, dass wir uns von industriellen Strukturen verabschieden? In den vergangenen Jahren konnte man oftmals den Eindruck gewinnen, es sei nur eins möglich: Industriepolitik oder Klimapolitik. Manch einer vertrat sogar die Meinung, dass eine CO_2-Reduzierung nur durch Deindustrialisierung zu erreichen sei.

Grüner Stahl ist das zentrale Zukunftsprojekt
IG Metall und Betriebsräte sahen das schon immer anders. Allerdings muss ein radikaler Wandel in der industriellen Welt stattfinden. Wir müssen die Stärken der Industrie und ihrer Beschäftigten nutzen, um Lösungen zu entwickeln, die beiden Zielen Rechnung tragen. Ein starker industrieller Sektor, der klimafreundliche Produkte nachhaltig produziert, beschreibt das Zielbild. Dafür braucht es nicht nur Ingenieure, sondern vielmehr alle Beschäftigten. Gerade sie zeigen Jahr für Jahr, welche kreativen Lösungen in ihren Köpfen schlummern. Insbesondere in der montanmitbestimmten Stahlindustrie wird deutlich, dass hier eine gemeinsame Aufgabe zu lösen ist: Von den Beschäftigten und den Unternehmen. Die Transformation der Stahlindustrie hin zu einer klimaneutralen Produktion von grünem Stahl ist das zentrale Zukunftsprojekt.

Die aktuellen und vergangenen Krisen haben ihren Einfluss auf dieses schnell umzusetzende Zukunftsprojekt. Die Corona-Krise führte dazu, dass Finanzmittel zur Bewältigung der Pandemie umgelenkt wurden, Betriebe kämpften ums Überleben und verloren ebenfalls notwendigen Finanzspielraum für die Transformation. Der Ukraine-Krieg setzte ein großes Fragezeichen hinter das Kernthema einer gelungenen Transformation, die Energieversorgung. Die Aufgabe bleibt, die Dringlichkeit nimmt nicht ab, die Rahmenbedingungen werden aber immer unsicherer. Eine Mammutaufgabe für die betrieblichen Interessenvertretungen, die Beschäftigten und die Gewerkschaften.

Die Stahlindustrie stand schon immer im Fokus von klimapolitischen Zielen. Das verwundert auch nicht, schaut man sich den Anteil der CO_2-Emissionen der Stahlindustrie an den gesamten Emissionen im industriellen Sektor in Deutschland an. Dieser liegt bei 30 Prozent. Das könnte dazu verleiten, die Stahlindustrie in Verbindung mit Klimaschutz als großes Problem anzusehen. Es ist jedoch viel mehr eine große Chance. Diese liegt darin, der Gesellschaft zu zeigen, dass die im Pariser Abkommen festgelegten Klimaschutzziele zu erreichen sind. Der CO_2-Ausstoß kann nahezu auf Null gesenkt werden, ohne massenhaft Arbeitsplätze zu verlieren. Schafft man die Transformation in der Stahlindustrie, hat man einen großen Hebel bewegt und kann signifikante Erfolge vermelden, die Mut für den weiteren Weg machen und Sicherheit geben.

Es braucht aktive Industriepolitik

Deutschland hat in den vergangenen Jahrzehnten bereits eine relevante Senkung der CO_2-Emissionen erreicht. Das ist aber nur ein scheinbarer Erfolg. Er ist hauptsächlich auf die Deindustrialisierung in den östlichen Landesteilen in den 1990er Jahren zurückzuführen. Das war und ist kein Zukunftsmodell und somit nur ein Scheinerfolg, der darüber hinaus auch nicht ausreichend ist. Klimaziele dürfen nicht durch Deindustrialisierung, sondern müssen durch konsequente Nutzung von technischen Möglichkeiten erreicht werden. Die Stahlindustrie könnte dabei ein Paradebeispiel sein.

Dazu ist es allerdings absolut notwendig, dass die politischen Entscheidungsträger in Deutschland und Europa wieder aktive Industriepolitik betreiben. In den letzten Jahren konnte man den Eindruck gewinnen, dass jedes Start-Up mit drei prekären Beschäftigten mehr im Fokus der politischen Diskussionen stand als Industrieunternehmen mit mehreren tausend Beschäftigten. Dabei konnte man doch aus der Finanz- und Wirtschaftskrise 2008/09 lernen, wie wertvoll die industrielle Basis ist. Länder mit einem hohen industriellen Anteil am Bruttoinlandsprodukt haben diese Krise weitaus besser und schneller überwunden als andere Länder.

Damit ist nicht gemeint, dass wir ausschließlich auf industrielle Entwicklung setzen sollen. Wir müssen schon zur Kenntnis nehmen, dass Unternehmen der »New Economy« mittlerweile ein Vielfaches des Marktwertes der sogenannten »Old Economy« erreicht haben und somit ein nicht zu unterschätzender Bestandteil einer gesunden Volkswirtschaft sind. Daraus aber zu schließen, Wirtschaftspolitik müsse eben diesen Bereich in den Fokus des politischen Handelns stellen, würde sich langfristig als Trugschluss herausstellen. Vielmehr müssen Zukunftsindustrien entwickelt und bestehende industrielle Strukturen transformiert werden.

Deutschland muss also seinen industriellen Sektor stärken, muss insbesondere Vorreiter in Klimaschutztechnologien werden. Es wird sich zukünftig das Unternehmen an der Spitze der Weltwirtschaft etablieren, das die umweltfreundlichsten Produkte im umweltfreundlichsten Produktionsverfahren herstellt. Diesen Weg wollen die Mitbestimmungsgremien in der Stahlindustrie gemeinsam mit der IG Metall begleiten, gestalten und vor allem vorantreiben. Hierbei spielt die hohe emotionale Verbindung der Stahlarbeiterinnen und Stahlarbeiter eine große Rolle. Der Stolz auf den ausgeübten Beruf ist in der Montanindustrie in hohem Maße ausgeprägt. Das führt zu einem starken Engagement, an notwendigen Veränderungen aktiv mitzuarbeiten und somit Arbeitsplätze zu sichern. Nicht nur für die eigene Generation, sondern auch für folgende.

Stahlproduktion ohne fossile Energien
Die europäische Union hat sich zum Ziel gesetzt, die Treibhausgasemissionen bis zum Jahr 2030 um mindestens 55 Prozent gegenüber dem Jahr 1990 zu senken. Spätestens im Jahr 2050 soll in Europa Treibhausgas-Neutralität bestehen. Um diese Klimaschutzziele zu erreichen ist eine weitestgehende Dekarbonisierung unabdingbar, auch in der Stahlindustrie. Technologisch ist das machbar, aber auch mit großen Herausforderungen verbunden. Die Produktionsverfahren in der Stahlindustrie teilen sich in die Hochofen- und Elektroofenroute auf. Im Hochofen wird durch Einsatz von Kohle der Rohstoff Eisenerz reduziert. Im Elektroofen wird mittels eines Elektrolichtbogens Stahlschrott geschmolzen. Beide Verfahren sind technisch-physikalisch weitestgehend ausgeschöpft. Das genannte Ziel kann nur mit einem völlig neuartigen Produktionsprozess erreicht werden. Um diesen Wandel zu schaffen, muss in der Hochofenroute zukünftig Wasserstoff als Reduktionsmittel eingesetzt werden und damit die Kohle ersetzen. Auf der Elektroofenroute muss der konventionelle Strom durch Strom aus erneuerbaren Energien ersetzt werden. In beiden Verfahren müssen fossile Energien ersetzt werden.

Alle großen Stahlhersteller haben mittlerweile angekündigt, bis zum Jahr 2050 auf eine weitestgehend CO_2-neutrale Stahlproduktion umzustellen. Dabei gehen alle Unternehmen der Hochofenroute den Weg der Direktreduktion von Eisenerz mit Wasserstoff. Die Umstellung von Hochöfen mit Kokskohlereduktion auf Wasserstoffreduktionsöfen (Direktreduktionsanlagen) soll schrittweise erfolgen. Rein technisch ist das alles machbar. Die Stahlunternehmen haben detaillierte Konzepte zur Umsetzung entwickelt und stehen kurz vor dem Start, ihre Produktion umzubauen.

Es geht um 85 000 Arbeitsplätze – und um mehr

Das Zukunftsprojekt Transformation der Stahlindustrie hin zu klimaneutraler Stahlproduktion wird von Betriebsräten und der IG Metall intensiv unterstützt. Den Beschäftigten geht es dabei natürlich hauptsächlich darum, ihre Arbeitsplätze zu erhalten, aber es geht ihnen auch um mehr. Sie wollen auch dazu beitragen, klimapolitische Ziele umzusetzen. Die IG Metall hat ein starkes Interesse daran, die Belegschaften umfassend zu qualifizieren und die vorhandenen Mitbestimmungsmöglichkeiten zu nutzen.

Betrachtet man die 85 000 Beschäftigten in der Stahlindustrie und berücksichtigt man einen Beschäftigungseffekt von weiteren 6,5 Arbeitsplätzen, die an einem Arbeitsplatz in der Stahlindustrie hängen[1], wird schnell deutlich, um welche Dimension es geht. Rund 550 000 Arbeitsplätze sind zu sichern durch die Umstellung auf grüne und damit nachhaltige Produktion. Die Transformation der Stahlindustrie hin zu klimaneutraler Stahlproduktion bietet die große Chance, diese Arbeitsplätze sicherer zu machen. Das wird aber nur mit konkreten politischen Rahmenbedingungen gelingen, die diese Transformation ermöglichen. Schaffen wir es nicht über Forschungs- und Investitionsförderung, über den Aufbau einer Wasserstoffinfrastruktur und über handelspolitische Instrumente, die Transformation zu flankieren, wird die Gefahr des Arbeitsplatzverlustes steigen. Und zwar nicht nur für die Beschäftigten in den Kokereien, denn diese Arbeitsplätze wird es bei der Umstellung auf das Wasserstoffreduktionsverfahren zukünftig nicht mehr geben. Es geht auch um die Beschäftigten am Hochofen, in den Walzwerken und in allen anderen Bereichen eines Stahlwerks. Stimmen die durch die Politik gesetzten Rahmenbedingungen nicht, gibt es auch keine Sicherheit, dass sich die hohen Investitionen und die erhöhten Betriebskosten auch lohnen. Genau diese Sicherheit der regulatorischen Rahmenbedingungen ist aber Grundvoraussetzung für Investitionsentscheidungen der Unternehmen im Milliardenbereich. Eine Wasserstoffreduktionsanlage muss nicht zwingend an den Weiterverarbeitungsaggregaten entstehen, so wie heute der Hochofen untrennbar mit den Walzwerken in den integrierten Hüttenwerken verbunden ist. Sie kann auch dort gebaut werden, wo erneuerbare Energie in großen Mengen und zu niedrigen Preisen verfügbar ist, meist außerhalb von Deutschland und Europa. Anders als das flüssige Roheisen, das aus dem Hochofen kommt, produziert die Direktreduktionsanlage Eisenschwamm, in fester Form, der transportierbar ist. Gelingt es also nicht, die entsprechenden Rahmenbedingungen zu schaffen, könnten Hochöfen und Elektroöfen abwandern. In

---

1 Roland Döhrn und Roland Janßen-Timmen, Die volkswirtschaftliche Bedeutung der Stahlindustrie, Rheinisch-Westfälisches Institut für Wirtschaftsforschung, 2012.

Deutschland würde nur noch gewalzt. Tausende Arbeitsplätze würden wegfallen, und wann die Walzwerke folgen würden, wäre nur noch eine Frage der Zeit. Es geht also um nichts weniger als darum, die Grundstoffindustrie in den hiesigen Wertschöpfungsketten zu sichern.

Langfristige Strategien sind gefragt
Die Stahlindustrie ist aber auch nur ein Teil der Transformation hin zu klimaneutraler Produktion in der gesamten Industrie. Klimaneutrale Produktion wird zu erhöhten Produktionskosten führen. Diese erhöhten Kosten können nur als Anschubförderung – zeitlich begrenzt – vom Staat abgedeckt werden. Langfristig muss es darum gehen, grüne Leitmärkte zu etablieren. Letztendlich werden auch die Verbraucher für klimaneutrale Produkte tiefer in die Tasche greifen müssen, ähnlich wie im Lebensmittelsektor, in dem heute auch für ökologisch unbedenkliche Bio-Produkte mehr bezahlt werden muss.

Es geht aber eben nicht nur um die Arbeitsplätze in der Stahlindustrie. Die Stärke des Industriestandorts Deutschland liegt in seinen geschlossenen Wertschöpfungsketten. Sie sind für den Wirtschaftsstandort Deutschland von grundlegender Bedeutung und damit natürlich auch für die Sicherung von industriellen Arbeitsplätzen. Die Stahlindustrie steht als Grundstoffindustrie am Beginn dieser Wertschöpfungskette und sichert gemeinsam mit der weiterverarbeitenden Industrie die industrielle Basis in Deutschland. Die wichtigen Branchen Fahrzeugbau und Maschinenbau sind eng mit der Grundstoffindustrie verzahnt. Gemeinsame Werkstoffentwicklungen bilden das Fundament von qualitativ hochwertigen Endprodukten.

Nur ein Beispiel ist der Leichtbau. Gemeinsam mit der Automobilindustrie werden durch die Stahlindustrie neue leichte und hochfeste Stähle entwickelt, die dann – im Automobil verbaut – das Gewicht und damit die Emissionen senken. Ein Aufbrechen dieser eng verbundenen Wertschöpfungskette wäre zwar möglich, aber sicher nicht ratsam. Qualität und Produktinnovation würde sinken. Somit befinden sich nicht nur die 85 000 Beschäftigten der Stahlindustrie in Gefahr, sondern auch die Arbeitsplätze in der weiterverarbeitenden Industrie. Eine rein kostenorientierte Sichtweise auf den Bereich Vormaterial wäre sicher für die Betriebsergebnisse der Weiterverarbeiter interessant. Manch einer setzt auf günstigen Stahl, der von Drittländern außerhalb der europäischen Union geliefert wird. Langfristig jedoch würde man sich abhängig von diesen Lieferungen machen und dann eine deutlich schlechtere Wettbewerbsposition haben. Hier muss sich also die langfristige Strategie gegenüber dem Blick auf den nächsten Jahresabschluss durchsetzen.

Enormer Qualifizierungsbedarf

Die Transformation in der Stahlindustrie wird aber nicht nur die technischen Anlagen transformieren. Es werden auch viele einzelne Arbeitsplätze betroffen sein. Die Kokereien, die heute aus Kohle Koks zum Einsatz im Hochofen herstellen, wird es in Zukunft nicht mehr geben. Als Reduktionsmittel wird Wasserstoff eingesetzt. Die Auswirkungen auf die Beschäftigten in der Kokerei wird sich jeder vorstellen können. Will man weiterhin das Reduktionsmittel in den Hütten erzeugen, also zukünftig Wasserstoff statt Koks, müssen die Beschäftigten umgeschult werden. Dazu müssen bereits heute die Planungen beginnen. Es werden völlig neue Anforderungen auf diese Beschäftigten zukommen.

Aber nicht nur in den Kokereien entsteht ein erheblicher Qualifizierungsbedarf. Auch die hochkomplexen Vorgänge im Hochofen werden sich grundlegend ändern. Es bedarf schon heute jahrelanger Berufserfahrung und intensiver Qualifikation, um im Beruf des Verfahrensmechanikers Hütten- und Halbzeugindustrie, Fachrichtung Metallurgie, kurz gesagt als Stahlkocher, zu arbeiten. Um diesen und viele andere Berufe auf die neuen Anforderungen vorzubereiten, wird man auch diese Teile der Belegschaft intensiv schulen müssen. Darüber hinaus muss das gesamte Berufsbild angepasst werden, Ausbildungsgänge brauchen neue Inhalte. Das sind nur zwei Beispiele für die großen Herausforderungen der Transformation, bezogen auf die einzelnen Arbeitsplätze. Die gesamte Struktur der heutigen Stahlwerke wird sich, bezogen auf die notwendigen Qualifikationen, grundlegend ändern.

Der Mitbestimmung kommt dabei eine besondere Bedeutung zu. Der Kampf um die Arbeitsplätze in der Stahlindustrie, der Einfluss auf Qualifizierungsmöglichkeiten für die Belegschaften und nicht zuletzt auch ein industriepolitisches Engagement stehen dabei ganz oben auf der Agenda. Die Montanmitbestimmung ist dabei ein wichtiges Element. Betriebsräte haben sich gemeinsam mit der IG Metall massiv dafür eingesetzt, den Weg der Transformation zu beschreiten. In Wirtschaftsausschusssitzungen und in Aufsichtsratssitzungen haben Betriebsräte die Möglichkeiten eines Umbaus der Stahlindustrie von den Vorständen eingefordert. Immer mit dem Ziel, eine Stahlindustrie zu sichern, die umweltpolitisch verantwortungsvoll handelt und gleichzeitig gute Arbeitsbedingungen und Arbeitsschutzstandards erhält.

Diese Mitbestimmungsmöglichkeiten müssen auch in Zukunft genutzt werden, wenn es darum geht die notwendige Qualifizierung zu sichern. Für diese Qualifizierung dürfen nicht die Beschäftigten allein verantwortlich sein. Die Unternehmen müssen die entsprechenden Angebote schaffen, Weiterbildungspläne müssen mit den Betriebsräten beraten werden, den Beschäftigten muss die Zeit gegeben werden, die Weiterbildung auch wahrnehmen zu können. Diese und viele andere Themen werden die Betriebsparteien in Zukunft verbindlich regeln müssen. Das Montanmitbestimmungsgesetz bildet dafür den Rahmen und beweist einmal mehr wie wichtig es ist.

Hohe Bedeutung der IG Metall-Kampagne »Stahl ist Zukunft«

Neben den vielfältigen Aufgaben auf der betrieblichen Ebene haben sich die Betriebsräte der Stahlindustrie, gemeinsam mit der IG Metall, aber auch intensiv in die industriepolitische Debatte in Deutschland und Europa eingemischt. Bereits seit Jahren setzt sich die IG Metall gemeinsam mit den Betriebsräten der Stahlindustrie für geeignete politische Rahmenbedingungen ein, die den klimapolitischen Zielen Rechnung tragen, aber auch den Wirtschaftsstandort Deutschland und seine Arbeitsplätze nicht gefährden.

Neben der betrieblichen Ebene der Umsetzung von Klimaschutzzielen braucht es auch die richtigen regulatorischen Rahmenbedingungen. Die werden auf der Ebene der Bundesregierung, in zunehmendem Maße aber auch in der Europäischen Union gesetzt. War politische Lobbyarbeit bisher eher den Arbeitgebervertretern zugeordnet, hat sich hier ein Wandel vollzogen. Arbeitnehmervertreter suchen den engen politischen Kontakt, um ihr selbst definiertes Ziel umzusetzen, den ökologischen Wandel zu gestalten und dabei die Interessen der Beschäftigten zu wahren.

Bereits im Jahr 2015 startete die IG Metall die Kampagne »Stahl ist Zukunft«. Ausgangspunkt war die intensive Diskussion mit Betriebsräten in der jährlich stattfindenden Branchenkonferenz der IG Metall. Die Europäische Union plante zu dieser Zeit die Reform des Emissionsrechtehandels für die vierte Handelsperiode von 2021 bis 2030. Der von der Europäischen Kommission vorgelegte Entwurf drohte Kostenbelastungen in Milliardenhöhe für die Stahlindustrie zu generieren. Grundsätzlich ist der europäische Emissionsrechtehandel ein geeignetes System, um den Transformationsdruck hin zu grüner Stahlproduktion herzustellen. Es ist jedoch immer wieder eine Gratwanderung. Es muss exakt der Punkt getroffen werden, an dem eine mit höheren Kosten belastete CO_2-intensive Produktion nicht die finanziellen Mittel auffrisst, die benötigt werden, um auf eine grüne Produktion umzubauen. Der Kampf um ein passgenaues Emissionsrechtehandelssystem war und ist immer noch ein entscheidender Teil der politischen Aktivitäten von Betriebsräten und IG Metall.

Es gab aber auch weitere Umstände, die letztendlich zur Notwendigkeit für die Kampagne »Stahl ist Zukunft« führten. Die Bundesregierung plante parallel zur Reform des Emissionsrechtehandels auf europäischer Ebene eine Reform des Erneuerbare Energien-Gesetzes (EEG) in Deutschland. Dies hätte erhebliche Auswirkungen auf die Kuppelgasverstromung gehabt.

Hier sollte zukünftig eine Abgabe für Strom aus Kuppelgasen gezahlt werden. Diese Kuppelgase fallen bei der Stahlerzeugung an und werden in eigenen Kraftwerken zur Stromerzeugung genutzt. Der so produzierte Strom wird zu großen Teilen selbst von der Stahlindustrie wieder verbraucht. Ein ökologisch sinnvoller Prozess, der durch die geplante Abgabe infrage gestellt worden wäre.

Das dritte Thema waren die stetig wachsenden Dumpingimporte in die Europäische Union. Der weltweite Stahlmarkt leidet unter erheblichen Überkapazitäten, die sich hauptsächlich auf China konzentrieren. Hinzu kamen Subventionen des chinesischen Staats für die Stahlproduktion und Rohstoffe. Damit wurde ein erheblicher Kostenvorteil produziert, und die Importe in die europäische Union stiegen. Zwar konnte der Markt in Europa durch eine Vielzahl von Anti-Dumping-Verfahren noch weitestgehend geschützt werden. Diese Anti-Dumping-Verfahren drohten jedoch wirkungslos zu werden, sobald China vollwertiges WHO-Mitglied würde, was im Jahr 2016 der Fall sein sollte. Ein massiver Anstieg der Stahlimporte wäre der Fall gewesen. Somit wurde die Forderung nach einem ausreichenden Schutz des Stahlmarktes in Europa Bestandteil der Kampagne »Stahl ist Zukunft«.

Zum Höhepunkt der Kampagne kamen im April 2016 beim Stahlaktionstag 45 000 Beschäftigte auf die Straße, um ihren Forderungen Gehör zu verschaffen. Immerhin jeder zweite Beschäftigte in der Stahlindustrie beteiligte sich an diesem Aktionstag. Im November des Jahres 2016 kamen dann nochmal 15 000 Stahlbeschäftigte aus ganz Europa, davon alleine aus Deutschland 12 000, in Brüssel zusammen, um dort ebenfalls auf die Missstände aufmerksam zu machen. Die Aktionstage verfehlten ihre Wirkung nicht. Stahl kam auf die politische Tagesordnung, im europäischen Parlament, im Bundestag und im Bundesrat. Änderungen zur Reduzierung der Kostenbelastung im Emissionsrechtehandel, ein Verhindern der neuen EEG-Abgabe auf Strom aus Kuppelgasen und neue Richtlinien für Handelsschutzmaßnahmen waren die konkreten Erfolge dieser Kampagne.

Weitere Aufgaben aktiver Industriepolitik
Schon kurz nach diesen Erfolgen war klar, dass das Thema Transformation der Stahlindustrie hin zu klimaneutraler Stahlproduktion eine permanente Herausforderung für die nächsten Jahrzehnte ist. Die politischen Rahmenbedingungen standen weiter im Fokus. Betriebsräte und IG Metall haben sich weiter zum Ziel gesetzt, aktiv die Industriepolitik in Deutschland mit zu gestalten. Nach vielen Diskussionen auf der betrieblichen Ebene haben sich folgende Forderungen an die Politik herauskristallisiert.

Sozial-ökologische Transformation – Trends und Umbrüche

Forschungs- und Investitionsförderung
Die Umstellung der Produktion auf CO_2-arme Produktionsverfahren wird mit erheblichem Forschungs- und Investitionsaufwand verbunden sein. Dieser liegt bei rund 30 Milliarden Euro bis zum Jahr 2050.[2] Ein durchschnittlicher Umsatz von ca. 40 Milliarden Euro pro Jahr in der Stahlindustrie macht die Dimensionen deutlich. Zu den zu erwartenden höheren Ausgaben für die Dekarbonisierung müssen auch noch die Forschungsaufwände und höhere operative Kosten gerechnet werden. Es bedarf staatlicher Unterstützung bei Forschung und großtechnischer Umsetzung. Mittel dafür sollten aus den Einnahmen des Emissionsrechtehandels zur Verfügung gestellt werden sowie aus öffentlichen Fördermitteln Deutschlands und der europäischen Union. Diese umfangreichen Investitionen müssen in einem Umfeld geleistet werden, in dem die Stahlindustrie mit Kosten aus dem Emissionsrechtehandel und steigenden Stromkosten eine schwieriger werdende Wettbewerbsposition im internationalen Vergleich zu verkraften hat. Darüber hinaus zeigt sich, dass die Stahlunternehmen es bisher versäumt haben, eine Branchenstrategie zu entwickeln. Gemeinsame Forschungsaktivitäten bis hin zu Überlegungen für eine gemeinsame Rohstahlbasis werden hier durch die IG Metall gefordert. Für den Stahlstandort und den Wirtschaftsstandort Deutschland wären Kooperationen der Stahlunternehmen zu begrüßen, um in dieser Technologie weltweit Vorreiter zu werden.

Energieinfrastruktur
Der gesamte Energiebedarf für diese Umstellung ist gigantisch. Erwartet wird ein zusätzlicher Strombedarf von mindestens 130 Terawattstunden (TWh)[3] pro Jahr. Im Jahr 2018 wurden in Deutschland insgesamt 226 TWh Strom aus erneuerbaren Energien bereitgestellt, was in etwa auch dem Niveau der Stromerzeugung aus Braun- und Steinkohle zusammen entspricht. Ein anderes Beispiel verdeutlicht noch viel intensiver die zukünftigen Bedarfe. Wollte man die zusätzlich benötigten 130 TWh über Windkraftanlagen erzeugen, müssten 12 000 zusätzliche Windkraftanlagen neuesten Typs (5 Megawatt) errichtet werden[4].

Ein weiteres Problem ist die fehlende Infrastruktur. Es wird nicht ausreichen, die notwendige Stromkapazität aus erneuerbaren Energien zur Verfügung zu stellen. Der Strom muss auch dort verfügbar sein, wo die industriellen Anlagen ihn benötigen. Dazu sind entweder die Stromtrassen ent-

---

2   Wirtschaftsvereinigung Stahl, Der Beitrag der Stahlindustrie zu einer klimaneutralen Wirtschaft in 2050, 2019.
3   Ebd.
4   Ebd.

sprechend auszubauen oder aber Leitungskapazitäten für den Transport von Wasserstoff zu errichten. Zusätzlich müssen die entsprechenden Elektrolysekapazitäten zur Herstellung des benötigten Wasserstoffs geschaffen werden. Versorgungssicherheit, Netzstabilität und bezahlbarer Strom aus erneuerbaren Energien sind hier die Herausforderungen. Mit dem beschlossenen Weg des Kohleausstiegs ist man seitens der Bundesregierung aus Sicht der IG Metall auch die Verpflichtung eingegangen, die damit verbundenen Risiken zu beherrschen. Dabei geht es nicht nur um strukturpolitische Maßnahmen in den Kohleregionen, sondern auch um die Frage von Versorgungssicherheit mit Strom. Erneuerbare Energien sowie die dazugehörigen Stromtrassen müssen ausgebaut werden.

Darüber hinaus braucht es den Aufbau einer Wasserstoffinfrastruktur. Andere Industriestaaten, wie z. B. Japan, hatten lange vor Deutschland eine Wasserstoffstrategie. Die Bundesregierung muss die vorgelegte Wasserstoffstrategie für den Industriestandort Deutschland nun schnell und konsequent weiterentwickeln.

Handelspolitik

In den vergangenen Jahren stand die Handelspolitik für die Stahlindustrie immer wieder im Fokus. Im Jahr 2015 mit massiv gestiegenen Stahl-Dumping-Importen und der Diskussion über den Marktwirtschaftsstatus der VR China, oder aber in den vergangenen zwei Jahren mit Trumps Zöllen auf Stahl und Aluminium und den damit verbundenen Safeguardmaßnahmen der EU. Auch in Zukunft werden vor dem Hintergrund von klimapolitischen Aktivitäten handelspolitische Instrumente im Fokus stehen. Zurzeit werden Stähle in die EU importiert, die mit höheren CO_2-Emissionen belastet sind als der in der EU produzierte Stahl. Hinzu kommt noch der klimaschädliche Transport über die Weltmeere und die Tatsache, dass er aufgrund fehlender Emissionsrechtehandelssysteme kostengünstiger hergestellt werden kann, ganz zu schweigen von den Arbeitsbedingungen, unter denen er hergestellt wird. Daraus leitet sich eine Forderung ab, die seitens der IG Metall nun gegenüber der Bundesregierung und der Europäischen Union erhoben wird. Um wettbewerbstechnische Nachteile auszugleichen, vorrangig aber um den klimapolitischen Zielen Rechnung zu tragen, könnte eine Carbon Border Tax ein adäquates Instrument sein, um ein Level-Playing-Field, sprich einigermaßen gleiche Bedingungen im globalisierten Wettbewerb, zu erreichen. Dabei handelt es sich um eine Abgabe, die an den Außengrenzen der EU erhoben werden soll. Vereinfacht gesagt erhält der CO_2-Anteil der importierten Produkte einen Preis. Diese Mittel könnten dann zur Finanzierung von CO_2-senkenden Technologien eingesetzt werden.

Sozial-ökologische Transformation – Trends und Umbrüche

Transformation unter weiterhin schwierigen Bedingungen
Die hier genannten drei Themenfelder standen im Fokus der Aktivitäten in den vergangenen Jahren von 2019 bis heute. Die Belegschaften haben den ständigen Kampf um die politischen Rahmenbedingungen für ihre Stahlindustrie verinnerlicht. Die Notwendigkeit, die komplette Stahlproduktion umzubauen, löst zwar immer noch Sorgen und Ängste aus, ist aber allgemein akzeptiert. Die Belegschaften beteiligen sich mit vielfältigen Aktionen am notwendigen Druck auf politische Entscheidungsträger. Mit Erfolg. Im Sommer 2020 legte die Bundesregierung ein Handlungskonzept Stahl vor. Dort sind alle notwendigen politischen Maßnahmen beschrieben, damit die grüne Stahlproduktion Realität werden kann. Im Kern dieses Konzeptes finden sich exakt die Forderungen der IG Metall wieder, die im Zusammenhang mit der Transformation und der Kampagne »Stahl ist Zukunft« gestellt wurden. Die Transformation soll mit staatlicher Unterstützung sowohl bei Investitionen als auch bei erhöhten operativen Kosten gefördert werden. Es wird eine Wasserstoffstrategie der Bundesregierung erstellt und durch einen nationalen Wasserstoffrat begleitet. Im Bereich der Handelspolitik wird festgehalten, dass die Carbon-Leakage-Instrumente wie freie Zuteilungen im Emissionsrechtehandel oder aber ein Grenzausgleichsystem erhalten beziehungsweise eingeführt werden müssen. Carbon-Leakage-Instrumente sollen einen Wettbewerbsnachteil ausgleichen, der durch die Anwendung von Klimaschutzinstrumenten gegenüber den Staaten entsteht, die solche Instrumente nicht anwenden. Dieses Handlungskonzept Stahl ist ein Meilenstein in der gesamten Auseinandersetzung und macht die Arbeitsplätze in der Stahlindustrie ein weiteres Stück sicherer und die Produktion grüner.

Ein Konzept bedeutet aber noch nicht die Umsetzung in konkrete Maßnahmen. Diese Herausforderung stand im Mittelpunkt der Aktivitäten in den Jahren 2020 bis heute. Allerdings waren diese Jahre auch von der Corona-Pandemie und jüngst vom Angriffskrieg Russlands auf die Ukraine geprägt. Dies hatte und hat Auswirkungen auf die Transformation der Stahlindustrie. Die Coronakrise traf die Unternehmen hart. Durch den Lockdown wurden von heute auf morgen Produktionskapazitäten heruntergefahren. Dies war zwar in vielen industriellen Bereichen der Fall, jedoch hat die Stahlindustrie besonders gelitten. Ein Hochofen kann nicht von heute auf morgen heruntergefahren werden. Die Folge waren erheblich negative Geschäftsergebnisse, die bereits schwache Ergebnisse der Vorjahre noch verstärkten. Die unweigerliche Folge war, dass finanzielle Mittel für den riesigen Investitionsbedarf aufgezehrt wurden. Die Notwendigkeit staatlicher Förderung wuchs. Gleichzeitig musste der Staat jedoch hohe Milliardenbeträge für die Bewältigung der Corona-Pandemie aufwenden. Das führte, wenn auch ungewollt, zu einer

Verlangsamung der Transformationsbemühungen. Kaum ließen die Belastungen der Corona-Pandemie nach, führte der Angriffskrieg Russlands auf die Ukraine zu einer weiteren Belastung. Insbesondere die damit aufkommenden Unsicherheiten im Energiesektor, verbunden mit rasant steigenden Energiekosten, lasten schwer auf den Projekten CO_2-freier Stahlproduktion. Es war allgemein anerkannt, dass auf dem Weg hin zu grüner Stahlproduktion mit Wasserstoff Gas als Übergangsenergieträger die Kohle ersetzen soll. Dies ist notwendig, da die benötigten Wasserstoffmengen in so kurzer Zeit nicht zur Verfügung gestellt werden können. Für eine entsprechende Wasserstoffversorgung müssen erneuerbare Energien massiv ausgebaut werden und darüber hinaus die entsprechende Infrastruktur, wie Stromtrassen und Wasserstoffpipelines, errichtet werden. Mit dem Ukraine-Krieg und den damit einhergehenden geopolitischen Verwerfungen ist die Möglichkeit, Gas als Übergangsenergieträger zu nutzen, in erheblichem Maße unsicherer geworden. Ziel muss es sein, nun noch schneller für eine entsprechende Verfügbarkeit von grünem Wasserstoff zu sorgen. Ein Zurück zu fossilen Energieträgern oder Kernkraft wäre der falsche Weg. Grüne Alternativen müssen noch intensiver vorangetrieben werden.

Der Kampf um sichere Arbeitsplätze in der deutschen Stahlindustrie geht also weiter. Das Transformationsprojekt grüne Stahlproduktion, die CO_2-neutral ist, wird sowohl die beschäftigten, aber auch die Politik in Deutschland noch über Jahrzehnte beschäftigen. Für die Arbeitnehmervertreterinnen und -vertreter steht allerdings fest, dass es zu diesem Weg keine Alternativen gibt. Wir brauchen die Umstellung auf eine nachhaltige Produktion und werden damit die Arbeitsplätze sicherer machen. Dieses Ziel bleibt unumstößlich. Stahl ist Zukunft!

Daniel Friedrich
Transformation an der Küste – Gute Arbeit sichern

Die Industrie an der Küste ist breit aufgestellt. Die Betriebe der Automobil-, Luftfahrt- und Schiffbauunternehmen prägen vordergründig das Bild. Ein vielfältiger Maschinenbau (von Tabakmaschinen bis zur Medizintechnik), das größte Holzcluster Europas mit Sägewerken und Laminatherstellern in Wismar sowie die Windindustrie mit ihren On- und Offshore-Betrieben runden es ab. Verteilt auf viereinhalb Bundesländer sind industrielle Zentren um Hamburg, Bremen, Kiel und Rostock mit größeren Standorten erkennbar. Ansonsten sind die Betriebe mit durchschnittlich 200 Beschäftigen überall im Bezirk verteilt.

Veränderung können wir
Überträgt man das norddeutsche »Sturmerprobt« auf die Arbeit der IG Metall in den letzten dreißig Jahren an der Küste, dann kann man sagen »wir können Wandel und Krise«. Waren die Werften und der Schiffbau Jahrzehnte lang beschäftigungspolitisch die bedeutendste Branche im Norden, sind diese heute durch die Automobil- und Luftfahrtindustrie abgelöst. Allein im Airbus-Werk in Hamburg-Finkenwerder arbeiten ähnlich viele Menschen wie auf allen Werften in Norddeutschland zusammen. Trotzdem sind die Werften und ihre Zulieferer aus der DNA der IG Metall Küste (und Norddeutschlands) nicht wegzudenken. Das Volkswagen-Werk in Emden mit über 9000 Beschäftigten und das Werk von Mercedes-Benz in Bremen mit über 12 000 Mitarbeitenden sind ebenfalls Leuchttürme der Industrie im Norden. Zwar gibt es um diese Werke herum zahlreiche Zulieferer, diese haben aber nicht die gleiche Dominanz wie die Zulieferindustrie zum Beispiel im Saarland oder Baden-Württemberg. Die Windenergie war Heilsbringer und Krisenherd zugleich. In Bremerhaven oder Husum als neue Industrie nach dem Schiffbau angesiedelt, erlebten viele Kolleg:innen nach dem Ende des Schiffbaus auch die Insolvenz oder Schließung ihres Windkraftbetriebes. In der Luftfahrt entwickelte und baute man das größte Flugzeug der Welt und musste dann Jahre später den letzten A380 von Airbus abliefern und die Produktion einstellen. Gelang dies noch ohne betriebsbedingte Kündigungen, kam es während Covid-19 zunächst zu einem massiven Personalabbau bei Airbus und Co. Diesem Abbau folgte der Fachkräftemangel in der gesamten Luftfahrtindus-

trie ab dem Re-Start im Frühjahr 2022. In Mecklenburg-Vorpommern sind nach der Wende tausende Arbeitsplätze – gerade im Schiffbau – abgebaut worden. Massenarbeitslosigkeit, Abwanderung, De-Industrialisierung waren die Folge. Großansiedlungen wie in Sachsen oder Thüringen erfolgten nicht. Kurzum: Den Wandel gestalten. Industrien und Arbeitsplätze neu aufbauen. Für Perspektiven für die Menschen und die Region streiten. Darum geht es. Wenn es um die Gestaltung der Transformation und der Sicherung von Guter Arbeit geht, kann die IG Metall Küste auf reichlich Erfahrungen aufbauen. In diesem Beitrag soll auf den Schiffbau und die zivile Luftfahrtindustrie eingegangen werden.

Schiffbau – Zukunft im Spezialbau

Die Werften in Deutschland haben sich zum Spezialschiffbau entwickelt. Seit über 20 Jahren werden faktisch keine Handelsschiffe, Containerschiffe, Bulker oder ähnliches mehr gebaut. Im zivilen Schiffbau sind Passagierschiffe wie die Kreuzfahrer bei der MEYER WERFT in Papenburg, aber auch Yachten für Superreiche bei Lürssen in Bremen dominierend. Darüber hinaus noch Rettungsboote, Fähren, Behörden- oder Spezialschiffe unter anderem für die Wissenschaft wie das Forschungsschiff Polarstern. Der militärische Schiffbau teilt sich den Überwasserschiffbau (Fregatten, Korvetten, Versorger, Tankschiffe ...) mit der Werften-Gruppe von Lürssen sowie thyssenkrupp marine systems in Kiel. Die Fertigung verteilt sich auf verschiedene eigene und fremde Werften. thyssenkrupp marine systems, besser bekannt als HDW, ist zudem mit an der Weltspitze, wenn es um den Bau von U-Booten geht. Ein weiteres wichtiges Standbein sind die Reparaturwerften. Diese überholen, reparieren oder machen den Umbau sowohl ziviler als auch militärischer Schiffe. Schaut man auf die Transformation im Schiffbau, dann sollten zumindest zwei Ebenen berücksichtigt werden: die Branche und die Arbeitsbedingungen. Vorab sollte eine Frage beantwortet werden: Warum brauchen wir eigentlich Schiffbau in Deutschland und Europa?

Schiffbau eine Schlüsselindustrie für den globalen Handel
Es ist noch nicht ausgemacht, welche Auswirkungen der Ukraine-Krieg auf die globale Arbeitsteilung haben wird. Werden die Abhängigkeiten von Asien tatsächlich wesentlich reduziert? Wenn ja, von ganz Asien oder nur von einzelnen Ländern? Werden Standorte in Europa oder eher Nordafrika aufgebaut? Unabhängig von der genauen Beantwortung, der wesentliche Teil des Welthandels wird weiter über den Wasserweg stattfinden. Heute hat Europa seine Fähigkeiten zum Aufbau einer Handelsschiffflotte fast verloren. Der Dominanz für den Bau von Containerschiffen in Korea und besonders

Sozial-ökologische Transformation – Trends und Umbrüche

China hat man kaum noch etwas entgegenzusetzen. China subventioniert mit billigem Stahl, günstigen Finanzierungen und zusätzlichen, sehr profitablen Marineaufträgen seine Werften. Gleichzeitig baut China massiv seine Beteiligungen an Häfen in der Welt und gerade in Europa aus. Kurzum: China hat erkannt, dass es den Welthandel stärker dominieren kann, wenn es zum einen faktisch fast das Monopol zum Bau von Handelsschiffen hat und zum anderen durch die Akquise von Häfen die Logistikketten strategisch kontrollieren kann. Will Europa dem zukünftig etwas entgegensetzen können, dann muss die Kernfähigkeit zum Bau von Schiffen erhalten bleiben.

Grüner Schiffbau und mehr Marine – Perspektiven für die Branche?

Gerade der Klimawandel bringt neue Perspektiven für die Branche. Ob es um klimafreundliche oder -neutrale Antriebe geht, die Entwicklung und den Bau von Plattformen und neuen Schiffstypen für die Offshore-Windindustrie (siehe unten) oder ob es um die Produktion und den Transport von Wasserstoff oder anderen grünen Treibstoffen geht – der deutsche Schiffbau kann hier eine führende Rolle übernehmen. Ein paar Beispiele: Bei den Antrieben kann kurzfristig LNG, Biodiesel oder Methanol eingesetzt werden. Später wären Brennstoffzellen und die Nutzung von Energiespeichern erstrebbar. Langfristig brauchen wir die Verwendung von nicht fossilen Treibstoffen. Unterstützt werden kann die Senkung des Verbrauches durch neue Schiffdesigns, die weniger Energie zum Betrieb erforderlich machen. Die EU sollte zudem rigorosere Vorgaben für einen CO_2-Ausstoß in den Häfen vorgeben und dies mit einem europäischen Flottenaustausch-Programm verbinden. Wenn Europas Reeder in Europa saubere Schiffe bauen lassen, dann profitieren am Ende alle – die Werften, die Bevölkerung, die Reeder und die Umwelt.

Die Ausbauziele für die Offshore-Industrie sind gigantisch. Allein in Deutschland ist von heute 7,7 Gigawatt bis zum Jahr 2045 fast eine Verzehnfachung auf 70 Gigawatt geplant. Schon 2030 sollen es 30 und 2035 dann sogar 45 Gigawatt werden. Leider ist die Industrie in Deutschland (noch) nicht bzw. nicht mehr darauf eingestellt. In Deutschland sind zahlreiche Betriebe geschlossen worden. Dadurch sind tausende Arbeitsplätze verloren gegangen. In Europa gibt es nur noch eine Werft in Spanien, die in der Lage ist, Konverterplattformen zu bauen. Es fehlt auch an Kapazitäten für den Bau von Spezialschiffen für die Offshore-Industrie – etwa für Errichtung und Wartung.

Aufträge werden nach Asien vergeben und Plattformen für die Energiewende werden von Schiffen mit Schweröl tausende Seemeilen nach Europa verschifft. Hier droht eine neue Abhängigkeit von Werften in Südostasien. Die Industrie ist durch die Energiepolitik der letzten Jahre verunsichert und hat auf Grund der fehlenden Verlässlichkeit der staatlichen Vorgaben zurückhaltend investiert. Ein grünes Jobwunder ist deshalb keineswegs selbstverständlich. Der Ausbau der Erneuerbaren Energien – insbesondere der Windkraft – muss auch zu mehr Arbeit und Wertschöpfung in Deutschland und Europa führen. Dafür braucht es eine kluge Industriepolitik, die bei den Ausschreibungen soziale und ökologische Kriterien stärker berücksichtigt. Wie bei der Wirtschaftsförderung in einzelnen Bundesländern sollte Tarifbindung ein Kriterium sein.

Den zivilen Schiffbau sowie die Konversion des Marineschiffbaus nicht aus den Augen zu verlieren und zu fördern, ist für die IG Metall weiterhin auf der Tagesordnung. Das mit der Zeitenwende der Bundesregierung beschlossene Sondervermögen für Beschaffung der Bundeswehr führt zu mehr Aufträgen auf den Marinewerften. Details lagen bei Redaktionsschluss dieses Artikel noch nicht vor. Es ist aber davon auszugehen, dass sowohl im Über- als auch im Unterwasserschiffbau zusätzliche Neubauaufträge vergeben werden. Da auch auf massiven Druck der IG Metall der Marineschiffbau insgesamt, neben dem Unter- jetzt auch der Überwasserschiffbau, zur Schlüsseltechnologie erklärt wurde, kann die Regierung – und das sollte sie auch – auf eine europäische Ausschreibung verzichten und die Aufträge national vergeben. Es geht darum, das Know-how, die Kenntnisse und Fertigkeiten zur Herstellung dieser hochkomplexen Schiffe in Deutschland zu halten und die Abhängigkeit gegenüber Dritten zu reduzieren und zu verhindern. Mit diesem Blick müssen wir auch die die regionalen Zulieferer in die Auftragsvergabe durch die Werften einbeziehen. Darüber hinaus gilt es weiterhin, den europäischen Kontext zu stärken und die Kooperationen im militärischen Schiffbau in Europa auszubauen. Hier müssen allerdings die Zukunftschancen gerecht zwischen den Nationen aufgeteilt werden.

Persönlicher Exkurs: Sollen (jetzt) Metaller:innen für Rüstung sein?
Es ist keine neue, aber leider eine hoch aktuelle Frage: Wie geht die IG Metall mit dem Thema Rüstung um? Wie verhält sich dies mit der friedenspolitischen Tradition der Arbeiter:innenbewegung, dem gemeinsam Ziel von Frieden und Wohlstand in der Welt, der Gewissheit, dass unter Krieg und Gewalt die Schwächsten der Gesellschaft leiden, während das Kapital immer wieder zu den Gewinnern gehört? Dass mehr Waffen das Problem nicht lösen, sondern mehr Probleme schaffen? Führt der brutale Überfall der Ukraine durch Russland und der anhaltende Krieg in Osteuropa zu einer neuen Sicht, einer neuen gewerkschaftlichen Antwort? Ich gebe zu, dass mich diese Frage innerlich fast zerreißt. Politisiert nach dem Fall der Mauer und dem Ende des kalten Krieges, war für mich eine Welt, in der in Europa

eine Demokratie durch Russland überfallen wird, nicht vorstellbar. Wandel durch Annäherung, gemeinsame Abrüstung, wirtschaftliche Verflechtungen als Garant für Frieden etc. – all dies ist mit Beginn des Krieges am 24. Februar 2022 durch den russischen Präsidenten in Frage gestellt worden.

Ich glaube daher, dass wir beides machen müssen. Weiterhin für eine Welt in Frieden und Sicherheit, für weltweite Konversion und Abrüstung eintreten, und gleichzeitig anerkennen, dass wir zumindest für die nächste Zeit eine handlungsfähige Bundeswehr brauchen, die sowohl zur Landesverteidigung als auch zum Bündnisfall fähig ist. Dies bedeutet nicht, dass man das 2-Prozent-Ziel für Rüstungsausgaben akzeptiert und unterstützt, im Gegenteil. Gerade diese Festlegung – ohne eine entsprechende Einbindung in eine europäische Außen- und Sicherheitspolitik – ist falsch und bedarf einer breiten gesellschaftlichen Debatte. Es bedeutet allerdings, dass wir in Deutschland selbst technologisch in der Lage sein müssen, die Bundeswehr auszurüsten, was entsprechende nationale und internationale Aufträge für deutsche Rüstungsunternehmen bedingt. Dass wir weiter für eine gemeinsame europäische Friedens- und Sicherheitspolitik eintreten und deutsche Rüstungsaktivitäten dort eingebunden werden müssen. Der Staat hat im Rüstungsbereich dabei weiter die wichtigste Rolle. Waffenproduktion darf nicht dem Markt überlassen werden. Herstellung, Verkauf, Exporte etc. bedürfen der staatlichen Vorgaben und Restriktionen. Eine gute Ausrüstung der Bundeswehr unterstützen und gleichzeitig ein Aufrüsten verhindern – auf dem schmalen Grat werden wir leider wandern müssen.

Leiharbeit und Werkverträge – gute Arbeit im Schiffbau?
Nur noch etwas über 50 Prozent der Menschen, die morgens durch das Werfttor zur Arbeit gehen, sind tatsächlich bei der Werft beschäftigt (s. Abbildung). Die andere Hälfte sind maßgebliche Werksvertragsbeschäftigte oder kommen als Leiharbeitsbeschäftigte auf die Werft. Auf manchen Werften sind schon heute mehr »Werkvertragler« als Stammbeschäftigte (DIA Werften). Auch wenn traditionell der Eigenanteil beim Bau eines Schiffes bei 20 bis 30 Prozent liegt und der Rest über eine – teilweise globale – Arbeitsteilung mit Zulieferern und Partnern erbracht wird, hat der Einsatz von Werkverträgen eine neue Qualität erhalten. War es früher üblich, dass die Leistungserbringung von Dritten außerhalb der Werft stattfand, sind die Werkvertragsbeschäftigten nun auf dem Gelände tätig. Sie übernehmen immer mehr Tätigkeiten der Stammbelegschaft, sind in den Arbeitsablauf integriert und arbeiten zu wesentlich schlechteren Arbeitsbedingungen als die Stammbelegschaft. Da der größte Teil von ihnen aus Ost-Europa stammt, leben sie häufig in erbärmlichen Unterkünften und haben entgrenzte Arbeitszeiten. Es gilt also – ähn-

lich wie in der Fleischindustrie – den Einsatz von Werkverträgen im Schiffbau gesetzlich so zu gestalten, dass eine Ausbeutung der Menschen verhindert werden kann. Zur Klarstellung: Es geht nicht um die Werkvertragsfirmen, die ihre Beschäftigten zu fairen Bedingungen auf die Werft schicken. Es geht darum, eine Verdrängung der Stammbelegschaft durch die Ausbeutung von Menschen zu verhindern.

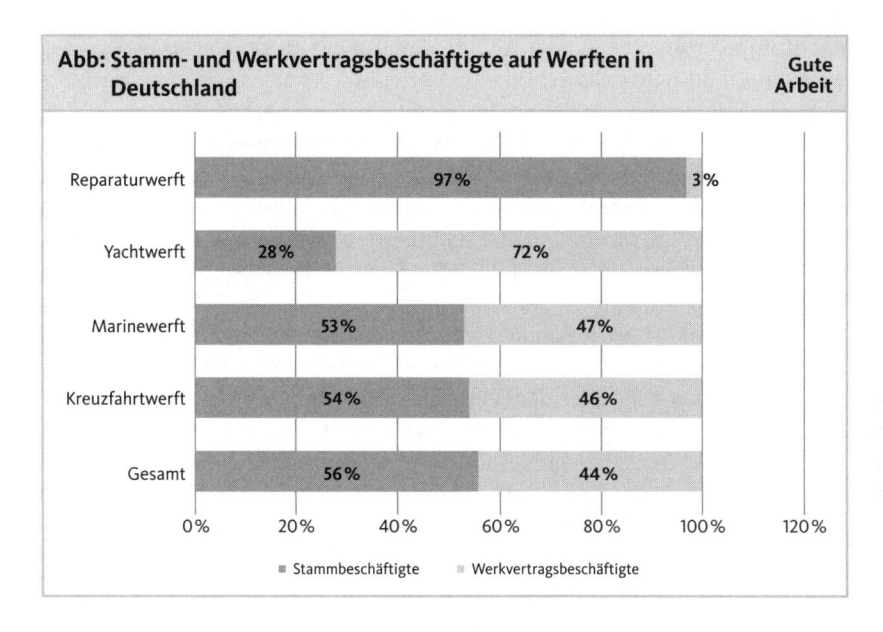

Abb: Stamm- und Werkvertragsbeschäftigte auf Werften in Deutschland — Gute Arbeit

Werft	Stammbeschäftigte	Werkvertragsbeschäftigte
Reparaturwerft	97 %	3 %
Yachtwerft	28 %	72 %
Marinewerft	53 %	47 %
Kreuzfahrtwerft	54 %	46 %
Gesamt	56 %	44 %

Die Werften waren in der Vergangenheit ein Garant für eine gute Ausbildung mit vielen Ausbildungsplätzen. Dieses Image wirkt angekratzt. Jede dritte Werft sagte 2021 eine Reduzierung der Ausbildung in den nächsten Jahren voraus. Die Ausbildungsquote ist zwar auf 6,7 Prozent gestiegen, aber nur, weil 2021 die Zahl der Beschäftigten gesunken ist, und nicht, weil mehr Ausbildungsplätze angeboten wurden. Gleichzeitig klagt die Branche – wie in anderen Bereichen auch – über einen eklatanten Fachkräftemangel. Diesen wird sie nur überwinden können, wenn die Ausbildungszahlen erhöht werden, Auslerner:innen übernommen werden und stark in Weiterbildung und Qualifizierung investiert wird. Es muss zudem verhindert werden, dass die Beschäftigtenzahlen in der Branche weiter sinken, da ansonsten Studiengänge und Forschungseinrichtung zurückgefahren oder eingestellt werden. Kurzum: Um eine Abwärtsspirale aus Personalabbau, fehlenden Zukunftschancen, weniger Bewerbern und weniger Forschung und Entwicklung aufzuhalten, brauchen wir eine beschäftigungspolitische Stabilisierung der Werften und Zulieferer.

Jobmotor Airbus – Wie viele Jobs bringt das grüne Flugzeug?
Das Herz der zivilen Luftfahrtindustrie schlägt in Norddeutschland. In Hamburg-Finkenwerder werden die Kurz- und Mittelstrecken-Flugzeuge von Airbus endmontiert und an die Kunden ausgeliefert. Gleichzeitig ist das Werk das Kompetenzcenter für die A320-Familie. Dies ist deswegen bedeutend, weil diese Flugzeuge das »Brot und Butter«-Geschäft von Airbus sind. An den acht Standorten von Airbus in Norddeutschland arbeiten knapp 30 000 Beschäftigte. Dazu kommen noch tausende Beschäftigte in externen Zulieferfirmen. Die Zulieferbranche ist allerdings anders als zum Beispiel in Frankreich eher kleinteilig organisiert. Größere nationale Zulieferer bestehen nicht. Anfang 2022 vereinbarte die IG Metall nach einer langen und heftigen Auseinandersetzung mit Airbus über das industrielle Setup des Konzerns in Deutschland ein Zukunftspaket mit einer neuen Struktur, Zukunftsinvestitionen und einer Beschäftigungssicherung bis Ende 2030. Zudem durften mit diesem Abschluss erstmals Beschäftigte, deren Werk an einen Investor verkauft werden soll, über den Verkauf mitbestimmen. Die IG Metall-Mitglieder der Airbus Tochter PREMIUM AEROTEC GmbH in Varel stimmten am Ende eines intensiven Verhandlungs- und Diskussionsprozess für den Verbleib bei Airbus. Bis 2025 werden daher die Werke in Varel und Augsburg restrukturiert und dann in den neuen Airbus-Verbund überführt. Auch in den Zulieferbetrieben wie zum Beispiel Diehl Aviation in Hamburg wurde eine entsprechende Restrukturierung durchgeführt.

An der Zukunft beteiligt werden
Airbus hat die Corona-Krise genutzt, um eine Neuausrichtung der industriellen Strukturen auf den Weg zu bringen. Diese ist auch eine erste Weichenstellung für das emissionsfreie Flugzeug der Zukunft. Der Luftverkehr hat einen Anteil von knapp über zwei Prozent des weltweiten CO_2-Ausstoßes. Dieser wird aber stetig steigen, wenn zum Beispiel die Umstellung auf Elektroautos Fahrt aufnimmt und auch die Industrie ihren CO_2-Ausstoß reduziert. Airbus hat sich das Ziel gegeben, spätestens im Jahr 2035 das erste Verkehrsflugzeug ohne CO_2-Emissionen zu bauen. Dies bedeutet, dass in den nächsten Jahren die Weichen für die Nachfolge der A320-Flugzeuge gestellt werden. Der Treibstoff der Zukunft wird Wasserstoff sein. Gepaart mit den verstärkten Auslieferungen und Endmontagen von Flugzeugen außerhalb Europas wird dies für die deutschen und europäischen Standorte und Regionen zu enormen Herausforderungen führen:

1. Als gemeinsames europäisches Projekt hat Airbus bisher eine in Europa aufgeteilte Fertigungsstruktur. Zulieferwerke, Endmontagen, Forschung und Entwicklung sowie die Kompetenzcenter für einzelne Flugzeugprogramme wie auch für Bauteile sind entsprechend den Anteilen der Nationen, die Airbus gemeinsam gegründet haben, aufgeteilt. In den letzten zwanzig Jahren hat das Management versucht, den staatlichen Einfluss bei Airbus herauszudrängen. Zwar fordert man und nutzt gerne entsprechende nationale Luftfahrtforschungsprogramme und andere indirekte Hilfen, bei der Zukunft der Fertigung denkt Airbus international.
2. Der Aufbau der Endmontagen und Auslieferungen von A320-Flugzeugen in China (2008) und den USA (2015) stärkte grundsätzlich die europäischen Standorte. Die Anzahl der dort zusammengebauten Flugzeuge ist so gering, dass die internen Zulieferer bei Airbus profitieren. Ein Arbeitsplatz in Übersee führt zu sieben Arbeitsplätzen in Europa. Das hat damit zu tun, dass die geplanten Auslieferungsraten in China und der USA so gering waren, dass eine Verlegung der Zulieferer-Tätigkeiten wirtschaftlich nicht sinnvoll ist. Allerdings konnte man durch die Endmontage vor Ort wesentlich mehr Flugzeuge im Markt verkaufen. Airbus hat nun angekündigt, die Endlinien außerhalb Europas auszubauen und die Rate für Auslieferungen zu erhöhen. Dies führt – gebunden mit einer neuen Flugzeugart – zu der Frage, ob die alte Regel »eins zu sieben« weiter erhalten bleibt oder nun doch mehr Bauteile vor Ort hergestellt werden sollen. Dies würde zu einer geringeren Wertschöpfung in Europa führen, wenn nicht gleichzeitig die Zahl der Flugzeug-Bestellungen signifikant steigt.
3. Die neue Flugzeuggeneration wird ein komplett neuer Flugzeugtyp werden. Mit einem heute in den Flügeln untergebrachten Tank kann es mit Wasserstoff als Treibstoff nicht funktionieren. Faktisch wird das Flugzeug also neu erfunden und neu konstruiert. Wer sich die verschiedenen Studien von Airbus zum Zero-Emission-Flieger anschaut, sieht deutlich, wie weit die Veränderungen gehen könnten (Sitzen die Passagiere zukünftig im Flügel?). Es besteht die Gefahr, dass Airbus dies nutzt, nicht auf den bestehenden Strukturen aufzubauen, sondern diese neu zu gestalten.

Die maßgeblichen Entscheidungen für den Bau der neuen Flugzeug-Generation werden in den nächsten Jahren getroffen. Im oben genannten Tarifabschluss sind entsprechende Gespräche zwischen IG Metall, Betriebsrat und Unternehmen verabredet. Zudem wurden unter anderem Investitionen in die Fertigungsstandorte als auch in die digitalen Entwicklungsfähigkeiten vereinbart. Damit sollen die entsprechenden Voraussetzungen geschaffen werden. Die Arbeitnehmervertreter werden weiter für die angemessene Teilhabe an den neuen Flugzeugprogrammen mit dem Unternehmen streiten und dabei auch die Politik nicht aus der Verantwortung lassen. Gerade die finanzielle Unterstützung bei Forschung und Entwicklung muss dazu führen, dass auch die Wertschöpfung in Deutschland und Europa gestärkt wird. Auch die Zulieferindustrie kann sich nur weiterentwickeln, wenn die jetzigen Airbus-Standorte bei den Zukunftsprogrammen nicht abgehängt werden. Darüber hinaus wäre es nötig, dass in Deutschland die Zulieferer außerhalb von Airbus stärker kooperieren und einen nationalen Zulieferverbund aufbauen. Im Vergleich mit Frankreich oder den USA fehlen in Deutschland starke Player, die sich auch eine entsprechende Unabhängigkeit von Airbus leisten können.

Stammarbeitsplätze sichern und aufbauen
Der Personalabbau während der Corona Krise hat ein großes Loch gerissen. Sowohl Airbus als auch die Zulieferer suchen Fachkräfte auf allen Ebenen (wie in vielen anderen Branchen auch). Es wird unsere Aufgabe sein – bei Airbus wie auch in den anderen Firmen – dafür zu sorgen, dass
- Stammarbeitsplätze entstehen,
- Leiharbeitsbeschäftigte nicht wieder über Jahre im Einsatz sind,
- Ausbildung und Übernahme ausgebaut und gesichert werden und
- Werkverträge nicht zu einer Verdrängung von Stammpersonal und eigenen Fertigkeiten führen.

An die Arbeit
Wie in allen anderen Firmen und Branchen auch, stehen sowohl im Schiffbau als auch in der Luftfahrt-Industrie neben den oben genannten Themen viele weitere Herausforderungen zur Sicherung und Steigerung von Guter Arbeit an. Die Stichworte: Mobiles und hybrides Arbeiten, alters- und alternsgerechtes Arbeiten, Arbeitszeitsouveränität und flexibles Arbeiten, Überlastung verhindern und Leistungsentgelt gestalten, strategische Personalentwicklung und vieles mehr. Dies im Sinne der Beschäftigten zu gestalten und darüber hinaus Einfluss auf die Zukunftsfragen der jeweiligen Branche und der Betriebe zu nehmen, das wird nur mit handlungs- und durchsetzungsfähigen Belegschaften, Betriebsräten und einer starken IG Metall gelingen. Machen wir uns an die Arbeit.

Kai Burmeister/Maren Diebel-Ebers/Jendrik Scholz
Eine Gerechtigkeitsoffensive für Baden-Württemberg –
Gewerkschaftliche Forderungen für die Transformation von Arbeit, Wirtschaft und Gesellschaft

1. Einführung

Ob im Handwerk, im verarbeitenden Gewerbe, im öffentlichen oder privaten Dienstleistungssektor: Überall in Baden-Württemberg werden sich auf dem Weg in das Jahr 2030 gewaltige Veränderungen vollziehen. Schon lange befinden sich Wirtschaft und Gesellschaft des Landes in einer tiefgreifenden Transformation. Die Krisen der jüngsten Zeit, die hinzukamen (Corona, Ukraine-Krieg), haben den Prozess zusätzlich schwieriger gemacht.

Der Anspruch der Gewerkschaften ist: Es muss dabei gerecht zugehen. Unser Leitbild ist ein Baden-Württemberg mit einer starken Wirtschaft *und* einer guten Daseinsvorsorge. Das Land soll selbstverständlich die Klimaziele einhalten. Der notwendige Klimaschutz erfordert eine massive Transformation von Produkten und Produktionsverfahren in dem stark industriell geprägten Südwesten. Voraussetzung für das Erreichen der Klimaziele ist auch eine gelingende Verkehrswende. Für den Ausbau der Nah- und Regionalverkehrsangebote der Bahn beziehungsweise ihre Ertüchtigung ebenso wie für die Stärkung von Daseinsvorsorge und Bildung sind erheblich höhere öffentliche Investitionen des Landes und der Kommunen erforderlich.

Der Wandel wird nur gelingen, wenn es keine Verlierer:innen gibt. Deshalb pochen die Gewerkschaften auf Gerechtigkeit im Wandel: bei der Transformation der Industrie, der Energie- und Verkehrswende und der Bewältigung der Pandemie genauso wie angesichts exorbitant steigender Energie- und Lebensmittelpreise und selbst für die Mittelschicht nicht mehr leistbarer Mieten.

Ministerpräsident Winfried Kretschmann ist ausdrücklich zu widersprechen, wenn er andeutet, die Kosten der zukünftigen Veränderungen seien zu einem großen Teil auf die Beschäftigten abzuwälzen: »Wir müssen uns auf (…) härtere Einschnitte einstellen. Der Staat kann nicht alles ausgleichen. Dazu muss jeder von uns seinen Beitrag leisten, es wird weniger zu verteilen geben.«[1] Umgekehrt ist es richtig: Wer viel hat, wie die Reichen und Vermögenden, kann auch mehr beitragen. Dem Staat kommt dabei eine aktive, umverteilende und auch gestaltende Rolle zu. Es ist Aufgabe der Gewerkschaften, immer wieder auf die verteilungspolitischen Defizite hinzuweisen,

---

1 Zitiert nach FAZ 7.4.2022.

schließlich öffnet sich die Schere zwischen Arm und Reich immer weiter, aber es wird über den stark konzentrierten Reichtum und die daraus resultierenden Pflichten für die Allgemeinheit öffentlich zu wenig gesprochen.

Um die eingeübten Routinen landespolitischer Interessenvertretung aufzubrechen und mehr gesellschaftliche und mediale Wirksamkeit zu entfalten, hat der DGB Baden-Württemberg die Kampagne »BWGERECHT.JETZT« gestartet (siehe Kasten).[2]

BWGERECHT.jetzt – die Gerechtigkeitsoffensive des DGB

Unter diesem Slogan verdeutlicht der DGB, wie sich unser Leitbild von einem gerechten Baden-Württemberg, in dem alle Einwohner:innen gut arbeiten und leben können, in praktische Politik umsetzen lässt.[3] Die Gerechtigkeitsoffensive setzt darauf, dass die Zukunft gestaltbar ist: sozial und ökologisch. Niemand muss auf der Strecke bleiben. Auf den Punkt gebracht: Gerechtigkeit für alle – und nicht nur für wenige. Welche Ungerechtigkeiten wollen wir konkret beseitigt sehen? Was muss erreicht werden, damit die Arbeit der Zukunft auch Gute Arbeit ist? Was muss geschehen, damit es für die Beschäftigten, für junge Menschen, für Frauen und Männer, für Rentner:innen, für Menschen mit Behinderung, für Menschen mit Migrationshintergrund gerecht zugeht in »the Länd«? Hierfür entwickeln wir konkrete Vorschläge und Forderungen.

---

2. Prekarisierung der Arbeit und Armut im reichen Südwesten

Verglichen mit anderen Bundesländern ist Baden-Württemberg wohlhabend. Allerdings haben nicht alle Menschen am ökonomischen Erfolg des Landes teil. Für viele Menschen ist Gerechtigkeit in ihren Lebens- und Arbeitsverhältnissen nicht erreicht. Im Südwesten sind heute knapp 4,8 Millionen Menschen sozialversicherungspflichtig beschäftigt – so viele wie noch nie zuvor. Knapp 1,3 Millionen von ihnen arbeiten allerdings nur als Teilzeitbeschäftigte, davon sind mehr als eine Million Frauen (Statistisches Landesamt Baden-Württemberg 2022a). Etwa ebenso viele regulär beschäftigte Men-

---

2 Gewerkschaftliche Strategieüberlegungen beziehen sich oft auf Organisations-, Tarif- und Betriebspolitik von Einzelgewerkschaften. Mit diesem Betrag wollen wir ein Angebot unterbreiten, um die Ebene des DGB in der Landespolitik auch stärker zum Diskussionsgegenstand gewerkschaftlicher Strategiebildung zu machen.
3 https://BWGERECHT.jetzt/

schen arbeiten zusätzlich nebenbei noch in einem Minijob. Trotz der sehr guten wirtschaftlichen Entwicklung des Südwestens und der mit lediglich 3,4 Prozent sehr niedrigen Arbeitslosenquote (Bundesagentur für Arbeit 2022a) ist die Zahl der in Leiharbeitsverhältnissen Beschäftigten mit etwa 150 000 sehr hoch. Rund 350 000 Menschen arbeiten dauerhaft lediglich befristet (Hans-Böckler-Stiftung 2019).

16,4 Prozent aller Menschen in Baden-Württemberg sind von Armut betroffen. Unter den Frauen im Alter über 65 Jahren ist es sogar mehr als jede fünfte (21,6 Prozent). Fast jede/r zehnte Erwerbstätige (8,8 Prozent) ist in Baden-Württemberg trotz Arbeit arm (›Working Poor‹ – Statistisches Landesamt Baden-Württemberg 2022b).

Mitverantwortlich für unzureichende Entgelte ist auch die abnehmende Tarifbindung im Südwesten. Nur noch jede/r zweite Beschäftigte arbeitet in einem tarifgebundenen Betrieb (Lübker/Schulten 2019). Immer mehr Arbeitgeber, gerade im Mittelstand und im Handwerk, entziehen sich der Tarifbindung durch Austritt aus dem jeweiligen Arbeitgeberverband. Für die betroffenen Beschäftigten bedeutet das geringere Einkommen, längere Arbeitszeiten, weniger Sicherheit und später eine knappere Rente.

Schon heute befinden sich ältere Menschen insgesamt in einer schlechteren ökonomischen Lage. Auf eine wachsende Altersarmut weist auch der Anstieg der Zahl der Grundsicherungsempfänger:innen im Rentenalter hin, die sich zwischen den Jahren 2003 und 2020 von 16 659 auf 40 640 mehr als verdoppelt hat. Knapp ein Drittel aller Rentner erhält eine gesetzliche Rente von weniger als 1 100 Euro. Bei den Rentnerinnen sind es sogar drei von vier (Deutsche Rentenversicherung 2021). Die heute zurückgehende Tarifbindung und das niedrigere Rentenniveau werden zeitversetzt zu mehr Altersarmut führen.

3. Für bessere Arbeit mit mehr Tarifbindung für alle

Die Gesetzgebungskompetenz für die Sozialpolitik befindet sich überwiegend auf der bundespolitischen Ebene. Sozialpolitik in Baden-Württemberg muss daher im Sinne aktiver Armutsbekämpfung und Lebensstandardsicherung gegenüber der Bundespolitik aktiv Einfluss nehmen und für gute Arbeit mit Tarifbindung und sicherer Rente eintreten.

Das Land hat in den vergangenen Jahren den Arbeitsschutz sträflich vernachlässigt. Die Zahl der aufsuchenden Betriebskontrollen und -beratungen ist stark zurückgegangen und befindet sich auf sehr niedrigem Niveau. An jedem zweiten Arbeitsplatz fehlt eine Gefährdungsbeurteilung (DGB Baden-Württemberg 2019). Diese Defizite gefährden nicht nur die Gesundheit der Beschäftigten, sie sind auch schlechte Voraussetzungen für die Weiterentwicklung der baden-württembergischen Wirtschaft und zeugen von mangelndem Verantwortungsbewusstsein gegenüber arbeitenden Menschen. Die staatliche Gewerbeaufsicht muss fachlich und personell deutlich gestärkt werden.

Aktuell wird das zu grün-roter Regierungszeit eingeführte Tariftreue- und Mindestlohngesetz reformiert. Der DGB Baden-Württemberg verlangt, dass öffentliche Vergaben an die Tariftreue der Auftragnehmer geknüpft werden. Es muss ein Vergabemindestlohn in Höhe von 13,50 Euro eingeführt werden, der dort gezahlt wird, wo kein Tarifvertrag besteht. Zudem muss die Landesregierung gegenüber der Wirtschaft aktiv für mehr Allgemeinverbindlicherklärungen von Tarifverträgen durch den Tarifausschuss des Landes eintreten, wenn sie dem selbst gestellten Anspruch, Land guter Arbeit zu sein, gerecht werden will. Einzig die Tarifverträge im Friseurhandwerk und im Wach- und Sicherheitsgewerbe sowie jüngst im Steinmetz- und Steinbildhauerhandwerk wurden in den vergangenen Jahren für allgemeinverbindlich erklärt.

4. Für mehr Beteiligung und mehr Demokratie – auch in der Arbeitswelt
Prekäre Arbeit beschädigt auch das Aufstiegsversprechen rund um berufliche Bildung und betriebliche Leistung – eine der Grundlagen für sozialen Zusammenhalt und demokratische Beteiligung. Grün-Schwarz hat sich auch wegen der sinkenden Wahlbeteiligungen mit ihrer »Politik des Gehörtwerdens« mehr Bürgerbeteiligung auf ihre Fahnen geschrieben. In diesem Sinne fordern wir die Landesregierung auf, die betriebliche Mitbestimmung zu stärken, indem sie aktiv für die Gründung von mehr Mitbestimmungsgremien wirbt. Wahlen zu Betriebs- und Personalräten verzeichnen teilweise erheblich höhere Wahlbeteiligungen als viele Kommunalwahlen.

Wenn die Landesregierung allerdings die Pflegebeschäftigten, von denen sich immer mehr in der Vereinten Dienstleistungsgewerkschaft ver.di organisieren, mit der Errichtung einer Pflegekammer mit Zwangsmitgliedschaft und Zwangsbeitrag konfrontiert, handelt es sich dabei um eine Form scheindemokratischer Placebo-Beteiligung. Zumal mit einer Pflegekammer gar keine Verbesserung der Arbeitsbedingungen und eine bessere Finanzierung der Pflege verbunden wären (ver.di Baden-Württemberg/DGB Baden-Württemberg 2020).

5. Für eine aktive Fachkräfte- und Qualifizierungspolitik in der Transformation
Jahrzehntelang leistete sich das Land in seiner Gesamtheit den »Luxus«, Menschen auszusieben und sich bei der Fachkräftegewinnung auf die vermeintlich »Guten« zu konzentrieren. Dieser Ansatz ist gesellschaftlich ge-

scheitert. Fachkräftemängel in Baden-Württemberg, wo infolge der Transformation der Automobilindustrie und ihrer Zuliefererernetzwerke neben die bereits bestehenden und z. T. ungedeckten Qualifikationsbedarfe weitere und neue treten, haben ihre Ursache auch in den Versäumnissen der Aus- und Weiterbildungspolitik von Arbeitgebern, Kammern und Staat. Dazu zwei alarmierende Befunde: Nur noch die Hälfte aller Betriebe in Baden-Württemberg ist überhaupt ausbildungsberechtigt. Lediglich jeder fünfte Betrieb im Lande bildet noch aus (DGB Baden-Württemberg 2022b).

Die Zahl der Ausbildungsstellen ist im Vergleich der Jahre 2018 und 2021 in fast allen Branchen stark gesunken, beispielsweise im verarbeitenden Gewerbe um 10,1 Prozent, im Handel um 9,9 Prozent und in der öffentlichen Verwaltung um 16,0 Prozent (Bundesagentur für Arbeit 2022b).

Zudem ist die Berufsausbildung mit erheblichen Mängeln behaftet: Bei jedem zehnten Jugendlichen wird der Jugendarbeitsschutz nicht eingehalten, nur die Hälfte der Auszubildenden bewertet die fachliche Qualität der Berufsschule mit »sehr gut« oder »gut«, und mehr als ein Drittel aller Auszubildenden weiß kurz vor Ende der Berufsausbildung nicht, ob der Ausbildungsbetrieb sie übernimmt (DGB Baden-Württemberg 2022b).

Dem Statistischen Bundesamt (2017) zufolge sind 17 Prozent der Menschen in der Altersgruppe zwischen 35 und 45 Jahren in Baden-Württemberg ohne jedweden beruflichen oder akademischen Abschluss. Diese Personen sind nicht nur besonders armutsgefährdet, sondern sie drohen mit steigenden oder wechselnden Kompetenzanforderungen in der Transformation beruflich den Anschluss zu verlieren. Zudem verdeutlichen sie die Widersprüchlichkeiten rund um den Fachkräftemangel.

Der Fachkräftemangeldiskurs, wie er von Arbeitgeberverbänden und Kammern geführt wird, ist stets auch interessengeleitet, wie das WSI (Seils 2018) in einem Vergleich der Angaben der Industrie- und Handelskammern mit den tatsächlichen Angebots- und Nachfragerelationen auf dem Arbeitsmarkt gezeigt hat: »Die Klagen der Unternehmer über den Fachkräftemangel sind Ausdruck ihres Bestrebens, die Arbeitskosten niedrig zu halten. Ursächlich ist also kein Mangel an Fachkräften, sondern an Zahlungsbereitschaft.« Angesichts der Herausforderungen, in der Fachkräfte- und Qualifizierungspolitik die Transformation der Industrie erfolgreich zu meistern, darf sich die Landesregierung nicht auf Moderation beschränken, sondern muss endlich eine aktive Fachkräftepolitik betreiben.

Erstens sollte sich das Land zu guter Arbeit mit Tarifverträgen und zur Stärkung der Aus- und Weiterbildung als Voraussetzungen gelingender Fachkräftesicherung bekennen. Zweitens sollte es in enger Zusammenarbeit mit der Arbeitsagentur mögliche Fachkräftebedarfe in bestimmten Berufen,

Branchen bzw. Regionen identifizieren und quantifizieren. Drittens sollte es gemeinsam mit den Sozialpartnern Problemlösungen entwickeln und in der Fläche aktiv umsetzen.

Dringend erforderlich sind dauerhafte Initiativen zur Gewinnung und Qualifizierung von mehr Fachkräften für die frühkindliche Bildung und die Pflege – mithin für diejenigen Branchen, für die die öffentliche Hand selbst Verantwortung als Arbeitgeber und für die Aus- und Weiterbildung trägt. So fehlen allein bis 2023 mehr als 12 000 Fachkräfte für die Ganztagsförderung aller Grundschulkinder im Land (s. »Fachkräfte-Radar für KiTa und Grundschule 2022« der Bertelsmann Stiftung). Die Gewerkschaft ver.di unterstützt die Forderung der Bertelsmann-Stiftung, das Land müsse gemeinsam mit allen Verantwortlichen sofort eine langfristige Fachkräfteoffensive auf den Weg bringen.

Wenn Arbeitgeber sich angesichts ihres Renditedrucks querstellen, scheitern Betriebsräte oder einzelne Beschäftigte oft mit ihren Weiterbildungsplänen. Baden-Württemberg sollte ihnen dann mit einem im Koalitionsvertrag angekündigten Qualifizierungseinkommen (s. Bündnis 90/Die Grünen Baden-Württemberg/CDU Baden-Württemberg 2021, S. 45) berufliche Mobilität und Sicherung ihrer Beschäftigungsfähigkeit ermöglichen: Denkbar ist die Unterstützung bei der Qualifizierung sowohl für einen Wechsel *zwischen* verschiedenen industriellen Sektoren als auch aus industriellen Sektoren ohne Zukunftsaussichten in den wachsenden Bereich der Humandienstleistungen wie frühkindliche Bildung oder Pflege, in denen tatsächlich gewaltige Fachkräfteengpässe bestehen. Sollen solche Branchenwechsel funktionieren und akzeptiert werden, müssen die Ausbildungskosten vollständig übernommen werden, und der Lohnersatz der Höhe des vorherigen Nettoeinkommens entsprechen.

6. Bildung in der Gerechtigkeitsoffensive – Voraussetzung für beruflichen Erfolg und sozialen Aufstieg

Die Gewerkschaften vertreten in der Bildungspolitik sowohl die Interessen von Erzieher:innen und Lehrer:innen als auch die ihrer Mitglieder, wenn sie Kinder in Betreuungseinrichtungen oder in der Schule haben, oder selbst Auszubildende im Betrieb und in der Berufsschule sind. Die Corona-Pandemie hat die Defizite der Schulen beispielsweise hinsichtlich der Rückstände in der Digitalisierung schonungslos offengelegt. Der häufige Unterrichtsausfall, das Fehlen flächendeckender Ganztagsangebote und die sinkende Attraktivität von staatlichen gegenüber privaten Schulen sind besorgniserregend.

Das Schulsystem im Land ist angesichts der Investitionsrückstände und der unzureichenden Personalausstattung seit Langem strukturell unterfinanziert. Die Erhöhung der Bildungsinvestitionen und die Verbesserung der personellen Ausstattung sind auch die entscheidenden Hebel zu mehr Qualität im öffentlichen Bildungswesen. Dann wäre es keine Frage des Einkommens der Eltern, ob sie mit privater Nachhilfe die Mängel des öffentlichen Bildungssystems ausgleichen können. Auch muss die Durchlässigkeit des Bildungssystems erhöht werden. Eine Grundschulempfehlung in Klasse vier darf nicht über den gesamten Schulerfolg entscheiden. Zu viele Jugendliche verlassen die Schule heute ohne Abschluss. Eine Ursache hierfür ist die mangelnde Durchlässigkeit des dreigliedrigen Schulsystems. Auch in der frühkindlichen Bildung haben Eltern mit Kindern unter drei Jahren große Probleme, einen KiTa-Platz zu finden. Für Kinder über drei Jahren existieren viel zu wenig Ganztagsangebote, so dass vielen Kindern wichtige frühe Anregungen fehlen und ihre Eltern daran gehindert werden, beide voll sozialversicherungspflichtig zu arbeiten.

Weiterbildung ist der Schlüssel zur Beschäftigungssicherung in der Transformation. Die Landesregierung hat im Rahmen ihrer »Qualifizierungsoffensive« gute Ansätze identifiziert, die Weiterbildungsbeteiligung zu steigern (Staatsministerium Baden-Württemberg 2020), die mit Blick auf die anstehenden Strukturveränderungen in der Industrie auch umgesetzt werden müssen.

7. Risiken und Herausforderungen für das baden-württembergische Exportmodell

Die Abhängigkeit baden-württembergischer Exporteure von Ausfuhren in die Volksrepublik China ist zwischen 2010 und 2020 stark angewachsen: Die Exporte, unter denen Kraftfahrzeuge, Maschinen und elektronische/elektrische Teile dominieren (Statistisches Landesamt Baden-Württemberg 2022c), stieg in diesen zehn Jahren um 53 Prozent auf 17 Milliarden Euro jährlich (neun Prozent aller Ausfuhren insgesamt). Gleichzeitig stiegen die Exporte in die USA im selben Zeitraum um 41 Prozent auf 23 Milliarden Euro (Statistisches Landesamt Baden-Württemberg 2022d). Das Land ist ökonomisch mithin auf gute und langfristig tragfähige Beziehungen Deutschlands sowohl zu den Vereinigten Staaten als auch zur Volksrepublik China angewiesen.

Eine Eintrübung des Verhältnisses zu China auch im Zuge des neuen Paradigmas einer werteorientierten Außenpolitik und ggf. des Taiwankonflikts würde spürbare negative Folgen für die Südwestwirtschaft haben. Mit der Ausrichtung auf Premiumgüter des Fahrzeugbaus und des Maschinenbaus geht auch eine starke Exportorientierung auf die größten Volkswirtschaften einher. Tooze (2022) warnt zu Recht, dass ein »Umschwenken vom Energiekrieg mit Russland zu einem Handelskrieg mit China ökonomisch gesehen der Worst Case« wäre.

Das derzeitige Exportmodell wird auch von Dullien (2021, S. 2) hinterfragt, wonach auch mit Blick auf die Folgen der Coronakrise »in den kommenden Jahren mit einer gewissen Deglobalisierung zu rechnen« sei. Die starke Störanfälligkeit der internationalen Lieferketten ist tatsächlich eine Schattenseite der globalen Arbeitsteilung. Dullien prognostiziert deswegen eine »Renationalisierung oder Reregionalisierung von Lieferbeziehungen« (ebd. S. 1).

In diesem Sinne plädieren wir für eine differenzierte Auseinandersetzung mit der globalen Ausrichtung der baden-württembergischen Industrie. Der derzeitige Abgesang auf das Exportmodell wird demgegenüber in Medien und Politik oft zu schrill vorgetragen. Richtig ist die Kritik an kostengetriebenen Verlagerungen an Niedriglohnstandorte entlang der Wertschöpfungskette. Ebenso notwendig ist es, dass neue Schlüsseltechnologien rund um Batteriezellen und Informationstechnik in das hiesige Industriecluster integriert werden müssen.

Wenn offene Märkte und grenzenlose Globalisierung unter Druck geraten, ist das zunächst einmal als ein Risiko für die Industriestrategie des Südwestens zu werten. Wenn auch die Landespolitik dieses Risiko zunehmend thematisiert, kommt es darauf an, die richtigen Schlüsse zu ziehen. Benötigt wird zum einen eine eigene Industriepolitik, die die Energieversorgung zuverlässig absichert und zugleich die Energiewende vorantreibt. Gleichzeitig muss die Technologie- und Produktionsabhängigkeit von den Vereinigten Staaten und von Asien durch eine eigene technologische Basis rund um vor Ort lokalisierte Batteriezellfabriken und IT-Kompetenz begrenzt werden. Dies bedeutet aber zunächst einmal keine Abwendung von globalen Märkten, sondern vielmehr eine zukunftsfähige Neuaufstellung rund um mehr Resilienz und den Erhalt der Innovationsfähigkeit. In Ergänzung dazu braucht es eine gestärkte Binnenkaufkraft mit höheren Löhnen sowie mit höheren öffentlichen und privaten Investitionen vor Ort. Der Lösungsweg der höheren öffentlichen Investitionen mit Schwerpunkten in Forschung, Entwicklung und Infrastruktur, die auch entsprechende private Folgeinvestitionen auslösen würden, wird allerdings durch die rigide Haushaltspolitik blockiert.

8. Höhere öffentliche Investitionen als Schlüssel zur Zukunftssicherung

Baden-Württemberg braucht dringend Innovationen, wenn es eine der wirtschaftsstärksten Regionen Europas bleiben will. Das beinhaltet auch, in den Groß- und Universitätsstädten leistbaren Wohnraum für Innovatoren und Gründer zu schaffen: Auszubildende, Studierende und junge Beschäftigte anzuziehen, die sonst ihre Ideen woanders umsetzen. Es wird Zeit, eine Willkommenskultur für kluge Köpfe zu schaffen und zu pflegen.

Auch strukturpolitisch müssen die richtigen Weichen gestellt werden: Mit einem »Green New Deal«, der auch im Interesse der abhängig Beschäftigten ökologische und soziale Perspektiven zusammenbindet, kann die Transformation der Schlüsselindustrien Automobil und Maschinenbau gelingen. Auch für eine gelingende Klima-, Energie- und Verkehrswende, den Wohnungsbau und die Ertüchtigung der Krankenhäuser sind deutlich höhere öffentliche Zukunftsinvestitionen erforderlich. Dazu müssen allerdings die beiden großen Tabus der baden-württembergischen Landespolitik, Schuldenbremse und »schwarze Null«, gebrochen werden. Über die Festlegungen der Landesregierung hinaus, die zum Erreichen der Klimaziele stark auf ökonomische Anreizwirkungen und privatwirtschaftliche Initiativen setzt, sind komplementär dazu höhere öffentliche Zukunftsinvestitionen unerlässlich. Denn das Land steht – wie andere Industrieregionen auch – vor gewaltigen Herausforderungen, weil Landes- und Bundespolitik in den vergangenen Jahrzehnten zu wenig ambitioniert waren und Megatrends zwar wahrgenommen, aber nicht bewältigt wurden. Genannt seien die alternde Gesellschaft, Defizite bei der Integrationspolitik, Defizite bei der Digitalisierung der öffentlichen Verwaltung, die Notwendigkeit der Dekarbonisierung der Industrie sowie die Energie- und Verkehrswende.

Wenn Baden-Württemberg wettbewerbsfähig bleiben will, muss auch stärker in eine leistungsfähige öffentliche Infrastruktur investiert werden, d.h. in Schulen- und Hochschulen, Kinderbetreuungseinrichtungen, Wohnungen, Krankenhäuser, Schienen und die Sanierung von Straßen, den Breitbandausbau sowie in Windkraft und Solaranlagen. Ansonsten drohen nicht nur erhebliche Wertverluste, auch die Klimaziele werden verfehlt.

Das KfW-Kommunalpanel (Rüffer/Scheller 2021) führt bei den baden-württembergischen Gemeinden, für deren Ausfinanzierung das Land mitzuständig ist, erhebliche Investitionsrückstände im Umfang von insgesamt 13 Mrd. Euro auf. Genannt werden u.a. der öffentliche Personennahverkehr, Verwaltungsgebäude, die Abfallentsorgung und ein klimaneutraler Wohnungsbau. Der Rückstand bei den Krankenhausinvestitionen, die ganz überwiegend vom Land aufzubringen sind, beträgt für den Zeitraum 2015 bis 2019 insgesamt 1,5 Mrd. Euro (Baden-Württembergische Krankenhausgesellschaft 2021). Den Sanierungs- und Modernisierungsbedarf bei den Hochschulen hat die Landesregierung auf 5,9 Mrd. Euro beziffert (Ministerium für Wissenschaft, Forschung und Kunst 2019). Daneben bestehen nach Berechnungen der Agora Energiewende (Krebs/Steitz 2021) in den baden-württembergischen Gemeinden und beim Land auch erhebliche und z.T. zusätzliche Investitionsbedarfe von 11,3 Mrd. Euro, die hinzukommen und gleichfalls finanziert werden müssen, u.a. für die ökologische Ertüchtigung des Fernwärmenetzes, die energetische Gebäudesanierung, den klimaneutralen Wohnungsbau und den öffentlichen Personennahverkehr.

Ein Finanzierungsweg könnte die Einrichtung etwa eines Baden-Württemberg-Fonds sein, um die nötigen Spielräume für Investitionen zu schaffen. Hierfür braucht es zum einen den politischen Willen, zum anderen die nötige verfassungsrechtliche Expertise. Konkret sollte die Landespolitik eine Enquete-Kommission des Landtags einsetzen, die mit Sachverständigen und unter Beteiligung von Gewerkschaften, Umweltverbänden und Klimabewegung öffentlich über die Frage diskutiert, wie Baden-Württemberg die erforderlichen Investitionen in eine gelingende Klima-, Energie- und Verkehrswende und in seine öffentliche Infrastruktur ermöglichen und umsetzen kann. Jüngst haben die Kommunalen Spitzenverbände zusammen mit Unternehmensverbänden einen »Ermutigungs und Entfesselungspakt« gefordert, der dem Dreiklang Abbau von Regulierung, Aufgabenkritik und Entbürokratisierung folgt. Jenseits der ideologischen Rhetorik: Sinnvoll wäre die Initiative dann, wenn es um einen handlungsfähigen und stärker digitalen Staat gehen würde. Untauglich und aus der Zeit gefallen wäre die Neuauflage des schlanken Staats, der weder Menschen noch Unternehmen nutzt, weil dieser Mangel verwaltet, überfordert und schlicht handlungsunfähig wäre.

9. Die Verkehrswende auf die Spur setzen und gerecht finanzieren

Wie kann die Verkehrswende gerecht finanziert werden? Der Ansatz der grün-schwarzen Landespolitik, die Kosten für die Verkehrswende in Baden-Württemberg mit einer Nahverkehrsabgabe (vgl. Brenck/Gipp/Moschner 2020) vor allem auf die Beschäftigten abzuwälzen, weisen wir zurück. Viele abhängig Beschäftigte in Baden-Württemberg sind darauf angewiesen, mit einem eigenen Fahrzeug den Arbeitsplatz zu erreichen. Viele Menschen gerade im ländlichen Raum sind gar nicht mehr an den öffentlichen Verkehr angeschlossen. Sie wären gezwungen, neben der Nahverkehrsabgabe auch ihr eigenes Fahrzeug weiter zu finanzieren und würden mithin doppelt belastet.

Wenn Grün-Schwarz dennoch eine kommunale Nahverkehrsabgabe einführen sollte, muss die neue Abgabe mit progressiven Aufkommens- und Verteilungswirkungen ausgestaltet werden, d. h., mit steigendem Einkommen sollte die Belastung steigen, mit sinkendem Einkommen sinken. Zudem sind die Arbeitgeber:innen an der Finanzierung der Mobilitätskosten ihrer Beschäftigten systematisch zu beteiligen.

Wie auch bei der von Sozialminister Manfred Lucha geplanten Finanzierung einer Pflegekammer durch die Pflegebeschäftigten selbst folgen die Pläne des Verkehrsministers Winfried Hermann zur Finanzierung der Verkehrswende durch eine neue und grundsätzlich für nahezu alle Menschen verpflichtend zu entrichtende Nahverkehrsabgabe einem merkwürdigem Staatsverständnis. Die grün-schwarze Landespolitik kann einerseits an ihrer Austeritätspolitik mit »Schuldenbremse« und »schwarzer Null« festhalten und lässt die Bürgerinnen und Bürger die Umsetzung ihrer politischen Ziele mit einer Sonderabgabe bezahlen. Gerecht geht anders. Inwieweit die bundesweite Einführung des 49-Euro-Tickets die Nahverkehrsabgabe politisch erledigt, bleibt abzuwarten.

10. Auf die Gewerkschaften kommt es an!

Mit unserer über mehrere Jahre angelegten Kampagne »BWGERECHT.jetzt« haben wir das Leitbild eines gerechten Baden-Württembergs formuliert: gute Arbeitsbedingungen, Teilhabemöglichkeiten für alle Menschen und eine verlässliche Daseinsvorsorge. Das sind unsere Kernanliegen. Wir sind überzeugt: Auch in Zeiten von Krieg und Krisen, von sich gegenseitig verstärkenden globalen Herausforderungen sowie sich beschleunigenden technologischen und sozialen Prozessen lässt sich die Zukunft positiv gestalten. Aus Umbrüchen dürfen keine Brüche werden.

Literatur

Baden-Württembergische Krankenhausgesellschaft (2021): Pressemitteilung vom 28.4.2021
Brenck, Andreas/Gipp, Christoph/Moschner, Sarah (2020): Gutachten: Mobilitätspass – Finanzielle Auswirkungen ausgewählter Instrumente der Drittnutzerfinanzierung im ÖPNV für vier Modellkommunen/-regionen, im Auftrag des Ministeriums für Verkehr Baden-Württemberg, Berlin
Bundesagentur für Arbeit (2022a): Der Arbeitsmarkt im März 2022 – Der Arbeitsmarkt ist aufnahmefähig: Der Bedarf an Fachkräften bleibt auf einem hohen Niveau, Pressemitteilung vom 31.3.2022
Bundesagentur für Arbeit (2022b): Gemeldete Ausbildungsstellen nach Wirtschaftszweigen im Berichtsmonat Dezember 2021, Stuttgart
Bündnis 90/Die Grünen Baden-Württemberg/CDU Baden-Württemberg (2021): Jetzt für Morgen – Der Erneuerungsvertrag für Baden-Württemberg, Stuttgart
Deutsche Rentenversicherung Baden-Württemberg (2021): Grundsicherungsfälle im Alter und bei Erwerbsminderung 2003–2020 auf Basis von Daten des Statistischen Landesamts Baden-Württemberg und des Statistischen Bundesamts, Stuttgart
Deutsche Rentenversicherung (2021): Rentenzugangsstatistik für das Berichtsjahr 2020 und Rentenbestandsstatistik am 31.12.2020; durchschnittliche monatliche Zahlbeträge der Zugangs- wie Bestandsrentenarten in Baden-Württemberg in Euro
DGB Baden-Württemberg (2019): Nur eine handlungsfähige Gewerbeaufsicht kann einen wirksamen Arbeitsschutz gewährleisten, Newsletter 6/2019, Stuttgart
DGB Baden-Württemberg (2022a): »Immer mehr Menschen arbeiten zusätzlich in einem Minijob«, Newsletter 2, Stuttgart
DGB Baden-Württemberg (2022b): »Wie sieht der DGB die Lage rund um Ausbildung in Baden-Württemberg?«, Präsentation zur Veranstaltung der SPD-Landtagfraktion am 30.5.2022

Sozial-ökologische Transformation – Trends und Umbrüche

Dullien, Sebastian (2021): Nach der Corona-Krise: Die nächste Phase der (De-)Globalisierung und die Rolle der Industriepolitik, IMK Policy Brief Nr. 100, Januar, Düsseldorf

Hans-Böckler-Stiftung (2019): Zahl der Beschäftigten in der Leiharbeit und der befristet Beschäftigten in Baden-Württemberg 1991 bis 2018, Düsseldorf

Hans-Böckler-Stiftung (2022): Geringfügig entlohnte Beschäftigung, mit Daten einer Sonderauswertung der Bundesagentur für Arbeit, WSI-Monitor »Arbeitsmarkt im Wandel«, Düsseldorf

Krebs, Tom/Steitz, Janek (2021): Öffentliche Finanzbedarfe für Klimainvestitionen im Zeitraum 2021–2030, für Agora Energiewende, Forum New Economy, H. 3

Krebs, Tom/Windels, Torsten (2020): Zusammenhalt stärken und Zukunft schaffen – Konjunktur- und Transformationsprogramm für Baden-Württemberg im Auftrag des DGB Baden-Württemberg, 23.9.2020, unveröffentlichter Tabellenanhang

Lübker, Malte/Schulten, Thorsten (2019): Tarifbindung in den Bundesländern – Entwicklungslinien und Auswirkungen auf die Beschäftigten, mit Daten aus dem IAB-Betriebspanel, Düsseldorf

Ministerium für Finanzen (2021): Mittelfristige Finanzplanung des Landes Baden-Württemberg für die Jahre 2020 bis 2024, Stuttgart, Stand: März

Ministerium für Wissenschaft, Forschung und Kunst (2019): Antwort auf die Anfrage u.a. der FDP/DVP »Investitionsbedarfe an den Hochschulen in Baden-Württemberg«, Drucksache 16/5613 vom 30.1.2019

Scholz, Jendrik (2020): DGB-Rentenreport Baden-Württemberg 2020 – Zur Situation der abhängigen Beschäftigung und der gesetzlichen Rente in Baden-Württemberg – eine Sammlung ausgewählter empirischer Befunde, mit Daten des Deutschen Rentenversicherung Baden-Württemberg und mit Mikrozensus-Daten des Statistischen Landesamts Baden-Württemberg, Stuttgart

Seils, Eric (2018): Mangel an Fachkräften oder Zahlungsbereitschaft? Eine Analyse von Daten des DIHK, WSI-Report Nr. 41, Düsseldorf

Staatsministerium Baden-Württemberg (2020): Sicherheit und Chancen im Wandel – eine gemeinsame ressortübergreifende Qualifizierungsoffensive für Baden-Württemberg, Stuttgart

Statistisches Bundesamt (2017): Fachserie Bevölkerung mit Migrationshintergrund für Baden-Württemberg 2017 – Ergebnisse des Mikrozensus 2017; Bevölkerung 2017 nach Migrationsstatus, beruflichem Abschluss und Geschlecht, Wiesbaden

Statistisches Landesamt Baden-Württemberg (2022a): Sozialversicherungspflichtig Beschäftigte am Arbeitsort nach Beschäftigungsumfang, Stuttgart

Statistisches Landesamt Baden-Württemberg (2022b): Armutsgefährdungsquoten in Baden-Württemberg (Landesmedian) im Jahr 2021, Pressemitteilung vom 12.5.2022, Stuttgart

Statistisches Landesamt Baden-Württemberg (2022c): Zu den olympischen Spielen: Außenhandel mit China erreicht 2021 Rekordwerte, Pressemitteilung 20 vom 4.2.2022

Statistisches Landesamt Baden-Württemberg (2022d): Aus- und Einfuhr nach ausgewählten Ländern seit 1950, Daten: Außenhandelsstatistik, Stuttgart

Tooze, Adam (2022): Neue Nato, alte Rezepte. Für eine strategische Autonomie Europas, in: Blätter für deutsche und internationale Politik H. 8, S. 41 bis 47

ver.di Baden-Württemberg/DGB Baden-Württemberg (2020): Stellungnahme zum Entwurf des Gesetzes zur Errichtung einer Landespflegekammer in Baden-Württemberg, Stuttgart

Probleme der Digitalisierung

Nadine Müller
Digitalisierung nach vorn gedacht –
Corona-Pandemie, Künstliche Intelligenz und »Gute Arbeit by Design«

Die Software-Revolution und ihre Fortsetzung mittels Videokonferenz & Künstliche Intelligenz (KI)

Ungebrochen zeigt sich der umwälzende Charakter des Softwareeinsatzes seit den 1970er Jahren für die Wirtschaft, die Arbeit und den Alltag der Menschen – in den letzten Jahren vor allem unter dem Stichwort »Digitalisierung« diskutiert (vgl. Müller/Roth 2016; Müller 2010; Müller 2019). Der Kern dieser Umwälzung besteht darin, dass nun nicht mehr die Maschine, sondern eben Software das vorherrschende Arbeitsmittel ist, so dass die Arbeit anders organisiert werden muss. Diese Digitalisierung setzt sich auch während Corona fort.

Digitalisierungsschub während der Corona-Pandemie im Dienstleistungssektor: die Videokonferenz

Die Daten der Repräsentativbefragung mit dem DGB-Index Gute Arbeit 2021 legen einen Schub der Digitalisierung in der Arbeitswelt während der Corona-Pandemie offen: Im Dienstleistungssektor berichten 61 Prozent der Befragten von neuer Software bzw. neu eingesetzten Apps. Davon hatten ca. 81 Prozent den Eindruck, dass dieser Einsatz aufgrund der Corona-Pandemie erfolgte. 31 Prozent berichten von neuen digitalen Geräten und Maschinen. Hiervon hatten ca. 76 Prozent den Eindruck, dass deren Einsatz der Corona-Pandemie geschuldet ist (vgl. auch DGB 2021, S. 20 sowie den Beitrag von Schmucker/ Sinopoli in diesem Band).[1] Obwohl die Unternehmen die Arbeitsmittel zu stellen haben, gab über die Hälfte der Beschäftigten im Dienstleistungssektor (56 Prozent) an, dass sie für ihre Arbeit auch private elektronische Geräte wie z. B. Handy, Computer, Tablet oder Headset nutzen. Davon haben 61 Prozent ihre privaten elektronischen Geräte häufiger als vor der Corona-Pandemie für die Arbeit eingesetzt.

56 Prozent der Beschäftigten im Dienstleistungssektor haben angegeben, dass seit Beginn der Corona-Pandemie persönliche Kontakte mit Kollegin-

---

1   Die Ergebnisse des DGB-Index Gute Arbeit 2021 für den Dienstleistungssektor basieren auf eigenen Berechnungen und werden 2023 in einer Publikation des ver.di-Bereichs Innovation und Gute Arbeit veröffentlicht.

nen und Kollegen sowie Vorgesetzten bei ihrer Arbeit in (sehr) hohem Maß durch digitale Kommunikation ersetzt wurden. Auch wenn ca. 50 Prozent meinen, dass sich die Belastung dadurch nicht verändert hat, ist jedoch ein nicht unerheblicher Anteil von 42 Prozent der Auffassung, dass die verstärkte Nutzung digitaler Kommunikation im Umgang mit Kolleg:innen und Vorgesetzten zu einer (stark) zunehmenden Arbeitsbelastung geführt hat.

Der Dienstleistungsbereich ist stark durch die Arbeit mit Menschen geprägt, durch sog. Interaktionsarbeit. Dies ist ein Grund dafür, warum der Service-Sektor im Zuge der Digitalisierung so stark auf ca. 75 Prozent der Wertschöpfung und Beschäftigung angewachsen ist und auch in Zukunft weiter zunehmen wird – auch in seiner Bedeutung für die Gesamtwirtschaft und das Gemeinwohl. Denn die Arbeit mit Menschen, die in vielen Bereichen soziale und emotionale Aspekte hat und damit entsprechende Kompetenzen erfordert, kann eben nur sehr begrenzt technisiert werden (vgl. Müller 2019, S. 223f.). Und dies macht die *Spezifik des Digitalisierungsschubs während Corona* aus: Zuvor waren die Beschäftigten bereits geübt, mit Office-Programmen umzugehen, wie Textverarbeitung (seit den 1980ern), sowie mit dem Internet (seit den 1990ern), mit neuer Kommunikationssoftware wie E-Mails (seit den 2000ern) – die wohl auch noch immer auf diesem Gebiet vorherrschend ist. Während der Corona-Pandemie ist in vielen Bereichen, auch in der gewerkschaftlichen Interessenvertretung, die Online-Videokonferenz (Viko) dazugekommen. Im Jahr 2022 haben 56 Prozent der Beschäftigten im Dienstleistungssektor angegeben, dass sie oft (19 Prozent) oder sehr häufig (38 Prozent) Videokonferenzen nutzen (und dazu kommen noch 21 Prozent, die selten von der Viko Gebrauch machen, also insgesamt 77 Prozent).

Damit ist nicht nur der persönliche Kontakt zu Kolleg:innen und Vorgesetzten zum Teil digitalisiert worden, sondern auch der zu Kund:innen, Klient:innen, Bürger:innen. Im Rahmen der Repräsentativbefragung mit dem DGB-Index Gute Arbeit 2021 geben für den Dienstleistungsbereich 51 Prozent der Beschäftigten an, dass in (sehr) hohem Maß seit Beginn der Corona-Pandemie bei ihrer Arbeit persönliche Kontakte mit Kund:innen, Klient:innen oder Patient:innen durch digitale Kommunikation ersetzt wurden. Und davon 44 Prozent meinen, dass dadurch die Belastung (stark) zugenommen hat. Auch für drei Viertel derjenigen, für die vor Beginn der Corona-Pandemie Geschäfts- oder Dienstreisen zu ihren Aufgaben gehörten (36 Prozent), sind diese in (sehr) hohem Maße durch digitale Kommunikation ersetzt worden. Werden diejenigen dazugezählt, bei denen dies in geringem Maße zutrifft, beträgt der Anteil 88 Prozent. 42 Prozent dieser Beschäftigten meinen, dass sich die Belastung dadurch nicht verändert hat. Immerhin 24 Prozent sind jedoch der Auffassung, dass die Belastung dadurch abgenommen hat.

Digitalisierungsschub durch neue Entwicklungen im Bereich »Künstliche Intelligenz« (KI)

Die Entwicklung von KI ist fast so alt wie die Computerisierung. Bereits 1955 erfand John McCarthy mit drei Kollegen das Wort »Artificial Intelligence«, also Künstliche Intelligenz. Sie wollten herausfinden, wie sie »Maschinen« dazu bringen können, Sprache zu benutzen, Begriffe zu bilden, Probleme zu lösen, die zu lösen bisher dem Menschen vorbehalten waren, und *die sich selbst zu verbessern* in der Lage sind. Seitdem hat es in der Entwicklung Fort- wie auch Rückschritte gegeben, so dass auch die Investitionen in KI mal stiegen und dann wieder zurückgefahren wurden – in den sogenannten »KI-Wintern«.

Die Digitalisierung wurde zwar in der Öffentlichkeit zu Zeiten der Corona-Pandemie v. a. in den ersten zwei Jahren nicht so stark diskutiert wie zuvor, als die Diskussion um den Einsatz von KI in der Digitalisierungsdebatte einen prominenten Platz eingenommen hatte. Dies ändert sich derzeit, wobei nun die nötige Transformation der Wirtschaft und Arbeitswelt zunehmend auch unter der Nachhaltigkeitsperspektive diskutiert wird (s. u.). Dass KI wieder einen größeren Stellenwert in der Digitalisierungsdiskussion einnimmt, hat im Wesentlichen zwei Ursachen:

Erstens sind im Bereich der »Künstlichen Intelligenz« vor allem auf dem Gebiet des »maschinellen Lernens« und des »tiefen Lernens« (deep learning) Fortschritte aufgrund der zunehmenden Daten und Rechen- sowie Speicherleistungen gemacht worden. Im Unterschied zu herkömmlicher Software wird bei einer KI nicht jeder Schritt programmiert, sondern die Systeme »lernen« bzw. verbessern sich bis zu einem gewissen Grad »selbstständig« und in unvorhergesehener Weise. Haben sich die Algorithmen »eingelernt«, sind die getroffenen Entscheidungen bzw. Ergebnisse des Systems schwer nachvollziehbar. Das birgt Risiken, und es gibt Bemühungen, dieses Problem auch technisch zu lösen.

Zweitens hatten vor allem die USA und China ihre Investitionen in diese Technik stark erhöht. Die Unternehmensberatung McKinsey & Company schätzt, dass 2016 weltweit etwa 39 Mrd. US-Dollar für die Forschung und Entwicklung von KI-Technologien bereitgestellt wurden, dreimal so viel wie noch 2013 – Tendenz stark steigend. Damit ist ein Wettbewerb eingeläutet worden, bei dem es wohl vor allem darum geht, Geschäftsmodelle mit KI zu entwickeln und Gewinne zu machen: Gewinne mit einer Technik, die einerseits Fortschritte mit sich bringt, was sich etwa bei der enormen Verbesserung in der Diagnostik seltener Erkrankungen und Tumore zeigt. Andererseits aber herrscht eine große Unsicherheit, was KI gleichzeitig an Gefahren birgt. Und so haben sich auch in der BRD verschiedene Akteure in die Debatte eingeschaltet. Und nach Frankreich hat die Bundesregierung ebenfalls eine KI-Strategie vorgelegt, in der auch »Ziele für Gute Arbeit« vorkommen: »Wir setzen uns für eine im gesellschaftlichen Diskurs erarbeitete gemeinsame Verständigung auf eine Definition von Zielen für ›Gute Arbeit by design‹ ein, die in einer ›Digital Bill of Rights‹ mit Blick auf die Bedürfnisse und Herausforderungen der Informationsgesellschaft präzisiert werden.« (Bundesregierung 2018, S. 40) Und zuvor heißt es: »In regionalen Kompetenzzentren der Arbeitsforschung werden wir im Verbund von Wissenschaft und Praxis innovative Strategien und Konzepte zur Gestaltung guter Arbeit beim und durch den Einsatz von KI entwickeln.« (ebd., S. 14) Diese Kompetenzzentren haben inzwischen ihre Forschungsarbeit aufgenommen. An einer EU-KI-Verordnung wird derzeit gearbeitet. In diesen Prozess haben sich auch die Gewerkschaften eingebracht (s. u.).

Eine der ersten Anwendungen in der Arbeitswelt sind sog. Chatbots. Dabei handelt es sich um Dialogsysteme, welche das Chatten mit einem technischen System erlauben. Für sie gibt es unterschiedliche Einsatzgebiete: vom FAQ-Bot bis zum persönlichen Kaufberater können sie viele Aufgaben übernehmen. Einige Chatbots reagieren auf bestimmte Schlüsselwörter und Fragen, oder sie »lernen« durch Gespräche mit den Kunden. Da Servicemitarbeiter:innen häufig mit denselben Fragen konfrontiert werden, können auch Chatbots diese beantworten. Anwendung finden solche Chatbots beispielsweise in Finanzdienstleistungen, Reisebüros, in der Telekommunikation, vor allem in den Callcentern. Sie werden wohl aber in deutschen Callcentern derzeit erst erprobt. Dazu meint der IBM-Geschäftsführer in Deutschland, Matthias Hartmann, dass 70 Prozent der Anfragen in Callcentern Standardfragen sind, die Chatbots beantworten können. Und eine Studie von ver.di und der Hans-Böckler-Stiftung (HBS) zur Digitalisierung in der Callcenter-Branche kommt zu dem Ergebnis, dass einfache E-Mail-Kommunikation, Chat-Anfragen, postalischer Schriftverkehr und auch ein Großteil telefonischer Anfragen durch Chatbots erledigt werden können (Daum 2018).

KI wird zudem bei Übersetzungen, Textanalysen und -erstellung (im journalistischen Bereich, v. a. wo es um strukturierte, stets zu aktualisierende Daten geht, wie bei Sport, Wetter, Finanzen) angewendet. Teils sind in Lagern und Häfen autonome Fahrzeuge im Einsatz (vgl. Jensen 2022). Nicht immer setzen sie sich dort als Arbeitsmittel durch. Ein anderes Anwendungsgebiet ist u. a. in den Häfen »Predictive Maintenance«, also die vorausschauende Wartung. Beispielsweise kann durch KI genauer bestimmt werden, wann Teile gewartet oder ersetzt werden müssen. In den Lagern soll es durch KI möglich werden, Verkäufe zu prognostizieren, um dann die automatische Lagerauffüllung besser zu steuern.

Trotz dieser ersten Anwendungen, die unbestreitbar auch Vorteile in den Arbeitsprozessen mit sich bringen, deuten erste Forschungen und Befragungen darauf hin, dass KI bisher nicht sehr verbreitet ist und vor allem nicht wirklich klar ist, wann es sich tatsächlich um KI oder herkömmliche Software handelt. Deshalb sind auch die Befragungsergebnisse zur Verbreitung und Anwendung von KI kritisch zu werten. ver.di hat beispielsweise im Rahmen des alle zwei Jahre erscheinenden Innovationsbarometers 990 ver.di-Aufsichts-, Betriebs- und Personalräte nach dem Einsatz von KI in ihrem Unternehmen gefragt. Die Umfrage fand im Mai und Juni 2019 statt. Ein Viertel der Befragten hat angegeben, dass in ihren Unternehmen KI-Anwendungen genutzt oder geplant werden (ver.di 2019).

Nach einer Studie des Deutschen Instituts für Wirtschaftsforschung (DIW) wenden 20 Prozent der Erwerbstätigen KI an. Bei der Frage »Nutzen Sie Systeme zur Erkennung von Sprache, Bild und Text oder zu Beantwortung von Fachfragen?« antworten gar 45 Prozent, sie würden solch eine Technik wöchentlich anwenden und 37 Prozent sogar täglich. Es bleibt jedoch ein Interpretationsspielraum, was sie darunter verstehen und ob es sich tatsächlich um »lernende« Systeme, also KI handelt. Denn so gibt es beispielsweise »automatische Textverarbeitung« schon seit Mitte der 1970er, und es ist nicht auszuschließen, dass die Befragten solche Programme wie WORD dazu zählen. Auch wenn WORD seit 2019 KI nutzt, sollte dies sicher nicht in Eins gesetzt werden. Denn es bleibt ja offen, ob die Befragten genau diese KI-Funktion, also die Verwandlung von »Geschreibsel in sinnvolle Sätze« tatsächlich anwenden. Die DIW-Studie kommt zudem zu dem Schluss: »Empirisch zeigt sich bisher hingegen lediglich ein oberflächlicher Einfluss von KI auf die Arbeitsqualität.« (Vgl. Giering et al. 2021; S. 785) Realistischer scheint diesbezüglich das Ergebnis der Befragung mit dem DGB-Index im Jahr 2022 zu sein: So geben im Dienstleitungssektor 11 Prozent der Befragten an, oft oder sehr häufig mit Künstlicher Intelligenz, d. h. mit selbständig lernenden Computerprogrammen zu arbeiten (15 Prozent nutzen KI selten). Auch ist nicht jede KI-Anwendung erfolgreich: So hat die AOK-NO beispielsweise eine digitale Pflegeberater:in abgeschaltet, weil das Angebot kaum genutzt wurde (Jensen 2022).

Die Software-Revolution & die hinterherhinkende Humanisierung von Arbeit

Bereits 2014 hat der DGB auf dem 20. Bundeskongress Leitlinien für gute digitale Arbeit beschlossen (ver.di 2014). Die dort und in Folge aufgestellten Forderungen für eine Humanisierung der Arbeit im Prozess der Digitalisierung – beispielsweise auf dem ver.di-Bundeskongress 2015 – konnten auch auf Basis der Befragungsergebnisse mit dem DGB-Index untermauert werden (Roth 2017).

In erster Linie konnte festgestellt werden, dass mit der Digitalisierung – von der 83 Prozent der Beschäftigten im Dienstleistungssektor betroffen sind – psychische Belastungen, vor allem die Arbeitsintensität und die Arbeitsmenge (bei über der Hälfte der Beschäftigten) zugenommen haben – so auch die Zahl der gleichzeitig zu bewältigenden Vorgänge wie auch die Überwachung und Kontrolle (bei fast der Hälfte der Beschäftigten). 75 Prozent der Beschäftigten haben keinen oder nur geringen Einfluss auf die Art und Weise des Technikeinsatzes, was u. a. dazu beiträgt, dass sich 45 Prozent der Befragten der digitalen Technik sehr häufig oder oft ausgeliefert fühlen (ebd., S. 32ff.). Was wurde in den letzten Jahren getan, um auf Basis solcher Befunde die Qualität der Arbeitsbedingungen zu verbessern?

Unverändert dringender Handlungsbedarf beim Arbeitsschutz
ver.di hat u. a. mehr Verbindlichkeit im Arbeitsschutzgesetz gefordert, beispielsweise Sanktionsmöglichkeiten, wenn Gefährdungsbeurteilungen nicht durchgeführt werden, und mehr Aufsichtspersonal. Es hat zwar kleine Schritte beispielsweise im Rahmen der »Gemeinsamen Deutschen Arbeitsschutzstrategie« gegeben (vgl. Splittgerber 2020), aber sie reichen nicht aus. So geben im Jahr 2022 nur geringfügig weniger Beschäftigte (44 gegenüber 46 Prozent im Jahr 2016) an, ihre Arbeitsbelastung sei durch die Digitalisierung gestiegen. Auf die Frage, ob der Arbeitgeber im Zusammenhang mit der Digitalisierung irgendwelche Maßnahmen ergriffen habe, um die Arbeitsbelastung zu verringern, antworten 61 Prozent mit Nein. Und 52 Prozent der mit ver.di-Innovationsbarometer befragten Betriebs-, Personal- und Aufsichtsräte in ver.di meinen zudem, dass sich (auch) mit dem KI-Einsatz die Arbeitsintensität erhöht hat. 50 Prozent der Befragten erkennen eine Zunahme der Transparenz des Arbeits- und Leistungsverhaltens der Beschäftigten.

Um dem entgegenzuwirken, hat ver.di sich nicht nur in politischen Gremien für die o. g. Forderungen eingesetzt, sondern in den letzten Jahren vermehrt Tarifverträge abgeschlossen, um den gesetzlich vorgeschriebenen Arbeitsschutz in präziseren Regeln zu vereinbaren. Dazu hat ver.di auch Empfehlungen vorgelegt (ver.di 2020). Beispiele sind der IBM-Tarifvertrag zum Gesundheitsschutz, der Belastungsschutztarifvertrag bei der Telekom, die Entlastungstarifverträge bei den Kliniken wie der Tarifvertrag zur Personalbemessung bei der Charité (vgl. Genster 2018, S. 275); auch der Eurogate-Tarifvertrag Zukunft enthält Elemente zum Arbeits- und Gesundheitsschutz. Von ihm wird noch die Rede sein. Zudem ist bei Sportscheck (Handel) im Tarifvertrag »Gute und gesunde Arbeit« eine regelmäßige DGB-Index Gute

Arbeit-Befragung mit den Index- und bestimmten Zusatzfragen (v. a. zur Digitalisierung) verankert worden. Die Befragung soll alle zwei Jahre durchgeführt werden. Die erste Befragung ist abgeschlossen, und es hat sich knapp die Hälfte der Beschäftigten beteiligt. Ziel ist vor allem, gute und gesunde Arbeitsbedingungen beteiligungsorientiert zu gestalten.

Zu den bereits bekannten Belastungen, die in den letzten Jahren mit der Digitalisierung zugenommen hatten, sind während der Corona-Pandemie noch weitere Belastungen hinzugekommen. So hat über ein Viertel der Beschäftigten im Dienstleistungssektor (27 Prozent) gar keine oder nur in geringem Maße im Betrieb Unterstützung bekommen, wenn es Probleme mit den neuen digitalen Arbeitsmitteln gegeben hat. Wie bereits angeführt, hat ein erheblicher Anteil (44 Prozent) derjenigen, deren persönliche Kontakte mit Kunden, Klienten oder Patienten durch digitale Kommunikation ersetzt wurden, angegeben, dass die Belastung (stark) zugenommen hat. Auch die verstärkte Nutzung digitaler Kommunikation im Umgang mit Kolleg:innen und Vorgesetzten hat sich für 32 Prozent derjenigen, bei denen das der Fall ist (56 Prozent in – sehr – hohem Maß), belastungssteigend ausgewirkt. Tendenziell belastungsmindernd (24 Prozent) hat sich dagegen die Ersetzung von Dienstreisen durch digitale Kommunikation ausgewirkt (75 Prozent der Beschäftigten). Ein nicht unerheblicher Anteil von 29 Prozent der Beschäftigten hat zudem angegeben, dass sie keine angemessene Schulung erhalten haben, die einen sicheren Umgang mit den neuen digitalen Arbeitsmitteln ermöglicht hätte.

Mitbestimmung weiter ausbauen und Qualifizierung forcieren
Hiermit lassen sich bekannte Gestaltungsnotwendigkeiten bekräftigen und neue ableiten, die für eine Verbesserung der Arbeitsqualität umzusetzen sind: Dass die Belastung bei der Digitalisierung von persönlichen Kontakten steigt, ist ein Hinweis auf mindestens Zweierlei. *Erstens* wollen die (zusammen) arbeitenden Menschen gar nicht immer, dass persönliche Kontakte und Begegnungen durch digitale Kommunikation ersetzt werden. *Zweitens* ist das Gelingen von Digitalisierungsprozessen maßgeblich von der Beteiligung der Betroffenen abhängig. Das wird bei der Einführung von KI noch wichtiger. Weitere Voraussetzung für eine Entlastung sind eine angemessene technische Unterstützung wie entsprechende, möglichst vorausschauende Qualifizierung, auch um Beschäftigung zu fördern.

Dies würde mit dem vermehrten Einsatz von KI noch dringender. Die Ergebnisse des ver.di-Innovationsbarometers zeigen deutliche Defizite: So rechnen 66 Prozent der befragten Betriebs-, Personal- und Aufsichtsräte in betroffenen Unternehmen mit einer sinkenden Zahl von Arbeitsplätzen durch

Probleme der Digitalisierung

den KI-Einsatz. 42 Prozent der Befragten verzeichnen häufigere Störungen der Arbeitsabläufe. Dass die Kompetenz- und Qualifikationsanforderungen zunehmen, davon gehen 51 Prozent aus. 60 Prozent der Befragten berichten von einer Verringerung der Handlungs- und Entscheidungsspielräume durch KI; und 88 Prozent meinen, dass sie starke Mitbestimmungsrechte schon bei der Planung des KI-Einsatzes benötigen.

ver.di fordert bereits seit Langem mit den anderen Gewerkschaften u. a. ein Recht auf Weiterbildung und eine staatlich geförderte Weiterbildungsteilzeit. Zudem setzt sich ver.di seit vielen Jahren für einen Ausbau der Mitbestimmung ein, der der Digitalisierung Rechnung trägt (ver.di 2016). Dies wurde zum Teil in einen Vorschlag der Gewerkschaften für eine tatsächliche Reform des Betriebsverfassungsgesetzes aufgenommen (im »Gesetzentwurf für ein modernes Betriebsverfassungsgesetz«, eine Sonderausgabe der Zeitschrift »Arbeit und Recht« vom April 2022), denn das Betriebsrätemodernisierungsgesetz reicht bei Weitem nicht aus. Dies beinhaltet, dass dem § 80 Absatz 3 folgender Satz hinzugefügt wird: »Muss der Betriebsrat zur Durchführung seiner Aufgaben die Einführung oder Anwendung von Künstlicher Intelligenz beurteilen, gilt insoweit die Hinzuziehung eines Sachverständigen als erforderlich.«

Auch zu diesen Themen hat ver.di in den letzten Jahren vermehrt Vereinbarungen geschlossen, um Verbesserungen für die Erwerbstätigen zu erzielen. Hierzu wurden zudem Empfehlungen entwickelt und schon geschlossene Regelungen ausgewertet, um besonders gelungene Passagen in ein Praxishandbuch aufzunehmen (ver.di 2021). Dazu gehören beispielsweise der »Tarifvertrag Digitalisierung Bund sowie zu den mobilen Arbeitsformen«, weiter ein Tarifabschluss bei den Versicherungen zu Beschäftigungssicherung und Qualifizierung, der IBM-Tarifvertrag »Qualifizierung und Nachwuchssicherung« und insbesondere der bereits erwähnte Eurogate-Tarifvertrag, der eine erweiterte Mitbestimmung regelt. Solch eine Prozessvereinbarung oder auch »Vorgehensvereinbarung für den Umgang mit digitalen Projekten …, die einen intensiven Beratungs- und Beteiligungsprozess vorsieht und auch beschreibt« (ver.di 2020a), hat zudem der Betriebsrat bei der ergo-Versicherungsgruppe abgeschlossen.

Ohne nachhaltige Arbeit keine Zukunft – Gute Arbeit by Design

Dass Erwerbstätige in der Arbeit nicht überlastet (aber auch nicht unterfordert) werden, dass sie gesund ihr Rentenalter erreichen können, dass sie an der Gestaltung ihrer Arbeitsbedingungen beteiligt und dafür wie auch für die Ausführung ihrer Tätigkeit angemessen und ausreichend qualifiziert werden – all das sind zentrale Aspekte von nachhaltiger Arbeit. ver.di beschäftigt sich seit vielen Jahren mit den Themen Ökologie, Nachhaltigkeit und Gute Arbeit. »Nachhaltige Arbeit« hat für ver.di mindestens zwei wesentliche Bedeutungen. *Zum Ersten*: Im Jahrbuch Gute Arbeit 2018 zum Thema Ökologie hat ver.di ausgeführt, dass eine Arbeit dann nachhaltig ist, wenn ihre Bedingungen human, also mindestens gesund und persönlichkeitsförderlich gestaltet sind (vgl. Schröder 2018).

Der *zweite* Aspekt betrifft ein weiteres wesentliches Ziel von ver.di, nämlich dass Wirtschaft und Arbeit so auszurichten sind, dass sie dem Gemeinwohl und den Nachhaltigkeitszielen wie u. a. den Pariser Klimazielen entsprechen. Die EU muss dafür im Rahmen des Europäischen Green Deal ihre Treibhausgasemissionen bis 2030 um mindestens 55 Prozent (gegenüber dem Stand von 1990) senken. ver.di setzt sich für einen sozial-ökologischen Umbau ein. Dabei sind die Beschäftigten und ihre Interessenvertretungen zu beteiligen.

Wenn hierbei digitale Technik wie KI beispielsweise durch eine »smarte« Verkehrssteuerung unterstützen kann, begrüßt ver.di das. Am Ende darf jedoch der Einsatz einer stark ressourcenverbrauchenden KI den positiven Effekt für das Klima nicht aufheben. Gleichzeitig muss klar sein, dass allein der Einsatz von Technik wie KI die Klimaprobleme nicht löst. Dass beispielsweise der Ausbau des ÖPNV politisch durchgesetzt und auch mit entsprechend mehr Personal hinterlegt sein muss, wobei die Arbeitsbedingungen human, also nachhaltig zu gestalten sind (vgl. Wötzel 2018, Behle/Ball 2022). Wichtig bleibt also, nicht nur in Digitalisierung und KI, sondern vor allem in sozial abgesicherte Beschäftigung, notwendige Kompetenzen und gute Arbeitsbedingungen zu investieren, in eine wirklich nachhaltige Zukunft.

Bei der Digitalisierung und vor allem bei der Nutzung von KI durch den Menschen, durch die Erwerbstätigen bei der Arbeit ist sicherzustellen, dass sie bei der Gestaltung und Einführung der Technik beteiligt werden, dass eine humane Arbeitsgestaltung von Beginn an mitgedacht wird. Die Gewerkschaften haben dafür den Begriff der »Guten Arbeit by Design« geprägt (Müller 2020; ver.di 2020b). Dieses Prinzip folgt dem Ansatz »Privacy by Design«, der in der Europäischen Datenschutz-Grundverordnung verankert ist. Hier geht es darum, dass die Technik so entwickelt wird, dass Datenschutz von vornherein zum Standard gehört und dass somit auch die Persönlichkeitsrechte der Erwerbstätigen gewahrt werden. Solch ein Ansatz wird auch im acatech-Whitepaper zur »Einführung von KI-Systemen in Unternehmen« (Stowasser/Suchy 2020) empfohlen. Wichtig ist darüber hinaus, dass von Beginn an auf Belastungen des Technikeinsatzes geschaut wird, insbesondere ob die Arbeitsmenge und -intensität zunehmen – am besten durch eine gesetzlich vorgeschriebene Gefährdungsbeurteilung. Denn verschiedene Studien, ein-

Probleme der Digitalisierung

schließlich der Befragungen mit dem DGB-Index Gute Arbeit zeigen eben, dass durch die Digitalisierung in den letzten Jahren v. a. die psychischen Belastungen stark zugenommen haben – Arbeit also für Viele *nicht* nachhaltig ist, so dass psychische Erkrankungen und damit verbundene Frühverrentungen zugenommen haben.

Alle gesellschaftlichen Akteure – Politik, Unternehmen, Beschäftigte und ihre Interessenvertretungen – müssen die UN-Nachhaltigkeitsziele wie die Pariser Klimaziele – einschließlich ihrer sozialen Ziele wie gute Arbeitsbedingungen – jetzt und für die nächsten Jahre priorisieren und zum (Mindest-) Standard machen. Unter diesem Blickwinkel sind auch digitale Technik wie KI-Anwendungen insbesondere in den Unternehmen und in der Arbeitswelt zu bewerten. Wichtig ist also, dass die Ziele für den Einsatz von digitaler Technik und KI vor allem gemeinwohlorientiert und damit nachhaltig sind, und dass bei der Zielbestimmung auch die Beschäftigten und ihre Interessenvertretungen einbezogen werden müssen. Um die Nachhaltigkeitsziele zu erreichen, spielen Innovationen, auch im Bereich Digitalisierung und KI eine große Rolle, und hier gibt es noch Nachholbedarf. Dabei ist zu berücksichtigen, dass Innovationen ganz wesentlich durch gute Arbeitsbedingungen gefördert werden – wie das ver.di-Innovationsbarometer regelmäßig zeigt.

Da keine Zeit mehr zu verlieren ist, wird es jetzt darauf ankommen, alle Anstrengungen von Unternehmen, Beschäftigten und ihren Interessenvertretungen auf eine nachhaltige Arbeit und Wirtschaft auszurichten, und dabei nicht auf eine KI zu hoffen, sondern tätig zu werden und die Weichen unverzüglich zu stellen. Dabei ist zu berücksichtigen, dass einerseits durch die Digitalisierung die Bedeutung von Dienstleistungen zunehmen wird, und andererseits eine Dienstleistungswirtschaft auch ökologischer ist (Reuter 2018). Dies wird jedoch von der deutschen Politik und Wirtschaft noch immer unzureichend berücksichtigt. Es wird weiterhin viel zu wenig in Softwareentwicklung und Dienstleistungen investiert (vgl. Melzer 2022) – und insbesondere zu wenig in soziale und Gesundheitsdienste, in gesellschaftlich-notwendige Dienstleistungen, was während der Corona-Pandemie schmerzlich hervortrat. Deshalb braucht es einen Demokratisierungsprozess in Wirtschaft und Arbeitswelt (vgl. Schmitz/Urban 2021), die Gesellschaft muss in Zukunft stärker gemeinsam bestimmen, wofür die begrenzten Ressourcen eingesetzt werden; die Erwerbstätigen müssen stärker an der nachhaltigen Gestaltung ihrer Arbeitsprozesse beteiligt werden. Deshalb hat ver.di auf ihrem letzten Bundeskongress eine Offensive für Gute Arbeit beschlossen – in allen ver.di-Fachbereichen sollen die Konzepte und Instrumente für die Beteiligung und damit auch Mobilisierung der Erwerbstätigen für gute Arbeitsbedingungen eingesetzt, ausgeweitet und weiterentwickelt werden.

Literatur

Behle, Christine/Ball, Mira (2022): ÖPNV – Gute Arbeit für das Klima; Schmitz, Christoph/Urban, Hans-Jürgen (Hrsg.): Arbeitspolitik nach Corona. Probleme – Konflikte – Perspektiven. Jahrbuch Gute Arbeit, Frankfurt am Main, S. 195–208

Bundesregierung (2018): Strategie Künstliche Intelligenz, 2020

Daum, Mario (2018): Digitaler Wandel in Call- und Service-Centern, Düsseldorf, https://www.boeckler.de/pdf/p_fofoe_WP_102_2018.pdf

Genster, Grit (2018): Für Nachhaltigkeit im Gesundheitswesen, in: Schröder, Lothar/Urban, Hans-Jürgen (Hrsg.): Ökologie der Arbeit – Impulse für einen nachhaltigen Umbau. Jahrbuch Gute Arbeit 2018, Frankfurt/M., S. 261–275

Giering, Oliver/Fedorets, Alexandra/Adriaans, Jule/Kirchner, Stefan (2021): Künstliche Intelligenz in Deutschland: Erwerbstätige wissen oft nicht, dass sie mit KI-basierten Systemen arbeiten, DIW-Wochenbericht 48, Berlin, https://www.diw.de/documents/publikationen/73/diw_01.c.830715.de/21-48-1.pdf

Institut DGB-Index Gute Arbeit (2021): Jahresbericht 2021. Ergebnisse der Beschäftigtenbefragung zum DGB-Index Gute Arbeit, Berlin

Jensen, Annette (2022): Klug, aber ohne Bauchgefühl, in: ver.di-publik Nr. 4, S. D 4f.

Melzer, Fabienne (2022): Industrie bleibt Basis des Wohlstands, in: Mitbestimmung, Nr. 3, S. 8

Müller, Nadine (2010): Reglementierte Kreativität, Arbeitsteilung und Eigentum im computerisierten Kapitalismus, Berlin

Müller, Nadine (2019): Computerisierung: Software und Demokratisierung der Arbeit als Produktivkraft, in: Butollo, Florian/Nuss, Sabine (Hrsg.): Marx und die Roboter, Dietz Verlag, Berlin, S. 216–236

Müller, Nadine (2020): KI und Gute Arbeit by Design, in: Zeitschrift Gute Arbeit 8–9/2020, S. 18–21

Müller, Nadine/Roth, Ines (2016): Digitalisierung und Innovation, in: Schröder, Lothar/Urban, Hans-Jürgen (Hrsg.): Digitale Arbeitswelt – Trends und Anforderungen. Jahrbuch Gute Arbeit, S. 163–172

Reuter, Norbert (2018): Ökologische Chancen einer Dienstleitungsökonomie, in: Schröder, Lothar/Urban, Hans-Jürgen (Hrsg.): Digitale Arbeitswelt – Trends und Anforderungen. Jahrbuch Gute Arbeit, S. 59–73

Roth, Ines, u. Mitarb. v. Müller, Nadine (2017): Digitalisierung und Arbeitsqualität. Eine Sonderauswertung des DGB-Index Gute Arbeit 2016 für den Dienstleistungssektor, www.innovation-gute-arbeit.verdi.de/themen/digitale-arbeit

Schmitz, Christoph/Urban, Hans-Jürgen (Hrsg.) (2021): Demokratie in der Arbeit. Eine vergessene Dimension der Arbeitspolitik?, Frankfurt am Main

Schröder, Lothar (2018): Die Ökofaktoren der Arbeit: Zeit und Leistung steuern, in: Schröder, Lothar/Urban, Hans-Jürgen (Hrsg., 2018): Ökologie der Arbeit – Impulse für einen nachhaltigen Umbau. Jahrbuch Gute Arbeit, Frankfurt am Main, S. 195–208

Splittgerber, Bettina (2020): Schutz und Stärkung der Gesundheit bei arbeitsbedingter psychischer Belastung – Ergebnisse der Betriebsbesichtigungen im Rahmen des GDA-Programms, in: Schröder, Lothar (Hrsg.): Arbeitsschutz und Digitalisierung. ver.di-Reader Gute Arbeit 2020, Frankfurt am Main, S. 51–68

Stowasser, Sascha/Suchy, Oliver (2020): Einführung von KI-Systemen in Unternehmen. Gestaltungsansätze für das Change-Management, Whitepaper aus der Plattform Lernende Systeme, München

Probleme der Digitalisierung

ver.di (2014): Gewerkschaftliche Positionen: Digitalisierung und Dienstleistungen – Perspektiven Guter Arbeit, Berlin
ver.di (2016): Arbeiten 4.0 braucht gleichberechtigte Teilhabe! Mehr Mitbestimmung und Demokratie in der digitalen Arbeitswelt, Diskussionspapier, Berlin; https://innovation-gute-arbeit.verdi.de/themen/digitale-arbeit/beschluesse-und-positionen
ver.di (Hrsg.) (2019): ver.di-Innovationsbarometer Künstliche Intelligenz, Berlin, www.innovation-gute-arbeit.verdi.de/innovation/innovationsbarometer
ver.di (2020): Gesunde Arbeit. Empfehlungen für die tarif- und betriebspolitische Gestaltung, Berlin. www.innovation-gute-arbeit.verdi.de/themen/digitale-arbeit
ver.di (2020a): Die ERGO Versicherungsgruppe »Wie ein Mensch denken, das kann der Bot nicht«. Praxisreport zur Digitalisierung in der Versicherungswirtschaft, Berlin
ver.di (2020b): Ethische Leitlinien für die Entwicklung und den Einsatz von Künstlicher Intelligenz (KI): Gemeinwohl und Gute Arbeit by Design, Diskussionspapier, Berlin, https://innovation-gute-arbeit.verdi.de/themen/digitale-arbeit/beschluesse-und-positionen
ver.di (2021): Digitale Arbeit. Veränderungsprozesse tarif- und betriebspolitisch gestalten, Berlin, www.innovation-gute-arbeit.verdi.de/themen/digitale-arbeit
Wötzel, Uwe (2018): Mobilitätskonzepte für die Zukunft, in: Schröder, Lothar/Urban, Hans-Jürgen (Hrsg.): Ökologie der Arbeit. Jahrbuch Gute Arbeit 2018, Frankfurt am Main, S. 124–138

Thorben Albrecht/Detlef Gerst/Julia Görlitz
Herausforderung Künstliche Intelligenz: Regulierung und Mitbestimmung

1. Einleitung

Aktuelle Anwendungen der Künstlichen Intelligenz (KI) sind mit weitreichenden Potenzialen zur Veränderung von Beschäftigung und Arbeit verbunden. Welche konkreten Veränderungen von KI ausgehen, wird kontrovers diskutiert. Beispielsweise könne KI die Beschäftigten von eintönigen Aufgaben entlasten und darüber hinaus Arbeitsprozesse demokratisieren. Es gibt jedoch auch Mahnungen. Diese betreffen vor allem die Ersetzung menschlicher Arbeit, die datentechnische Durchleuchtung von Beschäftigten und die Verengung von Handlungsspielräumen.

Welche Folgen KI haben wird, hängt von den Anwendungsfeldern und -zielen ab. Unstreitig ist, dass es Regulierungen bedarf, um die Beschäftigten effektiv zu schützen. Neben der *rechtlichen Regulierung* ist die Regulierung durch die *betriebliche Mitbestimmung* gefordert. Dabei wird zu berücksichtigen sein, dass KI im Arbeitsprozess nicht als isolierte Technik eingesetzt wird, sondern als Element *algorithmischer Entscheidungssysteme*. In diesen fallen Entscheidungen, an denen ganz erheblich auch Menschen einen Anteil haben, etwa bei der Datenauswahl und der Aufgabenverteilung Mensch und Technik.

Im Arbeitsprozess sind algorithmische Entscheidungssysteme vielgestaltig und komplex. Sie lassen sich deshalb im Detail nicht durch rechtliche Normen eingrenzen. Aus diesem Grund wird die Gestaltung von Arbeitssystemen mit KI zu einer wichtigen Aufgabe der Mitbestimmung. Prozesse der Digitalisierung und die Nutzung von KI schaffen allerdings neue Rahmenbedingungen und erzwingen Reformen der Mitbestimmungspraxis ebenso wie des Mitbestimmungsrechts.

2. KI im Arbeitsprozess: Einsatzbereiche, Verbreitung und Folgen

Von der Definition von KI hängt ab, welche Zusammenhänge zwischen Technik und Arbeit bzw. Beschäftigung betrachtet werden. Darüber hinaus können Schutzrechte bezogen auf die Entwicklung von KI und deren Nutzung im Arbeitsprozess nur greifen, wenn die jeweils eingesetzte Technik von der Definition erfasst wird.

Probleme der Digitalisierung

Zur Definition von KI

In Art. 3 Nr. 1 des aktuellen Entwurfs einer KI-Verordnung (KI-VO) definiert die EU-Kommission KI-Systeme als »Software, die mit einer oder mehreren in Anhang I aufgeführten Techniken und Konzepten entwickelt worden ist und im Hinblick auf eine Reihe von Zielen, die vom Menschen festgelegt werden, Ergebnisse wie Inhalte, Vorhersagen, Empfehlungen oder Entscheidungen hervorbringen kann, die das Umfeld beeinflussen, mit dem sie interagieren, sei es physisch oder digital« (COM 2021). Die Konzepte im Anhang I des KI-VO-Entwurfs umfassen unter anderem Konzepte des *maschinellen Lernens* einschließlich *Deep Learning* und *induktive logische Programmierung*. Typische Einsatzgebiete für logische Programmierung sind Systeme wie Routenplaner, Wettervorhersagen oder zur Minimierung des Ressourcenverbrauchs (Thamm 2022). Im Arbeitsverhältnis kommen derzeit überwiegend von Menschen entwickelte Systeme der algorithmischen Entscheidungsfindung zur Anwendung. Diese können, müssen aber nicht auf maschinellem Lernen basieren.

Die Auswirkungen von KI und die daraus abgeleiteten angezeigten Schutzmechanismen hängen maßgeblich von der konkreten Ausgestaltung des Arbeitssystems ab (IndustriALL 2022). Der »Gute Arbeit by design«-Ansatz des DGB (2020), nach dem die Ausgestaltung bereits in der Konzeptions- und Entwicklungsphase von KI-Systemen beginnt, ist insbesondere in den Unternehmen von hoher Relevanz, die KI selbst entwickeln. Dies betraf im Jahr 2019 im Bereich Elektrotechnik und Maschinenbau 24 Prozent der Unternehmen. Im Fahrzeugbau lag der Anteil bei acht Prozent. Dabei nutzten 17 Prozent der Unternehmen im Bereich Elektrotechnik und im Maschinenbau auch personenbezogene Daten, im Fahrzeugbau sogar 24 Prozent (BMWi 2020).

Wo und wozu wird KI eingesetzt?

KI-Anwendungen kommen sowohl in der Automatisierung IT-gestützter Arbeitsprozesse im indirekten Bereich (z. B. Buchhaltung, Personalplanung, Kundenbindung) als auch in der Fertigung und Montage zum Einsatz. In Produktionsprozessen wird KI vermehrt eingesetzt in den Bereichen Logistik, vorausschauende Wartung und Instandhaltung, Robotik und Qualitätskontrolle mit dem Ziel der Effizienz- und Produktivitätssteigerung. Wearables erfassen Bewegungen in Echtzeit. Eingespeist in Standardsoftware sind einer zunehmenden Überwachung, Steuerung und Kontrolle der Beschäftigten bei der Nutzung von KI Tür und Tor geöffnet (vgl. Voigt 2021).

Während der Pandemie-Jahre ab 2020 haben vor allem große Unternehmen eigene *digitale Lernplattformen* eingerichtet, die die Beschäftigten mittels KI-gestützter Such- und Filteralgorithmen durch das Angebot von

Lernmaterial steuern, ihnen personalisierte Lernpfade anbieten und den »Lernerfolg« kontrollieren. Hierbei können auch die aus dem Bereich Marketing bekannten Chatbots als Lernbegleiter eingesetzt werden. Außerdem kommen KI-Anwendungen in *Skill Management Systemen* zum Einsatz, die den individuellen Schulungsbedarf anhand einer Soll-Ist-Kompetenzanalyse feststellen sollen. Diese Plattformen sind teilweise Bestandteil umfangreicher *Personalmanagementsysteme,* die auch einen Vergleich von Beschäftigten hinsichtlich der Weiterbildungsbeteiligung oder der Teilnahme an agilen Projekten ermöglichen.

Ein automatisierter Soll-Ist-Abgleich findet auch im Bereich *Recruiting* statt, indem beispielsweise KI-Anwendungen mit dem Ziel des Matching eine Vorauswahl geeigneter Kandidat:innen aus dem Bewerber:innen-Pool für vakante Stellen treffen. Auch wenn KI in den deutschen Personalabteilungen noch überwiegend kritisch beäugt wird, so reicht ein Blick nach Asien oder in die USA, um das technische Potenzial und die Risiken der marktgängigen Software-Lösungen zu erkennen. Dort finden in Bewerbungsverfahren vereinzelt bereits Vorgespräche mittels Systemen statt, die auf maschinellem Lernen beruhen. Beispielsweise nutzen die Konzerne Pepsi, L'Oreal und Ikea eine Anwendung namens »Vera«, die in Jobportalen Bewerber:innen aufspürt und Interviews durchführt. Der in Australien entwickelte Roboter »Matilda« achtet bei den Interviews zusätzlich auf Mimik und Stimmlage der Bewerber:innen (Singh 2018).

Vor allem bei der Verwendung von personenbezogenen Daten stellt sich die Schlüsselfrage nach der *Qualität und Herkunft der zur Analyse herangezogenen Ausgangsdaten.* So können Bewerber:innen, aber auch bereits angestellte Beschäftigte, im Zweifel nicht nachvollziehen, ob neben ihren freiwillig erbrachten Informationen, beispielsweise über Namen, Adresse und Alter, auch Rückschlüsse aus der verdeckten Beobachtung nicht-kontrollierbarer Verhaltensweisen erworben bzw. verwendet worden sind. Dies könnte z. B. die Änderung der Stimmlage bei Anspannung oder Daten von öffentlichen oder privaten Dritten umfassen.

Je nach Befragung schwankt in Deutschland der Anteil von Unternehmen, die bereits KI-Anwendungen nutzen, zwischen 5 und 16 Prozent (Giering 2021). Nach der Deutschen Innovationserhebung für das Jahr 2019 setzten rund 17 500 Unternehmen mit fünf oder mehr Beschäftigten in der produzierenden Industrie und in überwiegend unternehmensorientierten Dienstleistungen KI-Verfahren ein. Das entsprach 5,8 Prozent der Gesamtwirtschaft. In der Industrie führten die Branchen Elektrotechnik und Maschinenbau mit 6,8 Prozent der Unternehmen mit KI-Einsatz vor dem Fahrzeugbau mit 5,1 Prozent.

Probleme der Digitalisierung

Folgen für Beschäftigung und Arbeit
Laut einer Erhebung des Instituts für Arbeitsmarkt- und Berufsforschung (IAB) ist das Potential der Substituierbarkeit durch Computer oder computergesteuerte Maschinen zwischen 2016 und 2019 in den Fachkraft- und Spezialistenberufen am höchsten ausgefallen. Fertigungs- und fertigungstechnische Berufe weisen nach wie vor ein hohes Substituierbarkeitspotenzial auf (83,3 bzw. 72,2 Prozent) (Dengler/Matthes 2021). Das IAB geht allerdings nicht davon aus, dass das Substituierbarkeitspotenzial gleichzusetzen ist mit dem Risiko des Abbaus von Beschäftigung.

Die Bundesanstalt für Arbeitsschutz und Arbeitsmedizin (BauA) sieht auf der Grundlage einer eigenen Erhebung Befürchtungen einer *Polarisierung der Beschäftigten* bestätigt. Nach dieser Studie sind die Folgen von KI auch deshalb ambivalent, weil KI entweder als *persönliches Arbeitsmittel* oder als Mittel eingesetzt wird, *das auf der Organisationsebene über die Arbeit der Beschäftigten entscheidet* (Meyer u. a. 2022). Nutzen Beschäftigte KI als persönliches Arbeitsmittel, zum Beispiel als Diagnose- oder Designtool, dann gewinnen sie eher Handlungsspielräume. KI kann aber auch zur Steuerung, Kontrolle und Beurteilung von Arbeit eingesetzt werden. Hierbei werden Beschäftigte zum Gegenstand von Prozessen, die unter Verwendung von KI gesteuert werden. Für sie besteht das Risiko der »Überdeterminiertheit« von Arbeit (ebd., S. 329).

Dabei geht es sowohl auf der makroökonomischen als auch auf der betrieblichen Ebene nicht nur um quantitative Veränderungen, sondern auch um die qualitative Dimension: Aus gewerkschaftlicher Perspektive muss die Begrenzung von Beschäftigungsabbau durch Substitutionseffekte ebenso ein Ziel sein, wie eine Verbesserung und Aufwertung von Arbeit sowie die Verhinderung von Abwertung. Um Rahmenbedingungen für eine solche »positive Substitution« zu schaffen gilt es, »die technologische Entwicklung kontinuierlich und sehr genau unter (gesellschaftlicher) Beobachtung zu halten.« (Albrecht/Kellermann 2020)

Die Substitution von monotonen Ausführungen kann sich deutlich positiv auf Arbeit auswirken – vor allem dann, wenn Routineaufgaben durch anspruchsvollere Tätigkeiten ersetzt werden. Die wachsende Vernetzung und Softwareunterstützung von Produktions- und Geschäftsprozessen ermöglichen eine große Bandbreite flexibler Arbeitsformen, wodurch die Orts- und Zeitsouveränität der Beschäftigten eher ermöglicht werden kann (Meyer u. a. 2022). Gleichwohl können bei steigenden Kompetenzanforderungen für einzelne Beschäftigtengruppen Überforderung und Stress die Folge sein.

In einer Befragung von Beschäftigten, die in hohem oder sehr hohem Maße von Digitalisierung betroffen waren, gab etwa jede:r Zweite an, dass durch die Digitalisierung nicht nur die Arbeitsmenge und die Zahl der gleichzeitig zu bewältigenden Vorgänge größer geworden sind, sondern auch die Überwachung und Kontrolle der Arbeitsleistung (Institut DGB-Index Gute Arbeit, 2016). Die HBS-geförderte Studie »Digitaler Stress in Deutschland« (Gimpel u. a. 2018) macht deutlich, dass digitaler Stress bei den Beschäftigten zu gravierenden gesundheitlichen Beeinträchtigungen führt.

3. Regulierung von KI

Die Regulierung von KI im Bereich der Arbeit muss einen Beitrag dazu leisten, dass Arbeit besser wird. Dieses »besser« versteht sich in der Tradition der Humanisierung von Arbeit und der bestehenden *Definition von »guter Arbeit«*. Hierzu hat das DGB-Institut Gute Arbeit einen akzeptierten Bewertungsstandard geschaffen, der auch bei der Digitalisierung von Arbeit genutzt werden kann. Demnach erfordert gute Arbeit Ressourcen, um die Arbeitsanforderungen bewältigen zu können, sie erfordert Belastungen, die die Beschäftigten ohne Beeinträchtigungen bewältigen, und sie erfordert ein angemessenes Einkommen und Sicherheit. Die Kriterien des DGB sind kompatibel mit einschlägigen arbeitswissenschaftlichen Kriterien für eine menschengerechte Arbeit, die auch in Kommentaren zum Arbeitsschutzrecht zur Erläuterung für den Begriff »menschengerechte Arbeit« zitiert werden.

Die Zieldefinition einer humanen Arbeitsgestaltung bleibt bestehen und sollte auch nicht in Frage gestellt werden. Im Sinne von »guter digitaler Arbeit« *verlangt aber die Ausgestaltung der Arbeit mit KI spezifische Antworten*, die im Sinne einer ganzheitlichen Technikfolgenabschätzung sowohl die Veränderungen am einzelnen Arbeitsplatz und im Betrieb wie auch die sozioökonomische Gesamtwirkung kontinuierlich im Blick behalten muss (Kellermann; Obermauer 2020). Dabei ist zu berücksichtigen, dass KI häufig als eigenständiger Akteur im Arbeitsprozess eingesetzt wird. Auf diese Weise entstehen *Systeme verteilter Verantwortung* (Gerst 2019). Dies führt dazu, dass sich Aufgaben und Belastungen von Menschen durch die Interaktion mit autonomer Technik verändern. Auch Menschen tragen in diesen Arbeitssystemen Verantwortung, sie müssen deshalb korrigierend in die Prozesse der mit KI ausgestatten Systeme eingreifen (Huchler 2017). Darüber hinaus wird KI auch für Entscheidungen genutzt, in denen es um *Karrierechancen* von Beschäftigten geht. Dies betrifft den Zugang zu Beschäftigung, Weiterbildung und Personalentwicklung. Neu ist schließlich die Nutzung von KI im Rahmen eines *»algorithmischen Managements«* (Staab 2021). Der Begriff steht für die Nutzung digitaler Technik für Managementaufgaben der Steuerung, Kontrolle und der Kommunikation zwischen Führung und Beschäftigten.

Probleme der Digitalisierung

Um diese Ziele zu erreichen, ist eine Überprüfung und Weiterentwicklung der bestehenden Regularien in mehreren Bereichen notwendig. Mit dem auf europäischer Ebene vorgelegten Regulierungsvorschlag soll ein Rechtsrahmen für die Zulassung von KI-Anwendungen für den europäischen Markt entstehen (AI Act/KI-Verordnung), der auf den Schutz von Verbraucher:innen und Beschäftigten abhebt. Der Regulierungsbereich Arbeit und Beschäftigung ist im Verordnungsentwurf als Hoch-Risiko-Bereich kategorisiert. Nach dem Vorschlag umfasst dies KI-Anwendungen, die für die Einstellung oder die Auswahl von Bewerber:innen hergestellt und in Verkehr gebracht werden, insbesondere für die Bekanntmachung vakanter Stellen, das Analysieren, Filtern und Bewerten von Bewerbungsunterlagen, Vorstellungsgesprächen und Einstellungstests. Weiterhin umfasst der Hoch-Risiko-Bereich KI-Anwendungen, die dazu bestimmt sind, Entscheidungen über Beförderungen und Kündigungen zu fällen, oder für die Zuweisung von Aufgaben, die Überwachung und Bewertung von Leistung und Verhalten von Beschäftigten Verwendung finden sollen.

Diese konkreten Regelungssachverhalte bilden jedoch den gesamten Regulierungsbereich Arbeit und Beschäftigung nur unzureichend ab. Auch vor dem Hintergrund zukünftig vorstellbarer Interaktionen bzw. Kollaborationen von Mensch und Maschine bzw. Roboter ist es notwendig, sämtliche KI-Anwendungen als Hoch-Risiko-Anwendungen einzustufen, sofern sie personenbezogene Daten im Beschäftigungsverhältnis tangieren. Darüber hinaus sollten KI-Anbieter im Arbeitskontext verpflichtet werden, Einblicke in ihre Systeme zuzulassen, damit Transparenz und auch Mitbestimmung ermöglicht werden. Perspektivisch sollte KI technisch so weiterentwickelt werden, dass sie mit »*Erklärfunktionen*« ausgestattet wird, damit Beschäftigte, aber auch Mitbestimmungsorgane, Einblick in die Entscheidungsgrundlagen (u. a. die genutzten Daten) und die Entscheidungsfindung von KI-Systemen erhalten können.

Kritisch zu bewerten ist zudem das *Fehlen von Prozessvorgaben zu Mitbestimmungsmöglichkeiten* bei der betrieblichen Anwendung, wie sie noch im Weißbuch der EU-Kommission im Jahr 2020 hinterlegt worden waren. Denn die Tatsache, dass sich bei KI-Systemen entweder durch häufige Updates oder gar durch eigenständiges Lernen im betrieblichen Einsatz permanent die technischen Grundlagen verändern, erfordert, dass Vereinbarungen zwischen den Sozial- und Betriebspartnern zu KI-Systemen einen neuen Charakter bekommen müssen: Anstelle konstanter Regeln werden sie regelmäßige Konsultationen zwischen den Betriebsparteien sowie Überprüfungs- und Konfliktlösungsmechanismen vorsehen müssen (Albrecht/Kellermann 2020, S. 22). Eine rechtliche Regelung, auf nationaler Ebene oder ggf. über eine gesonderte Richtlinie, erscheint hier notwendig. Insgesamt ist der Entwurf der KI-Verordnung mit seinem Fokus auf die Produktsicherheit allein nicht ausreichend, um den Einsatz von KI im Arbeitskontext abschließend zu regeln.

Ein zentrales Feld zur Regulierung von KI im Arbeitskontext ist der *Datenschutz*. Die europäische Datenschutzgrundverordnung (DSGVO) beinhaltet wichtige Prinzipien, wie »*privacy by design*« und »*privacy by default*«, und Regeln, die auch für KI-Systeme aller Kategorien gelten und umgesetzt werden müssen. Zudem eröffnet sie Spielraum für spezifischere Regelungen für den nationalen Gesetzgeber beim Arbeitnehmerdatenschutz aufgrund des besonderen Abhängigkeitsverhältnisses der Arbeitnehmer:innen. Solche besonderen Schutzrechte sind besonders für einen KI-Einsatz in der Personalsteuerung notwendig und müssen bei der geplanten Gesetzgebung zum Arbeitnehmerdatenschutz berücksichtigt werden.

Die notwendige Regulierung betrifft aber auch weitere Bereiche, wie die Anpassung des Arbeitsschutzes, das Arbeitsrecht und nicht zuletzt die Rechte der Mitbestimmungsakteure.

4. Mitbestimmung beim Einsatz von KI

Mitbestimmung beim Einsatz von KI kann in Deutschland an eine lange Tradition der Interessenvertretung bei technisch-organisatorischer Modernisierung anknüpfen. Jedoch stellt die Nutzung von KI im Arbeitsprozess einige neuartige Anforderungen an die Mitbestimmung und erfordert weitere Modernisierungen des Betriebsverfassungsrechts.

Neue Herausforderungen der Mitbestimmung durch KI

Die seit gut zehn Jahren sich beschleunigende Digitalisierung hat die Mitbestimmung vor neue Herausforderungen gestellt. Arbeit wird immer experimenteller und projektförmiger gestaltet. Dadurch kristallisieren sich die konkreten Gestaltungslösungen erst spät heraus, was für Betriebsräte eine große *Ungewissheit* bezogen auf die mitzubestimmende Arbeitsgestaltung und erschwerte Bedingungen für eine Folgenabschätzung bedeutet.

Angesichts dieser Herausforderungen Ansatzpunkte für die Mitbestimmung zu finden, fällt auch erfahrenen Betriebsräten schwer. Die Offenheit und der experimentelle Charakter vieler Gestaltungsprojekte führen zu einem Problem, dass Matuschek und Kleemann (2018) in den Worten formuliert haben: »Was man nicht kennt, kann man nicht regulieren?« Üblicherweise ist die Mitbestimmung auf klar definierte und in ihren Folgen kalkulierbare Projekte ausgerichtet. Da es diese heute weniger gibt, werden eher *Prozessvereinbarungen* notwendig, die die Beteiligung von Interessenvertretungen

Probleme der Digitalisierung

im Gesamtprozess der Planung und Umsetzung regeln. Die Geschwindigkeit der betrieblichen Modernisierung erfordert zudem *agile Arbeitsformen* der Interessenvertretung, die sich beispielsweise in flexiblen Arbeitsgruppen, in einer stärkeren Einbindung der Belegschaft und in iterativen Betriebsvereinbarungen äußert. Für all das gibt es Beispiele, doch sind die meisten Betriebsräte weit von einer derart modernisierten Interessenvertretung entfernt. Voraussetzung für eine Modernisierung der Betriebsratsarbeit sind erweiterte fachliche und methodische Kompetenzen sowie die Bereitschaft, sich auch auf Prozesse einzulassen, die vielen Interessenvertretungen ungewohnt, zeitaufwändig und risikohaft erscheinen.

Der Einsatz von KI im Arbeitsprozess verstärkt diese bereits bestehenden Herausforderungen der Mitbestimmung. Für Interessenvertretungen sind die Folgen des Einsatzes von KI schwer abzuschätzen, weil sie je nach Einsatzbereich und Einsatzzweck sehr unterschiedlich ausfallen. Aus diesem Grund können Betriebsräte weniger stellvertretend agieren. Sie müssen stattdessen im Dialog mit den betroffenen Beschäftigtengruppen die Ziele und Strategien der Interessenvertretung erst entwickeln (Widuckel 2020, S 23).

Noch nie gab es in der Geschichte der betrieblichen Rationalisierung eine Technik, die wie die KI eine *ganzheitliche Gestaltungskompetenz* erfordert. Eine Bearbeitung der Modernisierung mit KI in arbeitsteiligen Gremien wird nicht zu einer wirksamen Mitbestimmung führen, auch nicht der Fokus auf einzelne Mitbestimmungstatbestände des Betriebsverfassungsrechts. Entscheidend wird die *aktive Mitgestaltung von und in Prozessen*. Dafür müssen *geeignete Gremien* meist erst geschaffen werden, zur Bearbeitung im Betriebsrat und zudem für die Zusammenarbeit von Betriebsleitung und Interessenvertretung. Diese Gremien müssen für ein weites Themenspektrum der betrieblichen Arbeitspolitik kompetent und entscheidungsfähig sein, u. a. für die Beschäftigungssicherung, die Arbeitsstrukturierung, die Qualifizierung, die Arbeitsbelastungen und für eine beteiligungsorientierte Gestaltungspraxis.

KI verstärkt nicht nur Herausforderungen, die bereits die Digitalisierung mit sich gebracht hatte. Einige Aspekte sind grundsätzlich neu und erfordern deshalb neue Kompetenzen und Strategien der Betriebsräte.

- Wenn KI im Arbeitsprozess als eigenständiger Akteur handeln kann und wenn dadurch *Systeme geteilter Verantwortung* entstehen, ergeben sich Gestaltungsaufgaben, mit denen sich auch Betriebsräte befassen müssen. Gestaltet werden müssen die Schnittstellen zwischen Beschäftigten, Technik und der Organisation. Sie entscheiden über Arbeitsbelastungen, über Kompetenzanforderungen und darüber, ob die Technik dem Menschen im Arbeitsprozess hilft oder ob Menschen bloße Anhängsel der Technik sind.

- Wenn die Nutzung von KI auch Entscheidungen über *Karrierechancen* beeinflusst, erwächst auch hier eine neues Themenfeld der Mitbestimmung. Ziel der Mitbestimmung ist, die Chancen dieser KI zu nutzen und die Nachteile – wachsende Transparenz, Kontrolle, Ungerechtigkeit und Diskriminierung – zu vermeiden.
- Gestalten Unternehmen ein *algorithmisches Management*, dann folgen daraus grundlegende Veränderungen der betrieblichen Leistungspolitik, Führung und Kultur. Damit sind Betriebsräte nicht nur verstärkt in Fragen des Beschäftigtendatenschutzes gefordert, sondern in der ganzen Vielfalt der Themen betrieblicher Arbeitspolitik.

Die zukünftigen Perspektiven der Mitbestimmung von Arbeit mit KI sind aktuell offen. Es wird zahlreiche Betriebsräte geben, denen die Mitgestaltung gelingt. Anderen wird das eher schwerfallen, vor allem weil das Know-how und die personellen Ressourcen fehlen. Hier wird es zunächst erforderlich, Kompetenzen zu erwerben und die Arbeitsweise der Betriebsräte zu optimieren. Erfolgsvoraussetzungen der Mitbestimmung liegen darin, dass Betriebsräte eine eigene Positionierung und eine Strategie zum Umgang mit KI entwickeln und dass sie dazu einen konstruktiven Dialog mit den betroffenen Beschäftigten führen (Niewerth u. a. 2022). Dies alles ist viel einfacher gesagt als getan. Notwendig wird deshalb eine engagierte Unterstützung durch Gewerkschaften. Zu entscheidenden Erfolgsfaktoren werden Netzwerke der kollegialen Beratung und zum Erfahrungsaustausch, auf den konkreten Bedarf zugeschnittene Qualifizierung und kompetente Prozessbegleitung. In diesen Maßnahmen stecken Chancen, gewerkschaftliche Gestaltungskompetenz nicht nur zu erhöhen, sondern auch zu verbreiten. Letztlich sind auch die Ressourcen der Gewerkschaften endlich, weshalb es darauf ankommen wird, kompetente Multiplikatoren unter den Ehrenamtlichen zu gewinnen.

Notwendige Reformen des Betriebsverfassungsrechts

Betriebsräte suchen aktuell nach Wegen, um mit der Unbestimmtheit, Prozesshaftigkeit und Komplexität von Digitalisierung und KI-Nutzung umzugehen. Beispiele sind *Prozessvereinbarungen*, die eine Lücke im Betriebsverfassungsrecht überbrücken. Betriebsräte stoßen jedoch auch an rechtliche Grenzen, die die Mitbestimmung von KI-Anwendungen erschweren.

Der DGB hat kürzlich Vorschläge für eine Reform des Betriebsverfassungsrechts vorgelegt, das aktuelle Defizite adressiert (DGB 2020). Eine Modernisierung des Mitbestimmungsrechts sollte u. a. folgende Aspekte berücksichtigen.

- KI schafft erweiterte Kontroll- und Überwachungsmöglichkeiten und geht daher mit Risiken für die Persönlichkeitsrechte einher. Hierbei wiegt besonders schwer, dass mit der KI die Bestände an Daten über die Beschäftigten wachsen und die Daten technisch verknüpfbar sind. Gestärkt werden muss daher die Mitbestimmung bei der *Verwendung von personenbezogenen Daten in technischen Systemen* der Datenverarbeitung. Dies könnte durch eine Klarstellung im § 87 Abs. 1 Nr. 6 BetrVG erfolgen. Eindeutig wäre eine Formulierung, die die Mitbestimmung als erforderlich erachtet, wenn technische Einrichtungen »geeignet« sind, das Verhalten oder die Leistung der Arbeitnehmer zu überwachen (DGB 2022).

- Angesichts der vielfältigen Einsatzmöglichkeiten der KI und der komplexen datentechnischen Vernetzung werden Betriebsräte auf Sachverständige angewiesen sein. Dies ließe sich durch eine Erweiterung im § 80 Abs. 2 BetrVG regeln. Der Vorschlag des DGB zur Reform des Betriebsverfassungsrechts sieht vor, dass ein Betriebsrat *Sachverständige* hinzuziehen kann, wenn er mit der Einführung und Anwendung von Kontrolleinrichtungen befasst ist (DGB 2022). Bei Meinungsverschiedenheiten würde die Einigungsstelle entscheiden.
- Für eine wirksame Mitgestaltung von Digitalisierung kommt es immer stärker darauf an, diese nicht nur bezogen auf einzelne Mitbestimmungstatbestände wie die Überwachung mitzubestimmen, sondern vielmehr in Prozessen, die bereits in der Planungsphase beginnen und die die betriebliche Modernisierung ganzheitlich betrachten. Erforderlich wird deshalb ein Recht auf eine *prozessuale Mitbestimmung*. Dieses ließe sich durch eine Erweiterung im § 87 Abs. 1 BetrVG erreichen. Dementsprechend sieht der DGB einen weiteren Gegenstand der Mitbestimmung vor: Die »Planung, Gestaltung und Änderung der Arbeitsplätze, der Arbeitsumgebung und der Arbeitsorganisation einschließlich der Arbeitsverfahren und der Arbeitsabläufe.« Für diese Themen sieht das Betriebsverfassungsgesetz bisher lediglich Informations- und Beratungsrechte vor.
- Um eine adäquate Technikfolgenabschätzung und Gefährdungsbeurteilung vornehmen zu können und dadurch negative (u. a. psychische) Auswirkungen auf die Gesundheit der Beschäftigten bestmöglich zu vermeiden, müssten Betriebsräte auch beim Einsatz von Künstlicher Intelligenz gemäß §§ 89, 90 BetrVG an den Besprechungen des Arbeitgebers mit den Sicherheitsbeauftragten (§ 22 Abs. 2 SGB VII) teilnehmen.

5. Fazit

Beim Einsatz von KI im Arbeitsumfeld handelt es sich um ein entscheidendes Handlungsfeld von Gewerkschaften in den kommenden Jahren. Um die Auswirkungen von KI im Sinne der Arbeitnehmer:innen und von guter Arbeit zu beeinflussen, müssen Gewerkschaften und Betriebsräte KI aktiv und frühzeitig mitgestalten – und dabei sowohl Chancen als auch Risiken in den Blick nehmen. Um das eigene Handeln zu legitimieren und um zusätzliche Ressourcen zu mobilisieren, sind dabei Ansätze erforderlich, die die Beschäftigten beteiligen.

Die Mitgestaltung der digitalen Transformation durch KI darf nicht nur die Technik selbst im Blick haben, sondern muss vor allem auch die Arbeitsorganisation und die Rahmenbedingungen der Arbeit umfassen. Notwendig sind ganzheitliche Ansätze, die sowohl auf gute Arbeitsbedingungen als auch die Beschäftigungssicherung abzielen und auch Themen wie Personalbemessung, Leistungsanforderungen und Qualifizierung umfassen. Aber auch Fragen von Unternehmensstrategien und von digitalen Geschäftsmodellen müssen von Gewerkschaften bearbeitet werden, um Voraussetzungen für den Erhalt von Beschäftigung und Gute Arbeit zu verbessern.

Dabei gilt es auch, die regulatorischen Rahmenbedingen für den Einsatz von KI im Arbeitskontext gewerkschaftlich zu beeinflussen. Dabei geht es sowohl um KI-spezifische Regulierungen als auch um arbeitsspezifische, nicht zuletzt im Bereich der Mitbestimmung. Nur wenn Gewerkschaften auf allen Handlungsebenen, von der europäischen KI-Regulierung bis zur betrieblichen Mitbestimmung aktiv sind, kann es gelingen, dass der Einsatz von Künstlicher Intelligenz zu mehr Arbeitsplätzen und besseren Arbeitsbedingungen führt.

Literatur

Albrecht, Th./Kellermann, Ch. (2020): Künstliche Intelligenz und die Zukunft der digitalen Arbeitsgesellschaft. Konturen einer ganzheitlichen Technikfolgenabschätzung. Düsseldorf: Hans-Böckler-Stiftung, Working Paper Forschungsförderung Nr. 200

BMWi (2020): Einsatz von Künstlicher Intelligenz in der Deutschen Wirtschaft. Stand der KI-Nutzung im Jahr 2019

COM (2021): Vorschlag für eine Verordnung des Europäischen Parlaments und des Rates zur Festlegung harmonisierter Vorschriften für Künstliche Intelligenz (Gesetz über Künstliche Intelligenz) und zur Änderung bestimmter Rechtsakte der Union

Dengler, K./Matthes, B. (2021): Folgen des technologischen Wandels für den Arbeitsmarkt: Auch komplexere Tätigkeiten könnten zunehmend automatisiert werden. IAB-Kurzbericht, 13/2021, Nürnberg.

DGB (2020): DGB-Konzeptpapier »Gute Arbeit by design«

DGB (2022): Betriebliche Mitbestimmung für das 21. Jahrhundert. Gesetzentwurf für ein modernes Betriebsverfassungsgesetz. Arbeit und Recht. Sonderausgabe

Gerst, D. (2019): Autonome Systeme und Künstliche Intelligenz. Herausforderungen für die Arbeitssystemgestaltung. In: Hirsch-Kreinsen, H.; Karačić, A. (Hrsg.): Autonome Systeme und Arbeit. Perspektiven, Herausforderungen und Grenzen der Künstlichen Intelligenz in der Arbeitswelt. Bielefeld: Transcript, S. 101–137

Giering, O. (2021): Künstliche Intelligenz und Arbeit: Betrachtungen zwischen Prognose und betrieblicher Realität. In: Zeitschrift für Arbeitswissenschaft, 76, S. 50–64

Probleme der Digitalisierung

Gimpel, H./Lanzl, J./Manner-Romberg, T./Nüske, N. (2018): Digitaler Stress in Deutschland. HBS Forschungsförderung Working Paper. Düsseldorf

Huchler, N. (2017): Grenzen der Digitalisierung von Arbeit. Die Nicht-Digitalisierbarkeit und Notwendigkeit impliziten Erfahrungswissens und informellen Handelns. In: Zeitschrift für Arbeitswissenschaft, 71, S. 215–223

IndustriALL (2022): Positionspapier 2022/139: Künstliche Intelligenz im Fokus – KI als Herausforderung und Chance für Arbeitnehmer*innen und ihre Vertreter*innen

Institut DGB-Index Gute Arbeit (Hrsg.) (2016): Der Report 2016. Wie die Beschäftigten die Arbeitsbedingungen in Deutschland beurteilen. Mit dem Themenschwerpunkt: Die Digitalisierung der Arbeitswelt – Eine Zwischenbilanz aus der Sicht der Beschäftigten. Berlin

Kellermann, Ch./Obermauer, R. (2020). Von der Würde der Arbeit in digitaler und klimaneutraler Zukunft. In: spw 238

Matuschek, I./Kleemann, F. (2018): »Was man nicht kennt, kann man nicht regeln.« Betriebsvereinbarungen als Instrument der arbeitspolitischen Regulierung von Industrie 4.0 und Digitalisierung. WSI-Mitteilungen, 7, 227–234

Meyer, S.-Ch./Hartwig, M./Tisch, A./Wischniewski, S. (2022): Künstliche Intelligenz am Arbeitsplatz: Verbreitung und Hinweise auf Zusammenhänge mit Arbeitsqualität. In: Tisch, A./Wischniewski, S. (Hrsg.): Sicherheit und Gesundheit in der digitalisierten Arbeitswelt. Kriterien für eine menschengerechte Gestaltung. Baden-Baden: Nomos, S. 315–337

Niewerth, C./Massolle, J./Schaffarczik, S./Grabski, Ch. (2022): Betriebsräte in der doppelten Transformation. Ein Transferforschungsprojekt zur Organisationsentwicklung von Betriebsratsgremien. Hans Böckler Stiftung. Study 468

Singh, R. (2018): Meet the Robot Recruiters. In: https://www.ere.net/meet-the-robert-recruiters/

Thamm, A. (2022): Logische Programmierung. In: Was ist Logische Programmierung | [at] Data Science & KI Glossar (alexanderthamm.com)

Voigt, H. C. (2021): Digitale Überwachung und Kontrolle in österreichischen Betrieben. Bericht über eine explorative Untersuchung mit Fallbeispielen auf Basis von Interviews. Cracked Labs – Institut für Kritische Digitale Kultur. Wien (Hrsg.)

Widuckel, W. (2020): Arbeit 4.0 und Transformation der Mitbestimmung, in: Bader, V./Kaiser, S. (Hrsg.) (2020): Arbeit in der Data Society. Zukunftsvisionen für Mitbestimmung und Personalmanagement, Wiesbaden: SpringerGaber, S. 17–34.

Barbara Susec/Robert Spiller

Digitalisierung in der stationären und ambulanten Gesundheitsversorgung:
Zwischen Ambivalenz und Zukunftsversprechen

Die Covid-19-Pandemie hat das Gesundheitswesen und seine Beschäftigten für eine kurze Zeit in das Zentrum des öffentlichen Interesses gerückt – Applaus und vollmundige Versprechungen verantwortlicher Politiker:innen, alles zu tun, um die Arbeitsbedingungen, aber auch die Versorgungsqualität endlich zu verbessern, waren allerorten zu vernehmen. Und doch wird inzwischen deutlich, dass die Beschäftigten im Gesundheitswesen zwar mittlerweile besser bezahlt werden, dass sich jedoch die Arbeitsbedingungen insbesondere in den Pflegeberufen nicht verbessert haben, obwohl das pflegerische Versorgungssystem bereits vor der Pandemie an der Belastungsgrenze war.[1] Für viele Beschäftigte in Krankenhäusern und Pflegeeinrichtungen ist im dritten Pandemiejahr das tägliche Arbeiten in Mindestbesetzung zum neuen Normal geworden.

Fachkräftemangel, Berufsaussstiege und überdurchschnittlich hohe Krankheitsquoten in Pflegeberufen treffen auf einen wachsenden gesellschaftlichen Bedarf an professionellen Pflege- und Betreuungsleistungen.[2] Gleichzeitig steigen die professionellen Anforderungen aufgrund der steten Zunahme chronischer Erkrankungen, Multimorbidität, dementieller Erkrankungen einerseits und der zunehmenden Individualisierung medizinischer Therapien andererseits, so dass Versorgungsbedarfe immer öfter hochgradig komplex werden. Insbesondere Beschäftigte in Pflegeberufen stehen angesichts dieser Entwicklungen gleich mehrfach unter Stress.[3]

Um mittel- und langfristig eine bedarfsgerechte Versorgung in allen Lebensphasen und in unterschiedlichen Settings (stationär, teilstationär und ambulant) zu gewährleisten, ist es dringend geboten, die Arbeitsbedingungen signifikant zu verbessern. Gute Arbeit muss wieder die Regel werden und darf

---

1 Vgl. J. Auffenberg/D. Becka/M. Evans et al.: »Ich pflege wieder, wenn ...« Potenzialanalyse zur Berufsrückkehr und Arbeitszeitaufstockung von Pflegefachkräften. Ein Kooperationsprojekt der Arbeitnehmerkammer Bremen, des Instituts Arbeit und Technik Gelsenkirchen und der Arbeitskammer des Saarlandes, Bremen: Arbeitnehmerkammer Bremen, April 2022.
2 Vgl. A. Schwinger/J. Klauber/C. Tsiasioti: Pflegepersonal heute und morgen, in: K. Jacobs et al. (Hrsg.): Pflege-Report 2019: Mehr Personal in der Langzeitpflege – aber woher?, Heidelberg 2020, S. 5.
3 Rat der Arbeitswelt: Vielfältige Ressourcen stärken – Zukunft gestalten. Impulse für eine nachhaltige Arbeitswelt zwischen Pandemie und Wandel, Berlin 2021, S. 98.

nicht länger die Ausnahme bleiben.[4] Nur so wird es gelingen, junge Menschen für Pflegeberufe zu gewinnen, in Teilzeit Arbeitende dazu zu ermutigen, in Vollzeit zu arbeiten, und Berufsaussteiger:innen zu einer Rückkehr in den Beruf zu bewegen. Eine verbindliche bedarfsgerechte Personalausstattung in Verbindung mit einer hohen Fachlichkeit ist dabei das zentrale Element. Aber auch Fragen der Digitalisierung werden in Zukunft eine größere Rolle spielen.

Mit der zu Beginn der 19. Legislaturperiode von der Regierung angestoßenen Digitalisierungsoffensive in allen Bereichen der Gesundheitsversorgung wurde öffentlichkeitswirksam das Signal gesetzt, dass die digitalen Dauerbaustellen in der ambulanten und stationären Versorgung endlich geschlossen werden sollten. Faxgeräte in Arztpraxen, telemedizinische Versorgungsangebote, die nicht über einzelne Leuchtturmprojekte hinausgelangten, eine durch zähe Grabenkämpfe gelähmte Gesellschaft für Telematik (Gematik) und das Ewigkeitsvorhaben der Einführung der elektronischen Patientenakte sollten, so schien es, bald der Vergangenheit angehören und endlich zu einem funktionierenden, der Hebung der gesundheitlichen Versorgungsqualität förderlichen Status quo aufgewertet werden. Was folgte, waren Gesetzesnovellen mit Digitalisierungsbezügen im Rekordtempo, eine Teilverstaatlichung der Gematik und ein Bundesdatenschutzbeauftragter, der Sturm lief gegen die aus seiner Sicht allzu leichtfertige Veräußerung der Versicherten- und Versorgungsdaten.

Rund fünf Jahre später, während die Regierung bemüht ist, zwischen den einzelnen Wellen der Covid-19-Pandemie einen Kurs zu finden und zu halten, scheinen all diese eben noch wegweisenden Zukunftsthemen plötzlich kaum noch eine Rolle zu spielen. Und dabei muss die Politik die gesundheitliche Versorgung der zahlreichen, aufgrund des Krieges in der Ukraine geflüchteten Menschen gewährleisten. Gleichzeitig muss sie sowohl auf die dramatische finanzielle Destabilisierung innerhalb des GKV-Systems als auch auf anhaltende Kontroversen um die künftige flächendeckende Ausgestaltung der ambulanten und stationären gesundheitlichen Versorgungsstrukturen reagieren.

Zwar hat das Bundesministerium für Gesundheit für das Frühjahr 2023 die Entwicklung einer Digitalisierungsstrategie mit breit angelegtem Beteiligungsprozess angekündigt. Dies überdeckt jedoch nicht das zum Teil spektakuläre Scheitern wichtiger Projekte, etwa die abgebrochene Pilotphase zur Einführung des elektronischen Rezeptes Ende 2021 aufgrund zu wenig teil-

---

4 Vgl. Genster, G.: Versprochen. Gebrochen. Lehren ziehen! Für Gute Arbeit in einem gemeinwohlorientierten Gesundheitswesen, in: C. Schmitz/H.-J. Urban (Hrsg.): Arbeitspolitik nach Corona. Probleme-Konflikte-Perspektiven, Jahrbuch Gute Arbeit, Frankfurt am Main 2022, S. 294–307.

nehmender Apotheken. Und es bleibt auch das Problem der stagnierenden Bereitschaft zur Nutzung der elektronischen Patientenakte wegen zahlreicher frustrierender Erfahrungen seitens der Versicherten. Und ebenso bleibt der bestenfalls heterogene Stand der Digitalisierung in Krankenhäusern und Pflegeeinrichtungen, von denen manche noch nicht einmal hauseigene Medikationspläne digital erfassen können. Überhaupt fehlt es aktuell an gesetzlichen Ankündigungen zur Fortschreibung der Digitalisierung, während viele ärztliche Leistungserbringer und dort insbesondere die ambulanten Haus- und Fachärzte nicht müde werden, über einen bürokratischen, veralteten und unsicheren Umsetzungsprozess zu klagen, was Hersteller und Gematik reflexhaft zurückweisen. Kurz, die digitale Euphorie scheint mittlerweile verflogen. Sie scheint der eher ernüchternden Erkenntnis gewichen, dass Digitalisierungsprozesse für ein am Versorgungsbedarf orientiertes, die Versorgungsqualität in den Mittelpunkt stellendes Gesundheitssystem nur eine Variable unter Vielen sind. Das wirft die Frage auf, welchen Beitrag eine Digitalisierung des Gesundheitssystems überhaupt leisten kann und soll, und wie sie zur Verbesserung der Arbeitsbedingungen beitragen kann.

Verbindliche Personalbemessung als entscheidende Anforderung
Betrachtet man diese Fragestellung von der Warte der größten Mängel und Handlungsbedarfe, so muss ein Antwortversuch als wesentliches Kriterium berücksichtigen, dass Arbeit an und mit Menschen und an ihrer Gesundheit immer eine grundsätzlich menschenbezogene, da auf ihre gesundheitliche Versorgung zentrierte und wiederum von Gesundheitsfachkräften ausgeübte Tätigkeit ist. Insofern ist das Digitalisierungspotential im Gesundheitswesen weder unendlich noch ist es bedingungslos anzustreben. Der massive Mangel an Pflegekräften, der in Krankenhäusern und Pflegeeinrichtungen kontinuierlich zutage tritt, ist im Kern ein Ressourcen- und Regulierungsproblem, das seit Jahren bekannt ist. Gleichwohl hat der Gesetzgeber es bisher vermieden, regulatorisch tätig zu werden. Mit einigen wenigen Ausnahmen: Eine ist die auf Gefahrenabwehr orientierte Pflegepersonal-Untergrenzenverordnung, die angesichts gesundheitsgefährdend schlechter Patienten-Pflegekraft-Relationen unumgänglich wurde. Die andere bedeutet, die Pflegepersonal-Kosten aus dem Fallpauschalensystem der Krankenhausfinanzierung auszugliedern – eine Maßnahme, die aber von den gesetzlichen Krankenkassen aufgrund ihrer Kostenwirksamkeit unablässig angegriffen wurde und wird.

Dabei ist der inhaltliche Zusammenhang zwischen vollständig refinanzierten Pflegepersonalschlüsseln, einer am Pflegebedarf ausgerichteten Pflegepersonalbemessung sowie guten Arbeitsbedingungen und einer guten Performance des stationären Versorgungssystems unmittelbar einleuchtend.

Probleme der Digitalisierung

Das im Rahmen der Konzertierten Aktion Pflege von Deutscher Krankenhausgesellschaft, Deutschem Pflegerat und ver.di 2019 in kurzer Frist entwickelte Personalbedarfsbemessungsinstrument PPR 2.0 verbindet diese Anforderungen miteinander und wurde dem Bundesministerium für Gesundheit anwendungsfertig überreicht. Das geschah in der Annahme, dass auch der damalige Gesetzgeber ein Interesse daran haben würde, verbindliche Bemessungsgrenzen zu setzen, unter denen die Versorgungsqualität gesichert, die Beschäftigungsbedingungen verbessert und der eklatante Pflegepersonalmangel reduziert werden könnte.[5]

Es kam jedoch anders, so dass es bis zum Koalitionsvertrag der Bundesregierung von SPD, Bündnis 90/Die Grünen und FDP in der 20. Legislaturperiode dauerte, bis das Thema Pflegepersonalbemessung in den Kanon der gesetzlichen Vorhaben aufrückte und schließlich Eckpunkte vorgelegt wurden.

In der stationären Langzeitpflege liegt seit 2020 ein umfangreicher Bericht zur Entwicklung und Erprobung eines wissenschaftlich fundierten Verfahrens zur einheitlichen Personalbemessung vor. Der Personalmehrbedarf wird hier mit 36 Prozent über den derzeitigen Stand hinaus beziffert.[6] Bislang ist die Refinanzierung jedoch nur für 43 Prozent dieser zusätzlichen Stellen durch gesetzliche Regelungen gesichert. Weitere Schritte hin zu einer bundesweit verbindlichen Personalausstattung, die den bislang existierenden Flickenteppich landesspezifischer Regelungen ablösen soll, stehen noch aus.

Bei der gesetzlichen Regulierung der Personalvorgaben werden digitalisierungsbezogene Umsetzungswege zweifellos eine entscheidende Rolle spielen. Dies allein schon deshalb, weil es gegenüber den auf den bettenführenden Stationen der Krankenhäuser tätigen Pflegekräften kaum zu vertreten sein dürfte, weiter auf analoge Arbeits- und Prozessdokumentationen zu setzen. Das gilt ganz besonders angesichts vorhandener Arbeitsverdichtung, komplexer Anforderungen an die Bezugspflege und des durch die Investitionsmittel des Krankenhauszukunftsgesetzes[7] beförderten Leitbilds eines »Smart Hospital«. Die Pflegepersonalbedarfsbemessung ist in diesem Kontext mit

---

5 Zu den Anforderungen, die ehemalige Pflegekräfte für eine Rückkehr in ihren erlernten Beruf oder eine Aufstockung ihrer wöchentlichen Arbeitszeit nennen, gehört zentral die gesetzlich verankerte, bedarfsgerechte Personalbemessung. Vgl. die in Fußnote 1 genannte Potenzialanalyse »Ich pflege wieder, wenn …«.
6 Abschlussbericht im Projekt Entwicklung und Erprobung eines wissenschaftlich fundierten Verfahrens zur einheitlichen Bemessung des Personalbedarfs in Pflegeeinrichtungen nach qualitativen und quantitativen Maßstäben gemäß § 113c SGB XI, August 2020 (Abschlussbericht_PeBeM (gs-qsa-pflege.de).
7 Das Krankenhauszukunftsgesetz (KHZG) sieht eine zweckgebundene Investitionsfinanzierung in digitalisierungsbezogene Vorhaben in Krankenhäusern durch einen Bundeszuschuss i. H. v. 3 Mrd. Euro bei anteiliger Beteiligung der Länder mit weiteren 1,3 Mrd. Euro vor.

ihrer Matrizenstruktur in die Gesamtabläufe der jeweiligen Krankenhausinformationssysteme entlang zahlreicher Schnittstellen wie Diagnosestellung, Schichtplangestaltung und Belegungsmanagement zu integrieren. Diese Matrizenstruktur sieht vor, die patientenbezogenen Pflegebedarfe auf bettenführenden Stationen nach spezifischen Zeitaufwänden für allgemeine und spezielle Pflegestufen zu ermitteln. Digitalisierung wird in diesem Gefüge als Bestandteil des Gesamtprozesses der Neuausrichtung der Krankenhauspflege auf eine sich von der mangelverwaltenden Pflege vergangener Jahre entfernenden Maßgabe wirken. Sie wird dabei jedoch nicht der eigentliche Motor eines Paradigmenwechsels sein. Die zentrale Weichenstellung für eine gute, zukunftsgerichtete Pflege in der Langzeitpflege und im Krankenhaus ist nicht vorrangig, ob diese digital assistiert und koordiniert wird. Wichtiger ist vielmehr, ob ein bedarfsgerechter und gesetzlich verbindlicher regulatorischer Personalbemessungsrahmen gefunden und beschlossen wird. Er müsste, flankiert von tarifvertraglich gesicherten Arbeitsbedingungen, in den Händen qualifizierter und mit gesicherter Kompetenz ausgestatteter Pflegebeschäftigter dafür sorgen, dass die inhaltliche und ressourcenbezogene Ausgestaltung von Pflegearbeit wieder ihrem gesamtgesellschaftlichen Stellenwert entsprechen kann. Digitalisierung wirkt in diesem Bild als Transmissionsriemen politischer und regulatorischer Entscheidungsfindungen mit unmittelbaren Auswirkungen auf Arbeitsabläufe und Prozesse, ohne jedoch selbst das angestrebte Ergebnis dieser Entscheidungsfindungen zu sein.

Ambulante Versorgungsstrukturen: Nutzen und Grenzen von Telemedizin als Teil von Strukturreformen
Unmittelbar vor Ausbruch der Corona-Pandemie im Jahr 2019 sorgte eine Studie der Bertelsmann-Stiftung mit der Hypothese für Aufsehen, eine bessere flächendeckende Gesundheitsversorgung sei bei gleichzeitiger Verringerung der bundesweiten Klinikstandorte von 1400 auf deutlich unter 600 Häuser möglich.[8] So seien nicht nur Qualitätssteigerungen bei der Patientenversorgung erreichbar, sondern es könne auch Personalengpässen bei Ärzten und Pflegekräften entgegengewirkt werden. Zwar verschwanden die Studieninhalte angesichts des rapide einsetzenden öffentlichen Bedarfs nach schnell erreichbaren Intensivbettenkapazitäten einstweilen wieder aus der politischen Diskussion, sie fanden jedoch ihren inhaltlichen Widerhall in den Reformen verschiedener Landeskrankenhauspläne.[9] Diese führen im Kern die

---

8   Vgl.: https://www.bertelsmann-stiftung.de/de/themen/aktuelle-meldungen/2019/juli/eine-bessere-versorgung-ist-nur-mit-halb-so-vielen-kliniken-moeglich.
9   Unter anderem in Nordrhein-Westfalen und Sachsen sind derartige Überlegungen Bestandteil der jeweiligen Krankenhausplanungen. Für eine kritische Einordnung der Auswirkungen solcher Re-

Probleme der Digitalisierung

seit Jahren andauernde Unterdeckung der länderseitig zu tragenden Investitionsfinanzierung mit dem vorhandenen Pflegekräftemangel dahingehend zusammen, dass eine künftige Konsolidierung von Krankenhausstrukturen inklusive der Schließung von Krankenhausabteilungen und Klinikstandorten unvermeidbar sei, um Qualität und Effizienz in der Gesundheitsversorgung zu sichern.

Folgt man diesen Einlassungen, gelangt man unweigerlich zur Frage, wie eine zumindest annähernd gleichwertige Versorgungsqualität gesichert werden kann. Und das bei wachsender räumlicher Distanz, längeren Anfahrtswegen und den sich verändernden Versorgungsbedarfen einer den Effekten des demografischen Wandels unterworfenen Bevölkerung. Eine Teilantwort hierauf ist die bereits seit Jahrzehnten beschworene Verwirklichung einer sektorübergreifenden, integrierten Versorgung. Ihre Realisierung scheiterte bisher allerdings weitgehend an der Aufteilung des deutschen Gesundheitssystems entlang seiner scharf abgegrenzten Rechtskreise und unterschiedlichen Finanzierungssysteme. Eine bessere Verzahnung ambulanter und stationärer Versorgungsschritte sowie die selektive Ambulantisierung von Versorgungsleistungen stehen vor diesem Hintergrund auch im gegenwärtigen Koalitionsvertrag von SPD, Bündnis 90/Die Grünen und FDP.

Dabei kommt dem Bereich der telemedizinischen Versorgungsangebote eine Rolle an der künftigen Schnittstelle zwischen spezialisierter stationärer und wohnortnaher ambulanter Versorgung zu. Die im E-Health Gesetz (2015) vereinbarten Grundlagen zu Online-Behandlungen und zum Umgang mit Patientendaten im Rahmen der telemedizinischen Versorgung bilden hierfür einen Anwendungsrahmen. Sie wurden durch das Digitale-Versorgungs-Gesetz in die Regelversorgung zur erleichterten Nutzung von Videosprechstunden und Bildung ärztlicher Telekonsile weiterentwickelt. Telekonsile sind digitale fachliche Beratungen zwischen mehreren Ärzten verschiedener Fachrichtungen. Den ersten öffentlichkeitswirksamen Schub bei der Inanspruchnahme telemedizinischer Angebote brachte wiederum die Corona-Pandemie mit sich: So verzeichnete das Zentralinstitut der Kassenärztlichen Vereinigung ca. 1,7 Millionen Videosprechstunden zwischen Frühjahr und Herbst 2020, während die Nutzungszahlen im Vergleichszeitraum 2019 noch keine signifikanten Werte erreichten. Laut Umfrage des Digital-Branchenverbandes Bitkom bieten mittlerweile rund 17 Prozent der niedergelassenen Ärzte telemedizinische Angebote an, weitere 40 Prozent können es sich in Zukunft vorstellen. Zudem haben unterschiedliche telemedizinische Projekte in ver-

---

formansätze mit Blick auf NRW siehe die Aktionsseite des Bündnisses Krankenhaus statt Fabrik: https://www.krankenhaus-statt-fabrik.de/53206.

schiedenen Regionen erfolgreich die Leistungsfähigkeit sinnvoller Verzahnungen digitaler und präsenzgestützter Versorgungsschritte demonstriert. So zielte das »Projekt Telerucksack« in der Region Osnabrück etwa darauf ab, Hausbesuche vorrangig durch medizinische Fachangestellte mit telemedizinischem Equipment durchführen zu lassen. Sie übermittelten die Befunddaten ihrer Patient:innen digitalisiert in ihre Praxis und konnten bei Bedarf eine Videokonferenz mit ihrem Hausarzt oder weiteren Fachärzten einleiten.[10] In Baden-Württemberg hingegen wurde mit dem »Projekt Docdirekt« eine smartphonegestützte und app-basierte Anwendung für ärztliche Beratungsleistungen geschaffen, die das Warten auf Praxistermine überflüssig machen soll und zudem eine regelmäßige nachsorgende Befunderhebung beinhaltet.[11] Beide Projekte wurden mittlerweile aus dem Projektstatus in die Regelversorgung überführt, und es ist nicht absehbar, dass der Trend einer Vervielfältigung telemedizinischer Versorgungsangebote in nächster Zeit wieder abflaut.

Kommt es zur flächendeckenden Konzentration stationärer Versorgungsstrukturen bei gleichzeitiger Vervielfachung digitaler und telemedizinischer Versorgungsangebote, ist das ambulante, technisch assistierte »Auffangen« der Patient:innen ohne unmittelbaren Zugang zu Krankenhäusern jedoch kein Selbstläufer. Und es ist auch nicht zwangsläufig das wünschenswerte Ergebnis einer solchen Umwandlung der Versorgungslandschaft. Qualifizierte medizinische Fachangestellte, Pflegekräfte sowie Haus- und Fachärzte sind auch für telemedizinische Versorgungsleistungen unverzichtbar, da die aufsuchende Diagnosestellung wie auch regelmäßige Nachkontrollen und Möglichkeiten zur Überweisung an Fachärzte anderer Disziplinen ohne eine hinreichend dichte ambulante Versorgungsstruktur schnell an ihre Grenzen stoßen. Dünn besiedelte, infrastrukturell schlecht erschlossene oder strukturschwache Regionen werden bei der Erfüllung von Versorgungsbedarfen der Bürger:innen auch dann eine besondere Herausforderung bilden, wenn Breitbandanschlüsse für telemedizinische Leistungen vorhanden sind, denn bei unspezifischen Diagnosen oder hinreichend ernsten Verdachtsmomenten bleibt die Präsenzversorgung unerlässlich.

Werden im Zuge von Konzentrationsprozessen die Anfahrtswege zu stationären Versorgungsknoten zu lang, oder die erforderlichen Fachdisziplinen sind aufgrund mangelnder personeller Ressourcen nicht immer verfügbar, dann werden die vorhandenen Probleme bei der Deckung von Versorgungsbedarfen durch telemedizinische Leistungen nur verlagert, jedoch nicht gelöst. Hinzu kommt, dass digital weniger affine, nicht über die entsprechenden

---

10 Vgl. https://www.kvn.de/%C3%9Cber+uns/Digitalisierungsprojekte/Projekt+Telerucksack.html.
11 Vgl. https://www.docdirekt.de/start/.

Probleme der Digitalisierung

Kenntnisse oder Zugangsressourcen verfügende ältere Patient:innen eine digital gestützte Versorgung auch als unvertraut und abschreckend erleben können. Das verschärft das Risiko einer Fehl- oder Unterversorgung benachteiligter Patientengruppen weiter. Gesundheit bliebe so auch unter digitalen Vorzeichen ein ungleich verteiltes Gut. Daher müsse es auch erreichbare, regionale Gesundheitsversorgungszentren geben, etwa ambulante Gesundheitseinrichtungen mit Anbindung an kommunal verankerte »Gemeindeschwestern«. Der Koalitionsvertrag sieht ja auch vor, diese zu etablieren. Sie sind ein unverzichtbarer Bestandteil für eine gute gesundheitliche Versorgung an den Schnittstellen sektorübergreifender Versorgungsansätze.

Anforderungen der Beschäftigten an gute digitale Arbeit

Aus Sicht der Beschäftigten im Gesundheitswesen ist der Wunsch nach Entlastung durch digitale Assistenzsysteme bei gleichzeitiger Aufwertung der Tätigkeit bislang zumeist unerfüllt geblieben. Dafür sind mehrere Faktoren verantwortlich. Interaktionsarbeit mit und am Menschen ist »eine komplexe professionelle Leistung für existentiell betroffene Menschen«[12] und stellt den Prozess der Digitalisierung vor besondere Herausforderungen, denn digitale Assistenzsysteme müssen optimal in pflegerische Arbeits- und Organisationsprozesse integriert werden, um die Interaktion zwischen Pflegekraft und zu pflegender Person zu unterstützen. Störeffekte durch Anpassung sind zu vermeiden, sie führen zu Stress und im schlimmsten Fall zu einer Verschlechterung der Versorgungsqualität. Erfolgreiche Digitalisierungsprozesse in dieser Komplexität setzen ein beteiligungsorientiertes Vorgehen von Anfang an voraus. Es ist eine Digitalisierungsstrategie zu erarbeiten und auch die Beschäftigten und ihre Interessenvertretungen sind bei Auswahl und Einführung digitaler Assistenzsysteme zu beteiligen. Darüber hinaus bedarf es umfassender zeitlicher, personeller und finanzieller Ressourcen, um über einen längeren Zeitraum Anpassungen vornehmen zu können, Personal zu schulen und Schnittstellenproblematiken zu lösen. Nur so kann es gelingen, die Pflegearbeit zu erleichtern und gleichzeitig die Pflegeberufe aufzuwerten und die Versorgungsqualität mit Hilfe digitaler Systeme zu verbessern. Nur so können mit Hilfe digitaler Systeme die folgenden Ziele erreicht werden: Verbesserung der Arbeitsbedingungen, Aufwertung der Pflegeberufe und Verbesserung der Versorgungsqualität.

---

12 P. Fuchs-Frohnhofen et al., 2018: Memorandum »Arbeit und Technik 4.0 in der professionellen Pflege«, S. 7.

Peter Schadt/Nathan Serafim Weis
Von der Plattform zum politischen Programm
Industrie 4.0 als staatliche Förderung der Digitalisierung

Im Jahre 2011 wurde das Schlagwort der »Industrie 4.0« auf der Messe in Hannover als Marketingidee für neue digitale Techniken geboren, zwei Jahre später entstand die »Plattform Industrie 4.0«, an der anfänglich neben der Bundesregierung die Branchenverbände BITKOM, VDMA und ZVEI beteiligt waren.[1] Ungefähr seit 2015 wird in den deutschsprachigen Sozialwissenschaften eine intensive und oftmals kontroverse Debatte zum Thema »Digitalisierung« geführt, unter anderem zu der Frage, ob die Digitalisierung eine reale Entwicklung der Produktivkräfte bezeichnet oder eher als »Hype« zu qualifizieren sei.[2] Das »Jahrbuch Gute Arbeit 2016« widmete sich diesem Schwerpunkt[3] und zeigte sich damit am Puls der damaligen Debatte. Sechs Jahre später ist die Diskussion zur Digitalisierung und ihren Auswirkungen keinesfalls verstummt: Technische Entwicklungen, das Eintreten bzw. Ausbleiben ihrer Implementierung, die Zunahme an Homeoffice während der Pandemie sowie politische Initiativen sind Bezugspunkte der arbeitspolitischen und akademischen Auseinandersetzungen. In diesem Artikel soll erneut gefragt werden, was sich seit 2016 in Bezug auf die Digitalisierung geändert hat. Dabei werden zunächst die ökonomischen Entwicklungen in den Blick genommen. Dabei werden die mit der Digitalisierung zusammenhängen Auswirkungen auf die Arbeitsbedingungen und Arbeitsverhältnisse wenigstens in Stichworten gestreift.

Im Hauptteil werden die (sehr weit reichenden) staatlichen Interventionen untersucht. Unsere These lautet, dass die Industrie 4.0 in den letzten sieben Jahren von einem Hype um eine Marketingidee und dem Zusammenschluss von Akteuren aus Wirtschaft, Politik, Wissenschaft und Gewerkschaft in der

---

1 Mittlerweile, Stand Mai 2022, sind über 400 Akteure aus über 200 Unternehmen in die Plattform aktiv (vgl. Plattform Industrie 4.0 2022).
2 Unter »*Digitalisierung*« verstehen wir den Einsatz von Techniken der Vernetzung, insbesondere auf Grundlage von Internettechnologien. Dazu zählen neben Cloud-Computing Verfahren der Simulation (digitaler Zwilling), Augmented und Virtual Reality. Im Bereich der industriellen Produktion sind Industrial Internet of Things (IIoT) sowie Smart Factory einschlägig. Wir sprechen im Folgenden von »*digitalen Techniken*« und nicht von Technologien, da Technik bestimmte Verfahren sowie Artefakte bezeichnet, in denen Erkenntnisse der Naturwissenschaften vergegenständlicht sind. Technologie ist dagegen die Lehre (*logos*) von der Technik, also eine Wissenschaft.
3 Lothar Schröder/Hans-Jürgen Urban (Hrsg.): Digitale Arbeit – Trends und Anforderungen. Jahrbuch Gute Arbeit, Frankfurt/Main 2016.

Probleme der Digitalisierung

Plattform Industrie 4.0 zu einem milliardenschweren politökonomischen Programm weiterentwickelt wurde.

I. Die Fortschritte in der digitalen Vernetzung

Im Jahre 2015 stellt die RWTH Aachen in einer »Readiness-Studie« fest, dass fast 90 Prozent der befragten Unternehmen im verarbeitenden Gewerbe bislang in Bezug auf die Digitalisierung »noch keine systematischen Schritte zur Umsetzung unternommen« (Meine et al. 2018: 70) haben. Die Digitalisierung stecke daher »noch in den Kinderschuhen« (ebd.), die Umsetzungspotenziale müssten also erst noch realisiert werden. Sechs Jahre später kommt der vom BMWK in Auftrag gegebene Digitalisierungsindex 2021 zu dem Ergebnis, dass die deutsche Wirtschaft 2021 »fast durchgängig noch digitaler als 2020« ist, was insbesondere auf den »digitalen Reifegrad der unternehmensinternen Prozesse« (BMWK 2022a: 7), aber auch auf die unternehmensübergreifende Vernetzung zurückgeführt wird. Auch bei den Kategorien »Humankapital« und »Technische Infrastruktur« stellt der Index eine starke Zunahme fest (vgl. ebd.). Die Daten belegen das. In einer Studie im Auftrag der KPMG ermittelte Bitkom Research, dass von 556 Unternehmen ab 20 Beschäftigten in Deutschland im Jahr 2020 acht von zehn Unternehmen Cloud-Computing nutzen. Im Jahr zuvor waren es noch 76, 2015 sogar erst 65 Prozent. Inzwischen sehen nur noch drei Prozent der Unternehmen keinen Bedarf für Cloud-Computing. Insbesondere Großunternehmen ab 2000 Beschäftigten planen, bis zu 74 Prozent ihrer Anwendungen bis zum Jahr 2025 aus der Cloud zu betreiben (Stroh 2021). Der Workload der weltweiten Rechenzentren ist zwischen 2016 und 2021 um den Faktor 2,3 angestiegen, auf ca. 570 Millionen.[4]

Neben den digitalen Infrastrukturen und Kommunikationsmitteln haben in den letzten Jahren auch finanzkapitalistische Anleger digitale Investitionsobjekte für sich entdeckt und einen regelrechten »Boom« ausgelöst. Kryptowährungen wie der Bitcoin und NFTs, deren Eigentümer sich im Besitz eines Stücks Software-Code befinden, wurden in zunehmenden Maßen zum Spekulationsobjekt der Finanzbranche, was zu einer Goldgräberstimmung bei »Minern« führte, die zur Herstellung neuer Coins immense Rechenzentren betreiben.[5]

Insgesamt hat die hier skizzierte Digitalisierungsdynamik einen starken Rationalisierungs- und Flexibilisierungsschub auch in Bezug auf die Arbeits-

---

[4] »*Unter einer Workload versteht Cisco ein virtuelles oder physikalisches Set von Computerressourcen, einschließlich Datenspeicher. Eine Workload kann im physischer Server, ein virtueller Server oder ein Container sein.*« (Hintemann 2019)

[5] Zur Kritik am Bitcoin siehe Schadt 2021.

welt ausgelöst, hat Arbeitsbedingungen tiefgreifend verändert und hier auch neue Zugänge zur Prekarisierung von Arbeitsverhältnissen geschaffen – Entwicklungen, die bereits das »Jahrbuch Gute Arbeit 2016« in ihren Anfängen ausführlich untersucht hat. Seither eingetretene externe Schocks wie die Corona-Krise und der Krieg in der Ukraine haben die Entwicklung weiter beschleunigt.

Bei der Umfrage zum DGB-Index »Gute Arbeit 2016« mit dem Themenschwerpunkt Digitalisierung gaben 46 Prozent der Befragten an, ihre Arbeitsbelastung sei dadurch größer geworden. Genauso viele sehen Überwachung und Kontrolle ihrer Arbeit angestiegen. Bei 54 Prozent der Befragten hat die Arbeitsmenge, bei 56 Prozent das Multitasking zugenommen (DBG 2016). 2021, also fünf Jahre später, stellen die Autoren des Berichts einen starken Digitalisierungsschub während der Pandemie fest. An den Arbeitsplätzen von 46 Prozent der Befragten wurden neue Software oder Apps eingesetzt, bei 24 Prozent neue digitale Geräte oder Maschinen. Besonders einschneidend sind diese Neueinführungen in den Bereichen Erziehung und Unterricht, Finanz- und Versicherungsdienstleistungen sowie in der öffentlichen Verwaltung (DGB 2021: 20). Dabei ist dieser Digitalisierungsschub nicht damit zu verwechseln, dass nun in allen Branchen die Endgeräte durch die Arbeitgeber zur Verfügung gestellt würden: 48 Prozent der Beschäftigten müssen immer noch private Geräte für ihre Arbeit nutzen (ebd.: 23). Auch wenn der Digitalisierungsschub während der Pandemie nicht umfassend gewesen ist, sind viele Prozesse wie das vernetzte Arbeiten, der unternehmensinterne Informationsaustausch sowie die unternehmensübergreifende Vernetzung heute stärker digitalisiert als vor der Pandemie (vgl. BMWK 2022a: 85). Dies schlägt sich insbesondere im Homeoffice nieder, wo der Anteil der Beschäftigten, die ausschließlich bzw. überwiegend von zuhause aus arbeiten, von vier Prozent vor der Krise auf 27 Prozent im April 2020 während des ersten Lockdowns gestiegen ist. Im Juli 2021 lag der Anteil bei 15 Prozent, immer noch deutlich höher als vor der Krise (HBS 2021).[6]

Ein weiterer Bereich, der in den letzten Jahren stark gewachsen ist, betrifft die sogenannte Gig- und Cloudwork in der Plattformökonomie, wo Arbeitende in aller Regel den Status von »Soloselbständigen« haben. Laut EU-Kommission arbeiteten im Jahr 2021 europaweit 28 Millionen Menschen auf digitalen Plattformen. Allein in Deutschland waren es fünf Millionen im Jahr 2018 (DGB/HBS 2022: 9). Die Zunahme digitaler Techniken in den

---

6   Zu weiteren Daten hinsichtlich der Zunahme von Mobiler Arbeit und Homeoffice s. die Beiträge von Rolf Schmucker/Robert Sinopoli und Astrid Schmidt/Christian Wille sowie den Datenanhang in diesem Band.

Probleme der Digitalisierung

Unternehmen und an den Arbeitsplätzen hat neue Formen der Arbeitsorganisation zur Folge sowie sehr viel höhere Anforderungen an Qualifizierung und Weiterbildung der Beschäftigten. Zugleich entstehen neue Probleme für eine gewerkschaftliche Humanisierungsstrategie. Um dem Verhältnis von der Digitalisierung als »Hype oder Megatrend« (Pfeiffer 2015) weiter nachzugehen, werden im Folgenden die politischen Entscheidungen und Vorhaben in den Vordergrund gerückt.

II. Industrie 4.0 – das politische Programm zur Förderung der Digitalisierung

Als eine der Mitinitiatorinnen der »Plattform Industrie 4.0« nimmt sich auch die Politik des Themas der Digitalisierung an. Neben Maßnahmen nach innen, die in sozialstaatlicher Betreuung, Investitionen in Infrastruktur und rechtlicher Regulierung bestehen, formuliert die Politik auch Ansprüche nach außen. So sind Standardisierung und Normung sowie das Ziel einer »digitalen Souveränität« bereits 2011 bei der Ausrufung der Industrie 4.0 ein Thema gewesen. Insbesondere in diesem Bereich hat es in den letzten fünf Jahren neue Entwicklungen gegeben. Zwar hat sich das deutsche Programm der »Industrie 4.0« von Beginn an eine europäische Dimension eingeschrieben; deren Fortschritt fällt aber besonders in die letzten Jahre. Seit 2014 hat die EU-Kommission unter anderem Verordnungen zum Verkehr »nicht personenbezogener Daten«, zur Cybersicherheit und zum Datenschutz verabschiedet sowie das EU-Forschungsförderungsprogramm »Horizont 2020« lanciert. Dieses soll in seinen sechs Jahren Laufzeit die »führende Rolle der Industrie« (Bundestag 2020) bewahren und weiter voranbringen, und zwar durch die Finanzierung von Schlüsseltechniken sowie mittels Risikofinanzierung von Innovationen bei kleinen und mittelständischen Unternehmen (ebd.). Die erste KI-Strategie legte die Kommission 2018 vor. Auf dem Digital-Gipfel 2019 stellte der damalige Bundeswirtschaftsminister Peter Altmeier (CDU) das europäische Cloud-Projekt Gaia-X vor für eine »sichere und vernetzte Dateninfrastruktur, die den höchsten Ansprüchen an digitale Souveränität genügt und Innovationen fördert« (BMWK 2022b). Zur Erlangung einer »Datensouveränität« zielt das Projekt auf die Schaffung eines vernetzten Systems, in dem zahlreiche individuelle Plattformen miteinander verbunden sind und einem gemeinsamen, von Gaia-X gesetzten Standard folgen. Gegen die Dominanz amerikanischer Cloud-Anbieter gerichtet, verfolgt dieses »Projekt von Europa für Europa und darüber hinaus« (ebd) den Anspruch, seinen Standard weltweit durchzusetzen.

2020 verabschiedete die EU-Kommission schließlich den Wiederaufbaufonds »NextGenerationEU« in Höhe von 806,9 Milliarden Euro. 11,5 Milliarden Euro aus diesem »größten Konjunkturpaket aller Zeiten« (Europäische Kommission 2022) sowie 149,5 Milliarden aus dem Mehrjährigen Finanzrahmen[7] sind dafür reserviert, Europas »digitale Souveränität« zu erlangen (vgl. von der Leyen 2020). In ihrer Rede zur Lage der Europäischen Union im September 2020 kündigte Kommissionschefin Ursula von der Leyen (CDU) ein »digitales Jahrzehnt« für Europa an. Um das definierte Ziel eines »digitalen Europas bis 2030« zu erreichen, müsse »Europa jetzt führen oder es wird lange anderen folgen müssen, die diese Standards für uns setzen. Deswegen müssen wir schnell handeln« (ebd). Michael Roth (SPD), Staatsminister für Europa im Auswärtigen Amt, schreibt im Oktober 2020: »Wer bei Schlüsseltechnologien wie der Künstlichen Intelligenz global den Ton angibt, wird in der Lage sein, wirtschaftlich, politisch und auch militärisch zu dominieren. Das Rennen um die Technologie-Vorherrschaft steht im Zentrum eines neuen globalen Wettstreits« (2020). Das hat innerhalb Europas seine Wirkungen. Von der Leyen fordert in ihrer Rede europäische Standards als Mittel in der Konkurrenz der Nationen: Hersteller innerhalb der gesamten EU sollen auf die gleichen Normen verpflichtet werden.[8] Mit der Standardisierung von Ladesteckern für E-Autos bis zur Maschine-zu-Maschine-Kommunikation soll hier ein möglichst großer Markt für genormte Produkte entstehen. Diese Normung ist aus politischer Akteurssicht notwendig, da die verschiedenen Maschinensprachen und Standards in den verschiedenen Ländern für die Unternehmen eine Schranke für ihr Geschäft bilden. Für den Staat bedeutet dies eine Beschränkung der heimischen Kapitale, auf deren Wachstum er abzielt. Da die Unternehmen bisher von sich aus um die Technik konkurriert haben, welche als Standard gelten soll, gab und gibt es ein vielfältiges Angebot an möglichen Standards – und damit keine Einheitlichkeit, sprich: keinen Standard. Bei dem Versuch von Unternehmen, ihre jeweilige Sprache zur Norm auch für andere Wettbewerber zu machen, ist die Durchsetzung des eigenen Standards das Mittel, die eigene Marktposition zu stärken und gegenüber Konkurrenten durch sogenannte Lock-In-Effekte Wettbewerbsvorteile zu erlangen.[9]

Die Auswirkungen dieser Konkurrenz sind widersprüchlich: Einerseits schützt ein eigener Standard das Unternehmen zwar vor den Wettbewerbern. Andererseits bleiben seine Absatzmöglichkeiten begrenzt, wenn das eigene

---

7   Dieser umfasst insgesamt 1,2109 Billionen Euro.
8   Ein Bespiel hierfür ist der kürzlich beschlossene Standard für USB-C-Ladekabel (Tagesschau 2022).
9   Dieser Effekt beschreibt, dass Nutzer:innen bei Neuanschaffungen auf Produkte zurückgreifen, die kompatibel sind mit denjenigen, welche sie bereits haben, und der Umstieg auf andere, bisher nicht kompatible Produkte, mit hohen Kosten verbunden ist.

Probleme der Digitalisierung

Produkt nicht mit allen anderen kompatibel ist. Diesbezüglich wird dem EU-Binnenmarkt eine wesentliche Schwäche attestiert: »The Single Market is still too fragmented for many companies, especially from the services sector, to penetrate new national markets.« (Jacques Delors Institut Berlin 2019) Entsprechend sieht die Politik Handlungsbedarf und Deutschland drängt auf die europäische Vereinheitlichung in Fragen des Standards. Für kleinere EU-Länder bedeutet diese Normung des Binnenmarkts umgekehrt, der Kapitalmacht deutscher Unternehmen ausgesetzt zu sein.[10]

Wo andere Nationen noch auf ein eigenes Interesse bestehen, das nicht identisch ist mit dem deutschen, handelt es sich aus Sicht Deutschlands um »nationale Kleinstaaterei« und einen »europaweiten Wildwuchs an Programmen und Strategien« (Roth 2020). Deutschland nimmt den gesamten europäischen Binnenmarkt als die Grundlage für die Größe und Kapitalmacht der Konzerne, die als »europäische Champions« in der Lage sein sollen, mit den weltgrößten Kapitalen konkurrieren zu können. Die Fragmentierung des Binnenmarktes will die Bundesregierung aus diesem Grund »überwinden« und »in einer gemeinsamen Politik bündeln« (ebd.). So nimmt das politökonomische Programm der Industrie 4.0 Maß an den Weltmächten USA und China, denen gegenüber man nicht »ins Hintertreffen« geraten dürfe.

III. Digitale Souveränität gegen die USA und China

So wird ganz Europa zu einem riesigen, einheitlichen Absatzmarkt, auf dem für alle Unternehmen die gleichen Regeln und Standards gelten. Die formale Gleichheit aller europäischen Unternehmer auf dem Binnenmarkt hat so die faktische Ungleichheit zur Folge, dass die größten Kapitale sich am leichtesten durchsetzen: allen voran deutsche Unternehmen, sofern diese die größte Kapitalmacht haben.

Etwas anderes ist es, wenn in Hinblick auf die Marktmacht großer ausländischer Konzerne Gesetze und Regelungen erlassen werden: Die Europäische Datenschutz-Grundverordnung ist eine Antwort darauf, dass »private Unternehmen und Behörden im Rahmen ihrer Tätigkeiten in einem noch nie dagewesenen Umfang auf personenbezogene Daten zurückgreifen« (EU 2016) und richtet sich folglich insbesondere gegen US-amerikanische Internetkonzerne, welche über den Großteil jener Daten verfügen. Das ist kein Zufall. Selbstkritisch gesteht von der Leyen in ihrer Rede ein, dass bei den

---

10 Das ist keine Frage der Qualität, sondern der Quantität. Dass sich bei Normen und Standards nicht unbedingt der technisch beste, sondern derjenige durchsetzt, hinter dem die entsprechende politische und ökonomische Potenz steht, ist schon seit der Verdrängung der OSI-Protokolle zu beobachten. Entscheidend in der Konkurrenz der Kapitalisten ist eben vor allem die akkumulierte Kapitalmacht der Akteure.

personalisierten Daten »Business to Consumer« die USA vorne liegen (von der Leyen 2020). Entsprechend gestaltet Europa den Datenschutz und ist dort bei Privatpersonen deutlich rigider als die USA. Bereits 2019 hat dies zur bisher höchsten Geldstrafe von 50 Millionen Euro in Frankreich geführt (Rebiger/Dachwitz 2019). Standards und damit Freiheit für das Kapital werden also nicht per se überall durchgesetzt, sondern vor allem dort, wo der Standard europäisches und nicht amerikanisches Kapital voranbringt.[11] Trotzdem soll das Geschäft der US-Giganten natürlich weiter auch in der EU möglich sein: Dies beinhaltet den Widerspruch, amerikanisches Kapital zu beschränken und gleichzeitig soweit zuzulassen, dass es als digitaler Dienstleister die deutsche Produktion bereichert, aber eben nicht dominiert. Mit dem dritten Platz hinter den USA und China gibt sich der Staatenbund nicht zufrieden. Das Ziel, sich technologisch gegen die beiden Konkurrenten zu behaupten, beinhaltet also den Anspruch auf weltumspannende Dominanz bei der Digitalisierung: »Europa darf sich beim globalen Rennen um die Tech-Vorherrschaft nicht mit einem Platz auf der Zuschauertribüne begnügen, sondern muss selbst digitale Gestaltungsmacht sein. Ansonsten droht ein Ausverkauf europäischer Selbstbestimmung« (Roth 2020).

Digitale Souveränität, soviel ist den Ausführungen aus dem Auswärtigen Amt allemal zu entnehmen, ist der Anspruch, die eigenen Tech-Giganten fremde Märkte erobern zu lassen, statt selbst erobert zu werden. Das ganze Bild von den amerikanischen und chinesischen »Schrittmachern« beim Thema Digitalisierung dient daher dazu, die eigenen digitalen Ambitionen als Reaktion auf äußere Bedrohungen darzustellen. An guten Gründen für die eigene Expansion mangelt es dabei keinem der führenden globalen Akteure. So weit hat es also das Programm der »Industrie 4.0« in nur zehn Jahren gebracht: Von dem Marketingbegriff der »Digitalisierung«, deren Produktivitätszuwachs zum Vorankommen der deutschen Nation durchaus umstritten war hin zu einem widersprüchlichen Programm der Europäischen Union im Kampf um die Weltmachtführung mit den USA und China.[12]

---

11 Die humanistisch verbrämte Variante dieser imperialistischen Ambition, es dem amerikanischen und chinesischen Kapital auf dem eigenen Markt möglichst schwer zu machen, während für das deutsche Kapital gilt: »Auf in neue Märkte!« (BMWK 2022c), liest sich bei Michael Roth so: »Unser Weg muss den Menschen in den Mittelpunkt stellen, auf klare ethische Prinzipien, hohe Datenschutz- und Sicherheitsstandards sowie freie Meinungsäußerung bauen und zu mehr demokratischer Teilhabe, Wohlstand und Freiheit beitragen. Damit grenzen wir uns entschieden vom Datenkapitalismus amerikanischer Tech-Giganten und dem chinesischen Modell mit Staatskontrolle und digitaler Repression ab.« (Roth 2020) Umgekehrt zeigen sich europäische Unternehmen in Bezug auf die neuen Datenschutzregeln in China besorgt und fürchten eine »anhaltende Flut an Regulierungen« (Heide 2021).
12 Die Programme der USA und China sind u. a. in Schadt/Zobel 2020 dargestellt.

Probleme der Digitalisierung

IV. Aufbau und Begrenzung von Big Tech

Die Klage über Größe und Marktmacht der US-amerikanischen Digitalkonzerne und der Ruf nach deren Beschränkung sind in Europa seit mehreren Jahren zu vernehmen. Gleichzeitig sind die europäischen Staaten bestrebt, mit einer »Zäsur in der europäischen Wettbewerbs- und Industriepolitik« (Fuest 2019) die Entstehung eigener »Champions« im Bereich der »Zukunftstechnologien« zu erleichtern und aktiv voranzutreiben. So soll gegen die Dominanz der amerikanischen Cloud-Anbieter eine »souveräne Cloud- und Dateninfrastruktur« aufgebaut werden. In diesem Bereich verfolgen EU-Kommission und Mitgliedsstaaten das ambitionierte Ziel, bei den zentralen »Zukunftstechnologien« eigene europäische Konzerne zu schaffen, die in der Lage sind, mit den fast ausschließlich chinesischen und amerikanischen globalen Marktführern zu konkurrieren. Die großen Techkonzerne, deren Macht die europäische Politik gewillt ist zu brechen, spielen gleichzeitig mit ihren Diensten eine wichtige Rolle bei der Vernetzung der Produktions- und Zirkulationsmittel. Auf diese Dienste soll in Europa kein Kapital verzichten müssen, aber sie sollen eben das sein: ein Dienst am Wachstum europäischer Konzerne.

Mit ihrem Missfallen gegenüber der Größe der amerikanischen und asiatischen Techkonzerne sind die Europäer indes nicht alleine. Auch in ihren Heimatländern sind die digitalen Weltmarktführer Objekt staatlicher Begutachtung und Beschränkung. Mit deren Zerschlagung befassen sich in den USA Regierung, Kongress sowie weitere Behörden und Gerichte, die diesbezüglich an Gesetzen arbeiten bzw. Verfahren gegen Facebook, Google oder Apple verhandeln. Auch in China gerieten die großen Digitalunternehmen zunehmend ins Visier des Antimonopolgesetzes, nachdem die Regierung entscheidenden Anteil an deren Aufbau hatte. Einige Plattformunternehmen werden inzwischen zur Kooperation mit Konkurrenten gezwungen.

Die Regierungen in Washington und Peking selbst wissen ihre digitalen Vorreiter zu schätzen, denn diese stiften im Ausland Abhängigkeiten und leisten durch die Vergrößerung ihrer Kapitalmacht einen Beitrag zur ökonomischen Schlagkraft des eigenen Landes. Beide Regierungen beziehen sich seit einiger Zeit aber auch nicht mehr bruchlos positiv auf die enorme Marktmacht ihrer Techgiganten: Die Zentralisation von Daten, Techniken, Wissen und ökonomischer Macht bei wenigen Unternehmen hemmt das jeweilige Wachstum der nationalen Wirtschaft als Ganzes zu sehr. Entsprechend geraten ausgerechnet die erfolgreichsten Unternehmen beider Länder immer mehr in den Fokus der Regulierungsbehörden, da ihr Geschäft immer mehr zur Schranke des Geschäfts der anderen Marktteilnehmer wird. Dass ein Konzern wie Facebook lieber aufkauft als kooperiert, kann also – so die Befürchtung – zum Hemmnis für die gesamtnationale Akkumulation werden.

V. Ökonomische Realität oder Marketing?

Diesen spürbaren ökonomischen und teils rasanten politischen Entwicklungen steht ein merkwürdiger Stillstand in Teilen der sozial- und arbeitswissenschaftlichen Debatte gegenüber. Bereits 2015 erschien Sabine Pfeiffers wegweisender Artikel »Industrie 4.0 und die Digitalisierung der Produktion. Hype oder Megatrend?« (Pfeiffer 2015). In diesem fällt sie das damals paradigmatische Urteil: »Dass wir im Jahr 2015 fast in jeder gesellschaftlichen Sphäre von Industrie 4.0 reden, ist nicht die kausale Folge eines realen Stands technischer Entwicklungen, sondern diskursanalytisch betrachtet ein Fall professionellen agenda-buildings.« (ebd.) 2016 befanden Hartmut Hirsch-Kreinsen und Peter Ittermann im Jahrbuch »Gute Arbeit«, dass die menschenleere CPS-Fabrik »nicht realistisch« (2016: 140) sei. Im Jahr 2020 schrieben Florian Butollo und Philipp Staab: »Ein umfassender Blick auf den derzeitigen Stand der Digitalisierung der Arbeit zeigt [...]: Die Erfolge neuerer Automatisierungstechnologien sind weiterhin begrenzt.« (2020) In Bezug auf die Hochglanzbroschüren der Unternehmen und Industrieverbände ist dieses Urteil zweifellos zutreffend. Im Vergleich zu den versprochenen Rationalisierungsfortschritten mögen die Auswirkungen der digitalen Technik »weiterhin begrenzt« sein. Gleichzeitig sollte der Artikel gezeigt haben, welche ökonomischen und nicht zuletzt auch politischen Entwicklungen der letzten Jahre die Industrie 4.0 als Marketingidee inzwischen mit Nachdruck zum veritablen politökonomischen Konkurrenzprogramm ausgearbeitet und mit einer materiellen Basis gefüllt haben. Butollo und Staab verweisen zu Recht darauf, dass »[d]er größte Marketingerfolg [...] dabei wohl die deutsche Strategie einer ›Industrie 4.0‹ [war], die auf der Hannovermesse 2011 zum ersten Mal einem breiteren Publikum präsentiert wurde« (ebd.). Gleichwohl ist einer Verwechslung vorzubeugen: Der Begriff hat seine Genese durchaus als Werbebegriff. Sabine Pfeiffers Urteil ist nach wie vor richtig, dass es sich um einen Fall »professionellen agenda-buildings« gehandelt hat. In den letzten sieben Jahren haben die milliardenschweren Programme der Bundesregierung und der EU aus der losen Plattform verschiedener Akteure allerdings ein politisches Programm in der Staatenkonkurrenz werden lassen, dessen ökonomische Auswirkungen nicht mehr zu übersehen sind. Der politische Entschluss großer kapitalistischer Nationen, die digitale Vernetzung ihrer Ökonomien durch massive Investitionen sowie gesetzliche Regulierungen aktiv voranzutreiben, haben aus einem Hype einen – nicht bloß diskursiven, sondern – politökonomischen Megatrend werden lassen, dessen konkreter Inhalt in jener ökonomischen Aufrüstung besteht, mittels derer sich die Standorte wechselseitig das globale – und in zunehmendem Maße vernetzte – kapitalistische Wachstum streitig machen. Sollte sich diese These

Probleme der Digitalisierung

als tragfähig erweisen, müssen auch die Auswirkungen dieses Megatrends auf die Arbeit neu bewertet werden.

Literatur

BMWK (2022a): Digitalisierung der Wirtschaft in Deutschland. Digitalisierungsindex 2021. In: https://www.de.digital/DIGITAL/Redaktion/DE/Digitalisierungsindex/Publikationen/publikation-download-Langfassung-digitalisierungsindex-2021.pdf?__blob=publicationFile&v=4

BMWK (2022b): Der deutsche Gaia-X Hub. In: https://www.bmwk.de/Redaktion/DE/Dossier/gaia-x.html

BMWK (2022c): Exportinitiativen: Auf in neue Märkte! In: https://www.bmwk.de/Redaktion/DE/Dossier/exportinitiativen.html

Bundestag (2020): Aktueller Begriff: Industrie 4.0. In: https://www.bundestag.de/resource/blob/474528/cae2bfac57f1bf797c8a6e13394b5e70/industrie-4-0-data.pdf

Butollo, F./Staab, P. (2020): Sündenbock Roboter. In: https://monde-diplomatique.de/artikel/!5653830

DGB (2016): Digitale Arbeit. Arbeitshetze und Arbeitsintensivierung bei digitaler Arbeit. In: https://index-gute-arbeit.dgb.de

DGB (2021): DGB-Index Gute Arbeit. Jahresbericht 2021: Ergebnisse der Beschäftigtenbefragung zum DGB-Index Gute Arbeit 2021. Themenschwerpunkt: Unter erschwerten Bedingungen – Corona und die Arbeitswelt. Berlin, November 2021

DGB/HBS (2022): Atlas der digitalen Arbeit. Daten und Fakten über die Beschäftigung der Zukunft, http://www.boeckler.de/atlas-der-arbeit

EU (2016): Verordnung (EU) 2016/679 des Europäischen Parlaments und des Rates vom 27. April 2016 zum Schutz natürlicher Personen bei der Verarbeitung personenbezogener Daten, zum freien Datenverkehr und zur Aufhebung der Richtlinie 95/46/EG (Datenschutz-Grundverordnung). In: https://eur-lex.europa.eu/legal-content/DE/TXT/PDF/?uri=CELEX:32016R0679

Europäische Kommission (2022): Europäischer Aufbauplan. In: https://ec.europa.eu/info/strategy/recovery-plan-europe_de

Fuest, Clemens (2019): Zäsur in der europäischen Wettbewerbs- und Industriepolitik: Freie Fahrt für europäische Champions? In: ifo Schnelldienst, 2019, 72, Nr. 08, 03–26

HBS (2021): Auf einen Blick. Studien zu Homeoffice und mobiler Arbeit. In: https://www.boeckler.de/de/auf-einen-blick-17945-Auf-einen-Blick-Studien-zu-Homeoffice-und-mobiler-Arbeit-28040.htm

Heide, D. (2021): Chinas neue Datenregeln haben massive Folgen für deutsche Unternehmen. In: China regelt den Datenmarkt neu – mit Folgen für Unternehmen (handelsblatt.com)

Hintemann, R. (2019): Zahl der Hyperscale-Rechenzentren weltweit nimmt deutlich zu. In: https://www.datacenter-insider.de/zahl-der-hyperscale-rechenzentren-weltweit-nimmt-deutlich-zu-a-799091/

Hirsch-Kreinsen, H./Ittermann, P. (2016): Arbeit und Industrie 4.0 als »Social Manufacturing«. In: Schröder, L./Urban, H.-J. (Hrsg.): Gute Arbeit. Digitale Arbeitswelt – Trends und Anforderungen. Ausgabe 2016. Frankfurt/Main, Bund-Verlag

Jaques Delors Institute Berlin (2019): New Beginnings. Challenges for EU Digital and innovation Policy. In: https://institutdelors.eu/wp-content/uploads/2020/10/5-DIGITAL-Dittrich-1-1.pdf

Meine, H./Rohnert, R./Schulte-Meine, E./Vetter, S. (Hrsg.) (2018): Handbuch Arbeit – Entgelt-Leistung. Entgelt-Rahmentarifverträge im Betrieb. 7. Auflage. Frankfurt/Main, Bund-Verlag

Plattform Industrie 4.0 (2022): Zusammensetzung der Plattform Industrie 4.0. In: https://www.plattform-i40.de/IP/Redaktion/DE/Downloads/Publikation-gesamt/zusammensetzung_plattform.pdf?__blob=publicationFile&v=20

Pfeiffer, S. (2015): Industrie 4.0 und die Digitalisierung der Produktion. Hype oder Megatrend? In: https://www.bpb.de/shop/zeitschriften/apuz/209955/industrie-4-0-und-die-digitalisierung-der-produktion/

Rebiger, S./Dachwitz, I. (2019): Die DSGVO zeigt erste Zähne: 50-Millionen-Strafe gegen Google verhängt. In: https://netzpolitik.org/2019/die-dsgvo-zeigt-erste-zaehne-50-millionen-strafe-gegen-google-verhaengt/

Roth, M. (2020): Europa muss digitale Macht sein. In: https://www.auswaertiges-amt.de/de/newsroom/roth-faz/2402136

Schadt, P./Zobel, H. (2020): How Digitalization Is Preparing a Fight for World Market Supremacy. In: https://jacobinmag.com/2020/11/digitalization-european-union-market-us-china-tech

Schadt, P./Weis, N. (2021): Die Gewinner bekommen alles. In: https://www.nd-aktuell.de/artikel/1157656.techkonzerne-die-gewinner-bekommen-alles.html

Schadt, P (2021): Millionenschwer und wertlos. In: https://www.kontextwochenzeitung.de/wirtschaft/551/millionenschwer-und-wertlos-7789.html

Stroh, C.A. (2021): Cloud-Computing erfährt großen Zuspruch. In: https://www.automotiveit.eu/technology/cloud-computing-erfaehrt-grossen-zuspruch-123.html

Tagesschau (2022): Einheitliche Ladebuchse kommt 2024. In: https://www.tagesschau.de/wirtschaft/verbraucher/faq-ladekabel-einheitlich-101.html

von der Leyen, U. (2020): State of the Union Address by President von der Leyen at the European Parliament Plenary. In: https://ec.europa.eu/commission/presscorner/detail/en/SPEECH_20_1655.

Veronika Mirschel
Gute Arbeit – auch in der Plattformökonomie

»Fahr mit deinem Auto, höre deine Musik und werde dafür bezahlt.«[1] Mit diesen blumigen Worten wirbt die Plattform Amazon Flex um sogenannte Lieferpartner:innen, die in der Freizeit Geld verdienen wollen. Nicht angestellt, sondern als »selbstständiger Partner von Amazon.«[2] Einzelne stundenweise Arbeitspakete – die Auslieferung von Paketen – buchen die »Partner« über eine App per Smartphone. Über ihr eigenes. Die Auslieferung erfolgt mit dem eigenen Auto; dazu braucht es mindestens »eine zwei- oder viertürige Mittelklasse-Limousine oder ein größeres Fahrzeug, z. B. einen Kombi oder Transporter bis zu 2,8 Tonnen.« Zudem fallen für die Partner:innen jede Menge weitere Kosten an: Benzin, Wartung, Steuern sowie eine Kfz-Versicherung, die gewerbliche Transportleistungen umfasst, da die selbstständigen Partner für Schäden an der Ware haften.

Ganz anders läuft es bei dem Essenslieferdienst Wolt: Zwar werden die Aufträge auch hier über eine App vermittelt (»Mit unserer Kurier Partner App bist du dein eigener Chef.«[3]) und auch hier werden die Kuriere auf den riesigen, markant blauen, quadratischen Rucksäcken als »Partner« bezeichnet – aber, so wirbt Wolt im hart umkämpften Markt um Mitarbeiter:innen: »Alle unsere Kurier:innen sind fest angestellt, krankenversichert und werden erkennbar über Mindestlohn bezahlt.«[4]

Plattformarbeit in Deutschland – ein Phänomen, das in unterschiedlichsten Ausprägungen daherkommt: als Cloudwork, Crowdwork, Gigwork, ortsunabhängige oder ortsabhängige Tätigkeit. Die selbstständig oder angestellt Arbeitenden werden in der Plattform-Wirtschaft je nach Branche bezeichnet als: Rider, Juicer, Ranger, Freelancer, Turker, Talents (oder gar Top Talents), Experts, Gig-, Cloud oder Crowdworker. Über Plattformen werden von den einfachsten bis zu hochqualitativen so gut wie alle Dienstleistungen angeboten: vom Tiersitting über Alltagshilfen, Design- oder Textarbeiten, Datenrecherche, App-Tests, Personenbeförderung und Kurierfahrten bis zu

---

1 https://flex.amazon.de/ – abgerufen am 5.6.2022.
2 https://flex.amazon.de/faq – abgerufen 5.6.2022.
3 https://wolt.com/pages/de/deu/for-couriers – abgerufen am 5.6.2022.
4 https://wolt.com/pages/de/deu/for-couriers – abgerufen am 5.6.2022.

IT-Programmierung. Im Jahr 2022 haben die Deutschen laut Friedrich-Ebert-Stiftung Zugriff auf rund 60 Arbeitsplattformen.[5]

Algorithmen entscheiden
Der Designtheoretiker Florian A. Schmidt bezeichnet es anschaulich als »dreiseitige Plattformmärkte«, dass mittels digitaler Plattformen Arbeit, die von zumeist privaten Auftraggeber:innen (Unternehmen oder auch Einzelpersonen) nachgefragt wird, an dort Angemeldete »vermittelt« wird. Dabei bedienen sich die Plattformbetreiber eines algorithmischen Managements. »Aufgaben, die früher vom mittleren Management, der Buchhaltung und vom Kundenservice erledigt wurden, werden heute von Algorithmen übernommen. Bei den Arbeitsplattformen gilt dies insbesondere für alle die Crowd betreffenden Personalentscheidungen. Die Auftragnehmer:innen wählen ihren Job typischerweise in Eigenregie und werden, wenn Ergebnisse nicht zufriedenstellend sind, algorithmisch aussortiert – sei es dadurch, dass ihr Account gesperrt wird oder dass sie bestimmte Jobs nicht mehr im Interface der Plattform angezeigt bekommen.«[6]

In dem Bewertungsportal trustpilot.com beschreibt ein:e Nutzer:in am 24. Oktober 2020 unter dem Pseudonym TMT die Erfahrung mit der Arbeitsplattform upwork.com so: »Leider keine guten Erfahrungen gemacht. Leute werden teilweise ohne Begründung gelöscht und jegliche Anfragen ignoriert.«[7] Unzufrieden zeigten sich auch ver.di-Mitglieder in der Online-Befragung »Herausforderung Cloud und Crowd«. Sie wurde initiiert von Hans Pongratz und Sarah Bormann im Rahmen eines BMBF-Projekts, an dem auch der ver.di-Bereich Innovation und Gute Arbeit beteiligt war: »Es besteht ein Empfinden, ungerecht behandelt zu werden. Darüber hinaus kritisieren sie auch den Vermittlungsservice der Plattformen. Die folgende Stellungnahme bündelt die Kritik zu Textarbeit-Plattformen: ›extrem schlechte Bezahlung, Honorare unter Mindestlohn, keine persönlichen Kontakte, keine inhaltliche Entwicklung in der Zusammenarbeit, keine Zukunftsaussichten, keine Kundenbindung, keine Altersvorsorge (…)‹.«[8]

---

5 https://futureofwork.fes.de/fileadmin/user_upload/Factsheet-FES-Germany.pdf – abgerufen am 5.6.2022.
6 Florian A. Schmidt: Arbeitsmärkte in der Plattformökonomie – Zur Funktionsweise und den Herausforderungen von Crowdwork und Gigwork, S. 11 – 2016 Friedrich-Ebert-Stiftung (Hrsg.): Abteilung Wirtschafts- und Sozialpolitik Godesberger Allee 149, 53175 Bonn.
7 https://de.trustpilot.com/review/upwork.com – abgerufen am 5.6.2022.
8 Crowdwork Erfahrungen von ver.di-Mitgliedern mit der Arbeit auf Online-Plattformen – https://innovation-gute-arbeit.verdi.de/++file++5970616824ac060330fe6df7/download/Fact-Sheet_Crowdwork_final.pdf – abgerufen am 5.6.2022.

Probleme der Digitalisierung

Bei diesen Aussagen handelt es sich vorwiegend um Erfahrungen mit Plattformen, über die digital zu erledigende, also ortsunabhängige Arbeit wie etwa Texterstellung, App-Tests oder Designleistungen vermittelt werden. Nicht minder unzufrieden zeigen und zeigten sich aber auch plattformvermittelte Berufstätige, die ihren Job ortsgebunden ausüben – also etwa Lieferfahrer:innen oder Haushaltshilfen, von denen sich nicht wenige zudem wegen ihres migrantischen Hintergrunds oder weiblichen Geschlechts ohnehin möglichen Übergriffen ausgesetzt sehen. Eingesetzt als Selbstständige sind sie nicht allein von der Bewertung durch die Kund:innen abhängig, um weiter beauftragt zu werden. Je nach Tätigkeit und Plattformbetreiber tragen sie auch typische Arbeitgeberrisiken wie die durch Arbeits- oder Verkehrsunfälle und Sachbeschädigungen entstehenden Kosten selbst. Zudem müssen sie von ihren Vergütungen bis zu 30 Prozent an die Vermittlungsplattformen abtreten und für das Alter, eine mögliche Erwerbsunfähigkeit, Krankheit, Pflege, einen Arbeitsunfall und Auftragslosigkeit alleine vorsorgen.

Für faire Arbeit in der Plattformökonomie

Welche Risiken, aber auch Vorteile mit Plattformarbeit oder auch Crowdwork einhergehen, damit beschäftigt sich ver.di bereits seit 2012. Schon zu dieser Zeit hat ver.di das »Berliner Crowdsourcing-Cloudworking-Papier« veröffentlicht und erste Forderungen formuliert.[9] Im Jahrbuch Gute Arbeit 2014 haben Lothar Schröder und Michael Schwemmle über »Gute Arbeit in der Crowd?« nachgedacht.[10] Und Gute Arbeit auch für plattformvermittelte Arbeit forderten auf dem ver.di-Bundeskongress im Jahr 2015 die Delegierten – und definierten diese so: »Soll Gute Arbeit auch für ›die Crowd in der Cloud‹ möglich werden, so müssen die genannten Schutzlücken geschlossen und entsprechende Mindestbedingungen verankert werden. Alle Erwerbstätigen müssen in die Sozialversicherungen einbezogen werden. Werden Werkverträge von Selbstständigen ausgeführt, sind die Auftraggeberinnen/Auftraggeber zu anteiligen Sozialversicherungsbeiträgen heranzuziehen, analog zu den Arbeitgeberbeiträgen bei abhängig Beschäftigten. Wenn Auftragnehmerinnen/Auftragnehmer nicht nachweisen, dass sie bzw. ihre Beschäftigten bei-

---

9 Crowdsourcing und Cloudworking: Gefahren für Gesellschaft und Arbeitnehmerinnen und Arbeitnehmer; https://innovation-gute-arbeit.verdi.de/++file++557583e5aa698e5a58000e47/download/verdi-Positionspapier_Cloudworking-Crowdsourcing.pdf.
10 Schröder, L./Schwemmle, M. (2014): Gute Arbeit in der Crowd? In: Schröder, L./Urban, H.-J. (Hrsg.): Profile prekärer Arbeit – Arbeitspolitik von unten. Jahrbuch Gute Arbeit, Frankfurt/M., S. 112–122; https://innovation-gute-arbeit.verdi.de/gute-arbeit/jahrbuch-gute-arbeit/++co++36f24608-d523-11e3-8050-525400248a66.

tragspflichtig sozialversichert sind, sind die Auftraggeberinnen/Auftraggeber zu entsprechenden Beitragszahlungen zu verpflichten.«

Die im Bundesministerium für Arbeit und Soziales (BMAS) angesiedelte »Denkfabrik Digitale Arbeitsgesellschaft« griff diese Forderung im November 2020 in ihren Eckpunkten »Faire Arbeit in der Plattformökonomie«[11] auf: In vielen Fällen hätten solo-selbstständige Plattformtätige »nur eingeschränkten Einfluss auf die Vertragsbedingungen und Preisgestaltung im Hinblick auf die Erbringung ihrer Leistungen. In der Praxis führt dies dazu, dass sie aufgrund der häufig niedrigen Honorare faktisch keine Vorsorge gegen diese Risiken betreiben können«. Insbesondere Plattformen, die das Gegenüber zu den ortsgebunden arbeitenden Plattformarbeitenden bildeten, sollten sich an den Kosten der sozialen Sicherung Solo-Selbstständiger beteiligen: »Arbeitsplattformen, die wesentliche Vorteile aus der Austauschbeziehung ziehen, sind bisher regelmäßig nicht an den Kosten der sozialen Sicherung beteiligt. Das will das BMAS ändern, indem diese Plattformen in die soziale Sicherung von Selbständigen miteinbezogen werden. Konkret schlagen wir für solo-selbstständige Plattformtätige, die Arbeitnehmerinnen und Arbeitnehmern vergleichbar schutzbedürftig sind, eine Einbeziehung in die gesetzliche Rentenversicherung und eine finanzielle Beteiligung der Plattformbetreiber daran vor. Die Einbeziehung von Arbeitsplattformen in die Alterssicherung von selbstständigen Plattformtätigen reduziert auch Wettbewerbsverzerrungen gegenüber Plattformen, die abhängig Beschäftigte einsetzen und Sozial- wie Arbeitskosten ganz selbstverständlich tragen.«[12]

Im selben Monat vertrat ver.di in einer Anhörung des Ausschusses für Arbeit und Soziales des Deutschen Bundestages zu den Anträgen »Gute Arbeit und soziale Sicherheit für Gig-Worker« bei der ortsgebundenen Plattformarbeit« (19/16886)[13] sowie »Gute Arbeit und soziale Sicherheit für Crowd-Worker bei der ortsungebundenen Plattformarbeit« (19/22122)[14], die von der Partei Die Linke eingebracht wurde, ihre Position: »Die Vereinte Dienstleistungsgewerkschaft ver.di begrüßt die Anliegen, die in den Anträgen ... vertreten werden:
- die kollektive Interessenvertretung zu stärken, etwa durch einen verbesserten Zugang der Gewerkschaften zu den Mitarbeitenden oder die Neude-

---

11 https://www.denkfabrik-bmas.de/fileadmin/Downloads/eckpunkte-faire-plattformarbeit_1_.pdf – abgerufen am 5.6.2022.
12 https://www.denkfabrik-bmas.de/fileadmin/Downloads/eckpunkte-faire-plattformarbeit_1_.pdf – abgerufen am 5.6.2022.
13 https://dserver.bundestag.de/btd/19/168/1916886.pdf.
14 https://dserver.bundestag.de/btd/19/221/1922122.pdf.

Probleme der Digitalisierung

finition des Geltungsbereichs arbeitnehmerähnlicher Personen nach § 12 TVG
- angemessene Vergütungen für selbstständig Erwerbstätige durchzusetzen
- arbeits- und sozialrechtliche Schutzrechte auszubauen und zu stärken
- alle Erwerbstätigen in den gesetzlichen Sicherungssystemen abzusichern
- Lohn- und Sozialdumping zu bekämpfen.«[15]

Weiter heißt es dort: »Die durch die Anträge vorgenommene Trennung von Regelungsmechanismen für ›ortsgebundene‹ bzw. ›ortsungebundene‹ plattform-vermittelte Arbeit erschließt sich nur bedingt. ... Die Abhängigkeit selbst bemisst sich nach der Rechtsprechung derzeit jedoch individuell und regelmäßig nach dem Grad der Weisungsbefugnis des Arbeit- oder Auftraggebers – und im Idealfall dem Grad der wirtschaftlichen Abhängigkeit und sozialen Schutzbedürftigkeit. ... Als ortsgebunden können auch plattform-vermittelte Tätigkeiten wie etwa die einer Interims-Managerin, einer IT-Fachkraft für ein unternehmensgebundenes Projekt oder eines Alltagsbegleiters mit stundenweisen Einsätzen bei Hilfsbedürftigen gelten. Hier eine ... arbeits- und sozialrechtliche Klarstellung herbeizuführen, dass es sich bei Beschäftigten grundsätzlich um Arbeitnehmerinnen und Arbeitnehmer der Plattformbetreiber handelt, kann im Einzelfall aber auch gruppenbezogen zu einer überzogenen Beweislastumkehr bei der Statusbestimmung führen. Eine solche Beweislastumkehr mit klaren Kriterien hält die ver.di allerdings ebenfalls für zentral, um Statusmissbrauch zu begrenzen und diese nicht allein der Einzelfallbetrachtung in Statusverfahren sowie den Sozial- und Arbeitsgerichten zu überlassen. Die Schaffung des § 611a BGB hat hier wenig Klarheit gebracht und ist durch einen Kriterienkatalog zu ergänzen. Dies gilt allerdings unabhängig vom Weg der Auftrags-/Arbeitsvermittlung.«

Scheinselbstständigkeit schneller und einfacher identifizieren

Der ver.di-Bundeskongress hatte bereits 2015 beschlossen, sich für eine gesetzliche Neuregelung der Statusdefinition einzusetzen. Diese sei »so auszugestalten, dass die Aufnahme und Ausübung einer echten Selbstständigkeit nicht behindert wird. Gleichzeitig soll sie gewährleisten, nur zum Schein selbstständige Tätigkeiten schneller und einfacher zu identifizieren.«[16] Ziel

---

15 Deutscher Bundestag Ausschuss für Arbeit und Soziales Stellungnahme der Vereinten Dienstleistungsgewerkschaft ver.di zur öffentlichen Anhörung des Ausschusses für Arbeit und Soziales zu den Anträgen »Gute Arbeit und soziale Sicherheit für Gig-Worker bei der ortsgebundenen Plattformarbeit« (19/16886) sowie »Gute Arbeit und soziale Sicherheit für Crowd-Worker bei der ortsungebundenen Plattformarbeit« – https://www.bundestag.de/resource/blob/807610/101defa cb1a45a1b7f9ad1a5eda70572/19-11-875-SN-Mirschel-data.pdf – abgerufen am 5.6.2022.
16 Beschlüsse des 4. ver.di-Bundeskongress vom 20.–26.9.2015 in Leipzig – Antrag A 078 »Aufnahme und Ausübung scheinselbstständiger Tätigkeiten effektiv verhindern«.

der ver.di sei es, den sozial- und arbeitsrechtlichen Schutz persönlich abhängig Beschäftigter dauerhaft sicherzustellen, eine Erosion der Sozialversicherung zu verhindern, Wettbewerbsverzerrungen entgegenzutreten und Rechtssicherheit zu schaffen.

Etwa zeitgleich, im Jahr 2016, war neben den Gewerkschaften die Wissenschaft, hier unter anderen Florian A. Schmidt in seiner Expertise für die Friedrich-Ebert-Stiftung mit seinen Überlegungen ein Stück weiter gegangen, indem er gewisse Plattformen als Arbeitgeber in Form von Leiharbeitsfirmen klassifizierte: »Bei der Analyse konkreter Plattformen ist darauf zu achten, ob die Betreiber:innen die Interaktion zwischen den anderen beiden Parteien wirklich nur technisch ermöglichen, also lediglich als Softwareunternehmen agieren (wie oft behauptet), oder ob sie diese wesentlich steuern (wie bei den Arbeitsplattformen häufig der Fall). In solchen Fällen muss die Frage gestellt werden, ob die Plattformbetreiber:innen nicht eigentlich Arbeitgeber:innen sind und wie eine Leiharbeitsfirma fungieren. Dies hat wiederum Auswirkungen auf den Status der Auftragnehmer:innen und die Frage nach einer möglichen Scheinselbstständigkeit.«[17]

Das Problem, so schreibt Gunter Haake, Geschäftsführer der mediafon GmbH und des ver.di-Beratungsnetzwerks für Selbstständige (selbststaendigen.info) in einem Beitrag zum Jahrbuch Gute Arbeit 2016[18], sei allerdings »nur bedingt gesetzlich zu adressieren«. Exemplarisch zeigten die Erfahrungen beim Thema Scheinselbstständigkeit, dass eine angemessene Kontrolle von formal in Vertragsfreiheit abgeschlossenen Vereinbarungen kaum möglich sei. »Auf Gesetze, die negative Folgen für Arbeitsbeziehungen und Sozialsysteme eindämmen sollen, dürften unmittelbar neue Umgehungsstrategien folgen, sich weitere, schwer kontrollierbare Grauzonen eröffnen.« Verschärft zeige sich »das Regulierungsproblem unter den Bedingungen des Plattformkapitalismus«. Bereits 2017 fordern nicht nur ver.di-Stimmen eine »Beweislastumkehr«, »d.h. alle Crowdworker gelten zunächst bzw. im Zweifel als Arbeitnehmer, bis die Plattformbetreiber das Gegenteil beweisen«.[19]

In den Folgejahren kommt es insbesondere im Bereich der ortsgebundenen Tätigkeiten zu einem Wandel der Beschäftigungsform: Zum einen erkennen einige Plattformbetreiber, dass mit der Bindung der Beschäftigten

---

17 Florian A. Schmidt: Arbeitsmärkte in der Plattformökonomie – Zur Funktionsweise und den Herausforderungen von Crowdwork und Gigwork, S. 12 – 2016 Friedrich-Ebert-Stiftung (Hrsg.): Abteilung Wirtschafts- und Sozialpolitik Godesberger Allee 149, 53175 Bonn.
18 Gunter Haake: Digitalisierung und Gewerkschaften: Solo-Selbstständige integrieren – in: Lothar Schröder/Hans-Jürgen Urban (Hrsg.): Digitale Arbeitswelt – Trends und Anforderungen. Jahrbuch Gute Arbeit, Frankfurt/Main 2016, S. 310–321, hier S. 317.
19 Nadine Müller: Crowdwork: Arbeit auf Plattformen, in: spw 5/2017; https://innovation-gute-arbeit.verdi.de/++file++5a1291b8e58deb1e93a45188/download/222_NMueller.pdf (2017).

Probleme der Digitalisierung

an das Unternehmen die Verbindlichkeit der Auftragserfüllung – und damit das Image der Plattform als zuverlässiger Vermittler gegenüber der Kundschaft – wächst. Zum anderen wirken rechtliche Rahmenbedingungen. Ende 2021 konstatieren die Wissenschaftler Philipp Lorig und Felix Gnisa in ihrer wissenschaftlichen Expertise zu ortsgebundener Arbeit, die sie für das BMAS-/ESF-geförderte und von ver.di und deren Tochter INPUT Consulting gGmbH mitgetragene Projekt »Haus der Selbstständigen« erstellt haben: »In der Tat ist diese Erwerbsform bei Plattformen für ortsspezifische Dienstleistungen nicht mehr dominant. Vor allem Plattformen der Lieferlogistik und der Personenbeförderung wie Lieferando und Uber setzen in Deutschland mittlerweile auf Festanstellungen (Lieferando) …, oder Subkontraktmodelle, in denen Fahrer:innen bei Leiharbeitsfirmen angestellt sind (Uber), die Arbeitskräfte an die Plattformen vermitteln.«[20]

Europa wird aktiv
Eine ähnliche Entwicklung zeigt sich im europäischen Ausland – nicht zuletzt aufgrund von Urteilen nationaler Gerichte. So entschied etwa die französische Gerichtsbarkeit, dass Mitarbeiter:innen von Uber und Take it Easy wegen der Leistungskontrolle per GPS-Tracking sozialversicherungspflichtig angestellt werden müssen. In Spanien klagte ein vom Essenslieferdienst Deliveroo beauftragter angeblich Selbstständiger erfolgreich auf Festanstellung, weil der Zwang der zeit- und ortsgebundenen Annahme von Aufträgen als »Quasi«-Schichtsystem einzuordnen sei. Auch in Deutschland ging ein Crowdworker, der für die Plattform Roamler tätig war, gegen seine »Kündigung« vor und gewann vor dem Bundesarbeitsgericht.

Das Thema war und ist nicht nur juristischer, sondern auch politischer Natur und inzwischen auch in Europa angekommen. Bereits im Jahr 2018 stellte der sozialdemokratische Europaabgeordnete Joachim Schuster den »Entwurf EU-Richtlinie zur Plattformarbeit« zur Diskussion mit dem – aus gewerkschaftlicher Sicht begrüßenswerten – vorrangigen Ziel, »ein Mindestmaß an sozial- und arbeitsrechtlichem Schutz für Arbeitskräfte in der Plattformökonomie sicherzustellen und faire Wettbewerbsbedingungen zwischen der herkömmlichen Wirtschaft und der Plattformwirtschaft zu gewährleisten.« Schuster stellte seinen Vorschlag in folgenden Kontext: »Klar ist, Wettbewerbsvorteile der Plattformwirtschaft gegenüber der herkömmlichen Wirtschaft, die auf Sozialdumping und Steuervermeidung beruhen, sind politisch

---

20 Philipp Lorig/Felix Gnisa: Arbeitsbedingungen und Interessenhandeln in der ortsgebundenen Plattformökonomie, Wissenschaftliche Expertise – Vorgelegt der Input Consulting GmbH – Projekt Haus der Selbstständigen (09/2021).

inakzeptabel. Für alle ArbeitnehmerInnen und Selbständige in der Plattformwirtschaft müssen die gleichen tarifrechtlichen, arbeitsrechtlichen und sozialrechtlichen Rechte und Pflichten gelten, die auch für ArbeitnehmerInnen und Selbstständige in der herkömmlichen Wirtschaft gelten.«[21]

Auf dem Weg zu einer EU-Richtlinie
Im Februar 2021 schließlich eröffnete die EU die »Erste Phase der Anhörung der Sozialpartner gemäß Artikel 154 AEUV zu möglichen Maßnahmen zur Bewältigung der Herausforderungen im Zusammenhang mit den Arbeitsbedingungen bei der Plattformarbeit«.[22] Sie kam damit ihrer Verpflichtung aus dem Vertrag über die Arbeitsweise der Europäischen Union (AEUV) nach, für Gesetze zu Arbeitsthemen die Meinungen von Industrie und Gewerkschaften einzuholen – konkret zu folgenden Themenblöcken: Beschäftigungsstatus, Arbeitsbedingungen, Zugang zu Sozialschutz, Zugang zu Arbeitnehmervertretung und Tarifverhandlungen, grenzüberschreitende Dimension der Plattformarbeit (einschließlich Sozialversicherungsbeiträge und Steuererhebung), algorithmisches Management und schließlich Weiterbildung und berufliche Möglichkeiten für Menschen, die über Plattformen arbeiten.

In enger Zusammenarbeit zwischen dem Deutschen Gewerkschaftsbund (DGB), seinen Mitgliedsgewerkschaften und dem europäischen Dachverband EGB entstand eine Resolution, die vorrangig zwei Ziele formulierte: 1. die Erlangung von Rechten für atypisch Beschäftigte, unabhängig davon, ob sie online oder offline arbeiten (einschließlich derjenigen in Plattformunternehmen) und 2. die Vereinbarkeit der Digitalisierung der Wirtschaft mit dem Arbeitsverhältnis und der Achtung grundlegender Arbeitnehmerrechte. – Dabei wurden sieben (hier verkürzt wiedergegebene) politische Prioritäten gesetzt.
- Es wird davon ausgegangen, dass Erwerbstätige, die von Plattformen als Selbstständige behandelt werden, als abhängig Beschäftigte einzustufen sind.
- Umkehr der Beweislast durch die Plattformen, die stichhaltige Beweise dafür erbringen müssen, dass kein Arbeitsverhältnis zwischen ihnen und den Beschäftigten der jeweiligen Plattform besteht.
- Ein digitales Plattformunternehmen ist (ebenso wie ein reguläres Unternehmen) ein Arbeitgeber oder eine (Zeitarbeits-)Agentur.
- Keine Schaffung eines dritten Status zwischen Arbeitnehmern und Selbstständigen.

---
21 MEP Joachim Schuster: Entwurf EU-Richtlinie zur Plattformarbeit Diskussionsgrundlage Juni 2018 –https://www.joachim-schuster.eu/wp-content/uploads/2018/12/ENTWURF_EU-Richtlinie-zur-Plattformarbeit.pdf – abgerufen am 5.6.2022.
22 https://ec.europa.eu/social/BlobServlet?docId=23655&langId=de – abgerufen am 5.6.2022.

Probleme der Digitalisierung

- Eine europäische Initiative sollte alle Nicht-Standard-Arbeitnehmer*innen und Erwerbstätigen in Plattformunternehmen (einschließlich der Selbstständigen) mit gleichen kollektiven und individuellen Rechten abdecken.
- Der Anwendungsbereich einer Initiative zur Plattformarbeit sollte sowohl Plattformen vor Ort als auch Online-Arbeitsplattformen abdecken.
- Da die meisten Plattformen multinationale Unternehmen sind, ist ein gemeinsames und kohärentes europäisches Vorgehen unter voller Berücksichtigung der nationalen Systeme der Arbeitsbeziehungen erforderlich.

Nach einer zweiten Stufe des Anhörungsverfahrens[23] im Laufe des Jahres 2021 veröffentlichte die Europäische Kommission im Dezember 2021 den »Entwurf einer Richtlinie, durch den europäische Mindeststandards für die Arbeitsbedingungen von Plattformbeschäftigten gesetzt werden sollen.«[24]

Dieser erste Richtlinienvorschlag zielte auf folgende Regelungskomplexe:

Beschäftigungsstatus: Die EU-Kommission schätzt, dass EU-weit über 28 Millionen Menschen über digitale Arbeitsplattformen tätig sind, von denen 90 Prozent bisher dem Status von Selbstständigen zugeordnet sind – 5,5 Millionen Personen fälschlicherweise. Es soll – allerdings nur für Vertragsverhältnisse, die ab der Implementierung der Richtlinie geschlossen werden – sichergestellt werden, dass Personen, die über digitale Arbeitsplattformen arbeiten, den rechtmäßigen Beschäftigungsstatus erhalten, der ihren tatsächlichen Arbeitsregelungen entspricht. Dazu wurde ein Katalog aus fünf Kriterien erarbeitet, mit dessen Hilfe festgestellt werden soll, ob es sich bei der Plattform um einen »Arbeitgeber« handelt:

1. Festlegung der Höhe der Vergütung bzw. von deren Obergrenzen durch die Plattform,
2. »bestimmte verbindliche Regeln in Bezug auf Erscheinungsbild und Verhalten gegenüber dem Empfänger der Dienstleistung bzw. in Bezug auf die Arbeitsleistung«,
3. die Überwachung der Ausführung der Arbeit auf elektronischem Wege,
4. effektive Einschränkung der Freiheit, die Arbeit zu organisieren sowie
5. effektive Einschränkung der Freiheit, sich einen Kundenstamm aufzubauen bzw. Arbeiten für Dritte auszuführen.

Erfüllt die Plattform mindestens zwei der Kriterien, wird davon ausgegangen, dass sie ein Arbeitgeber ist. Die Beweislast soll bei der Plattform liegen. Der Vorschlag lässt allerdings offen, wie es in der Praxis gelingen soll, die vermutete abhängige Beschäftigung zu widerlegen. Denn dies soll weiterhin nach den national zu treffenden Definitionen passieren. Offen bleibt auch,

---

23 https://ec.europa.eu/social/BlobServlet?docId=24094&langId=en – abgerufen am 5.6.2022.
24 https://ec.europa.eu/social/BlobServlet?docId=24992&langId=en – abgerufen am 5.6.2022.

wie die Schutzrechte der Plattformbeschäftigten wirksam grenzüberschreitend durchgesetzt werden können.

Algorithmisches Management: Plattformtätige sollen Schutz in Bezug auf die Verwendung des algorithmischen Managements erhalten. Die Richtlinie erhöht die Transparenz bei der Nutzung von Algorithmen durch digitale Arbeitsplattformen und soll gewährleisten, dass die Einhaltung von Arbeitsbedingungen durch Menschen überwacht werden. Sie sieht zudem das Recht vor, automatisierte Entscheidungen anzufechten. Diese Rechte sollen sowohl Arbeitnehmer*innen als auch echten Selbstständigen – unter ausdrücklicher Nennung des Informationsrechts an und durch Interessenvertretungen – gewährt werden. Der Richtlinienvorschlag benennt hier ganz allgemein eine »Vertretung«, ohne diese genauer zu definieren – und: Er eröffnet die Möglichkeit von Sammelklagen, nicht aber den von den Gewerkschaften geforderten Weg zum Verbandsklagerecht.

Durchsetzung, Transparenz und Rückverfolgbarkeit: Plattformbetreiber müssen die Tätigkeit in dem Land anmelden, in dem sie erbracht wird. Bei Verstößen sollen »wirksame, verhältnismäßige und abschreckende« Sanktionen greifen, deren Ausarbeitung nach dem Vorschlag den EU-Mitgliedstaaten aufgetragen wird.

Streit um Kriterien(katalog)
In ersten Reaktionen auf den Entwurf zeigte sich Skepsis über den Sinn und Inhalt des Kriterienkatalogs, eröffne er doch – so die Kritiker:innen auf europäischer Gewerkschaftsebene – in seiner »starren« Form den Plattformen Umgehungsmöglichkeiten durch Änderungen ihrer Geschäftsbedingungen. Tatsächlich ist diese Befürchtung nicht von der Hand zu weisen – wie folgendes Beispiel anschaulich zeigt: Nachdem Uber in Deutschland die Zusammenarbeit mit selbstständigen Fahrer:innen untersagt wurde und nun Subunternehmer:innen diese in Festanstellung fahren lassen, bietet Uber die Selbstständigkeit in anderer Form an: »Sei dein eigener Boss«, lockt Uber auf seiner Website.[25] »Fahre, wann du möchtest. Als Mietwagenunternehmer bist du der Boss. Du kannst Tag und Nacht Fahrten über die Uber App anbieten.« Der bzw. die Selbstständige ist also als Mietwagenunternehmer:in ein selbstständig agierendes Unternehmen – und in gleicher Person angestellt bei sich als Fahrer:in.

Auch der DGB und seine Mitgliedsgewerkschaften sehen derlei Umgehungsmöglichkeiten und sprechen sich für einen geschärften Kriterienkatalog aus, so »dass vor allem Aspekte zum Tragen kommen, die erkennbar als In-

---

25 https://www.uber.com/de/de/drive/.

Probleme der Digitalisierung

strumente der Fremdbestimmung und Kontrolle der Erwerbstätigen eingesetzt werden, wie etwa spezifische Vorgaben der Plattform in Hinblick auf Inhalt, Durchführung, Zeit und Ort der Tätigkeit, die Preisgestaltung und Kontrolle der Auftragsvergabe, Disziplinierungs- und Kontrollmethoden in Gestalt von Reputations- bzw. Ratingsystemen und engmaschige Überwachung des Arbeitsprozesse. Aus Sicht des DGB und seiner Mitgliedsgewerkschaften sollten die in dem Entwurf genannten Kriterien entsprechend geschärft werden.«[26]

Auch der Europaparlamentarierin und Berichterstatterin Elisabetta Gualmini aus der Fraktion der Progressiven Allianz der Sozialdemokraten (S&D), die im Mai 2022 ihren Berichtsentwurf im Rahmen des Ausschusses für Beschäftigung und soziale Angelegenheiten (EMPL) vorlegte, waren die genannten fünf Kriterien zu ungenau. In dem Entwurf wird der Katalog von fünf auf elf Kriterien erweitert – allerdings in die nicht verbindliche Präambel des Richtlinienentwurfs verschoben. Ziel sei es, eine nicht erschöpfende Liste von Elementen zu schaffen, um den zuständigen Behörden entsprechende Flexibilität bei der Beurteilung des Arbeiternehmerstatus zu erlauben und die Regelung an sich ständig verändernde Umstände anzupassen. Ausdrücklich wird auch in der Präambel herausgearbeitet, dass die Arbeit in Selbstständigkeit weiterhin möglich sein soll: »Die Vermutung sollte jedoch nicht für Fälle maßgeblich sein, in denen es sich bei den Personen, die Plattformarbeit leisten, um echte Selbstständige handelt. Für ihre Arbeitsleistung und die Qualität ihrer Ergebnisse sind echte Selbstständige ihren Kunden gegenüber selbst verantwortlich. Echte Selbstständigkeit zeichnet sich durch die Freiheit aus, die Arbeits- und Abwesenheitszeiten wählen, Aufgaben ablehnen, Dienste von Unterauftragnehmern oder Ersatzkräften in Anspruch nehmen und Arbeiten für Dritte ausführen zu können.«[27] Bei Redaktionsschluss dieses Buches wurden die Beratungen über die Richtlinie auf der Basis des Berichtsentwurfs im Ausschuss für Beschäftigung und soziale Angelegenheiten fortgesetzt.

Gute Arbeit in Sicht?
Der nationale Gesetzgeber, die Europäische Kommission und zahlreiche gesellschaftlich relevante Akteur:innen haben mit Diskussionen über das Phänomen der Plattformarbeit das Thema: »Wie soll gerechte, gute Arbeit der Zukunft gestaltet werden?« aufgegriffen. Dadurch sind Grundfragen wie die Diskussion um Beschäftigungsstatus und die Beteiligung aller am Erhalt

---

26 https://www.dgb.de/downloadcenter/++co++8ed4b53a-7d23-11ec-9cc2-001a4a160123 – abgerufen am 5.6.2022.
27 https://www.europarl.europa.eu/doceo/document/EMPL-PR-731497_DE.pdf – abgerufen am 5.6.2022.

und Ausbau der solidarischen Sicherungssysteme wieder in den Mittelpunkt der Diskussion gerückt. Die Vereinte Dienstleistungsgewerkschaft wird sich ein- und mitmischen – im Sinne des Bundeskongressbeschlusses »Künstliche Intelligenz und neue Arbeitsformen gemeinwohldienlich und menschengerecht gestalten« aus dem Jahr 2019: »Neben agilen Arbeitsformen haben in den letzten Jahren die Diskussionen um eine Prekarisierung von Arbeit mittels Crowdwork – Arbeitsvermittlung über Plattformen – einen hohen Stellenwert eingenommen. Auch ver.di hat sich hier eingebracht und Initiativen auf den Weg gebracht. Zwar handelt es sich hierbei derzeit meist um hybride Erwerbsformen, bei denen die Erwerbstätigen noch andere Verdienstmöglichkeiten haben. Nichtsdestotrotz bringt Plattformarbeit die Gefahr mit sich, soziale Schutzstandards zu unterlaufen. Es gilt also weiterhin, eine soziale Regulierung anzustreben und zu klären, inwiefern es sich jeweils tatsächlich um selbstständige Tätigkeiten handelt. Konkret wird ver.di neue Arbeitsformen wie Agilität und Plattformarbeit (Crowdwork) begleiten und sich dabei für Gute Arbeit einsetzen, Empfehlungen für kollektive Regelungen erstellen und über das Thema informieren; die Entwicklung von Plattformarbeit beobachten, weitere Forschung anregen und sich für soziale Regulierung einsetzen. Plattformarbeit darf nicht zur Aufweichung von sozialen Standards sowie zu einer Verschärfung der Konkurrenz unter Erwerbstätigen führen. Die Bereitschaft einiger Plattformen zu einer freiwilligen Selbstverpflichtung zur Einhaltung fairer Arbeitsbedingungen und die Akzeptanz einer entsprechenden Schiedsstelle (Ombudsstelle) ist begrüßenswert. Doch letztlich bedarf es hier klarer gesetzlicher Regeln, deren Einhaltung auch kontrolliert wird und die bei Verstößen wirksame Sanktionen vorsehen, sowie eines Rechts der formal selbstständig Beschäftigten auf diesen Plattformen, sich gewerkschaftlich zu organisieren und Kollektivverhandlungen über ihre Arbeitsbedingungen zu führen.

Luca Karg/Maurice Laßhof
Digitalisierung first – Mitbestimmung second?
Empirische Einsichten in die industrielle Ausbildung 4.0

Die Transformation und deren sozialverträgliche und ökologische Gestaltung stehen gegenwärtig im Zentrum der politischen Agenda der Gewerkschaften. Bereits im Frühjahr 2019 veröffentlichte die IG Metall den Transformationsatlas, in dem Betriebsräte aus 1964 Betrieben zu den Entwicklungen, Chancen- und Risikopotenzialen der industriellen Transformation befragt wurden (IG Metall 2019). Entgegen der vielen interessengeleiteten und oftmals vagen Zukunftsvorhersagen durch Unternehmensverbände, Ökonomen und Futuristen, die im Angesicht der Digitalisierung (und mit einer technikdeterministischen Argumentationslogik) eine vierte industrielle Revolution beschwören, welche in ihrem Fortgang notwendigerweise viele Berufe und Arbeitsplätze überflüssig machen werde (so u. a. Brynjolfsson/McAfee 2014; Ford 2016), liefert der Transformationsatlas der IG Metall eine empirische Bestandsaufnahme zum *tatsächlichen* Entwicklungsstand der Digitalisierung in Betrieben und der daraus folgenden Implikationen für Beschäftigte sowie der betrieblichen Mitbestimmung. Die Ergebnisse zeigen: Der Einsatz von digitaler Technologie schreitet v. a. in der Fertigung voran; hier sind die Potenziale aber noch lange nicht ausgeschöpft. Die zukünftige Entwicklung sehen die von der IG Metall befragten Betriebsräte skeptisch. Die Mehrheit prognostiziert einen insgesamt negativen Beschäftigungstrend und geht davon aus, dass mit der Digitalisierung neue Belastungen für Beschäftigte entstehen, Belastungen, die bereits heute deutlich spürbar sind: Denn sowohl für Beschäftigte (DGB 2017, S. 4) als auch für deren Interessenvertretungen (Brinkmann/Karg/Laßhof 2022, S. 110ff.) haben Arbeitsintensität, -entgrenzung und -kontrolle über die letzten Jahre hinweg zugenommen.

Die Digitalisierung von Arbeit und Unternehmen macht auch vor der betrieblichen Berufsausbildung nicht halt (DGB 2019, S. 12ff.), und obwohl die industrielle Transformation im Besonderen auch die jungen Beschäftigten in der Ausbildung betrifft und deren Jugend- und Auszubildendenvertretungen (JAV) vor große Herausforderungen stellt, werden die ausbildungsspezifischen Veränderungen im Transformationsatlas nicht abgebildet. Diese

Leerstelle schließen wir[1] in Zusammenarbeit mit der IG Metall Bezirk Mitte durch einen Transformationsatlas für die betriebliche Berufsausbildung. Hierfür haben wir von 2020 bis 2021 insgesamt 67 JAV-Gremien (der Branchen Metall- und Elektroindustrie = 80,6 Prozent, Eisen- und Stahlindustrie = 4,5 Prozent, Textilindustrie = 1,5 Prozent, Holz- und Kunststoffindustrie = 1,5 Prozent, Handwerk = 10,4 Prozent, Sonstige = 1,5 Prozent) aus Betrieben im IG Metall Bezirk Mitte befragt. Sie vertreten zusammen 5378 Auszubildende und damit 29 Prozent aller 18 281 von der IG Metall erfassten Auszubildenden und 33 Prozent aller erfassten 16 483 Auszubildenden der 423 Betriebe mit einer JAV im Bezirk Mitte.[2] Mit einem Online-Fragebogen wurden diese zum Stadium der Digitalisierung in der betrieblichen Ausbildung, zur Mitbestimmung, Beschäftigungsstruktur und -entwicklung sowie zur beruflichen (Weiter-)Bildung befragt.

Weiterhin haben wir mit acht JAV-Gremienmitgliedern aus Betrieben unterschiedlicher Branchen und Betriebsgröße problemzentrierte Expert:inneninterviews geführt, um die Aussagekraft der quantitativen Erkenntnisse zu erhöhen und um die empirische Einsicht zu vertiefen.[3] Denn JAVen sind (mit Ausnahme freigestellter JAV-Mitglieder) in ihrer Position doppelt von den Auswirkungen der Transformation betroffen, einerseits als Interessenvertretungen der Auszubildenden und andererseits selbst als Auszubildende. Der Schwerpunkt dieses Beitrags liegt in der Darstellung des gegenwärtigen Digitalisierungsstandes in den Betrieben der industriellen Berufsausbildung, damit einhergehender antizipierter Chancen und Risiken für Auszubildende sowie in den Möglichkeiten und Grenzen der Mitbestimmung.

1. Digitalisierung in der industriellen Berufsausbildung

Die Digitalisierung spielt nach Einschätzung der befragten JAV-Mitglieder in ihren Betrieben für die Berufsausbildung eine wichtige Rolle: 95,5 Prozent

---

[1] Stella Buck, Myron De Vane, Felizitas Freundt und Hannah Schwärzel sind ebenfalls Teil des Forschungsteams. Vielen Dank an Ulrich Brinkmann und Leonie Hein für die Unterstützung im Forschungsprozess sowie die fruchtbaren Diskussionen.

[2] Im Median beträgt die Beschäftigtenzahl der durch die Befragten vertretenen Betriebe 917 Beschäftigte. Der kleinste Betrieb der Stichprobe hat 90 Beschäftigte, während im größten Betrieb über 10 000 Beschäftigte arbeiten. Die Stichprobe ist auf mittelgroße bis große Betriebe begrenzt; die 6 Prozent der Betriebe mit JAV des IGM Bezirks Mitte mit weniger als 90 Beschäftigten sind darin nicht vertreten. Der Vergleich zur Grundgesamtheit zeigt, dass in der Erhebung größere Betriebe sowie Betriebe aus der Metall- und Elektroindustrie (+ 11,7 Prozent) sowie Eisen- und Stahlindustrie (+ 3,2 Prozent) überrepräsentiert sind. Das Handwerk (– 10,2 Prozent), die Holz- und Kunststoffindustrie (– 3,3 Prozent) und die Textilindustrie (– 1,7 Prozent) sind leicht unterrepräsentiert.

[3] Die Verweise auf die acht qualitativen Interviews beginnen mit der Bezeichnung I und der jeweiligen Nummerierung des Interviews sowie der entsprechenden Zeitangabe des Interviewtranskripts – z. B.: (I1 10:00).

Probleme der Digitalisierung

halten die Digitalisierung in ihrem Ausbildungsbetrieb für (sehr) relevant. Dies gilt sowohl für gewerblich-technische sowie für kaufmännische Ausbildungsberufe. Vor allem für die kaufmännische Ausbildung wird der Digitalisierung von 77,8 Prozent der JAVen eine sehr hohe Relevanz zugeschrieben; für die gewerblich-technische Ausbildung hingegen nur von 43,3 Prozent. Und auch in den qualitativen Expert:inneninterviews verweisen die Befragten darauf, dass die Digitalisierung für kaufmännische Ausbildungsberufe relevanter ist: Das computergestützte Arbeiten (einfache digitale Technik wie Computer, Laptops und die dazugehörige Software) bestimmt in kaufmännischen Ausbildungsberufen schon lange die Tätigkeiten (I5 08:32; I4 21:10; I1 12:30; I8 15:30). Der T-Test auf Mittelwertunterschiede[4] zwischen den Antworten für beide Ausbildungsgruppen bestätigt die Annahme: Für kaufmännische Auszubildende wird die Digitalisierung signifikant relevanter eingeschätzt als für gewerblich-technische Auszubildende (Irrtumswahrscheinlichkeit: $p<.01$). Der Mittelwertunterschied beträgt 0.43 Skalenpunkte.

Trotz der hohen Relevanz der Digitalisierung in den Ausbildungsbetrieben schätzen nur 4,5 Prozent der JAVen die Digitalisierung in ihrem Betrieb als weitgehend realisiert ein. Knapp 45,5 Prozent halten Digitalisierungspotenziale für in Teilbereichen umgesetzt und 24,2 Prozent geben an, dass Potenziale der Digitalisierung erprobt werden. Bei über einem Viertel der Ausbildungsbetriebe scheint die Umsetzung der Digitalisierung noch nicht begonnen zu haben: Dort werden Digitalisierungs-Optionen geprüft (13,6 Prozent) oder Digitalisierung wird (noch) nicht thematisiert (12,1 Prozent). Ein JAV-Mitglied verdeutlicht den Stand der Digitalisierung im Ausbildungsbetrieb sowie den dortigen Unterschied zwischen kaufmännischer und gewerblich-technischer Ausbildung:

»Meiner Einschätzung nach ist das eine absolute Katastrophe bei uns. Wir sind ca. 35 Azubis, davon arbeiten fünf im kaufmännischen Bereich und der Rest sind alles Gewerbliche, die in der Werkstatt arbeiten. Die im kaufmännischen Bereich, die rotieren immer ihre Arbeitsplätze, aber die kommen immer an den Rechner in der jeweiligen Abteilung. Die haben Internetzugang, können mit Leuten E-Mails schreiben, können in Online-Infoportale gehen, aber die Werkstatt ist krass abgeschottet. Da ist kein Internetzugang, die

---

4 Mit dem T-Test soll geprüft werden, ob sich die arithmetischen Mittelwerte der Antworten für beide Ausbildungsgruppen nur zufällig unterscheiden oder ob sich die arithmetischen Mittelwerte statistisch signifikant voneinander unterscheiden, also, ob die Relevanz der Digitalisierung für die kaufmännische Ausbildung nur zufällig oder tatsächlich *signifikant* relevanter eingeschätzt wird als für die gewerblich-technische Ausbildung (Ludwig-Mayerhofer/Liebeskind/Geißler 2014, S. 163f.).

haben Rechner, aber die sind gefühlt noch aus dem Krieg. (...) Wir arbeiten da mit XP noch teilweise, die haben einen Rechner, der Internetzugang hat, um da irgendwelche Schulungen fürs Drehen und Fräsen zu machen. Ja, was ich am aller krassesten finde, ist eigentlich die Leute, die was mit Elektronik lernen, dass die Software so schlecht ist von uns, dass die teilweise ihre privaten Rechner freiwillig mit auf die Arbeit mitbringen und daran arbeiten. (...) Das ist grad kein Zustand.« (I1 12:30)

Hinsichtlich des realen Standes der Digitalisierung in den Betrieben ermöglichen die empirischen Daten also einen differenzierten Blick, und hierbei zeichnet sich ein weiterer wichtiger Unterschied im Digitalisierungsniveau ab: der zwischen Ausbildung und dem restlichen Betrieb. So bedeutet ein niedriges oder hohes Digitalisierungsniveau in der Ausbildung nicht automatisch, dass dieses kongruent zum entsprechenden Stand im restlichen Betrieb ist. Dies trifft nur auf 41,8 Prozent der Betriebe zu; hier ist das Digitalisierungsniveau in der Ausbildung an das im restlichen Betrieb angeglichen. Hingegen geben 34,3 Prozent der JAVen an, die Digitalisierung in der Ausbildung sei auf einem niedrigeren Niveau als im restlichen Betrieb und bei 6 Prozent sei sie sogar auf einem viel niedrigeren Niveau.

Das hat Gründe: Die Verschiebung der Marktgrenzen und die Etablierung marktförmiger Steuerungsmechanismen in Unternehmen (Brinkmann 2011, S. 45ff.) hat im Zuge der zunehmenden Kurzfristorientierung auch der betrieblichen Berufsausbildung einen Kostenstempel aufgedrückt. Denn die Zergliederung von Unternehmen in Cost- und Profitcenter hat auch für die Ausbildung zur Konsequenz, dass fortan deren Overhead-Kosten auf dem Prüfstand stehen (Minssen 2012, S. 144). Somit trägt die betriebliche Ausbildung von jungen Arbeitskräften im Gegenwartskapitalismus kaum noch das Signum einer rentablen Zukunftsinvestition in Humankapital, sondern erscheint unter dem Gesichtspunkt der beschleunigten Marktzentrierung schlichtweg als zu reduzierender Gemeinkostenfaktor. Es überrascht deshalb nicht, dass betriebliche Investitionen in die Digitalisierung der Ausbildung denen des restlichen Unternehmens hinterherhinken.

Doch welche digitalen Technologien kommen tatsächlich in der gewerblich-technischen und kaufmännischen Ausbildung zum Einsatz? Abbildung 1 verdeutlicht den gegenwärtigen Digitalisierungsstand in den befragten Ausbildungsbetrieben, wo im Gros der Einsatz von *Laptops, Online-Plattformen* und *Lernsoftware* sowie die Bereitstellung von *WLAN* den »digitalen« Ausbildungsalltag bestimmen. Hierbei geben 80,6 Prozent der JAVen an, dass der Einsatz von digitalen Technologien durch die Covid-19-Pandemie (stark) zugenommen hat, denn diese ermöglichten im Lockdown die (eingeschränkte)

Probleme der Digitalisierung

Weiterführung der Ausbildung von zuhause. Seitdem übernehmen v. a. *Online-Plattformen* einen Teil der sonst analog praktizierten Koordination und Kontrolle der Arbeit von Azubis:

Abb. 1: Stand der Digitalisierung in der betrieblichen Berufsausbildung — Gute Arbeit

Bitte gib an, welche digitalen Technologien in der gewerblich-technischen/ kaufmännischen Ausbildung Anwendung finden.

	gewerblich-technische Ausbildung	kaufmännische Ausbildung
Wearables	7,6%	0,0%
Tablets	28,8%	17,9%
Smartphones	15,2%	19,0%
Laptops	75,8%	90,2%
Picking by light/voice	18,3%	12,8%
Apps	33,9%	39,5%
Exoskelette	1,5%	0,0%
Online-Plattformen	75,8%	87,5%
Automatisierte Produktionsplanung und -steuerung	23,7%	21,1%
People-Analytics-Software	16,7%	22,9%
Künstliche Intelligenz	9,7%	0,0%
WLAN	64,1%	83,3%
Additive Verfahren	60,6%	16,7%
Bewerbung: Robotic Process Automation	10,9%	11,1%
Lern-Software	69,7%	57,5%
Autonomer Transport	10,9%	4,9%
Internet der Dinge	27,7%	37,8%
Robotik	46,2%	12,2%
Business-Analytics-Software	17,6%	33,3%

n Befragter mit gewerblich-technischen Azubis zwischen 51 und 66
n Befragter mit kaufmännischen Azubis zwischen 33 und 42
Quelle: eigene Erhebung

»Wir nutzen auch das Tool [Name der Software]. (...) [Es gibt, d. A.] einen Überblick (...), wann und wo die Azubis eingesetzt sind, welche Kurse sie belegen, wann sie Schule haben. (...) [Es ist, d. A.] ein Portal, wo man dann auch die Noten hinterlegen kann, damit das nicht mehr alles in einem Ordner abgeheftet ist. (...) Dann hat die Ausbildungsleitung eben einen groben Überblick über alle Noten. Dann hat jede Gruppe so einen Einsatzplan, wo man über Wochen sehen kann, wer wo eingesetzt ist. Man kann mittlerweile auch dort Aufgaben erstellen, wenn noch etwas zu erledigen ist, dass die Ausbilder Aufgaben reinstellen, die dann bis zu einem gewissen Zeitpunkt erledigt werden müssen. Also, es ist alles möglich. Alles noch nicht komplett ausgereift. Sie sind gerade noch dabei, das Ganze zu strukturieren. Aber es ist schon vieles durchgesetzt worden.« (I2 28:08–29:41)

In ca. der Hälfte der befragten Betriebe kommen *additive Verfahren* und *Robotik* in der gewerblich-technischen Ausbildung zum Einsatz. Fortgeschrittene und vernetzte digitale Technologien (u. a. *IoT [Internet der Dinge], KI, Exoskelette, Wearables, automatisierte Produktionsplanung* und *-steuerung*), die im Debattenfokus des gesellschaftlichen Digitalisierungsdiskurses stehen, finden lediglich in knapp einem Viertel der befragten Ausbildungsbetriebe Anwendung. Aber selbst, wenn solche Technologien neu eingeführt werden, bedeutet das nicht automatisch, dass diese auch strategiegeleitet eingesetzt werden. Hierbei verweist Nies (2021, S. 94) auf eine »Technik- oder diskursgetriebene Digitalisierung« von Betrieben, wobei digitale Technologien lediglich deshalb eingeführt – oder auch nur eingekauft – werden, um den Anschluss an die Konkurrenten nicht zu verpassen, bzw. um sich nach außen hin als innovativ zu präsentieren:

»Es ist kein Geheimnis, dass es auch ist, um den technologischen Fortschritt, ob unser Betrieb den neusten Scheiß hat oder ob die Konkurrenz den hat.« (I6 24:10)

2. Digitalisierung als Chance oder Risiko?

Noch sind die im Rahmen der Industrie 4.0-Szenarien diskutierten Ansätze über eine Digitalisierung und dichtere Vernetzung von Produktion, Planung und Absatz mehrheitlich imaginierte Leitideen, und in den Betrieben scheinen heute fundamentale Unsicherheiten über die Richtung und Geschwindigkeit von konkreten Digitalisierungsprozessen zu bestehen (Falkenberg et al. 2020, S. 14). Nichtsdestotrotz bekommen Beschäftigte und Auszubildende die grundsätzlichen Digitalisierungsbestrebungen der Unternehmen schon

Probleme der Digitalisierung

heute zu spüren. So verweist Moody (2019) im Kontext allgemein rückläufiger privater Investitionen kritisch darauf, dass »Methoden der Lean Production und neue Formen der Arbeitsorganisation [verstärkt, d. A.] eingeführt worden [sind, d. A.] und in jüngster Zeit werden zunehmend elektronische und biometrische Technologien zur Überwachung und Messung der Arbeitsleistung genutzt. Technologie spielt also durchaus eine Rolle, aber während die Investitionen in Automatisierung und Roboter zurückgegangen sind, ist der ökonomische Druck erhöht und die Arbeit intensiviert worden«. (S. 141)

Die von Moody herausgestellte Annahme (auch Nies 2021, S. 94: »Arbeitskraftbezogene Strategie« der Digitalisierung) wird auch von den befragten JAV-Mitgliedern erwartet (Abb. 2). Perspektivisch sehen diese eine Zunahme bereits existierender Belastungen und Beanspruchungen durch steigenden Leistungsdruck, weitere Arbeitsintensivierung und -extensivierung sowie deren Überwachung. Sie rechnen mit zusätzlichen Belastungen durch eine Verdichtung von Arbeit (30,2 Prozent), dem Verschwimmen der Grenzen von Arbeits- und Privatleben (43,5 Prozent) und einem zunehmenden Leistungsdruck (30,3 Prozent) bei gleichzeitig steigender Angst vor Überwachung (42,6 Prozent). Im Kern antizipieren sie damit eine Zunahme der Belastungen, die schon heute zur Arbeitsrealität für viele Beschäftigte gehören. Die arbeitskraftbezogene Nutzung digitaler Technik (ebd.) scheint auf die alten Trends der Entgrenzung und Intensivierung von Arbeit aufzusetzen und treibt diese perspektivisch auch in der betrieblichen Ausbildung voran. Unter der voranschreitenden, auf die Arbeitskraft bezogenen Digitalisierung geriert sich das »Neue Normal« der Ausbildung nach Einschätzungen der JAVen als die Verschärfung altbekannter Risiken und Belastungen.

Doch die befragten JAV-Mitglieder erwarten durch die Einführung und Nutzung digitaler Technik auch Chancen für den Arbeits- und Gesundheitsschutz (Abb. 2):

»Also die Chance ist ganz klar, dass man eigentlich Arbeitsabläufe vereinfachen könnte, wenn die Konzepte und die Mittel richtig eingesetzt würden. Das Risiko ist natürlich, dass es eine gesteigerte Überwachung der Leistung, weil digital eben doch sehr viel auch gespeichert wird, und man eben guckt (…): wie lange hält sich eine Person an einer Aufgabe auf. Das sieht man natürlich an einem Zettel natürlich auch, aber digital wird halt doch viel mehr gespeichert und man guckt sich vielleicht doch mal die Leistung der letzten drei Jahre an, statt nach einem Monat vergessen zu haben, wie lange der Azubi für ein Arbeitsblatt braucht. Ja gesteigerte Überwachung, Entgrenzung der Arbeitszeit und der Arbeitsorte.« (I3 39:28)

Abb. 2: Erwartete Belastungsentwicklung durch den Einsatz digitaler Technik

Entstehen folgende Belastungen für Auszubildende durch digitale Technologien?/ Werden folgende Belastungen für die Auszubildenden durch digitale Technologien verringert?

	Entstehung von Belastungen	Verringerung von Belastungen
Arbeitsverdichtung	30,2%	13,3%
Verschwimmen der Grenzen zwischen Arbeits- und Privatleben	43,5%	13,8%
Einschränkung der persönlichen Kommunikation während der Arbeit	28,1%	27,0%
Neue körperliche Belastungen	15,9%	21,3%
Unfallgefahren	7,8%	34,4%
Hohe Verantwortung bei fehlendem Entscheidungsspielraum	29,1%	5,4%
Verlängerung der Arbeitszeit	15,2%	7,9%
Leistungsdruck	30,3%	4,8%
Ohnmachtsgefühl gegenüber digitalen Technologien	16,4%	16,9%
Angst vor Überwachung	42,6%	9,5%
Mobbing	15,0%	7,5%
Risikoverlagerung auf Auszubildende	13,8%	10,3%

n zwischen 53 und 66
Quelle: eigene Erhebung

Um die Nutzung digitaler Technologien im Sinne »Guter Arbeit« zu gestalten, bedarf es allerdings einer starken Mitbestimmung – auch in der betrieblichen Ausbildung.

3. Mitbestimmung in der »digitalen Ungewissheitszone«

Im Angesicht der digitalen Transformation stehen die Machtressourcen sowie die Durchsetzungsstärke und -möglichkeiten von JAVen auf dem Prüfstand. Um ihre Mitbestimmungsrechte in der Ausbildung durchzusetzen sowie deren beratende Funktion gegenüber den Betriebsräten zu erfüllen, muss die JAV in die Digitalisierungsprozesse aktiv einbezogen sowie über die Funktionsweise einzelner Technologien informiert werden. Allerdings ist das oft nicht der Fall: So gaben 22,4 Prozent der befragten JAV-Mitglieder an, dass

Probleme der Digitalisierung

sie nicht und 41,4 Prozent, dass sie gar nicht über digitale Technologien und deren Grundfunktionen vom Arbeitgeber informiert werden. Außerdem ist im Schnitt die Hälfte der JAVen nicht darüber informiert, welche digitalen Veränderungen in der kaufmännischen und gewerblich-technischen Ausbildung in den nächsten Jahren auf sie zukommen (Abb. 3).

Abb. 3: »Digitale Ungewissheitszonen« der JAV-Arbeit — Gute Arbeit

Inwieweit treffen folgende Aussagen zur JAV-Arbeit im Prozess der Digitalisierung zu?

	trifft gar nicht zu	trifft nicht zu	teils/ teils	trifft zu	trifft voll zu
Der JAV ist die strategische Ausrichtung der Ausbildung bekannt.	15,4%	15,4%	24,6%	35,4%	9,2%
Die JAV wird über digitale Veränderungsprojekte in der Ausbildung frühzeitig informiert.	21,4%	17,9%	19,6%	32,1%	8,9%
Die JAV ist ausreichend informiert, welche digitalen Veränderungen in den kaufmännischen Ausbildungen in den nächsten Jahren auf sie zukommen.*	48,7%	12,8%	15,4%	15,4%	7,7%
Die JAV ist ausreichend informiert, welche digitalen Veränderungen in den gewerblich-technischen Ausbildungen in den nächsten Jahren auf sie zukommen.	28,3%	16,7%	35,0%	18,3%	1,7%
Die JAV wird vom Arbeitgeber über den Umgang mit persönlichen Daten von Auszubildenden informiert.	25,4%	14,3%	9,5%	34,9%	15,9%
Die JAV wird vom Arbeitgeber umfassend über digitale Technologien in der Ausbildung informiert (z. B. Grundfunktionen von Algorithmen).	41,4%	22,4%	25,9%	8,6%	1,7%

n zwischen 56 und 65
*nur Betriebe mit kaufmännischen Auszubildenden, n = 39
Quelle: eigene Erhebung

Für eine gelingende Mitbestimmung ist generell (im Besonderen in Digitalisierungsthemen) nicht nur die Bereitstellung von Informationen, sondern auch der Zeitpunkt entscheidend, in dem JAVen über Digitalisierungsprojekte durch den Arbeitgeber oder Betriebsrat (BR) informiert werden.[5] Die frühzeitige – zumindest jedoch rechtzeitige – Informationsbereitstellung ist ausschlaggebend dafür, ob die JAV schließlich nur hinter der Digitalisierung herräumt, oder ob sie bereits vor der Einführung digitaler Technologien den Implementierungsgang aktiv mitgestalten kann. 39,3 Prozent werden allerdings (gar) nicht frühzeitig vom Arbeitgeber über digitale Veränderungsprojekte in der Ausbildung informiert.

Indem das Management wichtige Informationen gegenüber der JAV zurückhält – oder diese aufgrund mangelnder Expertise schlichtweg nicht bereitstellen kann –, schafft es digitalisierungsspezifische Ungewissheiten, die gegenüber den JAV-Gremien kontrolliert werden. Dadurch gerät das bereits bestehende innerbetriebliche Machtgefälle in eine zunehmende Schieflage: Das Management erfährt durch die einseitige Kontrolle digitaler »Ungewissheitszonen« (Crozier/Friedberg 1979) ein Empowerment, während die Arbeitnehmervertretungen betriebs- und mikropolitisch entmachtet werden (Laßhof 2021) – »[d]enn Ungewissheit vom Blickpunkt der Probleme ist Macht vom Blickpunkt der Akteure« (Crozier/Friedberg 1979, S. 13). Dort wo keine Informationen zur Verfügung gestellt werden, setzen die JAV und BR häufig auf Vertrauen gegenüber dem Management und in eine angemessene Implementierung digitaler Technologie. Vertrauen fungiert hier als funktionales Äquivalent (Luhmann 1989) zur Bewältigung digitalisierungsbezogener Unsicherheiten; in den empirischen Daten verweisen die JAVen dabei beständig auf die High-Trust-Kultur, die in *ihren* Betrieben vorherrsche (I4 28:44).

Neben der Bereitstellung wichtiger Informationen zu Digitalisierungsstrategien und Funktionsweisen neuer Technologien durch den Arbeitgeber spielen betriebspolitische Expertise und das »Digitalisierungswissen« (Brendel et al. 2020) der JAV für die Mitbestimmung eine maßgebliche Rolle:

»Natürlich einmal muss man die Möglichkeit haben, dass man frühzeitig vom Arbeitgeber informiert wird. Was allerdings glaub ich umso wichtiger ist aktuell (…), dass die Arbeitnehmervertreter da geschult sind und eben auch im Klaren sind, was die da überhaupt einführen oder unterschreiben. (…) Vor allem das Können ist halt so ne Sachen. Ist immer sehr schön, wenn

---

5 Die JAV hat das Recht, vom BR die für die Erfüllung ihrer Aufgaben notwendigen Informationen zu erhalten (§ 70 Abs. 2 BetrVG). Ein solches Informationsrecht kann der BR wiederum gegenüber dem Arbeitgeber geltend machen (z. B. § 80 Abs. 2 BetrVG). Der BR kann seiner Informationspflicht gegenüber der JAV im Rahmen seiner eigenen Expertise und Informationsgrundlage nachkommen.

Probleme der Digitalisierung

der Arbeitgeber hergeht und sagt: ›*Hier, das können wir damit machen, das können wir damit machen und das erleichtert uns tierisch die Arbeit*‹ *und hintenrum kommen dann so Sachen wie Standortverfolgung und sowas bei rum oder Tastenanschlagsüberwachung und alles wo du dir dann denkst:* ›*Das können die aber auch machen damit*‹.« *(I4 25:11)*

Doch auch hier zeigen sich Defizite. So gaben 26,6 Prozent der JAVen an, dass sie nicht, und 43,8 Prozent, dass sie gar nicht zu Themen der Digitalisierung geschult sind. Dieser Umstand verstetigt sich auch in den qualitativen Interviews: Zum einen mussten qualifizierende JAV-Seminare der IG Metall aufgrund der Corona-Pandemie abgesagt oder verschoben werden; zum anderen, und begründet durch die arbeitgeberseitige Forcierung der »digitalen Ungewissheitszone«, blockieren Arbeitgeber gezielt die Weiterbildung der JAV (I1 34:04–39:23). Demnach verwundert es nicht, dass 59,7 Prozent der JAVen Bedarf an Qualifizierung und Beratung zu Themen der Digitalisierung äußern; weitere 25,8 Prozent antwortete mit »teils/teils«.[6]

»*Da seh ich auch so ein bisschen die Gewerkschaften in der Verantwortung, dass die das anbieten. Dass man (…) von ner externen Ebene Informationen über entsprechende Programme holen kann. Dass du da (…) einen Leitfaden an der Hand hast:* ›*Was ist da möglich? Wie haben andere Unternehmen das gelöst? Wo liegen die Fallstricke (…)?*‹« *(I4 25:11)*

Die induzierte und forcierte Machtasymmetrie durch ungleiches Digitalisierungswissen und ungleiche Gestaltungschancen beeinträchtigen die vom BetrVG verbrieften Mitbestimmungsmöglichkeiten und versetzen die JAVen in eine mikropolitische Defensivstellung. Das provoziert einen *tendenziellen Overstretch der regulativen Kapazitäten der betrieblichen Mitbestimmung* (Brinkmann/Karg/Laßhof 2022). Während einige (aus ihrer Defensivstellung) auf die vom Arbeitgeber kontrollierten digitalen Ungewissheitszonen durch den Rückgriff auf externe Expert:innen (I8 02:53) und interne Arbeitsgruppen (I7 25:17) reagieren, wird das »Neue Normal« der Mitbestimmung für das Gros von betriebspolitischen Abwehrkämpfen bestimmt. Die Folge: Mit 51 Prozent sind knapp über die Hälfte der JAVen (gar) nicht in digitale Projektentwicklungen und deren Umsetzung in der Ausbildung einbezogen. Außerdem wirken 38,1 Prozent (gar) nicht bei Betriebsvereinbarungen zur Digitalisierung in der Ausbildung mit – vorausgesetzt es gibt überhaupt

---

6   Im Transformationsatlas der IG Metall (2019, S. 19) trifft dies ebenfalls für 74 Prozent der befragten Betriebsräte zu und für 21 Prozent teilweise.

welche; Gleiches gilt für 43,9 Prozent bei coronaspezifischen Betriebsvereinbarungen zur Digitalisierung in der Ausbildung. Lediglich 15,6 Prozent der befragten JAV-Gremien ist in den Themenfeldern der Digitalisierung mit einer eigenen Strategie aktiv.

Die Mitbestimmungsmöglichkeiten und Durchsetzungsstärke der JAV im Digitalisierungsprozess – das zeigen die empirischen Daten – hängt maßgeblich an: *erstens* den Machtressourcen, *zweitens* den Informationen, die der jeweilige Arbeitgeber der JAV zur Verfügung stellt, *drittens* an der betriebspolitischen Expertise und dem Digitalisierungswissen der JAV, *viertens* an der Größe der Ungewissheitszonen, denen sie gegenüberstehen bzw. die sie kontrollieren, *fünftens* an der Überdehnung regulativer Kapazitäten (ebd.) und *sechstens* an der jeweiligen Beziehung zwischen BR und JAV. Letzteres ist grundlegend dafür, ob eine aktive und durchsetzungsstarke Mitbestimmung der JAV überhaupt möglich ist. In Fallbetrieben, in denen die Beziehung zwischen JAV und BR zerrüttet ist, der Betriebsrat gar als arbeitgeberfreundlich und »korrupt« (I1 03:18) beschrieben wird, steht die JAV entmachtet und ohne großen Handlungsspielraum vor den digitalen Herausforderungen. Implementierungen digitaler Technologien geschehen hier über deren Köpfe und Mitbestimmungsrechte hinweg. Dort wo die Beziehung zwischen JAV und BR kooperativ und stabil ist, d.h. die JAV und deren Belange im BR-Gremium Gehör finden und die Themen der Ausbildung für den BR einen hohen Stellenwert einnehmen, können fehlendes Digitalisierungswissen durch taktisches Kalkulieren und strategisches Handeln (noch) weitestgehend kompensiert werden (I7 08:57–10:03).

Die empirische Einsicht in die industrielle Berufsausbildung hat gezeigt, dass der *tatsächliche* Digitalisierungsstand weit von dem entfernt ist, was häufig unter dem Slogan Industrie 4.0 proklamiert wird. Dennoch schreiten auch hier die Digitalisierung und Einführung neuer Technik allmählich voran. Laptops, WLAN, Online-Plattformen und Lernsoftware bestimmen im Gros der befragten Ausbildungsbetriebe den »digitalen« Ausbildungsalltag; fortgeschrittene und vernetzte digitale Technologien sind nur vereinzelt anzufinden. In diesem Kontext blicken die befragten JAVen eher pessimistisch in die Zukunft: Sie erwarten mit voranschreitender Digitalisierung und durch neue Technologien zunehmende und sich verschärfende Belastungen im Arbeitsalltag der Auszubildenden; auch deshalb, weil ihre eigenen Mitbestimmungsmöglichkeiten aufgrund mangelnder digitaler Expertise stark beschränkt sind. Eine aktive Mitgestaltung im Sinne »Guter Arbeit« ist unter diesen Umständen nur schwer möglich. Doch eine durchsetzungsstarke Mitbestimmung sowie starke Gewerkschaften sind unabdingbar, damit Vorteile und nicht die prognostizierten Risiken der Digitalisierung das »Neue Normal« in der

Probleme der Digitalisierung

industriellen Berufsausbildung bestimmen. So fasst ein JAV-Mitglied zusammen:

»Eine wesentliche Voraussetzung ist, dass wir starke Gewerkschaften brauchen (...). Digitalisierung kann in einer Gesellschaft durchaus nützlich für die Menschen verlaufen, z.B. warum sollte man nicht heute über eine 30 Stunden Woche nachdenken, also bei vollem Lohnausgleich natürlich, warum sollte man nicht darüber nachdenken, also wirklich klimafreundlich zu produzieren und nicht nur Etikettenschwindel zu betreiben (...). Das sind all so Dinge, wie eine Digitalisierung verlaufen kann, aber dafür braucht es eben eine starke Interessenvertretung, dafür braucht es starke Gremien, eine starke Gewerkschaft, die natürlich nur wir selber aufbauen können, wovon wir aber, zumindest jetzt hier im Werk, weit entfernt sind. Der Orga-Grad ist niedrig unter den Beschäftigten, aber auch unter der Jugend und bei vielen herrscht – ohne das als Vorwurf zu formulieren – ein gewisser Individualismus. Das Kollektive, würde ich sagen, fehlt und dahin braucht es Arbeit, damit erfolgreich für die Beschäftigten eine Digitalisierung zustande kommen kann.« (I6 42:15)

Literatur

Brendel, S./Simon, H./Brinkmann, U./Paulitz, T. (2020): Digitalisierungswissen im Großunternehmen. Machtressource einer betrieblichen digitalen Bohème. Working Paper Forschungsförderung, Nr. 181, Düsseldorf, Hans-Böckler-Stiftung.

Brinkmann, U. (2011): Die unsichtbare Faust des Marktes: Betriebliche Kontrolle und Koordination im Finanzmarktkapitalismus. Berlin.

Brinkmann, U./Karg, L./Laßhof, M. (2022): Von der Überdehnung in die Offensive. Überlegungen zur Zukunft der Tarifautonomie und zum Funktionswandel der Industriellen Beziehungen. In: J. Köhlinger (Hrsg.), Solidarisch in die Offensive (S. 105–119). Hamburg.

Brynjolfsson, E./McAfee, A. (2014): The Second Machine Age: Work, Progress, and Prosperity on a Time of Brilliant Technologies. New York.

Crozier, M./Friedberg, E. (1979): Macht und Organisation: Die Zwänge kollektiven Handelns. Königstein/Ts.

DGB (2017). Arbeitshetze und Arbeitsintensivierung bei digitaler Arbeit. Ergebnisse einer Sonderauswertung der Repräsentativumfrage DGB-Index Gute Arbeit 2016. Abgerufen von https://index-gute-arbeit.dgb.de/++co++70aa62ec-2b31-11e7-83c1-525400e5a74a

DGB (2019): DGB-Jugend: Ausbildungsreport 2019. Abgerufen von https://www.dgb.de/themen/++co++9c0b4eaa-c996-11e9-b8a9-52540088cada

Falkenberg, J./Haipeter, Th./Krzywdzinski, M./Schietinger, M./Virgillito, A. (2020): Digitalisierung in Industriebetrieben: Auswirkungen auf Arbeit und Handlungsansätze für Betriebsräte. Forschungsförderung Report Nr. 6. Düsseldorf, Hans-Böckler-Stiftung.

Ford, M. (2016): The Rise of the Robots: Technology and the Threat of Mass Unemployment. London.

IG Metall (2019): Transformationsatlas. Frankfurt am Main.

Laßhof, M. (2021): People Analytics: Digitale Entmachtung im agilen Unternehmen. In: Ch. Schmitz/H.-J. Urban (Hrsg.), Demokratie in der Arbeit. Eine vergessene Dimension der Arbeitspolitik? (S. 217–228). Frankfurt am Main.

Ludwig-Mayerhofer, M./Liebeskind, U./Geißler, F. (2014): Statistik. Eine Einführung für Sozialwissenschaftler. Weinheim u. Basel.

Luhmann, N. (1998): Vertrauen. Ein Mechanismus der Reduktion sozialer Komplexität. Stuttgart.

Minssen, H. (2012): Arbeit in der modernen Gesellschaft. Eine Einführung. Hamburg.

Moody, K. (2019): Schnelle Technologie, langsames Wachstum. Roboter und die Zukunft der Arbeit. In: F. Butollo & S. Nuss (Hrsg.), Marx und die Roboter (S. 132–155). Berlin.

Nies, S. (2021): Eingehegte Autonomie und Perspektiven der Demokratisierung Probleme der digitalen Transformation des Betriebs. In Ch. Schmitz/H.-J. Urban (Hrsg.), Demokratie in der Arbeit. Eine vergessene Dimension der Arbeitspolitik? (S. 89–103). Frankfurt am Main.

**Konflikte um
das neue Normal**

Steffen Lehndorff
Gewerkschaften als Treiber der Transformation

Die sozial-ökologische Transformation der Industrie wird häufig als eine in erster Linie technologische Herausforderung dargestellt. Bereits das Wort *sozial*-ökologisch signalisiert jedoch, dass diese Betrachtungsweise zu kurz greift. Aus gewerkschaftlicher und politischer Sicht ist die Verbindung von technologischen und wirtschaftspolitischen Innovationen mit Guter Arbeit eine Schlüsselfrage. Denn nur wenn diese Verbindung gelingt, bekommen die bevorstehenden Umwälzungen eine gesellschaftliche Basis, ohne die diese Transformation nicht durchgesetzt werden kann. Das Ökologische geht nur mit dem Sozialen, ebenso wie das Soziale nur mit dem Ökologischen geht.

Wie groß die Herausforderungen sind, ist mittlerweile weitgehend unstrittig. Am Ende des zurückliegenden Jahrzehnts entstanden rund 23 Prozent der deutschen Treibhausgasemissionen in der Industrie und 19 Prozent im Verkehrssektor. Das im Juni 2021 noch unter der damaligen großen Koalition novellierte Klimaschutzgesetz sieht vor, bis 2030 die Emissionen des Industriesektors um 36,6 Prozent und die des Verkehrssektors um 43,3 Prozent gegenüber 2020 zu senken.

Im Folgenden werden zunächst die größten wirtschafts- und technologiepolitischen Aufgaben sowie besonders dringende Reformen auf dem Arbeitsmarkt skizziert, bevor der Blick auf die Gewerkschaften gerichtet wird: auf die Herausforderungen, denen sie gegenüberstehen, und erste Maßnahmen, mit denen sie auf diese Herausforderungen antworten.[1]

Grundlegende technologische und wirtschaftliche Weichenstellungen
Führende Forschungsinstitute haben die für das Erreichen der genannten Ziele erforderlichen technologischen Voraussetzungen herausgearbeitet (vgl. u. a. Agora Energiewende/Wuppertal Institut 2019; Prognos/Öko-Institut/ Wuppertal-Institut 2021). In den vorgeschlagenen Strategien geht es im Kern immer um drei Aufgaben: Bereitstellung klimaneutraler Energieträger, Steige-

---
1   Der vorliegende Text beruht auf dem Überblick über die Studien des Projekts »Sozial-ökologische Transformation der deutschen Industrie«, das von der Rosa-Luxemburg-Stiftung in Zusammenarbeit mit der Arbeitsgruppe Alternative Wirtschaftspolitik gefördert wurde (Lehndorff 2022; zu allen Studien vgl. das Literaturverzeichnis). In diesem Überblickstext finden sich auch zahlreiche Quellenangaben, auf die hier aus Platzgründen zum größten Teil verzichtet wird.

rung der Energieeffizienz und Steigerung der Ressourceneffizienz, also Minderung der Nachfrage nach Primärmaterialien.[2]

Bei den ersten beiden Aufgaben hat – wenn auch viel zu spät – ein Umdenken und Umsteuern in wichtigen Teilen der Politik und der Großindustrie begonnen (zur Chemie-, Stahl- und Automobilindustrie vgl. Bendel/Haipeter 2022 sowie Blöcker 2022a und 2022b). Unstrittig ist vor allem die ausreichende Verfügbarkeit von Ökostrom als A und O sämtlicher Pläne zur Dekarbonisierung der Industrie und des Verkehrssektors. Dabei wird der Strombedarf insgesamt erheblich über dem heutigen Niveau liegen, weil zum Beispiel in der Chemie- und der Stahlindustrie der Umstieg auf Wasserstoff sehr stromintensiv ist. Hinzu kommt, dass auch bei hohem Importanteil von grünem Wasserstoff die Produktionskapazitäten dafür im In- und Ausland erst noch geschaffen werden müssen (Witt 2022b). Zum Erreichen der Klimaziele ist deshalb bereits bis 2030 eine Verdreifachung des Ökostrom-Ausbautempos erforderlich.

Die dafür erforderlichen Infrastrukturen (Stromleitungen, Wasserstoffnetze u. a.) müssen schnell ausgebaut werden. Hinzu kommt der Umstieg auf E-Mobilität, der nur mit einer flächendeckenden Ladeinfrastruktur gelingen kann – und dies nicht allein in Deutschland. Zu Recht heißt es dazu im Koalitionsvertrag: »Der Ausbau der Ladeinfrastruktur muss dem Bedarf vorausgehen.« Das wäre schon sehr viel, aber auch das wird nicht ausreichen – nachhaltige Mobilitätskonzepte durch den Ausbau des öffentlichen Verkehrswesens sowie »smarte Lösungen« (Dispan et al. 2021: 166) sind gefordert, auch wenn deren Entlastungswirkungen teilweise erst mittelfristig eintreten werden.

Was in vielen Diskussionen weniger Beachtung findet, ist die dritte der oben genannten Aufgaben, nämlich die Steigerung der Ressourceneffizienz. Industrie-Umbau und Verkehrswende müssen entscheidende Beiträge dazu leisten; Recycling und – allgemeiner gefasst – Kreislaufwirtschaft sind hier Schlüsselaufgaben (Arbeitsgruppe Alternative Wirtschaftspolitik 2022: 119–160). Dies schließt ein, zum Beispiel die Haltbarkeit von Konsumgütern zu verlängern oder die Anzahl der in Betrieb befindlichen Pkw zu verringern.

---

2 Zum breiten Spektrum der für erforderlich gehaltenen und teilweise eingeleiteten Maßnahmen vgl. Witt (2022a) und die Übersicht in Lehndorff (2022: 35f.): Sie reichen von staatlichen Investitionen über direkte und indirekte Subventionen und Marktregulierungen (darunter insbesondere die CO_2-Bepreisung, aber auch ordnungsrechtliche Maßnahmen wie das Neuzulassungsverbot von Verbrennern auf EU-Ebene) bis hin zur internationalen Handelspolitik, bei der z. B. mit Grenzausgleichs-Mechanismen das Unterlaufen hoher Öko-Standards in Deutschland und der EU durch preisgünstigere Konkurrenz aus Ländern mit niedrigen Standards verhindert werden soll (Fritz 2022).

Offensichtlich ist dies mit besonders großen gesellschafts- und arbeitspolitischen Herausforderungen verbunden.

All das setzt einen erheblichen Ausbau der öffentlichen Infrastruktur voraus. Dies ist grundsätzlich unvereinbar mit dem Festhalten an der Schuldenbremse und der Verweigerung einer umverteilungsbasierten Steuerreform bei gleichzeitig massiver Erhöhung der Rüstungsausgaben (DGB 2022). Darüber hinaus ist in der Privatwirtschaft mit erheblichen zusätzlichen Investitions- und Betriebskosten zu rechnen. »Großen Konzernen (...) kann ein solcher Wandel aus eigener Kraft durchaus zugetraut werden. Vielen kleineren Unternehmen und Betrieben stehen diese Möglichkeiten jedoch nicht oder nur eingeschränkt zur Verfügung« (Lemb 2021: 297). Ohne staatliche Unterstützung wird dies also nicht zu bewältigen sein – was die Anforderungen an die öffentlichen Haushalte weiter erhöht.

Hinzu kommen Strukturbrüche auf dem Arbeitsmarkt mit nach Branchen, Tätigkeiten und Regionen sehr unterschiedlichen Beschäftigungswirkungen. Auch die Zeiträume, in denen positive oder negative Effekte zu erwarten sind, werden sehr verschieden sein. Diese Unübersichtlichkeit löst bei vielen Industriebeschäftigten Sorgen um den Erhalt des eigenen Arbeitsplatzes aus. Die Befürchtungen sind angesichts der größer gewordenen sozialen Ungleichheit in Deutschland durchaus berechtigt. Insbesondere die Spaltung des Arbeitsmarkts hat einen objektiv unsicheren und subjektiv verunsichernden Boden für die Durchsetzung der erforderlichen Klimaschutz-Maßnahmen in Industrie und Verkehr geschaffen. Ohne das glaubwürdige Angebot realisierbarer, positiver Alternativen liegt die Gefahr einer Instrumentalisierung derartiger Befürchtungen von rechts auf der Hand.

Vorausschauende Arbeitspolitik als sozialer Eckpfeiler der Transformation
Die sozial-ökologische Transformation der Industrie erfordert ein Sofort- und ein Generationen-Programm. Es muss die ganze Bandbreite der Arbeitspolitik umfassen, also alle staatlichen, tariflichen und betrieblichen Instrumente, mit denen Arbeit und Mobilitätsprozesse auf dem Arbeitsmarkt beeinflusst werden können. Die wichtigsten Politikempfehlungen (Bosch 2022) zu fünf Feldern der Arbeitspolitik werden im Folgenden zusammengefasst.

Vorbereitung auf innerbetriebliche Umbrüche in betroffenen Branchen und Unternehmen
Die Transformation innerhalb der Unternehmen wird bislang durch einen verbreiteten Mangel an vorausschauenden Personalstrategien behindert – insbesondere in kleineren und mittleren Unternehmen. Dies betrifft vor allem

die Weiterbildung als wichtige Stellschraube sowohl innerbetrieblicher als auch zwischenbetrieblicher Neuorientierung.

In der bevorstehenden Umbruchphase müssen in relativ kurzer Zeit große Teile der Belegschaften weitergebildet werden. Größere Unternehmen sind in der Lage, dies mit eigenen Mitteln zu bewältigen. Kleine und mittlere Unternehmen dagegen sind häufig auf externe Angebote, auf – meistens noch zu schaffende! – Netzwerke mit anderen Unternehmen sowie auf eine finanzielle Unterstützung durch die Bundesagentur für Arbeit angewiesen. Als Begleitmaßnahme schlägt die IG Metall die Einrichtung eines Transformationskurzarbeitergelds vor.

Ein weiteres wichtiges Hilfsmittel können temporäre betriebliche oder branchenspezifische Verkürzungen der Regelarbeitszeit sein. Einige Tarifverträge bieten dazu mittlerweile Möglichkeiten, allerdings nur vereinzelt mit Teillohnausgleich.

Eine aktive Personalstrategie muss jedoch weit im Vorfeld derartiger Umbrüche entwickelt werden. Mit betrieblichen Zukunftsvereinbarungen, für die es in der Metallindustrie seit 2021 einen tarifpolitischen Rahmen gibt, können je nach konkreter Ausgestaltung Betriebsräte die Chance erlangen, frühzeitig in betriebliche Planungen einbezogen zu werden und z. B. auf die Feststellung des Weiterbildungsbedarfs und den Ausbau der Berufsbildung hinwirken zu können.

Strategien für zwischenbetriebliche Übergänge im Fall drohender Entlassungen
Für die Vorbereitung zwischenbetrieblicher Übergänge muss mit dem Paradigma der Agenda 2010 gebrochen werden, dass möglichst schnelle Vermittlung auf jeden verfügbaren Arbeitsplatz oberste Priorität habe. Eine investive Arbeitsmarktpolitik muss »work first« ersetzen durch »train first«: Beratung und Qualifizierung, die zu einer anderen gleich- oder höherwertigen Tätigkeit befähigen, müssen Vorrang vor schneller Vermittlung bekommen.

Erste Schritte in diese Richtung sind in den letzten Jahren unternommen worden. So ermöglicht es das »Arbeit-von-morgen-Gesetz« seit 2020, Weiterbildungsmaßnahmen auch über die Dauer der Transfergesellschaften hinaus fördern zu lassen. Dies erfordert jedoch qualitativ hochstehende Dienstleistungen, die bislang vielfach nicht gegeben sind. Darüber hinaus wäre die Wiedereinführung eines eigenen Unterhaltsgeldes für Weiterbildungsmaßnahmen sinnvoll.

Unterstützung des freiwilligen Wechsels von schrumpfenden in wachsende Tätigkeitsbereiche
Für Förderinstrumente, die Beschäftigte zu individueller Neuorientierung ermutigen, empfiehlt sich ein Blick nach Österreich. Dort wird seit einigen Jahren mit Fachkräftestipendien die Ausbildung in Mangelberufen gefördert, und eine Bildungsteilzeit und eine »Bildungskarenz« bieten finanziell unterstützte Möglichkeiten der Weiterbildung z. B. in Verbindung mit einer temporären Arbeitszeitverkürzung bei Aufrechterhaltung des Beschäftigungsverhältnisses.

Die Koalitionsvereinbarung der Bundesregierung sieht die Einführung einer Bildungsteilzeit ebenso vor wie die Schaffung eines »Lebenschancen-BAföG«, das eine Erhöhung der Altersgrenzen, eine Erhöhung der Regelsätze und den Ausbau der elternunabhängigen Förderung beinhalten soll. Als darüber hinausgehendes Vorbild mit hoher Altersgrenze und hohen Fördersätzen für schon länger Berufstätige bietet sich hier das schwedische »Erwachsenen-BAföG« an.

Ein weiterer wichtiger Baustein ist die Berufsberatung im Erwerbsverlauf. Dazu sollten die Modellversuche in einigen Arbeitsmarkregionen mit offener Beratung für alle veränderungsinteressierten Personen im Erwerbsalter ausgebaut werden – ohne direkte Verknüpfung mit einer Vermittlung zwecks zielgenauerer regionaler Steuerung des Arbeitsangebots.

Generationenübergreifende Modernisierung der Berufsbildung
Das deutsche System der beruflichen Bildung bietet günstige Voraussetzungen für kontinuierliche, generationenübergreifende Modernisierungen. Die größte Herausforderung in der Transformation sind jedoch nicht die Ausbildungsinhalte, sondern die sinkenden Ausbildungsquoten. Die Gründe hierfür reichen von der aus Kostengründen abnehmenden Ausbildungsbereitschaft von Betrieben über die unzureichende Schulbildung vieler junger Menschen und das Abrutschen von Fachkräften in den Niedriglohnsektor bis hin zur zunehmenden Orientierung vieler Jugendlicher und ihrer Eltern auf eine akademische Ausbildung.

Unmittelbar erforderlich ist vor diesem Hintergrund zunächst eine Umlagefinanzierung der betrieblichen Berufsbildung, die die ausbildenden Betriebe entlastet und die Trittbrettfahrer:innen belastet. Dies allein wird jedoch »an den unzureichenden schulischen Kenntnissen vieler Jugendlicher und an der sinkenden Attraktivität einer Ausbildung in Branchen mit hohen Niedriglohnanteilen wenig ändern können. Sie muss daher eingebettet sein in eine Politik schulischer Reformen, der aktiven Förderung von Jugendlichen beim

Übergang in den Beruf und einer lohnpolitischen Aufwertung von Facharbeit durch eine Erhöhung der Tarifbindung« (Bosch 2022: 33).

Lohnpolitische Flankierung des Strukturwandels durch Stärkung der Tarifbindung
Die Spaltung (»Dualisierung«) des deutschen Arbeitsmarkts gehört zu den größten Hindernissen, die bei einer sozial-ökologischen Transformation der Industrie zu überwinden sind. Heute werden nur noch rund 53 Prozent aller Beschäftigten nach Tarif bezahlt, mit abnehmender Tendenz und starkem West-Ost- sowie Industrie-Dienstleistungs-Gefälle. Letzteres ist nicht zuletzt im Hinblick auf den dringend erforderlichen Ausbau sozialer Dienstleistungen in Verbindung mit der Schaffung wesentlich attraktiverer Beschäftigungsbedingungen eine große Hürde für den notwendigen Strukturwandel. Die Gefahr ist groß, nach dem Verlust eines tariflich geschützten und gut bezahlten Arbeitsplatzes in eine Branche mit niedrigen Löhnen und prekären Arbeitsbedingungen abzurutschen.

Die Erhöhung der Tarifbindung ist deshalb eine der Schlüsselaufgaben der arbeitspolitischen Flankierung der sozial-ökologischen Transformation der Industrie und wird absehbar eines der großen Konfliktfelder der kommenden Jahre.

Starke Hebel zur Umkehrung des Deregulierungs-Trends sind Erleichterungen der Allgemeinverbindlicherklärung (AVE) von Tarifverträgen sowie Tariftreuegesetze für öffentliche Aufträge (Schulten 2021). Letzteres soll laut Koalitionsvertrag mit der Verpflichtung in Angriff genommen werden, »die öffentliche Auftragsvergabe des Bundes an die Einhaltung eines repräsentativen Tarifvertrags der jeweiligen Branche« zu binden. Einige Bundesländer gehen hier bereits voran. Eine derartige Regelung sollte darüber hinaus für alle Aufträge auf bundes-, landes- und kommunaler Ebene sowie für die Sozialversicherungen obligatorisch gemacht werden.

Deutlich unklarer ist der Koalitionsvertrag, wenn es um die Allgemeinverbindlicherklärung (AVE) von Tarifverträgen geht. Hier muss es vor allem darauf ankommen, die Blockademöglichkeit durch Arbeitgeberverbände abzuschaffen. Konzepte dazu liegen vor; eine diesbezügliche Gesetzesinitiative der Länder Bremen, Berlin und Thüringen fand allerdings im Bundesrat bislang keine Mehrheit. Als hilfreich kann sich der Vorschlag der EU-Kommission für eine Mindestlohn-Richtlinie erweisen, der die Mitgliedstaaten zu Aktionsplänen für das Erreichen einer nationalen Tarifabdeckung von mindestens 70 Prozent verpflichten soll.

Selbstverständlich würde all dies die gewerkschaftlichen Organizing- und Erschließungsprojekte in keiner Weise überflüssig machen. Allerdings würde dann teilweise nicht mehr das Ob eines Tarifvertrages, sondern dessen Qualität im Zentrum der Kampagnen stehen. Für das Gelingen einer sozial-ökologischen Transformation der Industrie wäre dies eine unverzichtbare Flankierung.

Alles in allem lassen sich also die nächsten arbeitspolitischen Schritte für die sozial-ökologische Transformation der Industrie realistisch beschreiben. Auf Politikfeldern wie der Erhöhung der Tarifbindung dürfte deren Realisierung jedoch sehr konfliktreich werden.

Die Entwicklung gewerkschaftlicher Handlungs- und Konfliktfähigkeit

Nach Jahrzehnten des Neoliberalismus und nach dem Intermezzo der Weltwirtschaftskrise von 2008 ff., als der Staat als Retter in der Not und Lückenbüßer akzeptiert wurde, wird dem Staat heute wieder weithin eine Schlüsselrolle als strategischer Investor und regulatorischer Wegbereiter zuerkannt – bei allen strittigen Themen im Einzelnen. So wichtig wie dies ist, bedarf es gerade deshalb eines breiten Engagements gesellschaftlicher Akteur:innen und insbesondere der Gewerkschaften, um die Richtung staatlicher Politik beeinflussen zu können.

Dies betrifft vor allem solche Politikbereiche, in denen die Vorstellungen nicht nur der Umweltverbände, sondern auch der Gewerkschaften deutlich über den industriepolitischen Konsens mit der Arbeitgeberseite und der Regierung hinaus gehen. So enthält das »#Fairwandel«-Programm der IG Metall (2021a und 2021b) u. a. Forderungen nach finanzieller Unterstützung einer zweiten Ausbildung, nach Verknüpfung staatlicher Unterstützung von Unternehmen z. B. mit Beschäftigungs- und Investitionszusagen oder dem Abschluss eines Zukunftstarifvertrages, zur Erweiterung von Mitbestimmungsrechten der Betriebsräte, zur Förderung ressourcenschonender Recyclingwirtschaft und vor allem zur Finanzierung der großen öffentlichen Investitionen durch eine Abkehr von der schwarzen Null, eine »Anpassung« der Schuldenbremse sowie umfassende Steuerreformen (progressive Vermögenssteuer, höhere Besteuerung von Unternehmensgewinnen und hohen Einkommen, Entlastung geringer und mittlerer Einkommen). Es ist absehbar, dass diese Themen in den kommenden Jahren eine zentrale Rolle in den öffentlichen Kontroversen im Zusammenhang mit der Klimapolitik spielen werden.

Hier kommt es darauf an, gewerkschaftliche Handlungs- und Konfliktfähigkeit möglichst rasch aufzubauen und weiter zu entwickeln. Aufbauen und Weiterentwickeln bedeutet zweierlei: erstens Stärkung der Handlungsfähigkeit »von unten«, und zweitens eigenständiges politisches Engagement. Bereits die ersten praktischen Schritte und die sich abzeichnenden Herausforderungen auf diesem Weg, die im Folgenden kurz beleuchtet werden, machen deutlich: Das eine ist vom anderen nicht zu trennen.

Konflikte um das neue Normal

Handlungsfähigkeit »von unten«
Aus gutem Grund fordern die Gewerkschaften die Ausweitung von *Mitbestimmungsrechten* auf Fragen der Zukunft des Betriebes. Zeigen doch viele bisherige Erfahrungen insbesondere in der Automobilzulieferindustrie, dass Betriebsräte erst dann mit den Konsequenzen fehlender Neuorientierungen konfrontiert werden, wenn der Zug schon abgefahren ist. Die Frage ist nur: Verfügen Betriebsräte über ausreichendes Know-how, um rechtzeitig Initiativen gegenüber der Geschäftsführung entwickeln zu können?

Eine gute Möglichkeit zur Entwicklung von Zukunftskonzepten bieten zum Beispiel betriebliche »Potenzialworkshops« (Schwarz-Kocher/Stieler 2019), in denen die vor Ort vorhandenen Fähigkeiten vor dem Hintergrund der zukünftigen Erfordernisse und Chancen analysiert werden. In dieselbe Richtung zielen auch »betriebliche Transformationsseminare«, die von Betriebsräten oder gewerkschaftlichen Vertrauenskörpern mit Beschäftigten durchgeführt werden. Einen Ansatzpunkt für betriebliche Strategie-Verhandlungen können die Zukunftstarifverträge in der Metallindustrie bieten – auch wenn dieser nüchterne Hinweis ernst zu nehmen ist: »Die Verhandlungen und die Zukunftstarifverträge müssen noch mit Inhalten, mit Leben gefüllt werden« (IMU 2021). Die Ausbildung und der Einsatz von »Veränderungsmoderator:innen« innerhalb der IG Metall sind in diesem Zusammenhang ein wichtiger Schritt, um Betriebsratsmitglieder in derartigen beteiligungsbasierten Projekten zu unterstützen.

Die Mobilisierung betrieblichen Fachwissens ist zugleich eine entscheidende Voraussetzung für eine transformationsorientierte *regionale Strukturpolitik*, nach Möglichkeit mit Hilfe koordinierender Organe wie zum Beispiel so genannter *Transformationsräte*. Dreh- und Angelpunkt hierfür sind innovative regionale Akteurs-Netzwerke – nicht zuletzt vor dem Hintergrund bisheriger, z. T. negativer Erfahrungen beim regionalen Strukturwandel. Wichtig ist es, gemeinsame Leitbilder und Gemeinschaftsprojekte zu entwickeln, um öffentliche Mittel strategisch sinnvoll einsetzen zu können. Bodenhaftung bekommen derartige Leitbilder durch die Kenntnis der »aktuellen Standortfaktoren« und der »sektoralen Kompetenzen« der betreffenden Region (Greib et al. 2019: 49), und die kann nur aus den Betrieben beigesteuert werden.

Die Verkehrswende wird Bestandteil derartiger Leitbilder sein müssen. So schlagen Sittel et al. (2020: 171 ff.) vor, in Thüringen eine »Modellregion nachhaltige Mobilität« zu entwickeln, in der viele Einzelmaßnahmen gebündelt werden – vom Betrieb über die Industriepolitik bis hin zur Hochschulforschung. Sehr wichtig wird dabei die Einbeziehung der Kommunen wegen ihrer Schlüsselrolle bei der regionalen Verkehrswende sein, aber auch wegen ihres hohen Anteils (immerhin 55 Prozent) an allen öffentlichen Investitionen. Nicht zuletzt werden die Leitbilder auch regionale Daseinsvorsorge und Bildungspolitik als zentrale Motoren der Potenzialentwicklung einschließen müssen.

Die hier skizzierten Herausforderungen werden derzeit in einigen regionalen und örtlichen Transformationsprojekten praktisch angegangen. Erste Beispiele sind die von der IG Metall initiierten »Regionalen Transformationsnetzwerke« in Südostniedersachsen und im Saarland.[3] Die hier gesammelten Erfahrungen müssen in den Gewerkschaften und gemeinsam mit anderen Akteur:innen immer wieder ausgewertet werden, wenn die Transformation gelingen soll.

Politisches Engagement

Das Beispiel der regionalen Strukturpolitik zeigt bereits: »Vom Betrieb her denken« und »politisches Mandat« sind zwei Seiten einer Medaille. Besonders deutlich wird dies beim Blick auf die *Tarifbindung*. Die Durchsetzung von Tariftreueregelungen und die gesetzgeberische Überwindung der Arbeitgeberverbands-Blockade von Allgemeinverbindlicherklärungen gehören, wie oben gezeigt wurde, zu Eckpfeilern der sozial-ökologischen Transformation.

Ähnliches gilt auch auf anderen Politikfeldern. Ein Beispiel von strategischer Bedeutung ist hier die Idee der *Transformationsfonds*. Angesichts der umfangreichen Förderung aus öffentlichen Mitteln drängt sich die Frage auf, welche Gegenleistungen die Unternehmen dafür erbringen müssen. Denn »anders als in der Finanzkrise sollen nicht nur Förderkosten und Verluste sozialisiert werden, sondern auch die Erträge« (Kajsa Borgnäs, seinerzeit Geschäftsführerin der Stiftung Arbeit und Umwelt der IG BCE, zit. nach IMK 2020; vgl. ebenso Lemb 2021). Einen wichtigen Beitrag zur Konkretisierung dieser auch von der IG Metall unterstützten Idee leistet das Gutachten, das die Stiftung Arbeit und Umwelt der IG BCE zusammen mit dem Institut für Makroökonomie und Konjunkturforschung (IMK) erstellt hat (Dullien et al. 2021). Es schlägt die Schaffung eines kreditfinanzierten Transformationsfonds in Höhe von 120 Milliarden Euro vor, der Beteiligungen des Bundes mit Blick auf klimafreundliche Technologien, Produktionsprozesse sowie Produkte bündelt und renditeorientierte Großinvestitionen in den Industriesektoren fördern soll. Durch die Beteiligung kann der Bund ein Beteiligungs-

---

3 Zu Niedersachsen vgl. www.allianz-fuer-die-region.de/aktuelles/presse/pressemeldungen-details/news/allianz-fuer-die-region-ig-metall-und-bmwk-stellen-neues-projekt-zum-aufbau-eines-regionalen-transformationsnetzwerks-vor, zum Saarland www.igmetall-bezirk-mitte.de/transformation/transformationswerkstatt-saar. Ausführlichere Informationen zu diesen im Rahmen des Zukunftsfonds Automobil geförderten Netzwerken finden sich bei Bosch (2022) und Blöcker (2022b).

vermögen aufbauen und an zukünftigen Renditen partizipieren. Zugleich kann Einfluss auf die Umsetzung der Klimaziele genommen oder auch die Einhaltung von Tarifverträgen und eine Beteiligung der Gewerkschaften eingefordert werden.

Das Thema der finanziellen Förderung der sozial-ökologischen Transformation der Industrie mit öffentlichen Mitteln rückt zugleich erneut den neuralgischen Punkt ins Blickfeld: die *öffentlichen Haushalte*. Ohne eine Abkehr von der schwarzen Null und eine (zumindest) Reform der Schuldenbremse ist es unrealistisch, die von der IG Metall für erforderlich gehaltenen zusätzlichen öffentlichen Investitionen in Höhe von 500 Milliarden Euro bis 2030 zu schultern – und dies umso mehr, als die Klimapolitik der Konkurrenz mit rasant steigenden Rüstungsausgaben ausgesetzt wird. Und da es nicht »nur« um die Finanzierung der Transformation geht, sondern auch um die soziale Abfederung von Transformationskosten und den Ausbau der sozialen Infrastruktur, sind auf Umverteilung basierende Steuerreformen ebenso entscheidend. Diese Themen werden in den kommenden Jahren eine zentrale Rolle in den öffentlichen Kontroversen im Zusammenhang mit der Klimapolitik spielen.

Schlussbemerkung

Die sozial-ökologische Transformation der Industrie wird in den Alltag von Millionen Menschen eingreifen. Dies erfordert die Entwicklung einer gesellschaftlichen Basis der Veränderung. Industrie- und branchenpolitische Foren auf Bundesebene sind zweifellos unverzichtbar. Hier muss das politische Mandat der Gewerkschaften in enger Kooperation mit Umweltverbänden in die Waagschale geworfen werden, um aus marktwirtschaftlich dominierten technologischen Innovationen eine sowohl soziale als auch ökologische Transformation zu machen. Zugleich hängt der politische Erfolg der Gewerkschaften davon ab, welche Bodenhaftung derartige Bemühungen in den Betrieben und Regionen haben. Erste Schritte werden hier gemacht. Sie gilt es, kontinuierlich auszuwerten. Denn die Transformation kann nur gelingen, wenn sie als gesellschaftspolitischer Prozess begriffen wird, in dessen Verlauf immer wieder aus Erfahrungen zu lernen ist.

Literatur

Die Studien des Projekts »Sozial-ökologische Transformation der Industrie«
Bendel, Alexander/Haipeter, Thomas (2022): Die chemische Industrie zwischen Globalisierung und Industriepolitik.
Blöcker, Antje (2022a): »Grüner Stahl« – wie geht das?
Blöcker, Antje (2022b): Die Autoindustrie: Es geht um mehr als den Antrieb.

Bosch, Gerhard (2022): Arbeitspolitik in der Transformation: Soziale Härten vermeiden.
Fritz, Thomas (2022): Wettbewerb im Treibhaus: EU-Emissionshandel und CO_2-Grenzausgleich.
Lehndorff, Steffen (2022): Auf dem Weg zur klimaneutralen Industrie? Was läuft, wo es hakt, worauf es jetzt ankommt – Ein Überblick.
Witt, Uwe (2022a): Klimapolitischer Rahmen für den Industrieumbau.
Witt, Uwe (2022b): Wasserstoff: Zentrales Element für den Industrieumbau.
Alle Studien sind online zu finden unter https://www.alternative-wirtschaftspolitik.de/de/article/10656740.industrieumbau.html.

Weitere zitierte Literatur

Agora Energiewende/Wuppertal Institut (2019): Klimaneutrale Industrie: Schlüsseltechnologien und Politikoptionen für Stahl, Chemie und Zement, Berlin.
Arbeitsgruppe Alternative Wirtschaftspolitik (2022): Raus aus dem Klimanotstand. Ideen für den Umbruch, Köln.
DGB – Deutscher Gewerkschaftsbund (2022): Krieg gegen die Ukraine sofort beenden. Transformationskurs halten, wirtschaftliche und soziale Kriegsfolgen abfedern. Beschluss Initiativantrag I001, unter: https://bundeskongress.dgb.de/antraege.
Dispan, Jürgen/Schwarz-Kocher, Martin/Stieler, Sylvia (2021): Industriepolitische Herausforderungen für die Automobilindustrie, in: Lemb (Hrsg.), S. 159–174.
Dullien, Sebastian/Rietzler, Katja/Tober, Silke (2021): Ein Transformationsfonds für Deutschland. Gutachten des Instituts für Makroökonomie und Konjunkturforschung (IMK) für die Stiftung Arbeit und Umwelt der IG BCE, Düsseldorf/Hannover.
Greib, Martina/Wörlen, Christine/Richter, Fabian/Ötsch, Rainald/Witt, Uwe/Troost, Axel (2019): Struktur- und industriepolitische Alternativen für die Lausitz, in: Rosa-Luxemburg-Stiftung (Hrsg.): Nach der Kohle. Alternativen für einen Strukturwandel in der Lausitz, Studien 4/2019, S. 9–72.
IG Metall (2021a): #Fairwandel – Deutschland muss Industrieland bleiben, unter: www.igmetall.de/politik-und-gesellschaft/bundestagswahl/fairwandel-deutschland-muss-industrieland-bleiben.
IG Metall (2021b): Eine gerecht finanzierte Investitionsoffensive für die Transformation, metallpositionen 3/2021, unter: www.igmetall.de/download/20210625_2021_06_25_metallpositionen_3_InvestitionenFinanzen_b749e50bed7afc93f00bb93ba070729688c5ed0c.pdf.
IMK – Institut für Makroökonomie und Konjunkturforschung (2020): Sozial-ökologische Transformation – »Wer frühzeitig dabei ist, erschließt riesige Technologiemärkte«, 4.12.2020, unter: www.boeckler.de/de/tagungsberichte-18029-IMK-Forum-sozial-oekologische-Transformation-28956.htm.
IMU-Institut (2021): Die Weichen sind gestellt. Transformation in der Umsetzung! IMU-Akzente 32, unter: www.imu-institut.de/veroeffentlichung/publikation/akzente-32-die-weichen-sind-gestellt-transformation-in-der-umsetzung/.
Lemb, Wolfgang (2021): Das Industriemodell der Zukunft: sozial gerecht – ökologisch nachhaltig – demokratisch legitimiert, in: Ders. (Hrsg.): Perspektiven eines Industriemodells der Zukunft, Marburg, S. 295–307.
Prognos/Öko-Institut/Wuppertal-Institut (2021): Klimaneutrales Deutschland 2045. Wie Deutschland seine Klimaziele schon vor 2050 erreichen kann. Zusammenfassung im Auftrag von Stiftung Klimaneutralität, Agora Energiewende und Agora Verkehrswende, Berlin/Wuppertal.

Schulten, Thorsten (2021): Stärkung des Tarifvertragssystems – was bringen die Vorschläge der neuen Bundesregierung? spw 6/2021, S. 48–51.

Schwarz-Kocher, Martin/Stieler, Sylvia (2019): Die Bedeutung regionaler Wertschöpfungscluster der Automobilindustrie im Prozess fortschreitender Globalisierung und der Transformation zur Elektromobilität, in: Arbeits- und Industriesoziologische Studien 2/2019, S. 35–56.

Sittel, Johanna/Dörre, Klaus/Ehrlich, Martin/Engel, Thomas/Holzschuh, Madeleine (2020): Vor der Transformation. Der Mobilitätskonflikt in der Thüringer Automobilindustrie- und Zulieferindustrie, in: Dörre u. a. (Hrsg.): Abschied von Kohle und Automobilindustrie? Sozial-ökologische Transformationskonflikte um Energie und Mobilität, Frankfurt a. M./New York, S. 129–180.

Rolf Schmucker/Robert Sinopoli
Entgrenzung von Arbeit im »Neuen Normal« –
Ergebnisse einer Sonderauswertung des DGB-Index Gute Arbeit

Die Maßnahmen zur Eindämmung der Corona-Pandemie haben Veränderungen in der Arbeitswelt vorangetrieben, die nach Einschätzung vieler Beobachter:innen prägend für die Arbeit der Zukunft sein werden. Der vermehrte Einsatz digitaler Arbeitsmittel (z. B. in Form von Videokonferenzen) und die Ausbreitung des mobilen Arbeitens (v. a. im Homeoffice) werden auch nach einem Ende der Pandemie nicht verschwinden. Das »hybride« Arbeiten an unterschiedlichen, selbstgewählten Orten – sei es im Büro, zu Hause oder unterwegs – gilt für viele als das »Neue Normal« der Arbeitswelt (vgl. z. B. Hofmann u. a. 2021).

Die zunehmende Flexibilität bei der Wahl des Arbeitsorts hat vielfältige Auswirkungen auf die Organisation und Gestaltung von Arbeit. Wenn Beschäftigte ihre Tätigkeit prinzipiell von jedem beliebigen Ort ausführen können, verändert dies nicht nur den »Betrieb als sozialen Ort« (vgl. Rat der Arbeitswelt 2021), an dem Beschäftigte für die Produktion von Gütern oder die Erbringung von Dienstleistungen zusammenkommen. Die Veränderung betrifft Arbeitsorganisation und -abläufe ebenso wie die innerbetriebliche Kommunikation und Interaktion, die Führungs- und Betriebskultur oder die gesundheitsgerechte Gestaltung von Arbeit.

Während der Pandemie fand die »Neue Normalität« für die Beschäftigten vor allem in den eigenen vier Wänden statt. Das Homeoffice wurde zur bevorzugten Präventionsmaßnahme gegen die Ausbreitung des Corona-Virus. Im Frühjahr 2021, einer Hochphase der Pandemie, gaben in der Befragung mit dem DGB-Index Gute Arbeit 41 Prozent der Beschäftigten an, dass sie zumindest gelegentlich von zu Hause arbeiteten. Für 31 Prozent war dies sehr häufig oder oft der Fall (DGB-Index Gute Arbeit 2021, S. 33).[1] Neben dem besseren Schutz vor Infektionen kann die Arbeit im Homeoffice aus Sicht der Beschäftigten weitere Vorteile haben. Durch das Vermeiden von Fahrtzeiten kann Lebenszeit gewonnen werden. Und eine größere Flexibilität bei der

---

1 Dass auch während der Pandemiewelle im Frühjahr 2021 weiterhin etwa 60 Prozent der Beschäftigten gar nicht von zu Hause arbeiteten, verweist darauf, dass das »Neue Normal« längst nicht für alle Beschäftigten eine Option ist. In vielen Tätigkeitsfeldern (z. B. Industrie, Bauwirtschaft, Pflege, Einzelhandel, Reinigungsgewerbe, Erziehung, Logistik) ist Homeoffice gar nicht oder nur sehr eingeschränkt möglich.

Konflikte um das neue Normal

Planung und Einteilung der Arbeit kann individuelle Handlungsspielräume vergrößern und die Vereinbarkeit von Arbeit und Privatleben erleichtern (Backhaus u.a. 2021, S. 4).

Verschiedene Befragungen, die während der Pandemie durchgeführt wurden, deuten darauf hin, dass die Mehrheit der Beschäftigten, die im Homeoffice arbeiteten, diese Möglichkeit auch nach einem Ende der Pandemie beibehalten möchte. Die wenigsten wollen allerdings eine komplette Verlagerung ihres Arbeitsortes in die eigene Wohnung. Sehr verbreitet ist der Wunsch, je nach Bedarf flexibel entscheiden zu können, ob von zu Hause gearbeitet wird. Häufig genannt wird ein bevorzugter Umfang von zwei bis drei Tagen Homeoffice in der Woche (vgl. z.B. Frodermann u.a. 2021, S. 9; Emmler/Kohlrausch 2021, S. 17). Gleichzeitig sieht sich das Personalmanagement vieler Unternehmen zunehmend gefordert, in der Konkurrenz um begehrte Fachkräfte mit der Möglichkeit des ortsflexiblen Arbeitens zu werben.

Arbeitszeitsouveränität im »Neuen Normal«?
Verhilft das »Neue Normal« also quasi im Vorübergehen der gewerkschaftlichen Forderung nach mehr Selbstbestimmung der Arbeitnehmer:innen über ihre Arbeitszeit zum Durchbruch? Bedeuten die Veränderungen einen Zugewinn an Arbeitszeitsouveränität – zumindest für die Beschäftigten, die ihre Tätigkeit auch von zu Hause aus erledigen können?

Wie die Arbeitszeitgestaltung im »Neuen Normal« aussieht, wird im Folgenden anhand der Daten der repräsentativen Beschäftigtenbefragung mit dem DGB-Index Gute Arbeit aus dem Jahr 2021 analysiert. Dafür werden verschiedene Aspekte der Arbeitszeit und der Erholung von der Arbeit betrachtet und für zwei Beschäftigtengruppen verglichen: die Gruppe »Neues Normal«, die sich durch digitalisierte Kommunikation und die Arbeit im Homeoffice auszeichnet, und die Gruppe »Altes Normal«, die Beschäftigte aus den gleichen Berufsgruppen umfasst, die ganz überwiegend an einem festen betrieblichen Arbeitsplatz tätig sind (vgl. Kasten »Methodische Hinweise«).

Methodische Hinweise

Datengrundlage der vorliegenden Auswertung ist die repräsentative Beschäftigtenbefragung mit dem DGB-Index Gute Arbeit im Zeitraum Januar bis Juni 2021. Mit der telefonischen Umfrage wurden 6407 zufällig ausgewählte abhängig Beschäftigte, die mindestens zehn Stunden pro Woche in Deutschland arbeiten, zu ihren Arbeitsbedingungen interviewt. Ein Schwerpunkt der Befragung richtete sich auf die Auswirkungen der Maßnahmen zur Bekämpfung der Corona-Pandemie auf die Arbeit (vgl. DGB-Index Gute Arbeit 2021).

Um die Arbeitsbedingungen, insbesondere die Entgrenzung der Arbeitszeit, im sogenannten »Neuen Normal« zu analysieren, werden in der Auswertung zwei Gruppen miteinander verglichen. In der Gruppe »Neues Normal« wurden diejenigen Beschäftigten zusammengefasst, die angegeben hatten, dass sie ihre innerbetriebliche Kommunikation in (sehr) hohem Maß auf digitale Technik umgestellt hatten *und* dass sie sehr häufig oder oft im Homeoffice arbeiten. Verglichen wurde mit einer Gruppe, die im Folgenden als »Altes Normal« bezeichnet wird, und die Beschäftigten umfasst, die innerbetrieblich gar nicht oder nur in geringem Maß digital kommunizieren *und* selten oder gar nicht zu Hause arbeiten. Um die Vergleichbarkeit zu erhöhen, wurden nur Berufsgruppen in die Analyse einbezogen, die zumindest potenziell auch von zu Hause arbeiten können. Es wurden ausschließlich Berufe berücksichtigt, in denen während des Befragungszeitraums mindestens 40 Prozent der Befragten auch tatsächlich von zu Hause gearbeitet hatten. Aufgrund von Rundungen kann es vorkommen, dass sich Prozentzahlen in den Abbildungen nicht exakt auf 100 addieren.

Die hier präsentierten Befunde sind Teil der Sonderauswertung des DGB-Index Gute Arbeit »Arbeit der Zukunft im ›Neuen Normal‹?«. Weitere Ergebnisse zum Thema Entgrenzung und Erholung sind dort nachzulesen (DGB-Index Gute Arbeit 2022).

Größerer Einfluss auf die Arbeitszeit ...

Eine größere Selbstbestimmung in der Arbeit beginnt damit, dass die Arbeitnehmer:innen sich nicht ausschließlich nach betrieblich vorgegebenen Arbeitszeiten richten müssen, sondern auf Lage und Dauer der Arbeitszeit Einfluss nehmen können. Solche Gestaltungsspielräume bei der Arbeitszeit sind in der Gruppe »Neues Normal« deutlich häufiger vorhanden. 78 Prozent der Befragten geben an, in hohem (44 Prozent) oder sogar in sehr hohem Maß (34 Prozent) Einfluss auf ihre Arbeitszeit nehmen zu können (Abb. 1). In der Vergleichsgruppe »Altes Normal«, in der die Befragten ganz überwiegend an einem festen betrieblichen Arbeitsplatz tätig sind, ist dieser Spielraum deutlich seltener vorhanden. Lediglich 57 Prozent, also 20 Prozentpunkte weniger, verfügen über diese Gestaltungsmöglichkeiten.

Konflikte um das neue Normal

Abb. 1: Haben Sie Einfluss auf die Gestaltung Ihrer Arbeitszeit? — Gute Arbeit

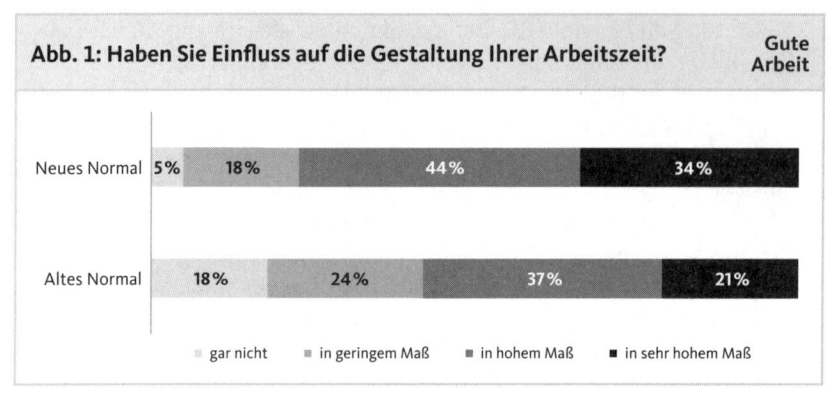

	gar nicht	in geringem Maß	in hohem Maß	in sehr hohem Maß
Neues Normal	5 %	18 %	44 %	34 %
Altes Normal	18 %	24 %	37 %	21 %

Quelle: DGB-Index Gute Arbeit 2021

… und eine stärkere Entgrenzung

Während die Beschäftigten im »Neuen Normal« häufiger Einfluss auf die Gestaltung ihrer Arbeitszeit nehmen können, weisen sie gleichzeitig ebenfalls deutlich häufiger Merkmale entgrenzten Arbeitens auf. Exemplarisch werden in Abbildung 2 die Antworten auf die Frage nach unbezahlter Mehrarbeit gezeigt. Damit wird eine Form der Entgrenzung beschrieben, die nicht nur außerhalb der eigentlichen Arbeitszeit stattfindet, sondern auch bei der Entlohnung der Beschäftigten unberücksichtigt bleibt.

In der Gruppe »Neues Normal« leisten 28 Prozent der Befragten sehr häufig oder oft außerhalb ihrer normalen Arbeitszeit unbezahlte Arbeit für den Betrieb. Dieser Anteil liegt mehr als doppelt so hoch wie in der Gruppe »Altes Normal«, in der 13 Prozent (sehr) häufig unbezahlt arbeiten.

Abb. 2: Wie häufig erledigen Sie außerhalb Ihrer normalen Arbeitszeit unbezahlte Arbeit für Ihren Betrieb? — Gute Arbeit

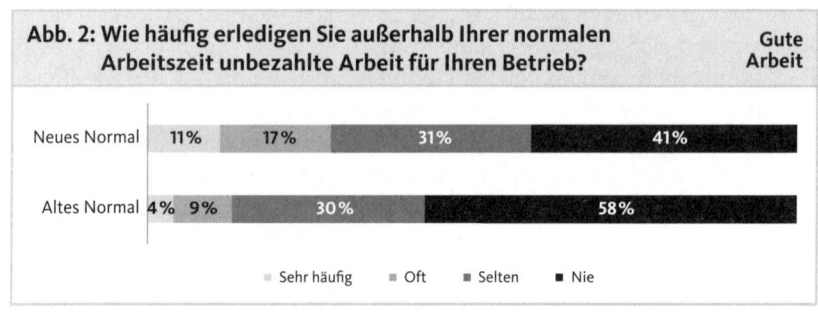

	Sehr häufig	Oft	Selten	Nie
Neues Normal	11 %	17 %	31 %	41 %
Altes Normal	4 %	9 %	30 %	58 %

Quelle: DGB-Index Gute Arbeit 2021

Die stärkere Entgrenzung von Arbeit im »Neuen Normal« wird auch an anderen Punkten sichtbar. Von Beschäftigten, die häufig im Homeoffice gearbeitet haben, wird deutlich häufiger erwartet, außerhalb der normalen Arbeitszeit für betriebliche Belange erreichbar zu sein. Ein Drittel der Befragten (32 Prozent) im »Neuen Normal« muss (sehr) häufig in der Freizeit für den Arbeitgeber erreichbar sein. Im »Alten Normal« liegt dieser Anteil bei 18 Prozent.

Auch bei den atypischen Arbeitszeitlagen zeigen sich im Vergleich deutliche Unterschiede. So gibt im »Neuen Normal« ein Drittel der Befragten (32 Prozent) an, sehr häufig oder oft abends zwischen 18 und 23 Uhr zu arbeiten. Bei den Beschäftigten im »Alten Normal« wird dagegen eher selten abends gearbeitet: Hier sind es 9 Prozent, die (sehr) häufig zwischen 18 und 23 Uhr noch für den Betrieb tätig sind (Beschäftigte mit Schichtarbeit wurden in dieser Auswertung nicht berücksichtigt, um Verzerrungen zu vermeiden).

Entgrenzung auch mental

Entgrenzung von Arbeit bedeutet, dass die Trennlinien von Arbeit und Freizeit aufgelöst werden. Die räumliche Entgrenzung ist das definierende Merkmal mobilen Arbeitens. Wie gezeigt wurde, geht damit im »Neuen Normal« auch eine verstärkte zeitliche Entgrenzung einher. Zeiten, die prinzipiell vor dem Zugriff der Erwerbsarbeit geschützt sind, werden verstärkt zu (potenziellen) Arbeitszeiten – und sei es dadurch, dass über die permanente Erreichbarkeit der Beschäftigten betriebliche Flexibilitätsanforderungen in die Freizeit verlagert werden.

Das Verschwimmen der zeitlichen Grenzen zwischen Arbeit und Privatleben beeinträchtigt auch die Erholungsmöglichkeiten der Beschäftigten. Atypische Arbeitszeitlagen sind nicht nur mit verstärkten Konflikten zwischen Arbeit und Privatleben verbunden, sie erschweren auch das mentale Abschalten von der Arbeit. Den Kopf nach der Arbeit freizubekommen, ist eine wichtige Voraussetzung für eine gute Erholung und die Vermeidung arbeitsbedingter Erschöpfung (Backhaus u. a. 2021, S. 5).

Der Vergleich zwischen »Altem« und »Neuem Normal« zeigt auch beim Abschalten von der Arbeit deutliche Unterschiede. Im »Neuen Normal« gibt knapp die Hälfte (47 Prozent) an, dass sie in der arbeitsfreien Zeit (sehr) häufig den Kopf nicht freibekommt. Im »Alten Normal« gilt dies für ein Drittel der Befragten (34 Prozent). Auch die »mentale Entgrenzung« ist im »Neuen Normal« stärker ausgeprägt.

Konflikte um das neue Normal

Abb. 3: Wie häufig kommt es vor, dass Sie auch in Ihrer arbeitsfreien Zeit nicht richtig abschalten können? — Gute Arbeit

	Sehr häufig	Oft	Selten	Nie
Neues Normal	22 %	25 %	41 %	12 %
Altes Normal	18 %	16 %	44 %	23 %

Quelle: DGB-Index Gute Arbeit 2021

Eine stärkere Beeinträchtigung der Erholung im »Neuen Normal« zeigt sich zudem bei der Nicht-Einhaltung der im Arbeitszeitgesetz vorgeschriebenen ununterbrochenen Ruhezeit von elf Stunden, die zwischen dem Ende eines Arbeitstages und dem Beginn des nächsten Arbeitstages liegen sollen. Mit der Mindestruhezeit soll den Beschäftigten ausreichend Zeit für ihr Privatleben, für den Schlaf und die mentale Regeneration garantiert werden. Im »Neuen Normal« gibt jede:r fünfte Beschäftigte an, die Ruhezeit sehr häufig (10 Prozent) oder oft (10 Prozent) zu verkürzen. Im »Alten Normal« ist dies deutlich seltener der Fall. Hier sind es 6 Prozent, bei denen die Ruhezeit sehr häufig (3 Prozent) oder oft (3 Prozent) eingeschränkt wird.

Lange und überlange Arbeitszeiten
Neben der Lage ist auch die Länge der Arbeitszeit ein wichtiges Kriterium für eine gesundheitsgerechte Gestaltung von Arbeit und für die Vereinbarkeit von Arbeit und Privatleben. Lange Arbeitszeiten sind mit einem erhöhten Risiko für Fehler und Unfälle, gesundheitliche Beeinträchtigungen sowie Störungen der Work-Life-Balance verbunden (vgl. Beermann u. a. 2019).

In der Befragung mit dem DGB-Index Gute Arbeit wird nach der im Durchschnitt tatsächlich geleisteten Arbeitszeit pro Woche gefragt. Lange Arbeitszeiten bedeuten hier eine Wochenarbeitszeit von über 40 bis 48 Stunden. Von überlangen Arbeitszeiten wird gesprochen, wenn durchschnittlich mehr als 48 Wochenstunden gearbeitet wird. Der Blick auf die beiden Vergleichsgruppen zeigt, dass der Anteil der Beschäftigten, die lange oder überlange Arbeitszeiten aufweisen, im »Neuen Normal« deutlich höher liegt als im »Alten Normal« (Abb. 4). Jede:r vierte Befragte aus der Gruppe »Neues Normal« liegt mit der wöchentlichen Arbeitszeit zwischen 40 und 48 Stunden. Im »Alten Normal« ist es jede:r Fünfte. Bei den besonders belastenden überlangen Arbeitszeiten von mehr als 48 Stunden pro Woche liegt der Anteil im »Neuen Normal« bei 13 Prozent und damit fünf Prozentpunkte über der Vergleichsgruppe »Altes Normal«.

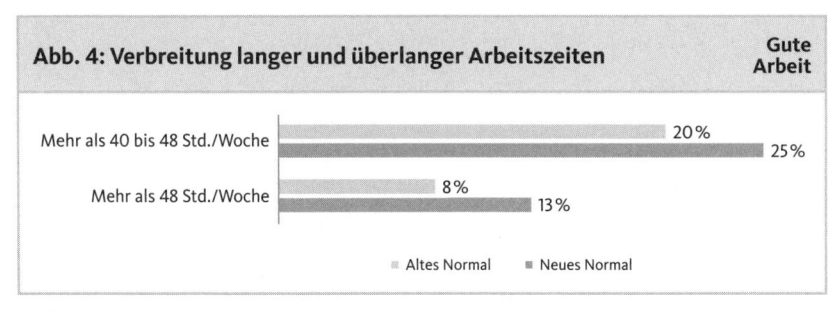

Abb. 4: Verbreitung langer und überlanger Arbeitszeiten — Gute Arbeit

	Altes Normal	Neues Normal
Mehr als 40 bis 48 Std./Woche	20 %	25 %
Mehr als 48 Std./Woche	8 %	13 %

Quelle: DGB-Index Gute Arbeit 2021

Durchschnittliche tatsächliche Arbeitszeiten von mehr als 40 Wochenstunden deuten darauf hin, dass die Befragten vielfach und regelmäßig Überstunden leisten. Im »Neuen Normal« beträgt die Diskrepanz zwischen vertraglicher und tatsächlicher Arbeitszeit für ein Viertel der Befragten (23 Prozent) mehr als fünf Stunden pro Woche. Im »Alten Normal« liegt der Anteil mit mindestens fünf Überstunden bei 15 Prozent.

Zeitdruck und Entgrenzung

Wie ist es erklärbar, dass trotz größerer Selbstbestimmung über die eigene Arbeitszeit im »Neuen Normal« häufiger sehr lange und entgrenzt gearbeitet wird? Einen Anhaltspunkt liefert der Zusammenhang zwischen dem Zeit- und Termindruck bei der Arbeit und dem Ausmaß der Entgrenzung. Arbeiten unter Zeitdruck ist ein Indikator für eine hohe Arbeitsbelastung. Die Daten zeigen: Mit dem Zeitdruck nimmt die Entgrenzung im »Neuen Normal« drastisch zu.

Generell lässt sich sagen, dass mit steigendem Zeitdruck auch die Anforderung an ständige Erreichbarkeit sowie die unbezahlte Mehrarbeit außerhalb der normalen Arbeitszeiten zunehmen. Betrachtet man diesen Zusammenhang differenziert für die beiden Vergleichsgruppen, wird deutlich, dass der Effekt bei den Beschäftigten im »Neuen Normal« besonders stark ausgeprägt ist (Abb. 5).

Konflikte um das neue Normal

Abb. 5: Arbeiten unter Zeitdruck und Eingrenzung — Gute Arbeit

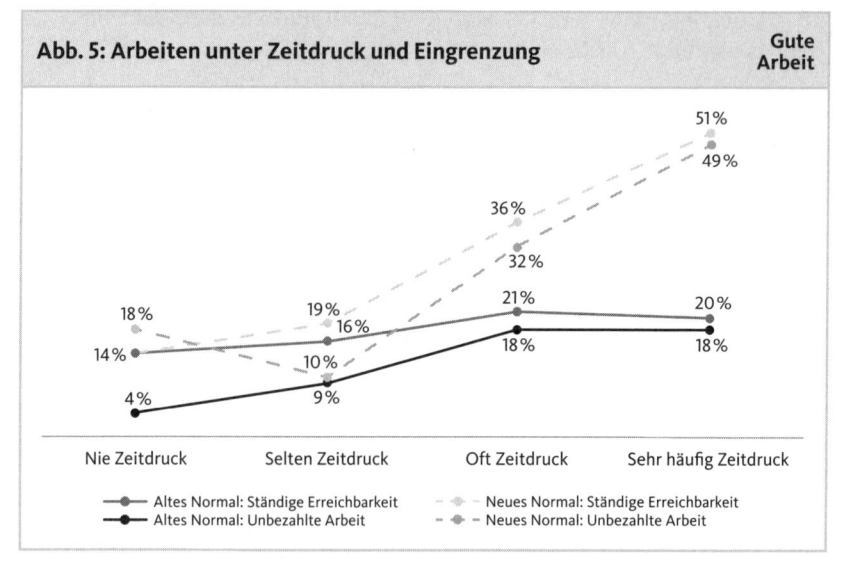

	Nie Zeitdruck	Selten Zeitdruck	Oft Zeitdruck	Sehr häufig Zeitdruck
Altes Normal: Ständige Erreichbarkeit	18%	19%	21%	20%
Altes Normal: Unbezahlte Arbeit	4%	9%	18%	18%
Neues Normal: Ständige Erreichbarkeit	14%	16%	36%	51%
Neues Normal: Unbezahlte Arbeit	14%	10%	32%	49%

Quelle: DGB-Index Gute Arbeit 2021

Die Anforderung, auch außerhalb der normalen Arbeitszeit erreichbar zu sein, ist mit 14 Prozent in beiden Vergleichsgruppen gleich stark ausgeprägt, wenn die Befragten angeben, nie unter Zeitdruck zu arbeiten. Auch bei seltenem Zeitdruck liegt die Erreichbarkeit mit 16 bzw. 19 Prozent auf einem ähnlichen Niveau. Die Schere geht jedoch deutlich auseinander, wenn oft oder sehr häufig unter Zeitdruck gearbeitet wird. Im »Neuen Normal« steigt der Anteil der »Erreichbaren« über 36 auf 51 Prozent steil an. Im »Alten Normal« ist der Anstieg deutlich schwächer und der Anteil liegt mit 21 bzw. 20 Prozent sehr deutlich unter der Gruppe »Neues Normal«.

Ganz ähnlich ist der Zusammenhang, wenn die unbezahlte Arbeit betrachtet wird. Auch hier gibt es einen starken Anstieg im »Neuen Normal«, sobald oft/sehr häufig unter Zeitdruck gearbeitet wird. Und auch hier ist die Zunahme der unbezahlten Arbeit im »Alten Normal« schwächer ausgeprägt und der Anteil liegt bei sehr häufigem Zeitdruck mehr als 30 Prozentpunkte unter dem »Neuen Normal«.

Der enge Zusammenhang von hoher Arbeitsbelastung und ausufernden Arbeitszeiten verweist darauf, dass die Entgrenzung im »Neuen Normal« weniger ein Ausdruck der Selbstbestimmung der Beschäftigten ist als das Ergebnis eines hohen Arbeitsdrucks. Für eine tatsächliche Stärkung der Gestaltungsspielräume müssen unrealistische Leistungsvorgaben vermieden und der Arbeitsumfang an die Arbeitszeit angepasst werden. Eine entsprechende Arbeitsplanung und Personalbemessung, verlässliche Vertretungsregelungen und eine vollständige Arbeitszeiterfassung sind hier die entscheidenden Stellschrauben (vgl. Lott 2017, S. 9).

Besser mit betrieblichen Regelungen
In der Anfangszeit der Pandemie wurde Arbeit vielfach kurzfristig und ohne große Vorbereitung ins Homeoffice verlagert. Kriterien guter Arbeitsgestaltung – mit Blick auf Ausstattung, Ergonomie, Arbeitszeit u. a. – wurden dabei häufig vernachlässigt. Nun ist es an der Zeit, aus den Erfahrungen der vergangenen zwei Jahre zu lernen. Eine wichtige Erkenntnis ist, dass durch die betriebliche Gestaltung der neuen Arbeitsformen das Ausmaß entgrenzten Arbeitens deutlich reduziert werden kann. In den Betrieben, Dienststellen und Organisationen, in denen schon vor bzw. zu Pandemiebeginn Vereinbarungen über das Arbeiten im Homeoffice getroffen wurden, wird in der Gruppe »Neues Normal« deutlich seltener unbezahlt gearbeitet (Abb. 6). Auch das Ausmaß der ständigen Erreichbarkeit und andere Aspekte des Übergreifens der Arbeit in das Privatleben können durch betriebliche Gestaltung beschränkt werden.

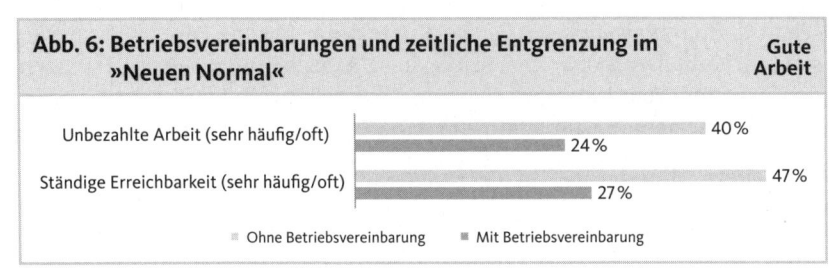

Abb. 6: Betriebsvereinbarungen und zeitliche Entgrenzung im »Neuen Normal« — Gute Arbeit

	Ohne Betriebsvereinbarung	Mit Betriebsvereinbarung
Unbezahlte Arbeit (sehr häufig/oft)	40 %	24 %
Ständige Erreichbarkeit (sehr häufig/oft)	47 %	27 %

Quelle: DGB-Index Gute Arbeit 2021

Betriebliche Vereinbarungen zeigen darüber hinaus auch mit Blick auf die erholungsrelevanten Aspekte deutliche Wirkungen: Wenn eine Regelung existiert, verkürzen Beschäftigte im »Neuen Normal« ihre Pausen- und Ruhezeiten seltener, und einem wesentlich höheren Anteil der Befragten gelingt es, nach der Arbeit den Kopf freizubekommen (DGB-Index Gute Arbeit 2022, S. 5).

Die konkreten Vorgaben, die in Dienst- und Betriebsvereinbarungen zum mobilen Arbeiten gemacht werden, geben den Beschäftigten und den Betrieben Handlungssicherheit und können so vor Überlastung und Entgrenzung schützen. Betriebliche Regelungen sind Ergebnis von Aushandlungsprozessen, in die die Wünsche und Interessen der Beschäftigten eingeflossen sind. Das Arbeiten im »Neuen Normal« wird damit aus der individualisierten und »unsichtbaren« Sphäre der eigenen vier Wände herausgeholt und zum Gegenstand beteiligungsorientierter Prozesse gemacht.

Flexibilität für wen?

Das Arbeiten im »Neuen Normal« kann sehr unterschiedliche Treiber haben: vom Infektionsschutz über betriebliche Kostensenkungen und Produktivitätssteigerungen bis hin zu den Wünschen der Beschäftigten. Das Versprechen größerer Selbstbestimmung der Beschäftigten über ihre Arbeitszeit ist allerdings bislang nur unzureichend eingelöst. Stattdessen steigen für viele Beschäftigte die Belastungen durch entgrenzte und überlange Arbeitszeiten.

Die Art und Weise, in der sich das ortsflexible Arbeiten während der Pandemie verbreitet hat, wurde mit dem Begriff der »entgrenzten Flexibilität« beschrieben (Carstensen u. a. 2022, S. 209). Demnach ist das Besondere an den jüngsten Entwicklungen, dass Flexibilität verstärkt als Anforderung an die Beschäftigten spürbar wird und weniger ein Ausdruck von Autonomie und Gestaltungsspielräumen ist. Dass die damit verbundenen Belastungen nicht nur von vielen Beschäftigten wahrgenommen werden, zeigt eine Befragung von Personalmanager:innen durch das Fraunhofer Institut für Arbeitswirtschaft und Organisation (IAO). Im Kontext der Corona-Pandemie und der starken Verbreitung orts- und zeitflexibler Arbeitsformen sehen 81 Prozent der befragten Manager:innen in ihren Unternehmen eine Beeinträchtigung von Pausenzeiten, 58 Prozent gehen von einer Verdichtung der Arbeit aus (Hofmann u. a. 2022, S. 7 f.).

Die Hochphasen der Pandemie waren von besonderen Herausforderungen für die Beschäftigten geprägt. Die Schließung von Schulen und Betreuungseinrichtungen stellte viele berufstätige Eltern vor große Probleme. Homeoffice und Homeschooling sind nicht ohne Weiteres miteinander vereinbar. Doch auch wenn diese besonderen Anforderungen nach einem Ende der Pandemie an Bedeutung verlieren, bleibt die Gestaltung mobiler Arbeit mit dem Ziel der größeren Selbstbestimmung der Arbeitnehmer:innen eine grundsätzliche Aufgabe (s. auch den Beitrag von Schmidt/Wille in diesem Band).

Betrieblicher und gesetzlicher Gestaltungsrahmen

Die Entgrenzung von Arbeitszeiten erhöht die Gefahr, dass das »Neue Normal« zu Lasten der Gesundheit der Beschäftigten geht. Die Bundesanstalt für Arbeitsschutz und Arbeitsmedizin (BAuA) kommt zu dem Schluss: »Nach aktuellem Forschungsstand ist jedoch festzuhalten, dass Arbeit von zuhause ohne konkrete betriebliche Vereinbarungen mit durchschnittlich höheren

Anforderungen und einem größeren Risiko negativer Beanspruchungsfolgen einhergeht (...) Zum Schutz der Beschäftigten leitet sich daraus der Bedarf nach verbindlichen (betrieblichen) Vereinbarungen zu Telearbeit, Homeoffice bzw. Mobilem Arbeiten ab.« (Backhaus u. a. 2021, S. 6).

Betriebliche Vereinbarungen können den Gestaltungsrahmen ausfüllen, der durch tarifvertragliche und gesetzliche Vorgaben definiert wird. Auch hier haben die jüngeren Entwicklungen Handlungsbedarf erzeugt. Für die Stärkung der Selbstbestimmung der Beschäftigten sind präzisere Vorgaben auf gesetzlicher Ebene nötig. Dazu gehört ein Recht auf selbstbestimmtes mobiles Arbeiten – bei gleichzeitiger Betonung der Freiwilligkeit. Rechtlich definierte Kriterien für die Gestaltung (z. B. Arbeitszeiterfassung, Grenzen der Arbeitszeit, Nicht-Erreichbarkeit, Arbeits- und Gesundheitsschutz, Ausstattung, digitale Zugangsrechte für Interessenvertretungen und Gewerkschaften) können den betrieblichen Akteuren als »Leitplanken dienen (vgl. DGB 2020).

Arbeiten im »Neuen Normal« ist per se kein Humanisierungsprogramm (vgl. Urban 2021). Erst durch die Stärkung der Rechte der Arbeitnehmer:innen und die konkrete Ausgestaltung unter Beteiligung der Betroffenen kann es tatsächlich zu mehr Selbstbestimmung und gesundheitsgerechten Arbeitsbedingungen beitragen.

Literatur

Backhaus, Nils/Tisch, Anita/Beermann, Beate (2021): Telearbeit, Homeoffice und Mobiles Arbeiten: Chancen, Herausforderungen und Gestaltungsaspekte aus Sicht des Arbeitsschutzes. baua: Fokus, Mai 2021. DOI: 10.21934/baua:fokus20210505

Beermann, Beate/Backhaus, Nils/Tisch, Anita/Brenscheidt, Frank (2019): Arbeitswissenschaftliche Erkenntnisse zu Arbeitszeit und gesundheitlichen Auswirkungen. Hrsg. Bundesanstalt für Arbeitsschutz und Arbeitsmedizin (BAuA). baua: Fokus, März 2019. DOI: 10.21934/baua:fokus20190329

Carstensen, Tanja/Krause, Christoph/Matuschek, Ingo/Kleemann, Frank/Mierich, Sandra (2021): Entgrenzte Flexibilität im Homeoffice. In: Arbeit 2022; 31(1–2), S. 195–213

DGB (Deutscher Gewerkschaftsbund) (2020): Positionspapier des DGB für einen gesetzlichen Ordnungsrahmen für selbstbestimmtes mobiles Arbeiten inklusive Homeoffice. Download: https://www.dgb.de/-/vr3 (Zugriff am 17.05.2022)

DGB-Index Gute Arbeit (2021): Unter erschwerten Bedingungen – Corona und die Arbeitswelt. Jahresbericht 2021. DGB: Berlin. Download: https://index-gute-arbeit.dgb.de/-/bmP (Zugriff am 30.3.2022)

DGB-Index Gute Arbeit (2022): Arbeit der Zukunft im »Neuen Normal«? Entgrenzung und Erholung bei digitaler und mobiler Arbeit. Sonderauswertung der Repräsentativumfrage zum DGB-Index Gute Arbeit 2021. Download: https://index-gute-arbeit.dgb.de/-/cMA (Zugriff am 15.7.2022)

Emmler, Helge/Kohlrausch, Bettina (2021): Homeoffice: Potenziale und Nutzung. Aktuelle Zahlen aus der HBS-Erwerbspersonenbefragung, Welle 1 bis 4. Nr. 52, Policy Brief WSI,

3/2021. Download: https://www.wsi.de/de/faust-detail.htm?sync_id=HBS-007979 (Zugriff am 15.6.2022)

Frodermann, Corinna/Grunau, Philipp/Haas, Georg-Christoph/Müller, Dana (2021): Homeoffice in Zeiten von Corona. Nutzung, Hindernisse und Zukunftswünsche. IAB-Kurzbericht 5/2021. Download: https://doku.iab.de/kurzber/2021/kb2021-05.pdf (Zugriff am 15.06.2022)

Hofmann, Josephine/Piele, Alexander/Piele, Christian (2021): Arbeiten in der Corona-Pandemie. Ausgestaltung des »New Normal«. Fraunhofer IAO. Download: https://www.iao.fraunhofer.de/content/dam/iao/images/iao-news/arbeiten-in-der-corona-pandemie-folgeergebnisse-ausgestaltung.pdf (Zugriff am 30.3.2022)

Hofmann, Josephine/Piele, Alexander/Piele, Christian (2022): Arbeiten in der Corona-Pandemie. Das Unternehmen als sozialer Ort – langfristige Wirkungen der Pandemie und Schlussfolgerungen für die Gestaltung des New Normal. Fraunhofer IAO. Download: https://www.iao.fraunhofer.de/content/dam/iao/images/dokumente/arbeiten-in-der-corona-pandemie-das-unternehmen-als-sozialer-ort.pdf (Zugriff am 15.06.2022)

Lott, Yvonne (2017): Selbstorganisiertes Arbeiten als Ressource für Beschäftigte nutzen! Policy Brief 2917 der Hans-Böckler-Stiftung. Download: https://www.boeckler.de/pdf/p_fofoe_pb_003_2017.pdf (Zugriff am 30.3.2022)

Rat der Arbeitswelt (2021): Vielfältige Ressourcen stärken – Zukunft gestalten. Impulse für eine nachhaltige Arbeitswelt zwischen Pandemie und Wandel. Berlin: 2021. Download: https://www.arbeitswelt-portal.de/arbeitsweltbericht/arbeitswelt-bericht-2021 (Zugriff am 15.6.2022)

Urban, Hans-Jürgen (2021): Heilsversprechen Homeoffice. Zu den Schattenseiten eines arbeitspolitischen Shootingstars. In: Blätter für deutsche und internationale Politik (2), S. 103–113

Astrid Schmidt/Christian Wille
Ortssouveränität
Homeoffice und das »Neue Normal« im Dienstleistungssektor

Homeoffice als Teil der Debatten um das Neue Normal
Die Frage, unter welchen Rahmenbedingungen künftig im Homeoffice gearbeitet werden soll, ist zentraler Bestandteil der Debatten um die Gestaltung des »Neuen Normal«, also der Arbeitswelt »nach Corona« (vgl. hierzu auch den Beitrag von Rolf Schmucker/Robert Sinopoli in diesem Band). Was haben wir gelernt, wie sieht ein guter Umgang mit den gemachten Erfahrungen aus? Was wird bleiben, soll bleiben? Klar ist: Ganz ohne Präsenz geht es nicht – und ganz ohne Virtualität auch nicht. Wie ein guter Mix aussehen kann, der auch die unterschiedlichen subjektiven Bedürfnisse berücksichtigt, ist ein Gestaltungsthema, das gemeinsam mit den Beschäftigten entwickelt werden muss. Vor allem geht es um
- Arbeitsgestaltung und Arbeitsorganisation
- Arbeitsplätze und Ausstattung
- Arbeitsraum und Raumkonzepte
- Virtuelle Zusammenarbeit und Kommunikation

Diese Diskussionen finden nicht im luftleeren Raum statt, sondern berühren Gesetze und Regelungen zum Arbeitsschutz. So rasant sich die Technik entwickelt, so sehr der digitale Wandel Fahrt aufgenommen hat – der Körper und die Psyche der arbeitenden Menschen sind keine Anhängsel dieser Prozesse. Arbeit muss so gestaltet werden, dass die psychische und physische Gesundheit erhalten werden, dass Teilhabe am sozialen Leben gewährleistet wird und eine gute Vereinbarkeit von Erwerbsarbeit und Privatleben für alle möglich ist. Dazu gibt es Erkenntnisse aus der Arbeitsforschung und Arbeitsmedizin, Erfahrungen aus der Praxis und kollektive Regelungen.

Viele Beschäftigte äußern den Wunsch, die Option auf Homeoffice auch nach der Corona-Pandemie beizubehalten. Das zeigt z. B. eine Sonderauswertung des DAK-Gesundheitsreports 2020, für den sowohl kurz vor der Pandemie als auch nach dem ersten Lockdown Befragungen durchgeführt wurden. Etwa die Hälfte derjenigen, die während der Corona-Pandemie regelmäßig im Homeoffice gearbeitet haben, will Homeoffice mindestens teilweise beibehalten, ein weiteres Viertel sagt, dass dies eher zutrifft (DAK 2020).

Konflikte um das neue Normal

Homeoffice im Dienstleistungssektor
2020 war »mobile Arbeit« Schwerpunkt der Repräsentativbefragung mit dem DGB Index Gute Arbeit, 2021 ging es darum, wie sich die Corona-Pandemie auf die Arbeitsbedingungen auswirkt. Beide Datensätze hat ver.di für den Dienstleistungssektor auswerten lassen, um ein aktuelles Bild von den Arbeitsbedingungen im Homeoffice als einer Form mobiler Arbeit zu gewinnen. Dabei konnten außerdem (vorsichtige) Vergleiche zwischen der Wahrnehmung vor (Anfang 2020) und mitten in der Pandemie (2021) gezogen werden (ver.di 2022, S. 32 ff.).

Homeoffice im Dienstleistungssektor weit verbreitet
Der Anteil derjenigen, die (auch) im Homeoffice arbeiten (im Folgenden als Beschäftigte mit Homeoffice bezeichnet), hat sich im Dienstleistungssektor während der Corona-Pandemie mehr als verdoppelt (hier und im Folgenden ver.di 2022, S. 32 ff.). Waren es kurz vor der Pandemie noch 20,8 Prozent, lag die Quote 2021 bei 45,3 Prozent, die allerdings nach Branchen sehr unterschiedlich ausfällt. Die Informations- und Kommunikationstechnologie-Branche erreichte mit 93,2 Prozent (2020: 48,4 Prozent) den höchsten Anteil. Im Grundstücks- und Wohnungswesen arbeiteten 78,9 Prozent im Homeoffice (2020: 23,4 Prozent), in den Finanz- und Versicherungsdienstleistungen 77,6 Prozent (2020: 32,1 Prozent). Und auch im Bereich Öffentlicher Dienst, Verteidigung und Sozialversicherung waren 68,3 Prozent der Beschäftigten im Homeoffice (2020: 23,2 Prozent).

Homeoffice ist nach wie vor nicht in allen Beschäftigtengruppen gleichermaßen verbreitet. Auch wenn 2021 insgesamt die Anzahl der Beschäftigten mit Homeoffice durch die Corona-Pandemie in allen Beschäftigtengruppen gestiegen ist, bleiben Unterschiede nach Qualifikationsniveau und Anforderungslevel der Tätigkeit deutlich erkennbar. Anders sieht es bei Führungsposition und Geschlecht aus: Hier haben sich die Anteile der Beschäftigten mit Homeoffice während der Corona-Pandemie angeglichen.

Kollektive Regelungen verbessern die Arbeitsqualität
Kaum verändert hat sich die Regelungsdichte (Betriebs- bzw. Dienstvereinbarungen oder Tarifverträge), die 2021 – also nach einem Jahr Pandemie, teils mit angeordnetem Homeoffice – nur um 1,6 Prozentpunkte auf 50,6 Prozent gestiegen war, also weiter unzureichend ist. Dort wo es kollektive Regelungen gab, wurde ihre positive Wirkung bestätigt: Der Einfluss der Beschäftigten auf die Arbeitszeitgestaltung ist größer, negativ wirkende Belastungen wie Wochenendarbeit, ständige Erreichbarkeitserwartungen oder unbezahlte Arbeit sind bei Beschäftigten mit Kollektivvereinbarungen

deutlich seltener als bei Beschäftigten ohne solche flankierenden Regelungen.

Chancen und Risiken von Homeoffice
Chancen und Risiken von Homeoffice sind bekannt: Positiv wirkenden Ressourcen wie größeren Gestaltungsspielräumen und mehr Einfluss auf die Arbeitszeiten stehen negativ wirkende stärkere Belastungen durch zeitliche und räumliche Entgrenzung entgegen (vgl. hierzu auch den Beitrag von Schmucker/Sinopoli in diesem Band). Die Daten zeigen: Homeoffice wirkt in Summe nicht negativ. Beschäftigte mit Homeoffice im Dienstleistungssektor haben eine leicht positivere Einschätzung ihrer Arbeitsfähigkeit bis zum Rentenalter und beurteilen ihren gesundheitlichen Zustand etwas besser als Beschäftigte mit festem Arbeitsplatz (ohne Homeoffice und mobile Arbeit) – ohne dass es hier allerdings größere Unterschiede gäbe.

Der Wunsch nach mehr Autonomie
Ein Hauptargument für das Homeoffice ist der Zugewinn an Autonomie. Homeoffice ermöglicht es in höherem Maß, die Arbeitszeiten so zu gestalten, dass sie mit anderen Anforderungen besser kompatibel sind. Auch besteht ein hohes Maß an räumlicher Souveränität. Was muss berücksichtigt und vorausschauend geregelt werden, damit Homeoffice auch wirklich die Autonomie der Beschäftigten stärkt?

Erstens: Es braucht Regelungen, damit die neuen Spielräume mit genügend Planbarkeit für die Beschäftigten einhergehen und nicht zu (faktischer) Verfügbarkeit rund um die Uhr führen. Denn die Wahrscheinlichkeit für ständige Erreichbarkeitserwartungen, kurzfristige Änderungen der Arbeitszeit bzw. Unterbrechungen der Freizeit und überlange Arbeitszeiten ist im Homeoffice größer (ver.di 2022, S. 53 ff., 67). Hier braucht es Vereinbarungen und Regelungen: Welche Verfügbarkeitserwartungen dürfen an Beschäftigte gerichtet werden? Wie werden Erreichbarkeitszeiten im Team oder mit Vorgesetzten besprochen? Unter welchen Umständen dürfen Vorgesetzte außerhalb der Arbeitszeiten Kontakt zu Beschäftigten aufnehmen (z. B. Rufbereitschaft)? Ergebnisse der Repräsentativbefragung mit dem DGB-Index Gute Arbeit aus dem Jahr 2021 weisen nach, dass diejenigen, die mit Betriebsvereinbarung im Homeoffice arbeiten, seltener ständigen Erreichbarkeitsanforderungen ausgesetzt sind und seltener unbezahlte Arbeit leisten als diejenigen ohne kollektive Regelungen. Auch kommen die Potenziale wie größere Handlungs- und Gestaltungsspielräume in höherem Maß bei ihnen an (DGB 2021, S. 37).

> Bei der N-ERGIE Nürnberg gibt es zum Thema E-Mails eine Regelung in der 2016 abgeschlossenen Betriebsvereinbarung »Mobiles Arbeiten«. »Mobiles Arbeiten schafft den Freiraum, Themen zeitunabhängig zu bearbeiten. Es gilt die Maßgabe, dass Mails außerhalb der Rahmenzeit und am Wochenende nicht gesendet werden. Dies soll die Work-Life-Balance sicherstellen und vermeiden, dass der Emailempfänger sich zur umgehenden Bearbeitung der eingehenden Mails in seiner Freizeit verpflichtet fühlt.« (BV Mobiles Arbeiten, § 7 Arbeitsweise)
> Rein technische Maßnahmen wie das Abstellen von Servern greifen demgegenüber meist zu kurz, weil sie die Auseinandersetzung mit den Ursachen der Entgrenzung v. a. auch seitens der Führungskräfte nicht fördern. (ver.di 2022, S. 12)

Zweitens muss reflektiert werden, dass im Kontext so genannter »indirekter Steuerung« die Verantwortung für das Erfüllen von Leistungserwartungen auf die Beschäftigten übertragen wird, ohne sie jedoch mit allen dafür notwendigen Kompetenzen auszustatten. So haben die Wenigsten Einfluss auf die personellen, zeitlichen und finanziellen Ressourcen, die für eine Aufgabe zur Verfügung stehen – sie sollen aber dennoch gewährleisten, dass die Aufgabe termingerecht erfolgreich erledigt wird. Die dahinterliegenden Aufwandseinschätzungen sind oft nicht realistisch. Das ist ein Problem, das nicht aus mehr Autonomie resultiert, sondern dadurch verursacht wird, dass die Arbeitsmenge nicht zur Arbeitszeit passt. Im Homeoffice arbeiten Beschäftigte tendenziell mehr und entgrenzter – dieser Effekt muss von vornherein mitgedacht und möglichst durch schützende Regelungen ausgeglichen werden. Eine Maßnahme ist z. B. die durchgängige Erfassung der Arbeitszeit, die überlangen Arbeitszeiten zumindest entgegenwirkt, auch wenn sie diese nicht verhindert (ver.di 2016, S. 40f.).

Drittens: Der Wunsch nach Autonomie passt nicht immer zur Tätigkeit. Zwar haben die Corona-Erfahrungen gezeigt, dass deutlich mehr Beschäftigte Homeoffice-kompatiblen Tätigkeiten nachgehen als »vor Corona« vom Arbeitgeber anerkannt. Eine Studie des Deutschen Instituts für Wirtschaftsforschung (DIW) kam 2016 zum Ergebnis, 40 Prozent aller Tätigkeiten mittels moderner Informations- und Kommunikationstechnik seien für das Homeoffice geeignet. In manchen Branchen wie z. B. Finanzdienstleistungen, unternehmensnahen Dienstleistungen oder Öffentlichen Verwaltungen beträgt dieser Anteil sogar mehr als 70 Prozent (Brenke 2016). Auch gab es im Zuge der Corona-Pandemie einen Digitalisierungsschub (DGB 2021, S. 20ff.), der diese Möglichkeiten noch erweitert haben dürfte. Dennoch gibt es im Dienstleistungssektor viele Tätigkeiten, die an feste Orte und Zeiten gebunden sind. Auch hier können und müssen Spielräume für mehr Autonomie immer wieder ausgelotet werden. Das können mehr Einfluss auf die Dienst- oder Schichtplangestaltung sein, flexiblere Anfangs- und Endzeiten, die Option auf Homeoffice-Anteile im Arbeitstag oder einzelne, für kompatible Tätigkeiten reservierte Tage im Homeoffice. Als Hindernis stellen sich oft weniger die Eignung der Tätigkeit als Kontrollvorstellungen der Führungsebene heraus, denen in betrieblichen und tariflichen Regelungen faire und gut begründete Kriterien entgegengesetzt werden sollten.

> Beim Allgemeinen Sozialen Dienst (ASD) Bochum wurden 2010 als Entlastungsmaßnahme die Öffnungszeiten reduziert und damit feste Büro-Tage für die Aktenbearbeitung geschaffen. Durch die Herauslösung einer Homeoffice-kompatiblen Tätigkeit entstanden auch Spielräume für Ortssouveränität, die es vorher nicht gab, weil Akten zwischen den Beratungsgesprächen bearbeitet wurden. Konsequenterweise wurden auch »Homezeiten« als Option eingeführt (ver.di 2016, S. 68).

Arbeitszeiterfassung als wirksamer Belastungsschutz
Dass Beschäftigte mit Homeoffice deutlich häufiger von entgrenzten Arbeitszeiten betroffen sind, macht sich nicht nur in den beschriebenen Erreichbarkeitserwartungen bemerkbar (ver.di 2022, S. 53ff.). Auch der Anteil von Beschäftigten, die außerhalb ihrer normalen Arbeitszeit unbezahlte Arbeit für ihren Betrieb leisten, ist bei Beschäftigten mit Homeoffice wesentlich höher als bei Beschäftigten mit festem Arbeitsplatz (30,7 Prozent vs. 11,3 Prozent; hier und bei den folgenden Vergleichen jeweils für die Antwort »sehr häufig« oder »oft«). Überlange Arbeitszeiten sind weit verbreitet, und Beschäftigte mit Homeoffice machen häufiger regelmäßige Überstunden (61,5 Prozent vs. 42,9 Prozent). Dies ist nicht darauf zurückzuführen, dass Beschäftigte mit einem hohen Anforderungsniveau der Tätigkeit und mit Führungsverantwortung vergleichsweise häufiger im Homeoffice arbeiten, sondern lässt sich unabhängig davon zeigen.

Ein klares Warnsignal ist, dass Beschäftigte mit Homeoffice sich häufiger in ihrer Arbeit gehetzt fühlen oder unter Zeitdruck stehen (57,0 Prozent vs. 47,6 Prozent). Hier lässt sich jedoch wirksam Abhilfe schaffen: Wo Arbeitszeiten erfasst werden, können Stressoren deutlich reduziert werden. Dies betrifft sowohl die Anforderung an ständige Erreichbarkeit (mit Arbeitszeiterfassung: 20,3 Prozent vs. ohne Arbeitszeiterfassung: 30,9 Prozent) als auch unbezahlte Arbeit außerhalb der regulären Arbeitszeit (10,9 Prozent vs. 26,0 Prozent). Erholungspausen werden seltener verkürzt (28,5 Prozent vs. 43,8 Prozent), die Ruhezeit wird nicht so häufig verletzt (11,8 Prozent vs. 18,9 Prozent). Da die Arbeitszeit von Beschäftigten mit einem festen Büroarbeitsplatz noch deutlich häufiger erfasst wird als im Homeoffice (76,3 Prozent vs. 50,9 Prozent), besteht hier dringender Aufholbedarf.

Homeoffice während der Corona-Pandemie
Die Arbeit im Homeoffice war für viele Beschäftigte im Dienstleistungssektor während der Corona-Pandemie herausfordernd: 32,5 Prozent der Befragten, die sehr häufig oder oft zu Hause gearbeitet haben, gaben an, ihre Belastung habe (stark) zugenommen. Für 52,2 Prozent hatte sich die Belastung durch die Arbeit von zu Hause nicht verändert. 15,3 Prozent nahmen eine (starke) Abnahme der Belastung wahr. Diese Daten müssen im Kontext der pandemisch bedingten Rahmenbedingungen betrachtet werden. So waren beispielsweise diejenigen deutlich stärker betroffen, für die es aufgrund der Corona-Pandemie in den vergangenen Monaten schwieriger geworden war, die Kinderbetreuung mit der Arbeit zu vereinbaren. Von ihnen empfanden 39,8 Prozent die Arbeit von zu Hause als (starke) Belastung. Bei Beschäftigten ohne Vereinbarkeitsprobleme lag dieser Anteil mit 20,8 Prozent etwa halb so hoch.

Das verweist darauf, dass beim Homeoffice als Maßnahme zur Pandemie-Eindämmung die Kosten von denjenigen getragen wurden, die plötzlich neben der Erwerbsarbeit im Homeoffice noch einen zweiten Job bewältigen mussten, wie Homeschooling, Betreuung, Pflege oder auch die regelmäßige Zubereitung von Mahlzeiten. In besonders hohem Maß waren dies Frauen. Die Daten des Nationalen Bildungspanels zeigen, dass Mütter die Betreuung in der Pandemie sehr viel häufiger alleine übernahmen als Väter (NEPS 12/2020), obwohl für viele von diesen durch Kurzarbeit der berufliche Zeitanteil zurückging.

Von Homeoffice im »Neuen Normal« versprechen sich viele Beschäftigte bessere Vereinbarkeitschancen – wie auch vor der Pandemie ist die bessere Vereinbarkeit von Arbeit und Privatem der Hauptgrund für Homeoffice (28,8 Prozent, dicht gefolgt von der Vermeidung von Fahrtzeiten mit 26,7 Prozent, ver.di 2022, S. 47). Der Unterschied zur Situation 2021 ist, dass künftig wieder von (halbwegs) funktionierenden Infrastrukturen für die Betreuung von Kindern und pflegebedürftigen Menschen ausgegangen werden darf. Der Vereinbarkeitsgewinn liegt in der größeren zeitlichen und räumlichen

Flexibilität, die beiden Geschlechtern eine bessere Aufteilung unbezahlter und bezahlter Arbeit ermöglichen kann.

Ein weiterer Belastungsfaktor, der hier einbezogen werden muss, ist der nachweisliche Digitalisierungsschub während der Pandemie, der nicht überall mit der notwendigen Unterstützung und Qualifizierung einherging (vgl. hierzu auch die Beiträge von Nadine Müller und Schmucker/Sinopoli in diesem Band).

Das »Neue Normal« gestalten: Handlungsfelder für Gewerkschaft und betriebliche Interessenvertretung
Arbeitsgestaltung und Arbeitsorganisation sind zentrale Stellschrauben für gute und gesundheitsförderliche Arbeit im Homeoffice. Der mit Corona erfolgte Digitalisierungsschub hat zudem Fragen rund um Arbeitsplätze und Ausstattung, Raumkonzepte sowie virtuelle Kommunikation und Zusammenarbeit (wieder verstärkt) aufgeworfen, die vorrausschauend und in ihrem Wechselspiel berücksichtigt werden müssen.

Kompatible Arbeitsplätze zuhause?
Welchen Anforderungen Arbeitsplätze im Homeoffice entsprechen müssen und wer für die Ausstattung sowie die laufenden Kosten aufkommt, wurde vor dem Hintergrund der vom Arbeitsministerium verhängten »Homeoffice-Pflicht« in der Corona-Situation 2020/2021 verstärkt thematisiert und ist bis heute ein Diskussionsthema.

Bei der Definition der Anforderungen an den Heimarbeitsplatz können – gerade auch aus Sicht der Beschäftigten – verschiedene Perspektiven kollidieren, beispielsweise Gesundheitsschutz und Teilhabemöglichkeiten. Denn die Wohnung muss geeignet und der Arbeitsplatz adäquat ausgestattet sein – zugleich insistieren Beschäftigte zu Recht darauf, dass Homeoffice kein Privileg gut Verdienender sein darf. Beschäftigte brauchen Beratung, wie sie sich ergonomische Arbeitsplätze auch unter schwierigen Bedingungen einrichten können – und es braucht attraktive Alternativen für mehr Ortssouveränität.

So führt z. B. die Telekom auf Initiative des Konzernbetriebsrats seit 2020 ein Pilotprojekt zu wohnortnahem Arbeiten durch. Beschäftigte einer definierten Region können sich an verschiedenen Standorten einen Schreibtisch für den Arbeitstag buchen und so die oft langen Anfahrtswege verkürzen (ver.di 2022, S. 17).

Konflikte um das neue Normal

Die Ergebnisse der ver.di-Sonderauswertung des DGB-Index Gute Arbeit 2021 zeigen, dass fast drei Viertel (70 Prozent) der Befragten ihre Wohnung als (gut) für Homeoffice geeignet betrachten. 22,9 Prozent halten sie für in geringem Maße und 7,1 Prozent für gar nicht geeignet. 55,9 Prozent der Beschäftigten mit Homeoffice haben in ihrer Wohnung ein Arbeitszimmer, das sie für ihre berufliche Tätigkeit nutzen (ver.di 2022, S. 49).

Wer zahlt die Ausstattung?
Hier spielt es eine Rolle, dass Homeoffice in den meisten Fällen nicht als Telearbeit geregelt ist, sondern als mobile Arbeit. Denn bei mobiler Arbeit greift die Arbeitsstättenverordnung nicht, die den Arbeitgeber u. a. dazu verpflichtet, die Einrichtung eines Telearbeitsplatzes zu finanzieren. Der Arbeitgeber muss jedoch mindestens die Arbeitsmittel stellen.

Finanzielle Zuschüsse vom Arbeitgeber zu den Homeoffice-Kosten sind im Dienstleistungssektor bislang die Ausnahme. Nur 3,5 Prozent der befragten Beschäftigten haben in (sehr) hohem Maß, 5,6 Prozent in geringem Maße Zuschüsse erhalten. Die große Mehrheit von 90,9 Prozent der Beschäftigten mit Homeoffice bekam 2021 keinerlei finanzielle Zuschüsse vom Arbeitgeber für die Nutzung der Wohnung, z. B. für Strom und Internet.

Auch werden noch immer – trotz klarer Einwände aus Sicht des Datenschutzes (ver.di 2022, S. 72) – in hohem Maße private Geräte für die Arbeit genutzt. 37,0 Prozent der befragten Beschäftigten im Dienstleistungssektor nutzten vor der Pandemie im Homeoffice vom Arbeitgeber gestellte Arbeitsmittel, 34,0 Prozent teilweise und 29,0 Prozent ausschließlich private Arbeitsmittel zu Hause (ver.di 2022, S. 49).

Erste kollektive Vereinbarungen regeln Pauschalen für eine ergonomische Ausstattung des Arbeitsplatzes im Homeoffice als Form mobiler Arbeit. Die Betriebsräte der ING-DiBa AG haben mit der 2021 abgeschlossenen Gesamtbetriebsvereinbarung ausgehandelt, dass allen Beschäftigten ein »Ausstattungsbudget für die Erstausstattung eines ergonomischen Arbeitsplatzes in Höhe von 1500 Euro […] in Form eines Guthabens in einem Online-Shop zur Verfügung gestellt [wird], aus dem die Mitarbeiter verschiedenes Equipment […] auswählen können«. Nach fünf Jahren wird ein Folgebudget gewährt. (ver.di 2022, S. 21)

Das Office bleibt – die Qualität muss stimmen
Die Arbeit im Homeoffice darf keine Flucht sein – die Anforderungen an die Qualität der betrieblichen Arbeitsplätze sollten vielmehr noch stärker beleuchtet werden. Beschäftigte haben ein Recht auf Office, ebenso wie sie ein Recht auf Homeoffice haben sollten, wenn die Tätigkeit das erlaubt. Eine wichtige Motivation, von zuhause aus zu arbeiten statt im Büro, ist, dass Beschäftigte sich zu Hause besser konzentrieren können und ungestörter arbeiten. Bei einer Beschäftigtenbefragung im Telekom-Konzern wurde 2019 untersucht, ob solche Wünsche mit der Bürosituation zusammenhängen. Die Ergebnisse zeigen: 47,6 Prozent derjenigen, die im Homeoffice arbeiten, weil sie dort ungestörter/konzentrierter sind, haben Büros mit bis zu sechs Plätzen, 41,6 Prozent Großraumbüros (ver.di 2019). Das ist kein Argument für oder gegen Homeoffice, sondern macht deutlich, dass die räumlichen Bedingungen im Office Teil der Gestaltungsaufgabe sind.

Raumkonzepte
Die Frage, ob die aktuellen Raumkonzepte noch die Bedarfe treffen und die zur Verfügung stehende Fläche wirklich gebraucht wird, steht in vielen Unternehmen auf der Agenda, oft verbunden mit von den Geschäftsführungen geplanten bzw. von den Beschäftigten befürchteten Abmietungen. Das Thema ist allerdings nicht neu, sondern verändert bereits seit Längerem etwa in Form von Desksharing die betrieblichen Arbeitsraumkonzepte.

13,0 Prozent der befragten Beschäftigten mit Homeoffice gaben 2021 an, ihr Betrieb beabsichtige, Büroflächen zu verkleinern, weil mehr von zu Hause gearbeitet wird. 69,4 Prozent meinten, dies sei nicht der Fall, und 17,6 Prozent konnten auf diese Frage keine Antwort geben. Bestimmte Branchen sind hiervon in stärkerem Ausmaß betroffen: So geben z.B. 37,6 Prozent der Beschäftigten aus der Versicherungs- und Finanzdienstleistungsbranche an, dass sie von einer Verkleinerung der Büroflächen ausgehen. Im Verlagswesen/Rundfunk sind es sogar 44,4 Prozent (ver.di 2022, S. 52). Auch die Unternehmensgröße wirkt als Verstärker. Branchenübergreifend befürchten insgesamt 25,7 Prozent der Beschäftigten mit Homeoffice in Großbetrieben des Dienstleistungssektors (2000 Beschäftigte oder mehr) eine Verkleinerung (ebd., vgl. DGB 2021, S. 35).

Sowohl die Zahl betrieblicher Arbeitsplätze als auch die aktuellen und künftigen Raum- bzw. Flächenkonzepte sollten vorausschauend betrachtet werden, bevor (kaum rückholbare) Änderungen umgesetzt werden. Das fängt mit der Erfassung des Bedarfs an. Menschen haben unterschiedliche Bedürfnisse und diese können sich je nach Lebenssituation verändern. Raumkonzepte müssen sowohl zu denjenigen passen, die gerne öfter ortsflexibel arbeiten und eher betriebliche Kollaborationsräume brauchen, als auch zu denjenigen, die am liebsten bzw. aufgrund ihrer Tätigkeit oder anderer Gegebenheiten immer im Betrieb arbeiten und fast jeden Tag vor Ort sind. Wichtig ist, die Beschäftigten und die betriebliche Mitbestimmung von vornherein in den Prozess einzubeziehen und nach einer geeigneten Erprobungsphase zu kontrollieren, ob das Konzept aufgegangen ist und die Raumbedarfe deckt.

> Der IT-Dienstleister Atruvia hat in einer den Manteltarifvertrag ergänzenden Gesamtbetriebsvereinbarung »Activity Based Working« die Rahmenbedingungen für mobile Arbeit sowie betriebliche Raum(nutzungs)konzepte inklusive Desksharingquote geregelt. Grundlage für die Raumkonzepte bildet die Bedarfsermittlung (§ 12 der GBV), die in Form einer schriftlichen Abfrage der Erfordernisse an Raum, Technik, Methoden, Arbeitsweisen und Arbeitstypen stattfand sowie durch nachgelagerte »Nutzerinterviews« ergänzt wurde. Ausgegangen wird von ausdifferenzierten Raumbedarfen im Betrieb: Einzelarbeitsplatz mit Desksharing (überwiegend 2-er bis 6-er Arbeitsplatzkombinationen), Einzelarbeitsplatz ohne Desksharing (§ 8 Ausnahmen besondere Arbeitnehmer), Denkfabrik, Telefonbox, Besprechungsraum und -räumchen, Ideenwerkstatt, Kommunikationsfläche und Rückzugsort. Die Umsetzung der neuen Raumkonzepte wird durch eine »Vor- und Nachmessung (2–4 Wochen vor Umzug und zirka 6 Monate nach Umzug) durch Abfrage bei den betroffenen Arbeitnehmern« begleitet, »um Erkenntnisse zur Zufriedenheit und zu etwaigem Nachbesserungsbedarf zu bekommen« (§ 12). Den Beschäftigten wird eine Buchungszone in ihrer Regelarbeitsstätte zugewiesen, an der sie sich entsprechende Plätze buchen können und in der sie ein personalisiertes Schließfach für Arbeitsmittel oder Unterlagen erhalten. (ver.di 2022, S. 23)

Virtuelle Zusammenarbeit und Kommunikation

Im Homeoffice findet die Zusammenarbeit in erster Linie virtuell statt. Damit ist gemeint, dass weniger in direktem persönlichen Kontakt kooperiert wird, sondern mit Hilfe von technischen Arbeitsmitteln wie Telefon, E-Mails oder Videokonferenzen. Hier sind mehrere Gestaltungsfelder wichtig: Erstens geht es um die (auch über mobile Arbeit hinaus genutzten) digitalen Arbeitsmittel, insbesondere Kommunikationsplattformen. Zweitens gilt es, viel stärker in den Blick zu nehmen, welche Rolle informelle Beziehungen spielen und wie sich infolge der räumlichen Trennung vom »sozialen Ort« Betrieb die Form der Zusammenarbeit ändert. Das hat u. a. Auswirkungen auf die Nutzung digitaler Arbeitsmittel (s. dazu den Beitrag von Nadine Müller in diesem Band), auf die Kommunikation untereinander und Anforderungen an Führung.

Informeller Austausch
Relativ früh wurde im Zusammenhang mit mobiler Arbeit erkannt, dass der fehlende Austausch mit Kolleginnen und Kollegen als Belastung wirken kann. Funktionierende Arbeitsbeziehungen und Arbeitsprozesse setzten informelle Kommunikation und informelle Netzwerke voraus. Diese zu ermöglichen, muss als betriebliche Gestaltungsaufgabe verstanden werden. In der Corona-Situation wurde damit experimentiert, über digitale Kommunikationsmittel wie Videokonferenzen die »sozialen« Elemente des Arbeitsalltages – Flurgespräche, Kaffeepausen, Feiern, After-Work-Aktivitäten – zurückzugewinnen. Es gibt erste betriebliche Beispiele dafür, Zeit für diesen sozialen Austausch – auch ohne zwingenden Arbeitsbezug – in einer Vereinbarung zu mobilem Arbeiten »freizustellen«. Zugleich sollte nicht nur der Zeitanteil der betrieblichen Präsenzzeiten hier reflektiert werden, sondern auch der »Sinn« dieser Zeiten: ein gemeinsamer Präsenztag im Team schafft möglicherweise einen größeren »Mehrwert« als viele vereinzelte Präsenztage.

Anforderungen an (virtuelle) Führung
In der virtuellen Zusammenarbeit müssen die Beschäftigten verstärkt »untereinander« Strukturen aufbauen, um Problemlösungen und das soziale Gefüge in der Arbeit zu entwickeln. Zwar findet die Zusammenarbeit weiter im Rahmen (mehr oder weniger enger) betrieblicher Vorgaben statt, aber es ist nicht mehr die Führungskraft, die die Arbeit in einer Gruppe im Detail plant, steuert und kontrolliert. Das oft als Schlagwort angeführte »Vertrauen« kommt hier ins Spiel: Einerseits bedarf es beim »Führen auf Distanz« des Vertrauens der Führungskraft in die Mitarbeiterinnen und Mitarbeiter sowie das Team. Andererseits kann die Führungskraft nicht »selbst« die Vertrauensbildung und ein gutes Zusammenspiel im Team steuern. Die Kooperation resultiert vielmehr aus einer guten Organisation von Prozessen, gelingender Kommunikation und aktiven sozialen Beziehungen. Neben kommunikativen Fähigkeiten sind die wichtigsten »neuen« Anforderungen an Führungskräfte, die Kompetenzen der Beschäftigten zu stärken, Klarheit über Ziele herzustellen und Bedingungen für gesundheitsförderliche Arbeit zu schaffen.

Konflikte um das neue Normal

Integration von neuen Kolleginnen und Kollegen
Diejenigen, die während der Pandemie im Homeoffice eine neue Stelle angetreten haben, wissen, mit welchen Schwierigkeiten und Herausforderungen ein solcher Start einhergeht, wenn man nicht vor Ort ist, um oftmals informell das notwendige Wissen zu sammeln und sich im neuen Job und Arbeitsumfeld gut bewegen zu können. Auch unter den Bedingungen des »Neuen Normal« braucht es Konzepte, damit die neuen Beschäftigten auf formeller wie auf informeller Ebene in die Betriebskultur eingeführt werden, damit sie diejenigen kennenlernen, mit denen sie zusammenarbeiten und in die Lage versetzt werden, sich eigene Netzwerke aufzubauen.

Gewerkschaftspolitik im Neuen Normal

Die Herausforderungen für die Gewerkschaft im Neuen Normal sind nicht unbedingt neu. Durch den Brennglas- und Zeitraffer-Effekt der Corona-Pandemie sind sie aber deutlicher und sichtbarer geworden. Mit dem digitalen Beschleunigungsschub ist auch der Handlungsdruck gestiegen, die Souveränität der Beschäftigten im digitalen Wandel zu stärken und ihre Interessen zu wahren. Dabei gibt es nicht wenige Herausforderungen. Es gibt (noch) kein Recht auf Homeoffice. Es gibt trotz klarer Belege für positive Wirkungen nicht genügend kollektive Regelungen. Der Arbeits- und Gesundheitsschutz ist nicht ausreichend (verbindlich) für das Homeoffice konkretisiert, um flächendeckend gute Standards zu gewährleisten. Und bei der Frage der zukünftig benötigten Flächen im Betrieb hängt es im Moment v. a. an starken Interessenvertretungen, gute Konzepte zu entwickeln, die wohnortnahe Arbeitsplätze und bedarfsgerechte Raumkonzepte für die Beschäftigten sichern. Dafür müssen Beschäftigte beteiligt werden, sie müssen befragt werden und die neuen Umgebungen bewerten. Präsenz bleibt wichtig – der Arbeitsort im Betrieb ist der soziale Raum, an dem (betriebliche) Politik gemacht und erfahrbar wird. Hier entsteht Gemeinschaftsgefühl und wird durch tägliche gute Praxis Vertrauen gestiftet. Von den Interessenvertretungen wird erwartet, dass sie hier ansprechbar und aktionsfähig sind. Die Verlagerung in die digital gestützte Arbeits- und Kommunikationswelt ist längst im Gange. Es haben sich bereits Erfahrungen gebildet, wie die in Präsenz geübten Aktionsformen digital umgesetzt und erweitert werden können: digitale Betriebsversammlungen erreichen dank ihres erweiterten Radius neue Gruppen, digitale Streiks haben erste Erfolge erzielt.

Die Frage ist: Wie können wir – als Beschäftigte und als Gewerkschaft – virtuelle Formate und neue Formen der Souveränität gut nutzen? ver.di-Projekte wie das Projekt »Aktivierende Gewerkschaftsarbeit« oder das »Virtuelle Ehrenamt« und das »Digitale Organisationshandeln« im Rahmen des vom

BMBF geförderten »Digitallabors« (vgl. hierzu auch den Beitrag von Müller in diesem Band) arbeiten heraus, wie sich Ansprache, Aktivitäten an der Basis, Betriebsgruppen- und Vertrauensleute-Strukturen digitalisieren lassen, welche Tools benötigt und welche digitale Plattform dafür geschaffen werden muss. Sie geben auch Hinweise, wo und wann es sinnvoll ist, vom virtuellen Raum in die Präsenz überzugehen.

Gefordert sind alle. Diejenigen, die möglichst viel Virtualität wollen, müssen sich damit beschäftigten, wofür Präsenz notwendig ist, und Präsenz so praktizieren, dass sie für alle Nutzen bringt. Diejenigen, die möglichst viel Präsenz wollen, müssen sich damit beschäftigen, dass viele sich mehr Virtualität wünschen und dass dort Potenziale liegen, die politisch von Bedeutung sind. Sich dem digitalen Wandel zu entziehen, ist keine Option – das hieße nur, dass die Mitgestaltungsmöglichkeiten vor dem digitalen Raum haltmachen.

In den Betrieben und Verwaltungen sind nun gute, mutige und innovative Regelungen gefragt, die beteiligungsorientiert entwickelt und gemeinsam mit den Beschäftigten durchgesetzt werden. Ziel ist es, das »Neue Normal« so zu gestalten, dass es bewährte und neu zu schaffende Standards nicht untergräbt und mittelfristig die psychische und physische Gesundheit fördert.

Literatur

Brenke, Karl (2016): Home Office: Möglichkeiten werden bei weitem nicht ausgeschöpft. DIW Wochenbericht Nr. 5/2016 vom 3. Februar 2016, online unter: https://www.diw.de/documents/publikationen/73/diw_01.c.526038.de/16-5-1.pdf

DAK (2020): Digitalisierung und Homeoffice in der Corona-Krise. Eine Sonderanalyse zur Situation in der Arbeitswelt vor und nach Corona, online unter: https://www.dak.de/dak/bundesthemen/sonderanalyse-2295276.html#/

Institut DGB-Index Gute Arbeit (2021): Jahresbericht 2021. Ergebnisse der Beschäftigtenbefragung zum DGB-Index Gute Arbeit 2021. Berlin

NEPS (2020): Corona und Bildung. Bericht Nr. 3, 13. Oktober 2020. Bamberg

Rump, Jutta/Brandt, Marc (2020): Zoom Fatigue. Ludwigshafen

ver.di (2022): Handbuch Homeoffice. Perspektiven, Daten, Ansätze für die Gestaltung des Neuen Normal. Berlin

ver.di (2019): Gute Arbeit Befragung im Telekom Konzern. Prozess und zentrale Ergebnisse. Berlin

ver.di (2019a): Mobile Arbeit. Empfehlungen für die tarif- und betriebspolitische Gestaltung. Berlin

ver.di (2016): Arbeitszeit und Belastung. Eine Sonderauswertung des DGB-Index Gute Arbeit 2014/15 für den Dienstleistungssektor. Berlin

Rudolf Hickel
Preistreiberei und Inflation
Mit klugen Maßnahmen gegen die neuen Triebkräfte der sozialen Spaltung

1. Wiederkehr der Inflation

Scheinbar über Nacht hat die Inflation mit ihren sozial-ökonomischen Folgen Gesellschaft und Politik herausgefordert. Der durchschnittliche Warenkorb für Güter und Dienstleistungen, die private Haushalte für Konsumzwecke ausgeben, wird im Jahr 2022 gegenüber 2021 wahrscheinlich über 9 Prozent mehr kosten. Diese jüngste Etappe anhaltender Geldentwertung traf Wirtschaft und Politik mehr oder weniger überraschend. Anfangs prägte die Erwartung einer singulären, schnell wieder verschwindenden Inflation die öffentliche Debatte. Damit hatte beispielsweise die Europäische Zentralbank (EZB) ihren Verzicht auf geldpolitisches Gegensteuern zu begründen versucht. Aufgrund der Erfahrungen der vorangegangenen Jahre dominierte eher die Sorge vor einer Deflation, die durch den Preisverfall auf breiter Front zu einem Einbruch der Gewinnwirtschaft und schließlich in den gesamtwirtschaftlichen Absturz hätte führen können. Die Inflationsrate für den Verbrauch der privaten Haushalte bewegte sich mehrere Jahre um die Nulllinie. Die EZB hatte sich dadurch gezwungen gesehen, die viel zu niedrige Inflationsrate mit ihrer Politik des billigen Geldes auf das Niveau der für die gesamtwirtschaftlich stabile Entwicklung angemessenen Zielinflationsrate von wenigstens 2 Prozent zu erhöhen. Das erste Corona-Krisenjahr 2020 schien diese Politik zu bestätigen. Der Verbraucherpreisindex stieg nur um 0,5 Prozent gegenüber 2019. Dafür maßgeblich war der massive Rückgang der gesamtwirtschaftlichen Nachfrage gegenüber den großenteils begrenzten Angebotskapazitäten.

Das nachfolgende Post-Corona-Boomjahr 2021 hat urplötzlich die Wende zu einer kaum mehr für möglich gehaltenen Inflationszunahme eingeleitet. Die wieder steigende Nachfrage stieß auf Einschränkungen beim weltweiten Angebot von Waren und Dienstleistungen vor allem infolge der Lockdowns, und zwar nicht nur in China. Die Stichworte dazu sind bekannt: Produktionsstätten wurden vorübergehend stillgelegt und Lieferketten etwa durch die Schließung strategisch wichtiger Häfen in China unterbrochen. Der nachfolgende Krieg Russlands gegen die Ukraine löste einen neuen Schub an Angebotsproblemen aus. Hier dominieren die politisch gewollten Sanktionen einerseits und die durch Russland verhängten Lieferbeschränkungen andererseits. Abgesehen von wichtigen Nahrungsmitteln rücken die massiv steigenden Preise für importierte fossile Energie, aber auch andere wichtige Rohstoffe in den Mittelpunkt. Corona-Krise und Russlands Krieg gegen die Ukraine haben jedoch auch langfristig preistreibende Einflüsse vor allem in Folge der Globalisierungskrise verschärft.

2. Neuvermessung der Inflationstheorien

Wie ist nun dieser rasante Inflationsanstieg zu erklären? Unterschiedliche Theorien zur Inflation, die traditionellerweise an der Angebots- oder Nachfrageseite ansetzen, werden gehandelt. Auch wird die mit Marktmacht durch die Konzerne durchgesetzte Preisbildung ins Visier genommen. Diese Theorieversuche sind gemessen an den heute wirkenden Triebkräften der Inflation völlig unzureichend. Unter den neuen geopolitischen Herausforderungen sowie der preistreibenden Krise der Hyperglobalisierung bedarf es daher einer von der traditionellen Marktgläubigkeit befreiten Neuvermessung der ökonomischen und politisch erzeugten Ursachen der Inflation. Es geht heute auch um die Frage, ob sich eine Tendenz zur säkularen Inflation andeutet. Dann würde der Preis für den durchschnittlichen Warenkorb der privaten Haushalte auch zukünftig Jahr für Jahr steigen. Oder stabilisiert sich das derzeit allerdings hohe Preisniveau? Wichtige nachfolgend untersuchte Einflussfaktoren verweisen nicht auf einen säkularen Inflationsanstieg, sondern auf eine längerfristig angelegte, strukturelle Verfestigung der Inflation vor allem durch die Energie-, Rohstoff- und Nahrungsmittelpreise.

Die Ursachen der Geldentwertung zu erfassen dient dem Ziel, daraus die gegen die Inflation zu richtenden Instrumente genauer zu benennen. Für Wirtschaft und Gesellschaft spielen aber nicht nur die Ursachen, sondern auch die Folgen einer anhaltend hohen Geldentwertung eine wichtige Rolle. Unbestritten ist: Die Inflation wirkt vor allem ökonomisch und sozial zerstörerisch. Ökonomisch verliert das Signalsystem wettbewerblicher Preisbildung auf den Märkten noch mehr an Kraft als bisher schon – vor allem weil es der Macht der großen Unternehmen ausgesetzt ist. Es droht die Gefahr einer Selbstverstärkung der Inflation, indem in der heutigen Preisbildung die Erwartung weiter steigender Inflation einkalkuliert ist.

Die jüngste Entwicklung belegt aber auch eine historische Erfahrung: Inflation wirkt zutiefst sozial ungerecht. Sie treibt die gesellschaftliche Spaltung zu Lasten der Einkommensschwachen und Armen voran. Eine vierköpfige Familie mit einem verfügbaren Monatseinkommen bis zu 3000 Euro zahlt derzeit den vergleichsweise höchsten Preis für ihren Warenkorb. Viele finanzschwache Haushalte sind bereits heute nicht mehr in der Lage, aus eigener Kraft die Preise für Strom und Gas zu bezahlen. In die Mittelschichten hinein belasten die negativen Realzinsen auf Ersparnisse, die sich nach der Korrektur der Inflationsrate gegenüber dem Nominalzins ergeben, die private Vermögensbildung. Immerhin verweist selbst die Deutsche Bundesbank auf die Erfahrung, dass Kaufkraftverluste »besonders zu Lasten wirtschaftlich schwächerer Bevölkerungsgruppen« gehen.[1]

Dort, wo die existenzielle Grundversorgung auf breiter Front durch steigende Preise untergraben wird, muss sich die staatliche Politik dieser neuen sozialen Frage durch ein zielgenaues System an Ausgleichsmaßnahmen stellen. Schließlich beeinflusst die Inflation auch die sozio-ökonomische Lage der von Erwerbseinkommen abhängig Beschäftigten. Das Tarifvertragssystem weist – bezogen auf die Inflation – eine offene Flanke auf. Über die (reale) Kaufkraft der nominalen Lohnabschlüsse entscheidet am Ende die Höhe der Inflationsrate. Während die Unternehmen ihre Preissetzungsmacht zugunsten der Gewinnsteigerung nutzen können, ist es Aufgabe der Gewerkschaften, im Tarifvertragssystem neben der Teilhabe an der Produktivität und der Umverteilung durch einen angemessenen Inflationsausgleich die Reallohnteilhabe sicherzustellen. Was nützen nominale Lohnzuwächse, wenn durch eine höhere Inflationsrate die Zuwächse der realen Löhne niedriger ausfallen, ja, ins Minus rutschen? Auf die Beschäftigten überwälzte Preissteigerungen belasten deren Einkommens- und Lebenslagen. Zum Gesamtkonzept »gute Arbeit« gehören deshalb faire nominale Entgelte, die über den ausreichenden Inflationsausgleich die Reallohnsicherung als monetäre Voraussetzung der individuellen Entfaltung bilden.

3. Dominanz der importierten Angebotsinflation

Mit der jüngsten Inflationsdynamik, die mit dem verkorksten Post-Corona-Boomjahr 2022 begann, steht die Frage nach deren Ursachen dringender denn je im Mittelpunkt. Die Antworten aus der beratenden Wirtschaftswissenschaft fallen größtenteils erschreckend naiv aus. Das zeigt die auf breiter Front geforderte geldpolitische Wende in Richtung der höheren Zinsen. Durch eine Überflutung mit billigem Geld habe die Europäische Zentralbank monetär die Gesamtnachfrage gegenüber dem gesamtwirtschaftlichen Angebot erhöht und damit die Inflation angeheizt. Im Mittelpunkt steht hier die Übernachfrage gegenüber dem Angebotspotenzial, die nicht nur von der Europäischen Zentralbank monetär unterstützt wird. Nach dieser Logik stehen schnell die weiteren so genannten »außermarktlichen« Schuldigen der Inflation fest. Weitere Inflationstreiber über die gesamtwirtschaftliche Nachfrage sind nach

---

1 Deutsche Bundesbank, Geld und Geldpolitik, 2022, Kapitel 5: »Der Wert des stabilen Geldes«, S. 151.

dieser irrigen Auffassung der Staat mit seinen schuldenfinanzierten Ausgaben und die Gewerkschaften, die die so genannte Lohn-Preis-Spirale antreiben. Die daraus abgeleiteten Vorschläge gegen die Inflation sind: Rückzug des Staates auf die Schuldenbremse mit dem prinzipiellen Verbot der Neuverschuldung sowie eine zurückhaltende Lohnpolitik zur Förderung der unternehmerischen Gewinne auch durch einen weitgehenden Verzicht auf den Inflationsausgleich.

Diese Deutung der Inflation über einen gesamtwirtschaftlichen Nachfrageschub (»demand-pull«) taugt nicht zur Erklärung der aktuellen Inflationsdynamik. Dieser klassische Ansatz einer Überschussnachfrage-Inflation geht von der Annahme aus, es gebe eine Erhöhung der Preise auf breiter Front, also eine insgesamt monetär »aufgeblähte« Wirtschaft. Dagegen stehen heute strategisch relevante Preise auf der Angebotsseite im Mittelpunkt. Triebkräfte der Inflation sind die Preise für importiertes Angebot vor allem im Bereich fossiler Energien sowie weiterer wichtiger Rohstoffe und Nahrungsmittel. Hinzu kommen strategisch wichtige Güter wie Halbleiter (Chips) aus dem Ausland, die nicht nur wegen unterbrochener Lieferketten den Weg ins Inland nicht finden.

Gegenüber der behaupteten Überschussnachfrage-Inflation dominiert heute die importierte Angebotsinflation. Die folgende Kette zeigt am Beispiel der Energie, wie der Verbraucherpreisindex durch die horrenden Einfuhrpreise getrieben wird: Über den Einsatz des importierten Vorprodukts Energie steigen zuerst die Erzeugerpreise in der inländischen gewerblichen Wirtschaft, die dann grundsätzlich an den Endverbrauch weitergegeben werden.

Abb. 1: Importierte Angebotsinflation am Beispiel Energie für Mai 2021 und 2022	Gute Arbeit
Einfuhrpreise Energie › Erzeugerpreise Energie › Haushaltsenergie im Verbraucherpreisindex (VPI) › Anstieg der Preisindizes für Mai 2022 gegenüber Mai 2021 (in %)	
1. Index der Einfuhrpreise: Energie	143,8 %
2. Index der Erzeugerpreise gewerblicher Produkte (Inlandsabsatz) Energie	87,1 %
3. Verbraucherpreisindex in Deutschland: Haushaltsenergie (Strom/Gas/andere Brennstoffe, 6,882 % des Warenkorbs)	36,8 %

Der Index für die Einfuhrpreise im Bereich der fossilen Energiequellen ist im Trend seit Anfang 2022 stark gestiegen. Über die Nachfrage nach diesen Vorprodukten wird der Preisanstieg auf die gewerbliche Wirtschaft übertragen.

Diese wiederum versucht ihre dadurch ausgelösten höheren Preise über deren Energienachfrage an die privaten Haushalte (Strom/Gas/andere Brennstoffe) zu überwälzen. Dabei ist die Frage, in welchem Ausmaß die Überwälzung durch die gewerbliche Wirtschaft im Inland an die Verbraucherinnen und Verbraucher durchgesetzt wird, nicht eindeutig zu beantworten. Zum Teil werden auch darüberhinausgehende Preissteigerungen zu Lasten der privaten Haushalte, so die Beobachtung der Deutschen Bundesbank, durchgesetzt. In den Märkten mit starkem Wettbewerb bleibt jedoch die gewerbliche Wirtschaft zum Teil auch auf ihren höheren Preisen sitzen. Soweit die Überwälzung nicht erfolgt, ist mit einem Potenzial für den künftigen Anstieg des Verbraucherpreisindexes zu rechnen.

Die Rechnung für importierte Inflation wird jedoch nicht nur durch die Preise der ausländischen Anbieter bestimmt. Für den Rechnungsbetrag im Inland ist der Wechselkurs relevant. Soweit die Lieferungen vorwiegend in US-Dollar fakturiert werden, wird der Preis im Importland durch den US-Dollar-Euro-Wechselkurs beeinflusst. Da in letzter Zeit der Euro gegenüber dem Dollar an Wert verloren hat, also der Euro-Preis für einen Dollar gestiegen ist, hat diese Abwertung für die inländische Bezahlung zu steigenden Einkaufskosten in Deutschland geführt. Damit leidet Deutschland unter der doppelten Last: Zu den durch ausländische Produzenten gesetzten hohen Preisen kommt der Abwertungseffekt hinzu. Dagegen profitiert die Exportwirtschaft nach der Umrechnung in Euro von den höheren Dollareinnahmen. An dieser Stelle kommt die Geldpolitik der EZB ins Spiel. Die Notenbank kann zwar mit einer Politik steigender Zinssätze gegenüber den USA die über den Dollarraum gelenkten Finanzanlagen Aufwertungseffekte zugunsten der deutschen Importeure zurückholen. Diesem Vorteil steht aber die Exportwirtschaft gegenüber, die durch die Aufwertung Erlöse einbüßt.

4. Wesentliche Ursachen der Angebotsinflation

Bei der aktuellen Inflationsentwicklung lassen sich sehr unterschiedliche endogene, exogene, aber auch politisch gewollte und geopolitisch erzwungene Einflüsse ausmachen: Das Ursachenbündel Corona-Krise gehört zu den exogenen Schocks. Nach dem Absturz der Wirtschaft mit nahezu einer Nullinflation im Jahr 2021 infolge der Lockdown-Maßnahmen startete der Einstieg in die Inflation. Einfluss hatte zumindest vorübergehend auch der Basiseffekt. Vom niedrigen Preisniveau im Corona-Krisenjahr 2020 haben die nachfolgend in Richtung Normalisierung steigenden Preise die Inflationsrate nach oben getrieben. Erstmals gewannen die unterbrochenen Lieferketten entscheidenden Einfluss auf die Preise. Mit dem dann folgenden Krieg Russlands gegen die Ukraine und den dagegen gerichteten Sanktionen und

Lieferbeschränkungen ist die über Jahrzehnte für alle Beteiligten vorteilhafte Verflechtung vor allem im Bereich fossiler Energien in eine machtpolitisch missbrauchte, bedrohliche Abhängigkeit umgeschlagen.

Mit diesem doppelten Schock – durch die Corona-Krise und den Eroberungskrieg Russlands gegen die Ukraine – sind zugleich brennpunkthaft längerfristig angelegte strukturelle Triebkräfte der Inflation offensichtlich geworden. Ursache ist die schon länger erkennbare Krise der Hyper-Globalisierung. Schließlich haben politisch gewollte Maßnahmen die gesamtwirtschaftliche Preisbildung beeinflusst. Beispiele sind das Klimaziel von 1,5 Grad auch durch Einsatz ökologischer Preisaufschläge sowie die Sicherung fairer Bezahlung und Arbeitsbedingungen auf allen Ebenen der Wertschöpfung in der Welt.

Die wichtigsten Einflussgrößen und Triebkräfte der Inflationsentwicklung werden nachfolgend aufgelistet. Damit sind auch die Ansatzpunkte gegen die Inflationsbekämpfung identifizierbar.

Inflationstreibende Lieferkettenstörungen
Die Voraussetzung funktionierender Globalisierung sind engmaschige Lieferketten zwischen den weltweit verteilten Produktionsstandorten und den zu bedienenden Märkten. Wenn diese Lieferketten nicht reibungslos funktionieren, dann schlagen die Vorteile der internationalen Arbeitsteilung in Liefer- und schließlich Produktionsstopps um. Angetrieben durch die Wahl von Standorten mit besonders niedrigen Arbeitskosten und geringen Umweltanforderungen irgendwo in der Welt ist die Produktion vor allem über Konzerne aus deren Mutterland ausgelagert worden. Klappen die Lieferketten nicht oder fallen gar Produktionsstandorte aus, sind Versorgungsprobleme programmiert. Zuvor nur singulär, etwa durch eingestürzte Produktionsgebäude oder Havarien (Super-Containerschiff »Ever Given« im Suezkanal), hat die Corona-Pandemie vor allem durch rigorose Lockdowns in China zu Produktions- und Lieferausfällen geführt. Die Folge dieser Angebotsverknappung sind steigende Preise, die die gesamtwirtschaftliche Inflation antreiben.

Die Kosten-Nutzen-Analyse der Globalisierung muss um diese Krisenerfahrungen ergänzt werden. Längerfristige Gegenmaßnahmen zur Vermeidung anfälliger Lieferketten sind erforderlich. Diskutiert wird die Rückwanderung der Produktionsstätten in das jeweilige Ursprungsland (Re-Sharing) oder aber zumindest in einigermaßen stabile Nachbarländer (Near-Sharing). Die US-Finanzministerin Janet Yellen votiert auch unter dem Eindruck des Ukrainekriegs für ein »Friendly Sharing«, also für eine Standortwahl in politisch befreundeten Ländern. Allerdings ist die Rückwanderungsstrategie wegen instabiler Freundschaften nicht risikolos. Weltweit operierende Unternehmen sind längst dabei, Geschäftsmodelle auf der Basis von resilienten Lieferstrukturen durchzusetzen. So nimmt auch die Zahl der deutschen Unternehmen zu, die sich nicht nur wegen der Lieferprobleme aus China zurückziehen. Aufgebaut werden neue Produktionsvernetzungen und Lieferketten. Für die künftige Entwicklung des Angebots von Waren bietet diese Korrektur der Globalisierung Preisvorteile. Steigende Preise mit Auswirkungen auf den Verbraucherpreisindex durch Lieferschwierigkeiten aus entfernten Ländern, die die dortigen Kostenvorteile übersteigen, werden mit der Neuordnung der internationalen Verflechtung reduziert.

Faire Preise auf allen Ebenen der Wertschöpfungsketten
Während die Lieferkettenrisiken wegen des fehlenden Angebots gegenüber der Nachfrage inflationstreibend wirken, erzwingt die Globalisierung Preissteigerungen. Es geht um internationale Wertschöpfungsketten mit extrem unterschiedlichen Arbeits- und Umweltbedingungen. Um über niedrige Preise den gewinnbringenden Absatz im Importland zu sichern, wird vor allem in den ersten Stufen der Wertschöpfung auf Billiglohnländer gesetzt. Genutzt werden Armutslöhne, Kinderarbeit und Frauendiskriminierung. Dazu kommt der Verbrauch der Umwelt als scheinbar billige Ressource. Am Ende der Wertschöpfungskette stehen dann die beispielsweise billigen Textilangebote für den Massenkonsum in den Industrieländern. Viel zu langsam setzt sich die Erkenntnis durch, dass gemessen an den sozialen Kosten der Ausbeutung der Menschen und den Belastungen der Umwelt diese Produkte viel zu billig kalkuliert sind.

Die Antwort auf diese Fehlentwicklung der Globalisierung lautet: Steigende Preise durch die Kosten für die Gewährleistung humaner Arbeitsbedingungen und für den schonenden Umgang mit der Umwelt. Es geht um die Durchsetzung der »wahren Preise«, die die Existenz sichernden Löhne und die Schonung der Umwelt auch betriebswirtschaftlich abbilden. Dazu dient die Idee, auf jeder Stufe der Wertschöpfung soziale und ökologische Mindestsicherungen durchzusetzen. Gegenüber der zerstörerischen Hyper-Globalisierung wird damit auf eine sozial und ökologisch regulierte Globalisierung umgeschaltet. In Deutschland steht für die Einlösung dieser weltweit verpflichtenden Regulierung das heftig umstrittene und unzureichende »Lieferkettensorgfaltspflichtengesetz«.

Also, die gegen die Billigpreise gerichteten Preise setzen Zeichen für das Ende der Ausbeutung von Beschäftigten und der Natur. Die daraus folgenden verantwortbaren höheren Preise mit ihrem Einfluss auf den Verbraucherpreisindex sind politisch als Korrektur einer entfesselten, gesellschaftlich blinden Globalisierung politisch gewollt. Das Ziel der bisherigen Hyper-Globalisierung durch die Produktion am betriebswirtschaftlich billigsten Standort der Welt muss weltweit geächtet werden. Die politisch zugelassene, sozial und ökologisch zu rechtfertigende Überwindung dieser Billigpreise vergrößert am Ende den Einfluss auf den Verbraucherpreisindex.

Monopolistische Globalisierung treibt Greedflation
Eine der wichtigsten Säulen der ökonomischen Rechtfertigung der Globalisierung ist die Erzählung von der Durchsetzung eines protektionsfreien Wettbewerbs, der allen, den Produzenten und Konsumenten, Wohlstand bringen soll. Seit Jahrzehnten widerlegt jedoch die reale Entwicklung diese neoliberale Doktrin. Sicherlich sind durch die weltweite Öffnung des internationalen Wirtschaftens nationalstaatlich protektionistische Preise abgebaut worden. Preistreibend wirkt die mit der Globalisierung wachsende Konzentration auf den Weltmärkten zugunsten der multinationalen Konzerne. Die Konzerne nutzen ihre Preissetzungsmacht zur Renditemaximierung zu Lasten der Verbraucherinnen und Verbraucher. Monopolistisch bestimmte Märkte treiben strategisch wichtige Preise nach oben. Sie entpuppen sich als Preistreiber im Verbraucherpreisindex.

In den USA ist unter dem aktuellen Regime völlig überhöhter Preise vor allem der Tech-Giganten wieder einmal eine heftige Debatte über die Rolle der multinationalen Großkonzerne ausgebrochen. Dabei steht die Preissetzungsmacht, mit der die Profitmargen gesteigert werden, im Mittelpunkt. Von Greed, der Gier zur Preistreiberei ist die Rede. Unmissverständlich wird auf die die Inflation beschleunigende Gier im Einsatz für Extraprofite betont. Deshalb wird von »Greedflation« (»Gierflation«) gesprochen.[2] Ein Teil der aktuellen Inflation ist auch in Deutschland durch die wettbewerbseinschränkende Preissetzungsmacht der Großkonzerne zu verantworten.

Ein aktuelles Beispiel für die preistreibende Konzentration in der Globalisierung sind die fünf deutschen Öl-Multis: BP (Aral), Phillips 66 (Jet), Exxon Mobile (Esso), Shell und Total mit insgesamt 65 Prozent Marktanteil im Öl-Sektor. Diesen fünf Oligopolen gelingt es, durch eine abgestimmte Preispolitik ihre Marktmacht zu steigern. Das Bundeskartellamt sprach bereits vor Jahren von »marktbeherrschenden Oligopolen«. Zugespitzt formuliert: Die fünf Oligopole wirken zumindest mit ihrem gemeinsamen Ziel, Preissetzungsmacht zu entfalten, wie ein globales Monopol. Dabei erfolgt die Preisabstimmung über ein höchst intransparentes und kaum kontrollierbares Sys-

---

2 Siehe: Bastian Brinkmann, »Gierflation« Wie viel Gier steckt hinter den steigenden Preisen?; in Süddeutsche Zeitung vom 19.07.2022 (https://www.sueddeutsche.de/projekte/artikel/wirtschaft/inflation-und-gierflation-wie-viel-gier-in-der-inflation-steckt-e526507).

tem. In der wirtschaftswissenschaftlichen Theorie der Preisbildung ist schon lange von einer »barometrischen Preisführerschaft« die Rede. Hier werden ohne direkte persönliche Absprachen – wie im Rahmen der früheren »Frühstückskartelle« – gleichgerichtete Preisänderungen in »Realtime« bei den Tankstellen durchgesetzt. Heute erleichtert der Einsatz von Algorithmen die anonymisierte Preisanpassung. Programme zur automatischen Ausführung sich wiederholender Aufgaben auf der Basis von Softwaretools zur Preiserhebung erleichtern diese unsichtbare Preiskoordination zwischen den Ölkonzernen. Was das Bundeskartellamt mit einer umfangreichen Sektorenstudie bereits 2011 nachgewiesen hat, wird durch neuere Untersuchungen belegt: Die fünf größten Mineralölkonzerne haben unter sich keinen wesentlichen Wettbewerb. Sie nutzen ihre monopolistische Marktmacht per abgestimmten Verhalten.[3] Dazu dient auch die Marktmacht, die durch die vertikale Integration der Wertschöpfungsebenen dieser Monopole verstärkt wird. Vertikale Integration heißt: Die Geschäftsbereiche der Mineralölkonzerne reichen von der Ölförderung über die Raffinerien zusammen mit der Transportsicherung bis zu den Tankstellen. Da verwundert es nicht, dass in der aktuellen Energiekrise Monopolmacht-Preispolitik betrieben worden ist. Das zeigt sich an den Preisen der Tankstellen, die deutlich über den Rohölpreisen liegen.

Dieser wettbewerbsinkonforme Machtmissbrauch durch monopolistische Preisbildung ist auch im Zuge der Steuersenkung auf Benzin und Diesel (»Tankrabatt« von Juni bis August 2022) sichtbar geworden. Durch eine geschickte Preispolitik im Umfeld der Einführung des Tankrabattes konnten diese Extragewinne mitgenommen werden.[4] Die fünf Oligopole in der Mineralölbranche haben den zur Entlastung der Verbraucherinnen und Verbraucher vorgesehenen Tankrabatt größtenteils mitgenommen. Dass das Ausmaß dieses quasimonopolistischen Verhaltens wegen der angewendeten Techniken zur Anonymisierung durch die Politik kaum nachvollziehbar ist, gehört zum Geschäftsmodell dieser Oligopole.

Es gibt viele Vorschläge, diese konzentrationsbedingte Preistreiberei mit Öl zu stoppen. Dazu gehören Preiskontrollen und Preisdeckel. In die Debatten des Jahres 2022 ist auch eine zeitlich befristete zusätzliche Besteuerung der aus der Preissetzungsmacht ermöglichten Übergewinne auf die Agenda

---

3   Bundeskartellamt, Sektorenuntersuchung Kraftstoffe: Abschlussbericht Mai – Zusammenfassung. Zum grundsätzlichen Zusammenhang von Wettbewerb und Algorithmen: Justus Haucap, Mögliche Wohlfahrtswirkungen eines Einsatzes von Algorithmen (Working-Paper); in: DICE Ordnungspolitische Perspektiven, No. 109.

4   Das Ifo-Institut teilt mit, die Ölkonzerne gäben nach Untersuchungen des Instituts die Tankrabatte zu 85 bis 100 Prozent weiter (www.ifo.de, 14.6.2022). Die angewendete Methode ist allerdings umstritten: Verglichen wird Deutschland nur mit Frankreich (ohne Tankrabatt), bezieht man allerdings Österreich ein, sinkt der positive Effekt.

gesetzt worden.[5] In vielen Ländern werden solche Modelle auch auf dem Hintergrund der historischen Erfahrungen in den USA und in England veranlasst. Trotz methodischer Probleme: Die Besteuerung der Übergewinne ist unter Nutzung bisheriger Erfahrungen machbar. Die Einnahmen sollten zur Finanzierung des wegen der Inflation erforderlichen Lastenausgleichs für Finanzschwache genutzt werden.

Am besten wäre es allerdings, die Extragewinne überhaupt nicht entstehen zu lassen. Dazu müsste die Quelle der Übergewinne zugeschüttet werden. Das heißt konkret, eingedämmt werden muss die Preissetzungsmacht durch die Auflösung monopolistisch wirkender Oligopole. Die vielfach geforderten Kontrollen durch das Bundeskartellamt und die Schaffung von Markttransparenz reichen gegenüber dieser Preissetzungsmacht nicht aus. Wegen der Macht dieser Konzerne, die sich Kontrollen entziehen können, ist die Option der Dekonzentration durch Entflechtung zugunsten der Wettbewerbswirtschaft einzubeziehen. Faire Wettbewerbsbedingungen nicht nur auf den Ölmärkten wirken gegenüber der heutigen Entwicklung wie Preisbremsen. Solange die inflationstreibende Preispolitik durch die Entmachtung der Konzerne nicht wirksam wird, sind die durch eine Sondersteuer abzuschöpfenden Gewinne zur Finanzierung von Entlastungsprogrammen aber auf jeden Fall unvermeidbar.

Preistreibende Spekulationsgeschäfte mit Waren auf den Finanzmärkten
Eng verbunden mit der allgemeinen Preistreiberei durch die multinationalen Konzerne in der Produktionswirtschaft ist der Einfluss des Finanzsektors auf die Rohstoff- und Nahrungsmittelpreise. Dort dominieren von der realen Wirtschaft abgekoppelte Spekulationsgeschäfte auf erwartete Gewinne mit Rohstoffen wie Öl, Metallen und Nahrungsmitteln wie Getreide. Dazu wird das der Realwirtschaft entzogene Finanzkapital für Spekulationsgeschäfte über Warenterminbörsen eingesetzt. Die Akteure sind institutionelle Anleger (Pensionskassen, Versicherungen, Stiftungen und Vermögensverwalter). Hinzukommen die machtvollen Hedgefonds, die weltweit Finanzkapital mit dem Versprechen einsammeln, hohe Renditen zu realisieren. Wichtigstes Spekulationsinstrument sind die Finanzderivate auf der Basis der Rohstoffe. Sie werden ohne jeglichen Wertschöpfungsbezug mit dem Ziel eingesetzt, durch heutige Spekulationen auf spätere Preise bzw. Gewinne Vermögenseinkünfte zu erzielen.

---

5   Zum Überblick: Rudolf Hickel/Henri Schneider: Steuermythos »Die Übergewinnnsteuer wäre das Ende der sozialen Marktwirtschaft«, in: https://steuermythen.de/ am 10. Oktober 2022; s. auch Rudolf Hickel, »Reibach mit Rabatt: Öl-Multis außer Kontrolle, in »Blätter für deutsche und internationale Politik«, Heft 7/2022, S. 29–32.

Die preistreibende Wirkung durch Spekulationen wird durch die meisten Studien zu den Energie- und Nahrungsmittelpreisen belegt. Auf der Basis umfangreicher Untersuchungen hat dies auch die für die Warenterminbörsen zuständige Aufsichtsbehörde in den USA (CFTC) etwa für Weizen nachgewiesen. Hinzu kommen die gleichlautenden Ergebnisse der Studien von Aufsichtsbehörden auch in Europa sowie von Institutionen wie dem Internationalen Währungsfonds. Da die Spekulationsgeschäfte nicht nur die Inflation antreiben, sondern auch die wachsende Instabilität des Finanzsystems erhöhen, gibt es immer wieder Vorschläge, die Warenterminbörsen stärker zu regulieren. Japan hat beispielsweise Future-Geschäfte mit Reis an der zuständigen Warenterminbörse grundsätzlich untersagt. Ein solches Verbot sollte für den Weizen aus der Ukraine verhängt werden. Zumindest gilt nicht nur in den USA für Öl, Metalle und Getreide eine Begrenzung der Kontrakte in der Hand eines Händlers (»position limits«).

Robo-Trader: Macht der Algorithmen treibt Ölpreise

Die Preise am Weltölmarkt werden heute maßgeblich durch den automatisierten Handel auf den Spotmärkten (Heute-und-Jetzt-Markt) nach oben getrieben. Schon seit Jahren sind die klassischen manuellen Transaktionen durch Robo-Handel verdrängt worden. Öl ist ein Vermögenswert, mit dem abgetrennt von der realen Wirtschaft, allerdings mit negativen Folgen für diese spekuliert wird. Fundamentaldaten wie die real-ökonomisch bestimmte Nachfrage nach und das Angebot von Öl spielen dabei keine Rolle. Über Algorithmen, die auf die spekulationsgetriebene Marktdynamik ausgerichtet sind, erfolgt eine Automatisierung der Prozesse im Selbstlauf. In einer Studie wurde der rasante Anstieg der Energiegeschäfte durch automatisierte Eingaben zuletzt für 2019 auf 80 Prozent geschätzt. Heute liegt der Anteil der automatisierten gegenüber den manuellen Kontrakten sicherlich deutlich über 90 Prozent. Durch die Nutzung Künstlicher Intelligenz ist Öl der Stoff für Wettgeschäfte. Das zeigt auch die massive Zunahme der Derivategeschäfte mit der Absicht, sich gegen die Risiken abzusichern. Die Folge dieses Robo-Trading ist ein extremes Herdenverhalten, das bei hoher Volatilität die Ölpreise spekulativ nach oben treibt. Um die Ölpreise von der preistreibenden Profitgier durch Wetten zu befreien und wieder die Fundamentaldaten zur Geltung kommen zu lassen, müssten die Regulierungsbehörden den computergesteuerten, also automatischen Öl-Handel mit Terminkontrakten verbieten. Obwohl die wachsende

Krisenanfälligkeit über die Finanzmärkte die Gesamtwirtschaft anzustecken droht und ökonomische Effizienzverluste belegt sind, fehlt der Mut zur ordnungspolitischen Regulierung. So lange es bei den automatisierten Transaktionen auf den Spotmärkten bleibt, werden nicht nur die Ölpreise über Spekulationen auf Extraprofite nach oben getrieben. Die Folgen tragen die Realwirtschaft und am Ende die einkommensschwachen privaten Haushalte über spekulativ überhöhte Preise. Nicht nur die Mineralölkonzerne, sondern die Spekulanten auf den abgetrennten Finanzmärkten mit dem Einsatz der Robo-Trader sind auch für die hohen Ölpreise verantwortlich.

Zusammengefasst: Die durch die Corona-Krise und den Krieg Russlands gegen die Ukraine steigenden Preise für Rohstoffe wie Gas und Öl sowie Getreide vor allem durch Angebotsverknappung und gebrochene Lieferketten werden auch noch durch Spekulationsgeschäfte nach oben getrieben. So sind es beispielsweise nicht nur die Öl-Multis, die den Ölpreis nach oben treiben. Massiven Einfluss haben die von der Realwirtschaft abgetrennten Finanzmärkte, auf denen die Investoren ihre Spekulationsgewinne mit riskanten Instrumenten am Ende auch zu Lasten der Gesamtwirtschaft durchzusetzen versuchen. Zur Bekämpfung dieser Preistreiberei durch Spekulationsgeschäfte gehört die Rückführung der Warentermingeschäfte auf Geschäfte zur Absicherung gegen Preisrisiken per manueller Kontrakte.

Ökologische wahre Preise durch CO_2-Aufschläge
Neben der politisch gewollten Preiserhöhung, die sich gegen Kostenersparnisse durch die Ausbeutung von Arbeit und Umwelt innerhalb der Wertschöpfungskette richtet, gibt es einen weiteren Bereich politisch gezielt eingesetzter Preisaufschläge. Es handelt sich um die Preise, die zur Steuerung des ökologischen Umbaus eingesetzt werden. Diese Preisaufschläge für die CO_2-Emission sollen zur Erreichung des Klimaziels Erderwärmung mit nicht mehr als 1,5 Grad beitragen. Dabei werden zwei Modelle der Verpreisung dieser Emissionen genutzt: Im Mittelpunkt steht der Preisaufschlag auf Produkte im Ausmaß der ausgestoßenen CO_2-Mengen. Dadurch wird Einfluss auf das preisabhängige Verhalten genommen. Höhere Kosten durch Umweltaufschläge erhöhen den Druck in Richtung Reduktion bzw. eines Ausstiegs aus der CO_2-lastigen Produktion. Hier steht die Grundidee von Arthur Cecil Pigou Pate, der 1920 die nach ihm benannte Steuer vorschlug. Bisher ohne Preisaufschlag externalisierte soziale Umweltkosten werden jetzt verursachungsbezogen angerechnet, d.h. internalisiert. Wer einen PKW mit fossilem

Brennstoff fährt, muss über die Privatkosten hinaus für die durch den CO_2-Ausstoß erzeugten Umweltkosten einen Preis bezahlen. Ob diese Lenkungsfunktion gelingt, hängt von der Höhe der CO_2-Abgabe und der Möglichkeit des Umstiegs ab. Die Abgabe bringt Einnahmen, die für umweltpolitische Projekte sowie soziale Ausgleichsmaßnahmen genutzt werden sollten.

Ein weiteres Instrument der Verpreisung von Umweltbelastungen ist das System der Umweltzertifikate vor allem für die Energiewirtschaft und in der energieintensiven Industrie sowie im Verkehr und bei den Gebäuden. Auf der Basis einer politisch zugeteilten Grundausstattung besorgen sich die Unternehmen die für ihren CO_2-Ausstoß erforderlichen Zertifikate an der Börse. Überschüssige Zertifikate in der Hand eines Unternehmens können dort verkauft werden. Die Notierung der Preise für diese Zertifikate resultiert aus dem Angebot und der Nachfrage. In Deutschland ist der Handelsplatz für das EU-weit organisierte EU-ETS (European Union Emissions Trading System) die Börse in Leipzig.

Jedoch nicht nur die politisch direkt gewollten Preise durch die CO_2-Erfassung über die Umweltabgabe sowie die Umweltzertifikate erhöhen den Verbraucherpreisindex. Hinzu kommen die indirekten Wirkungen. Durch den ökologischen Umbau mit dem Ausbau der Windenergie steigen die Nachfrage und damit die Preise beispielsweise für Kupfer und Aluminium. Diese indirekten Preiseffekte schlagen auf den Preisindex des Endverbrauchs durch. Bisher gibt es nur erste Ansätze gesamtwirtschaftlicher Analysen zum Einfluss der ökologischen Transformation auf die Struktur strategisch wichtiger Preise sowie den gesamten Verbraucherpreisindex. Erste Hinweise gibt es zu dem für Deutschland beschlossenen Pfad der Erhöhung der CO_2-Preise. Vorgesehen ist für den CO_2-Preis pro Tonne in den Bereichen Verkehr und Wärme: 2021 25 Euro / 2022 30 Euro / 2023 35 Euro / 2024 45 Euro / 2025 55 Euro. Ab 2026 setzt die Versteigerung der Zertifikate allerdings innerhalb eines Korridors von 55–65 Euro ein. Zur Frage nach dem Beitrag der CO_2-Bepreisung liegen für die erste Stufe mit 25 Euro pro Tonne in 2021 erste Berechnungen vor. Die Deutsche Bundesbank schätzt die Auswirkungen des CO_2-Bepreisungssystems insbesondere für die Sektoren Verkehr und Wärme auf die Inflation (HVPI) mit 0,25 Prozentpunkten in 2021.[6] Der »Sachverständigenrat zur Begutachtung der gesamtwirtschaftlichen Entwicklung (SVR) ermittelt: Für einen durchschnittlichen Haushaltstyp trägt 2021 die Einführung eines CO_2-Preises für die Sektoren Wärme und Verkehr mit 25 Euro pro Tonne

---

6 Deutsche Bundesbank, Monatsbericht Dezember 2019, 71. Jahrgang, Nr. 12, Frankfurt am Main.

direkt und indirekt mit 1,06 Prozentpunkten zur Inflation bei.[7] Für die Folgejahre ist heute schon Jahr für Jahr eine weiterhin wachsende Inflationsrate programmiert.

Die durch die Umweltpolitik verursachten Preiseffekte auf die Inflationsrate werden unter dem Stichwort »Greenflation« strittig diskutiert.[8] Dabei ist der Begriff sicherlich unglücklich gewählt. Denn die Gefahr der Inflation schafft Ängste und damit Widerstand gegen den notwendigen ökologischen Umbau. Dagegen gilt allerdings: Die politischen Maßnahmen zur Verpreisung der Umweltkosten sind für eine nachhaltige Zukunft unverzichtbar. Anders herum, ein Verzicht auf die Internalisierung von Umweltkosten im Preissystem würde der Gesellschaft durch die Klimakatastrophe teurer zu stehen kommen, wäre am Ende nicht mehr bezahlbar. Die durch Umweltauflagen bedingten höheren Preise von heute ersparen der Gesellschaft morgen eine nicht mehr bezahlbare Klimakatastrophe. Solange diese über Preise überwälzten Umweltkosten nicht durch Preissenkungen an einer anderen Stelle ausreichend kompensiert werden, steigt die Inflationsrate der privaten Haushalte. Dies ist in einer Politik der Nachhaltigkeit unvermeidbar. Da jedoch der Kaufkraftentzug die finanzschwachen Privathaushalte existenziell besonders trifft, muss die Greenflation durch einen sozialen Ausgleich für die Zusatzbelastungen begleitet werden. Hierher gehört der Vorschlag eines Klimageldes, das pro Kopf an alle ausbezahlt wird.

Überlagernde Preistreiberei durch Blockbildung und Krieg
Bisher sind die in das ökonomische Geschehen eingebetteten wichtigsten Preistreiber erläutert worden. Sie werden durch eine nicht für möglich gehaltene Aufkündigung der politischen Basis des grenzübergreifenden Wirtschaftens in Europa überlagert. Im Mittelpunkt steht der russische Angriffskrieg gegen die Ukraine. Dadurch ist ein Preisschub vor allem bei den importierten fossilen Energien aus Russland ausgelöst worden. Angebotsengpässe durch Embargomaßnahmen gegen Russland sowie Lieferreduktionen durch Russland kennzeichnen die Lage. Die Angebotsverknappung droht mit der Verschärfung des militärischen Konflikts in einen Totalausfall umzuschlagen. So lange etwa die ausgefallenen Mengen an Gas nicht ausreichend durch einen

---

7 Lukas Nöh, Felix Rutkowski, Milena Schwarz, Auswirkungen einer CO_2-Bepreisung auf die Verbraucherpreisinflation; Sachverständigenrat zur Begutachtung der gesamtwirtschaftlichen Entwicklung; Arbeitspapier 03, Mai 2020.
8 Zum Überblick: Rudolf Hickel, Grün und sozial: Mit der Greenflation zur Transformation; in: Blätter für deutsche und internationale Politik, Heft 2/2022, S. 21–24; Grundlegende Kritik am Konzept »Greenflation« bei Maurico Vargas, Warum das Gerede von der »grünen« Inflation sachlich falsch ist; in: Makronom vom 16.02.2022.

zügigen Umstieg in Alternativenergien sowie durch massive Einsparungen kompensiert werden können, sind weitere Preissteigerungen sowie Verluste beim wirtschaftlichen Wachstum mit Folgen für die Beschäftigung zu erwarten. Die sozialen Belastungen konzentrieren sich auf die Finanzschwachen. Die über die Inflation erzeugte neue soziale Frage lässt nur eine Antwort zu: Kaufkraftverlusten muss mit einer Politik des sozialen Ausgleichs über die öffentlichen Haushalte begegnet werden.

Die militärische Intervention Russlands legt ein verallgemeinerbares Grundproblem der Globalisierung offen. Die bittere Erkenntnis lautet: Die wirtschaftliche Verflechtung, die allen beteiligten Ländern bisher Wohlstandsgewinne gesichert hat, konnte trotz dieser ökonomischen Interessenkonvergenz aus sich heraus nicht genügend an politischer Absicherung für eine friedliche Koexistenz schaffen. Ralph Norman Angell, der Friedensnobelpreisträger von 1933, irrt mit seinem hochgelobten Standardwerk: »Die falsche Rechnung – Was bringt der Krieg ein?« Seine These vom Krieg, der sich wegen der ökonomischen Schäden für keine Seite mehr lohnt, wurde zur Kernbotschaft der Friedensbewegung. Sie hat jedoch ihre Gültigkeit zuletzt mit dem auch aus russischer Sicht ökonomisch sinnlosen Angriff auf die Ukraine verloren. Die bilaterale Verflechtung zum Wohle Russlands und Deutschlands trieb – verbunden mit der Hoffnung auf »Wandel durch Handel« – die Entspannungspolitik von Willy Brandt seit Beginn der 1970er Jahr an. Anfangs waren es die bilateralen Geschäftsbeziehungen mit Gas aus Russland gegen Röhren aus Deutschland. Später kam bei den Austauschgeschäften der Export technologisch hochwertiger Produkte nach Russland hinzu. Mit der kriegerischen Intervention ist die immer schon fragile friedliche Koexistenz als Basis intensiver bilateraler Wirtschaftsbeziehungen weggebrochen. Die nach den Kriterien internationaler Arbeitsteilung viele Jahre vernünftigen Verflechtungen sind durch den russischen Angriffskrieg in bedrohliche Abhängigkeiten umgeschlagen. Ein wichtiges Mittel gegen die Verbraucherpreisinflation und die dagegen gerichteten Maßnahmen des sozialen Ausgleichs wäre das sofortige Ende des Krieges und damit die Rückkehr zu den sozialen und umweltpolitischen Aufgaben.

5. Im Überblick: Drei folgenreiche Irrtümer der nachfrageinduzierten Inflation

Heute stehen bei der Inflation die exorbitant steigenden Preise des importierten Angebots vor allem in den Bereichen Energie und Nahrungsmittel an erster Stelle. Dagegen muss die Suche nach den Inflationsursachen auf der Seite der überschüssigen Nachfrage, die durch die Geldpolitik monetär forciert wird, scheitern. Dies gilt für die vielen Vorschläge zur Bewältigung der behaupteten Nachfrageinflation. Hier dominiert eher der neoliberal-ideologische Glaube an die sich selbst stabilisierenden Marktkräfte, die einerseits immer genügend Nachfrage generieren. Sollte andererseits Überschussnachfrage durchgesetzt werden, dann wird eine Inflation auf breiter Front unvermeidbar. Nach dieser Logik der marktwirtschaftlich optimalen Selbststeuerung können allerdings die Störer dieser Gleichgewichtsökonomie nur von außen kommen. In den Denkschriften dieses neoklassischen Marktradikalismus ist von den »außermarktlichen Kräften« die Rede, die es zurückzudrängen gelte. Im Mittelpunkt stehen drei Akteursgruppen, denen mit ziemlich abstrusen Begründungen die aktuelle Inflation zugerechnet wird.

- Der Staat treibe mit seiner über Schulden finanzierten Ausgabenpolitik die Inflation an. Dagegen spricht allein schon die schlichte empirische Beobachtung: Bis vor dem Ausbruch der jüngsten Angebotsinflation bewegte sich viele Jahre gegenüber steigenden Staatsschulden die Inflation auf niedrigem Niveau. Auch sind nicht, wie neoklassisch behauptet, privatwirtschaftliche Investitionen durch die staatliche Nachfrage nach Krediten verdrängt worden. Vielmehr hat der Staat mit öffentlichen Krediten die notwendigen Corona-Rettungsprogramme und die Investitionen in den ökologischen Umbau finanziert. Nicht die Inflation wurde angetrieben, sondern die Wirtschaft kurzfristig gerettet und dabei auf Nachhaltigkeit ausgerichtet. Die Behauptung vom Staat als Inflationstreiber ist empirisch widerlegt. Sie basiert auf ökonomischen Trugschlüssen aus der marktoptimistischen Modellwelt ohne intervenierenden Staat.
- Den Gewerkschaften als ein weiterer angeblicher Preistreiber wird vorauseilend unterstellt, sie würden jetzt ihre Lohnforderungen am Ausgleich der hohen Raten der importierten Inflation ausrichten. Über diese lohninduzierte Ausweitung der privaten Nachfrage drohe die Transformation der ursprünglich über das Angebot steigenden Preise in eine alles verstärkende Nachfrageinflation. Dabei führt bereits das vielfach zitierte Bild von der Lohn-Preis-Spirale in die Irre. Am Anfang stehen nicht die Löhne, sondern die hohen Preise, auf die die Gewerkschaften reagieren müssen. Dagegen ist derzeit eher eine »Preis-Preis-Spirale« (Marcel Fratzscher) zu beobachten: Die vorwiegend über die Energiepreise importierte Inflation und die von Unternehmen gesetzten Konsumpreise schaukeln sich gegenseitig hoch. Selbstverständlich steht in Inflationszeiten bei den Verhandlungen über die Arbeitsentgelte neben der Beteiligung an der Produktivität und der Umverteilung die Sicherung der realen Kaufkraft durch einen Inflationsausgleich im Mittelpunkt. Die Faktoren, die die aktuelle Lohnpolitik unter dem Regime der Inflation bestimmen, sind: die rückblickend moderate Lohnpolitik, die stabile Produktivität sowie die bei vielen Unternehmen

steigenden Gewinne und die reale Kaufkraftsicherung der Beschäftigten gegenüber den stark gestiegenen Inflationsraten. Allerdings kommt dem Staat wegen der importierten Inflation speziell über die Energiepreise die Aufgabe zu, das Tarifsystem gezielt zu entlasten. Dazu sind soziale Ausgleichsmaßnahmen auch durch eine Deckelung der Energiepreise sowie Entlastungen für die Pendler:innen sinnvoll. In dieser Phase mehrfacher, sich überlagernder Krisen wird statt einseitiger Schuldzuweisungen für die Inflation ein starkes Tarifvertragssystem gebraucht. Im Zentrum steht ein Gesamtkonzept für gute Arbeit, in das die Lohnpolitik einzubetten ist.

- Geradezu propagandistisch wird vor allem der Europäischen Zentralbank mit ihrer langjährigen Politik des billigen Geldes die Schuld an der Inflation zugeschrieben. Ohne den kritischen Blick auf die Macht der importierten Inflation über strategisch relevante Preise steht die durch die Notenbank monetär aufgeblähte gesamtwirtschaftliche Nachfrage im Mittelpunkt. Wie im nachfolgenden Abschnitt ausgeführt, ist die Wahrheit dagegen, dass sich die »Europäische Zentralbank zwischen Handlungsdruck und Machtlosigkeit« bewegt.

6. Europäische Zentralbank zwischen Handlungsdruck und Machtlosigkeit
Das Narrativ von der inflationstreibenden Geldschwemme
Mit der anhaltenden Verfestigung der Inflation auf hohem Niveau hat der Druck auf die Europäische Zentralbank (EZB) massiv zugenommen, dagegen geldpolitisch vorzugehen.[9] Nicht nur die Massenmedien haben die EZB zur einzigen Retterin vor dem Inflationsübel hochstilisiert. Auch durch vorherrschende Beratungswissenschaft sowie die lauthals intervenierenden Chefökonomen von Banken und Anlegerfondsgesellschaften wurde der grundlegende Kurswechsel weg von der derzeitigen Politik des billigen Geldes forciert. Schließlich sei schon genügend Schaden angerichtet worden. Das eingängige Narrativ dazu lautet: Seit mehr als elf Jahren habe die EZB die Eurowirtschaft mit billigem Geld überschwemmt. Dazu sei der Null-Leitzins für die Besorgung von Liquidität durch die Banken per Beleihung angebotener Wertpapiere eingesetzt worden. Darüber hinaus hätten die Banken, die das billige Geld bei der EZB angelegt hätten, anstatt es zur Vergabe von Krediten zu nutzen, zuletzt einen Strafzins von 0,5 Prozent bezahlen müssen. Die milliardenschweren allgemeinen Programme zum Ankauf von Wertpapieren von den Banken (Asset Purchase Programmes, AEP) sowie für ein Spezialprogramm infolge der Pandemie (Pandemic Emergency Purchase Programme, PEEP)

---

9   Rudolf Hickel, Einstieg in die Zinswende: zwischen Handlungsdruck und Symbolpolitik; http://rhickel.iaw.uni-bremen.de/ccm/homepages/hickel/aktuelles/ezb-geldpolitik-im-dilemma.de.

seien hinzugekommen, zusammen mit Refinanzierungsgeschäften für die Wirtschaft. Während diese Zinspolitik das Sparen unattraktiv gemacht habe, hätten die Kreditnehmer von den niedrigen Zinssätzen profitiert. All dies, so die Kritik an der Geldpolitik der EZB, habe am Ende eine die Inflation begünstigende monetäre Überschussnachfrage erzeugt. Logische Folge dieses marktoptimistischen Szenarios ist die Forderung nach einer geldpolitischen Zeitenwende im Kampf gegen die Inflation: Mit höheren Leitzinsen, die über die Banken in die Gesamtwirtschaft transportiert werden, soll per Einschränkung kreditfinanzierter Ausgaben der Nachfrageüberschuss abgebaut werden. Dahinter steht die sattsam bekannte Ideologie des Monetarismus, demzufolge eine noch so gut gemeinte geldpolitische Intervention die Kraft zur Selbststabilisierung der Märkte aushebelt und am Ende Inflation erzeugt. In dieses Deutungsmuster passt auch die Forderung nach dem Verzicht auf kreditfinanzierte Staatsnachfrage sowie nach Lohndisziplinierung, am besten durch den Ausstieg aus dem kollektiven System der Tariflohnfindung.

Empirisch und theoretisch lässt sich diese monokausale Zuweisung der durch die EZB verursachten Nachfrage-Überschuss-Inflation widerlegen. Die Fakten zeigen, dass sich noch kurz vor der Corona-Pandemie der Verbraucherpreisindex gegenüber der massiven Expansion des billigen Geldes eher im Bereich Nullinflation, ja, einer bedrohlichen Deflation bewegt hat. Vor dem Hintergrund dieses empirischen Befundes lässt sich die aktuell hohe Inflation nicht mit einer Erhöhung der Preise auf breiter Front durch eine überschüssige gesamtwirtschaftliche Nachfrage erklären. Strategisch wichtige Preise wie die der importierten fossilen Energieprodukte, die sich über die Gesamtwirtschaft verbreiten, treiben diese Inflation an. Die Folge ist klar: Mit den geldpolitischen Instrumenten kann kein Einfluss auf die Angebotspreise genommen werden. Wie soll die EZB mit höheren Leitzinsen auf den russischen Gaspreis spürbaren Einfluss nehmen?

Energiepreissenkende Euroaufwertung durch die Zinswende – ein zweifelhafter Zusammenhang

Die Antwort auf die Frage von Christine Lagarde, Präsidentin der EZB, nach den Möglichkeiten der Geldpolitik, die Preise für importierte Energie zu senken, ist klar: Die Zinswende hat direkt keinen Einfluss. Allerdings wird auf die indirekte Möglichkeit gesetzt, die Energiepreise und damit wegen ihrer strategischen Bedeutung auch die gesamte Inflation zu senken. Denn die für die privaten Haushalte strategisch wichtigen Kraftstoffe und Heizungskosten werden überwiegend aus dem Ausland importiert und werden, egal aus welchem Land sie geliefert werden, überwiegend in US-Dollar fakturiert. Die inländischen Preise für den inländischen Verbrauch hängen somit von der

Bewegung des Euro-/US-Dollar-Wechselkurses ab. Sollte der Dollar abwerten und damit spiegelbildlich der Euro aufwerten, dann sinkt die Euro-Rechnung für die Energiekosten. Der Rückgang der Preise für diese systemisch relevante Energie schlägt auf die Inflationsrate durch. Damit stellt sich die Frage, wie die Notenbank mit ihrer Geldpolitik auf diesen Wechselkurs einwirken kann. Dazu wird immer wieder eine bestimmte monokausale Wirkung beschworen: Liegen die Leitzinsen der EZB im Verhältnis zu denen in den USA hoch genug, dann fließen weltweit wegen der dadurch höheren Kapitalmarktzinsen Finanzinvestitionen in den Euroraum und bewirken hier eine Aufwertung des Euro-Dollar-Wechselkurses. Die Folge sind sinkende Preise auf die importierte Energie, die in Euro zu bezahlen ist. Am Ende sinkt auch der Preis für den durchschnittlichen Warenkorb und damit die Inflationsrate.

In ihren Rechtfertigungen eher zurückhaltend setzt die EZB mit ihrem Beschluss zur epochalen Zinswende vom 21. Juli 2022 durchaus auf einen die Inflation mindernden Euro-Aufwertungseffekt gegenüber dem US-Dollar. Die nachfolgende Entwicklung dieses Wechselkurses erfüllt allerdings diese Erwartung nicht. Eine Erholung vom Juli-Tief, bei dem ein Euro knapp unter der Parität 1 zu 1 gelegen hat, ist nicht in Sicht. Dafür gibt es plausible Gründe. Die Leitzinsspanne zwischen den USA mit 2,25 bis 2,5 Prozent gegenüber dem Hauptrefinanzierungssatz der EZB mit 0,5 Prozent ist viel zu groß. Nicht nur diese Differenz verhindert die Zuwanderung von Finanzanlagen in den EU-Raum. Auch überwiegen gegenüber dem Euroraum die Risiken eines wirtschaftlichen Abschwungs sowie die Sorgen vor den Folgen der geopolitischen Provokation Russlands. Der die Preise der importierten Energie reduzierende Effekt ist mangels Aufwertung des Euros infolge der Zinswende nicht zu erwarten.

Eine Untersuchung des Deutschen Instituts für Wirtschaftsforschung (DIW) versucht dagegen zu zeigen, dass mit der Anhebung des EZB-Leitzinses durchaus eine Aufwertung des Euro gegenüber dem US-Dollar und damit sinkende Importpreise ausgelöst werden können.[10] Die folgende Kausalkette wird spezifiziert: Ausgangspunkt ist der geldpolitische Impuls, der so gewählt wird, dass der Zinssatz einer einjährigen Bundesanleihe um 0,25 Prozentpunkte steigt. Diesem Einstieg in die Zinswende wird der Rückgang der in Euro bezahlten Heiz- und Kraftstoffe um 2-4 Prozent zugerechnet. Wegen deren Relevanz im Warenkorb der privaten Haushalte geht die gesamte Inflationsrate um 0,2 Prozent zurück. Allerdings ist der angenommene Prozess der geldpolitischen Transformation, der am Ende über zufließende

---

10 Gökhan Dier, Alexander Kriwoluzky und Frederik Kurcz, EZB vor Dilemma: Zinserhöhung würde Energiepreise senken, aber Wirtschaft belasten; in DIW-Wochenbericht 14/2022.

Finanzanlagen aus dem Dollarraum eine Aufwertung auslöst, problematisch. Wie bereits betont, der Abstand zu den Leitzinsen in den USA ist immer noch viel zu groß und die gesamtwirtschaftlichen und geopolitischen Risiken im Euroraum wirken eher abschreckend. Hervorzuheben ist, dass diese Studie den Preis betont, der für den sehr optimistisch gesehenen Inflationsrückgang bezahlt werden muss: Der die gesamtwirtschaftliche Entwicklung treibende Verlierer dieser Euro-Aufwertung ist unmittelbar die Exportwirtschaft mit ihren sinkenden Euro-Einnahmen aus in Dollar fakturierten Geschäften. Insgesamt gehört zu den Verlierern der Zinswende die auf Kredite angewiesene Wirtschaft. Die Kosten der Fremdfinanzierung für Investitionen und Konsumausgaben steigen. Die binnenwirtschaftliche Nachfrage wird eingeschränkt. Die sich ohnehin am Rande einer Rezession bewegende Wirtschaft verliert weiterhin an kaufkraftfähiger Nachfrage. Wie auch immer die Wechselkurse beeinflusst werden, durch die eingeleitete Zinswende drohen sich die Rezessionskräfte zu verstärken. Dieses Dilemma zwischen der Anti-Inflationspolitik mit teurem Zentralbankgeld gegenüber der Belastung der Gesamtwirtschaft bis hin zur Rezession zeigt sich derzeit in den USA. Ende Juli 2022 sind gegen die hohe Geldentwertung (im Juni 9,2 Prozent) zum vierten Mal die Leitzinsen auf die derzeit geltende Bandbreite zwischen 2,50 und 2,25 Prozent angehoben worden. Die in den ersten beiden Quartalen 2022 beobachtete »technische« Rezession wird sich vertiefen. Allerdings sind die Chancen, die Inflation zu bändigen, größer als in Deutschland. Denn in den USA geht die Inflation weniger von den Preisen für Energie aus, bei der Exportüberschüsse erzielt werden. Vielmehr dominiert gegenüber dem Angebot eine inflationstreibende Überschussnachfrage.

Im Vergleich dazu kann in Deutschland die restriktive EZB-Geldpolitik zum einen die importierte Angebotsinflation nicht stoppen. Zum anderen wäre eine Rezession und damit der Rückgang der gesamtwirtschaftlichen Produktion mit negativen Auswirkungen auf den Arbeitsmarkt gewiss. Inflation und Rezession im Doppelpack, das wirtschaftspolitische Dilemma wäre perfekt.

Die EZB hat sich trotz der Gefahr einer Verstärkung der Rezession dafür entschieden, die Zinswende einzuleiten und angekündigt, weitere Runden folgen zu lassen. Erst einmal ist ab Juli 2022 der Leitzins um 50 Basispunkte angehoben worden. Im Oktober wurden 2,00 Prozent festgesetzt. Die Banken müssen sich für die zeitlich befristete Besorgung von Liquidität jetzt anstatt Null auf 2,00 Prozent an Zinsen einstellen. Inwieweit diese geldpolitisch induzierten Finanzierungskosten an die Kreditnehmenden weitergegeben werden, bleibt ungewiss. Jedenfalls ist mit einem Anstieg der Sparzinsen nur in geringem Umfang zu rechnen. Darüber hinaus ist der Minuszins auf Einlagen der Banken bei der EZB abgeschafft worden. Sicherlich werden die

Konflikte um das neue Normal

Banken die Kundschaft, soweit sie diese bisher damit belastet haben, von weitergereichten Strafzinsen, dem so genannten »Verwahrentgelt«, entlasten. Zu dieser Zinswende gehört auch der fortgesetzte Stopp bei der Ausweitung der allgemeinen und durch die Pandemie bedingten Ankaufprogramme an Wertpapieren von den Banken durch die EZB. Allerdings sichert sich die Notenbank einen Restspielraum über das Ausmaß, in dem sie getilgte Anleihen durch den Neukauf kompensiert.

Auch mit der über den ersten Schritt hinausgehenden Fortsetzung der Zinswende wird am Ende die Inflation mit 9 Prozent nicht in Richtung der Zielinflationsrate von 2 Prozent gesenkt werden können. Der Preis, der dafür bezahlt werden muss, ist der Rückgang der gesamtwirtschaftlichen Produktion (Rezession). Um die Inflation ernsthaft zu drücken, muss an den importierten Angebotspreisen vor allem im Energiesektor und Nahrungsmittelbereich angesetzt werden. Hierauf hat die Notenbank jedoch unmittelbar keinerlei Einfluss. Die unter dem Trommelfeuer der Schuldzuweisung an der Inflation zum Handeln gezwungene EZB ist eher durch Machtlosigkeit gekennzeichnet. Es geht ihr vor allem um Anerkennung für ihr Bekenntnis zum Kampf gegen die Inflation. Alle sollen erkennen: Wenn auch aus eigener Kraft der Erfolg nicht garantiert werden kann, trotz beschränkter Handlungsfähigkeit wird alles getan, um den Glauben an die erfolgreiche Inflationsbekämpfung zu stärken.

Whatever it takes: Gegen die Fragmentierung der Euro-Union durch die Zinswende
Die EZB erkennt nicht nur die systemspaltende Wirkung der Zinswende, sondern handelt auch dagegen. Die durch steigende Leitzinsen erwarteten Renditen für Staatsanleihen fallen je nach der gegebenen Schuldentragfähigkeit in den Mitgliedsländern ziemlich unterschiedlich aus. Je größer die Abweichungen zwischen den Euroländern, desto mehr wird der Gesamtzusammenhalt dieser Währung gefährdet. Dagegen richtet sich das angekündigte »Transmission Protection Instrument (TPI)«. Diese geldpolitische Innovation dient dem Ziel, eine Defragmentierung bis hin zum Auseinanderbrechen dieser Währungsunion zu verhindern. Gegen spekulative Attacken auf ein Land mit hoher Schuldenlast, die zum Anstieg der Risikoaufschläge (Spreads) auf die dortigen Staatsanleihen gegenüber deutschen Bundesanleihen führen, behält sich die EZB vor, mit dem Aufkauf dieser Staatstitel zu intervenieren. Viel zitiertes Beispiel für den Einsatz dieses Stabilisierungsinstruments ist Italien. Bei bedrohlich steigenden Risikoaufschlägen übernimmt die EZB diese italienischen Staatsanleihen in ihr Portfolio. Dies ruft die Kritiker auf den Plan. Sie warnen vor einer Schuldenunion, in der die höheren Zinsen nicht mehr als Strafe für eine Überschuldung wirken würden. Dagegen steht die

EZB mit ihrem Grundsatz: Eine Währungsunion kann mit einer wachsenden Defragmentierung, die durch Spekulationsgeschäfte vorangetrieben wird, nicht funktionieren. Mit diesem Instrument wird Draghis Ceterum censeo vom 26. Juli 2012 fortgeschrieben: »What ever it takes« – unter dem heutigen Inflationsregime wird das Eurosystem gegen die Gefahr der gefährlichen Auseinanderentwicklung der Mitgliedsländer verteidigt.

Insgesamt gilt für den derzeitigen EZB-Kurs: Zur Geldpolitik unter dem Regime hoher Inflationsraten gehört die Zusicherung, auf jeden Fall dort, wo dies wenigstens die Erfolgsstimmung erzeugt, auch unter Abwägung der Risiken für die Gesamtwirtschaft aktiv zu werden. Dazu gehört aber auch das klare Eingeständnis, dass erfolgreiches geldpolitisches Handeln bei einer importierten Angebotsinflation massiv beschränkt ist. Bei allen Instrumenten im Einsatz zur Erreichung der Zielinflationsrate von 2 Prozent müssen die damit verbundenen Risiken einer Rezessionsgefahr abgewogen werden. Mit dem traditionellen Instrumentarium hat die EZB die Zeitwende eingeleitet. Ob am Ende mangels Erfolgs im Kampf gegen die Inflation zur ultrabilligen Geldpolitik zurückgekehrt werden muss, lässt sich derzeit nicht sagen. Es liegt jedoch durchaus im Bereich der Möglichkeiten.

7. Fazit: Inflationsursachen bekämpfen und soziale Belastungen ausgleichen

Der anhaltende Inflationssprung seit dem letzten Jahr hat viele Ursachen. Einfluss haben nicht nur die steuerpolitischen und ökonomischen Folgen der Corona-Pandemie. Die Inflation wird durch längerfristig angelegte Krisenherde der Globalisierung wie die Lieferkettenprobleme sowie die monopolistische Preissetzung durch Megakonzerne und Spekulationsgeschäfte auch mit lebensnotwendigen Gütern vorangetrieben. Aber auch die notwendige Anpassung bisheriger Billigpreise an ökologische und soziale Standards in der internationalen Wertschöpfungskette kommen hinzu. Schließlich werden die Preise für fossile Energie und wichtige Nahrungsmittel durch Putins Krieg gegen die Ukraine zu Treibern der Gesamtinflation. Mit der hier vorgelegten Erklärung der wichtigsten Ursachen lassen sich Ansatzpunkte zum Abbau dieser Inflationskräfte spezifizieren. Deutlich wird dabei auch, dass gegenüber dieser importierten Angebotsinflation die Europäische Zentralbank mit ihrer makroökonomischen Geldmengenpolitik kaum Einfluss hat. Ihre wichtigste Aufgabe ist die Stabilisierung des Währungssystems gegen Fragmentierungen zwischen finanzstarken und -schwachen Mitgliedsländern infolge der Zinswende.

Derzeit muss davon ausgegangen werden, dass sich der aktuelle Inflationsschub mit schnell wirksamen Gegenmaßnahmen nicht brechen lässt. Eher ist mit der weiteren Bewegung der inflationstreibenden Preise für fossile Energie, andere Rohstoffe und wichtige Nahrungsmittel auf dem derzeit hohen Niveau zu rechnen. Allerdings sind erneut deutlich steigende Inflationsraten nicht zu erwarten. Selbst wenn die Inflationsraten in den kommenden Monaten gegenüber derzeit mehr als 7 Prozent zurückgehen sollten, bewegen sich die systemisch relevanten Energiepreise deutlich über dem Vor-Corona-Niveau.

Die Bekämpfung der Inflation ist die eine Aufgabe. Die andere Aufgabe konzentriert sich auf die Sicherung des sozialen Ausgleichs für die von der Inflation hart Betroffenen. Denn die Geldentwertung wirkt zutiefst sozial ungerecht. Private Haushalte mit geringem Nettoeinkommen und damit einem hohen Konsumanteil an den von der Inflation besonders betroffenen Gütern des Grundbedarfs sind die Verlierer. Der Preis für deren Warenkorb ist gegenüber dem Durchschnitt am teuersten. Gegen die sozialen Folgen der Inflation, die die Armut nach oben treibt und die unteren Mittelschichten am härtesten trifft, muss der Staat mit Ausgleichszahlungen gegensteuern. Erste Antworten auf die durch die Inflation dramatisch zugespitzte soziale Frage hat die Bundesregierung bereits gegeben. Bis August 2022 wurden drei Entlastungspakete mit einem Gesamtvolumen von etwa 86 Milliarden Euro vorgelegt. Die Pakete beinhalteten unter anderem eine Erhöhung der Steuerfreibeträge, die Auszahlung einer einmaligen Energiepreispauschale für Erwerbstätige sowie einen Familienzuschuss für Eltern mit Kindern ebenso wie eine vorübergehende Absenkung der Energiesteuer auf Kraftstoffe (»Tankrabatt«) sowie das »9 Euro-Ticket«.

Die Kritik an den bisherigen sozialen Maßnahmen zum Inflationsausgleich ist groß. Während einige Entlastungen bei den Betroffenen kaum spürbar wurden, profitierten die Konzerne in der Energiewirtschaft (etwa Mineralölkonzerne durch den Tankrabatt). Auch wäre der Anreiz zur Energieeinsparung zu wenig berücksichtigt. Dagegen sollten Ausgleichsprogramme für die sozialen Belastungen durch die inflationstreibenden Energiepreise gezielt bei der eingrenzbaren Gruppe der Betroffenen ansetzen. Bei den gezielten Maßnahmen zum Ausgleich der Belastungen durch die Energiepreise sind Mitnahmeeffekte für Einkommensstarke zu vermeiden. Gemessen an dieser Zielsetzung eigneten sich vor allem einige steuerpolitische Maßnahmen im dritten Entlastungspaket, das mit 200 Mrd. Euro im September 2022 nachgelegt wurde, nicht. Dazu gehört der Vorschlag, durch die Erhöhung des (steuerfreien) Grundfreibetrags und weitere Verschiebungen im Einkommensteuertarif. Zwar ist es grundsätzlich richtig, den Anstieg der Steuerbelastung vor allem ab dem Eingangssteuersatz mit 14 Prozent (»kalte Progression«), der durch den inflationären Anstieg der Löhne erzeugt wird, abzubauen.

Aber als Entlastungsmaßnahme gegenüber den gestiegenen Energiekosten ist der Vorschlag mangels Zielgenauigkeit und aus verteilungspolitischer Sicht untauglich. Während die Gruppe der nicht Steuerpflichtigen, die sich vor allem auf den Bereich der Sozialeinkommen konzentriert, keine Vorteile hätte, würden die Spitzenverdiener durch den höheren Grundfreibetrag entlastet.

Die auch verteilungspolitisch umstrittene Gaspreisumlage ist wegen heftigen Protestes noch vor deren Start gestrichen worden. Gasimporteure, die frühere Erdgaslieferungen aus Russland jetzt teuer am Weltmarkt einkaufen müssen, sollten einen Ausgleich für die Verluste erhalten. Die geschätzte Summe mit 35 Milliarden Euro sollte durch eine Umlage auf alle Gasnachfrager finanziert werden. Der für die Umlage eingesetzte Beitrag sollte sich auf 2,419 Euro pro Kilowattstunde (kWh) belaufen. Zusammen mit der ermäßigten Mehrwertsteuer von 7 Prozent sind es 2,588 Euro gewesen. Ein Reihenhaus mit 100 Quadratmetern, für das im Durchschnitt 15 000 kWh pro Jahr an Gas zum Heizen und für Warmwasser verbraucht wird, hätte so über das gesamte Jahr 484 Euro (mit Mehrwertsteuer 518 Euro) an Mehrkosten ausgelöst. Bei einer Single-Wohnung mit 50 Quadratmetern wären es brutto 130 Euro gewesen.

Anstatt eines Gaspreisdeckels werden sowohl für den Strom als auch für Gas Preisbremsen eingeführt. Der Staat deckelt beispielsweise 80 Prozent des Gasverbrauchs im letzten Jahr beim Preis von 9,5 Cent pro kWh. Hinzukommen Soforthilfsprogramme für die Unternehmen und privaten Haushalte. Auf die Frage, wie dieser Sozialausgleich finanziert werden sollte, hatte die Bundesregierung zuerst die klare Antwort: Dazu sollte die Senkung des Mehrwertsteuersatzes für Gas (einschließlich der Gasumlage) von 19 Prozent auf 7 Prozent dienen. Da die Einkommensstarken und Vermögenden ebenfalls davon profitiert hätten, taugte dieses Finanzierungsinstrument aber nicht. Ein alternativer Vorschlag schon vom Frühjahr 2022 lautete: Die sozialen Belastungen infolge der übrigens auch ohne die Gaspreisumlage steigenden Preise für diese Energiequelle werden durch einen Gaspreisdeckel zusammen mit einer Energiepreispauschale über mehrere Monate durch den Staat ausgeglichen. Um die Profiteure der Energiekrise in die Finanzierung des sozialen Ausgleichs einzubeziehen, wird vorgeschlagen: Dazu werden die Extraprofite, die bei vielen Energieunternehmen anfallen, durch eine Sondersteuer, die sogenannte Übersteuer, abgeschöpft. Sie trifft vor allem die Krisengewinner Mineralölindustrie und Energiekonzerne.

Es bleibt dabei: Die zum Ausgleich der Energiekostensprünge subjektiv zurechenbaren öffentlichen Hilfen stehen im Zentrum. Hierfür stand beispielhaft der Vorschlag eines Gaspreisdeckels, den Sebastian Dullien und

Isabella Weber unterbreitet haben.[11] Denn der Gaspreis treibt zusammen mit der Gaspreisumlage die Inflation nach oben. Ihr Vorschlag zur Deckelung des Gaspreises lautete: Ausgegangen wird mit dem Sockel von 8000 kWh pro Jahr von der Hälfte des Gasverbrauchs für eine 100-Quadratmeter-Wohnung. Für diesen Sockel gilt der Höchstpreis von 7,5 Cent/KWh (entspricht etwa dem Preis Ende 2021). Für größere Haushalte könnte der Sockelbetrag auch variieren. Im Vergleich zum vorgeschlagenen Basispreis wurden im Januar 2022 für Neuverträge bereits über 12 Cent/kWh bezahlt. Der Bund subventionierte die Differenz zwischen dem Großhandelspreis und einer Pauschale für die Verteilung gegenüber dem Sockelpreis. Die mehrfachen Vorteile liegen auf der Hand: Vorübergehend entlastet werden private Haushalte mit kleineren Wohnungen bei geringem Verbrauch. Insgesamt wird die Inflationsrate reduziert. Der Preisdeckel für den Sockelbetrag schafft Anreize, den Gasverbrauch insgesamt zu reduzieren. Ein weiterer Vorteil sollte auch bei allen anderen Maßnahmen berücksichtigt werden: Dieser Gaspreisdeckel entlastet die Tarifparteien bei der Lohnfindung. Grundsätzlich reduzieren gezielte politische Maßnahmen zum sozialen Ausgleich für die Inflation den bei Tarifverhandlungen erforderlichen Ausgleich für die Kerninflation zur Reallohnsicherung. Weitere Entlastungen bringt das sogenannte »Doppelwumms«-Programm, dessen Konkretisierung bei Redaktionsschluss dieses Buches noch ausgehandelt wurde. Wie schon zuvor beim Strom sollte nun eine Gaspreisbremse vor allem die Menschen mit niedrigen und mittleren Einkommen vor den steigenden Energiekosten schützen. Eine Strompreisbremse zusammen mit der Abschöpfung von Übergewinnen ist in dieses Entlastungspaket aufgenommen worden. Eine Expertenkommission wurde zur Konkretisierung einer Gaspreisbremse eingesetzt. Wenn jetzt noch die staatlichen Ausgleichsbeiträge mit der Sondersteuer aus den krisenbedingten Übergewinnen der Energiekonzerne finanziert würden, wäre die soziale Antwort auf die Inflation auch in der Arbeitswelt perfekt.

---

11 Sebastian Dullien/Isabella M. Weber, Mit einem Gaspreisdeckel die Inflation bremsen; in: Wirtschaftsdienst, 102. Jahrgang, Heft 3/2022.

Hans-Jürgen Urban
Zeitenwende?
Impulse für nachhaltiges Arbeiten und ökologisches Wirtschaften

Einleitung: Umbrüche, Schockkrisen, Rückfälle

Arbeit und Gesellschaft befinden sich in einer tiefgreifenden Transformation. Säkulare Umbrüche – wie Globalisierung, Digitalisierung und Klimawandel – prallen aufeinander mit einer Serie externer, unvorhergesehener Schocks – wie etwa der Covid-19-Pandemie (Corona-Pandemie) und dem Ukraine-Krieg. Aus dieser Gleichzeitigkeit gehen Probleme hervor, die an Tiefe und Komplexität ihresgleichen suchen. Die Gesellschaften sind mit einer Vielfachkrise (»Polykrise«) des Gegenwartskapitalismus konfrontiert, in der, so der britische Historiker Adam Tooze, »das Ganze gefährlicher [ist] als die Summe seiner Teile. Oder anders gesagt: Die einzelnen Krisen existieren nicht einfach nebeneinander, sondern beeinflussen sich gegenseitig. Sie sind über vielfältige Wirkungskanäle miteinander verbunden.« (Tooze 2022)

Das hat Folgen, für Gewerkschaften und Politik. Sie stehen vor Problemen, in denen unterschiedliche Logiken wirken, die kaum zu managen sind. Die damit verbundenen Risiken wachsen in dem Maße, in dem sich die Problemdeutungen von realen ökonomischen Gewinn- und politischen Machtinteressen entfernen. Die Folge sind oft suboptimale Maßnahmen, die im günstigsten Fall den Konflikten vorübergehend ihre Brisanz nehmen, die aber oftmals weit entfernt von einer nachhaltigen Problemlösung sind. Die so erzwungenen »Durchwurstel«-Politiken erscheinen als Handlungsunfähigkeit und subjektives Versagen der handelnden Akteure und nagen an der Legitimation demokratischer Entscheidungsprozeduren. Auch in den Betrieben wächst das Gefühl, der Wucht der Probleme kaum standhalten zu können. Zu den Problemen, die seit Jahren mit der Globalisierung, der Digitalisierung sowie den Anforderungen an eine sozial-ökologische Transformation, vor allem der De-Karbonisierung verbunden sind, treten die neuen und akuten Fragen des Infektionsschutzes und der Sicherung von Arbeitsplätzen im Rahmen der »Corona-Pandemie«, der Folgen des Ukraine-Krieges und zerrissener Lieferketten.

In einer solchen Vielfachkrise hilft es nicht wirklich weiter, die Probleme nur zu verwalten. Vor allem sind Strategien gefragt, die über die Lösung der Einzelkrisen hinaus das Ganze im Blick behalten und die »Zeit danach« vorbereiten. Denn diese Zeit danach wird kommen. Zu entscheiden ist, ob sie sich aus der Weiterentwicklung oder gar Verschärfung der gegenwärtigen Krisen ergibt; oder ob der Versuch unternommen wird, diese Zeit danach, also das »neue Normal«, gezielt vorzubereiten. Das gilt für Wirtschaft und Gesellschaft wie für die Arbeitswelt. Gelingt das nicht, ist die Gefahr weitreichender Rückschläge in einzelnen Politikfeldern sehr groß. Dies etwa bei der De-Karbonisierung der Wirtschaft. So unzulänglich der gegenwärtige Stand beim Ausbau der erneuerbaren Energien auch sein mag, eklatante Rückschläge in der Klimapolitik durch die Wiedereinsetzung von Kohle oder den rasanten Ausbau von amerikanischem Fracking-Gas sind keineswegs ausgeschlossen. Nicht nur wegen des stärkeren Wachstums, auch wegen der wieder intensiveren Nutzung von klimaschädlichen Energieträgern wie Kohle stieß 2021 jedes zweite Unternehmen im Deutschen Aktienindex (DAX) mehr Kohlendioxid als im Jahr zuvor aus (Handelsblatt v. 10.8.2022).

Im Folgenden soll zunächst ein Blick auf die Entwicklungen in Betrieben, auf dem Arbeitsmarkt und bei den Einkommen geworfen werden, um einige Tendenzen zu skizzieren, die das neue Normal prägen könnten. Dabei stehen Fragen der Digitalisierung der Arbeit und der De-Karbonisierung der Wirtschaft im Mittelpunkt. Auf dieser Grundlage gilt es sodann, politische Strategieansätze und ihre Durchsetzungsbedingungen zu entwerfen und zu diskutieren. Es geht um Zielbilder und Umsetzungsstrategien, die als Polarsterne einer entsprechenden Politik (nicht nur) der Gewerkschaften wirken können. Denn eines dürfte unbestreitbar sein: Auch heute muss es Anspruch von kritischer Wissenschaft und interessengeleiteter (Gewerkschafts-)Politik sein, Einfluss auf die Entwicklungen der Gegenwart zu nehmen, um die Arbeits- und Lebensbedingungen der Zukunft so weit wie möglich zu formen. Es gilt, das neue Normal aktiv vorzubereiten, statt es den Marktkräften und den Interessen des Gegenwartskapitalismus zu überlassen. Soll das zukünftige Entwicklungsmodell sozial, ökologisch und demokratisch ausfallen, sind die Digitalisierung und die sozial-ökologische Transformation von besonderer Bedeutung. Die damit verbundenen Aufgaben und Konflikte sind daher auch die zentralen Themen dieses Jahrbuchs.

Turbulente Zeiten: Betriebe, Arbeitsmarkt und Einkommen im Umbruch
In der Ausnahmesituation der Vielfachkrise prallen die Interessen von Beschäftigten, Unternehmen und politischen Akteuren aufeinander. Die Ausstattung mit Machtressourcen entscheidet darüber, welche Interessen sich durchsetzen. Das gilt für die Arbeitswelt, für Gesellschaft und Politik gleichermaßen.

Betriebe: mehr Arbeitsbelastungen und Unsicherheiten
Bereits vor der Corona-Pandemie haben Globalisierung, De-Karbonisierung und Digitalisierung einen rasanten Wandel der Arbeitswelt erzwungen. Doch der Corona-Schock und der notwendige Infektionsschutz haben in den Betrieben zusätzlich schnelle und tiefgreifende Maßnahmen erfordert. Diese unterschieden nach Betrieben, Branchen und Sektoren, wiesen aber auch einige Gemeinsamkeiten auf. Als solche wurde insbesondere eine steigende Flexibilisierung von Arbeitsort und Arbeitszeit, eine forcierte Digitalisierung von Arbeit und Arbeitsprozessen sowie Veränderungen in der Führungskultur diagnostiziert. Hinzu kamen Veränderungen in den internen und externen Kommunikationsprozessen sowie im operativen Umgang mit krisenbedingten Herausforderungen (dazu Adam u. a. 2021). Für viele waren diese Veränderungen mit steigender Arbeitsintensität sowie erhöhten Beschäftigungsrisiken und -ängsten verbunden.

Von besonderer Bedeutung war zweifelsohne die rasante Zunahme des Homeoffice. Das Arbeiten von zuhause hat die Arbeitsbedingungen der Betroffenen grundlegend verändert. Es dürfte nicht für alle, aber für viele Beschäftigte ein Element der zukünftigen Arbeitswelt bleiben. Einiges spricht dafür, dass die Erfahrungen mit dieser spezifischen Variante orts- und zeitflexibler Arbeit auch für die postpandemische Zeit von Wert sein werden. Gerade die Arbeit im Homeoffice zeigt, wie traditionelle Probleme wie Arbeits- und Leistungsverdichtungen sowie physische und psychische Belastungen sich mit neuen Ent- und Belastungen verschränken. Auf der einen Seite waren ein Mehr an Selbstbestimmung durch die Vermeidung von Pendelzeiten und Erleichterungen bei der Koordinierung von Erwerbs- und Sorgearbeit zu verzeichnen. Zugleich aber stiegen die Belastungen in der Arbeit. Eine Sonderauswertung der Repräsentativumfrage zum DGB-Index Gute Arbeit 2021 hat dazu aussagefähige Befunde erbracht. »Beschäftigte, die digital und mobil arbeiten«, so heißt es dort, »haben mehr Einfluss auf die Gestaltung ihrer Arbeitszeit. Gleichzeitig arbeiten sie deutlich stärker entgrenzt: Sie müssen häufiger erreichbar sein, arbeiten öfter unbezahlt und in den Abendstunden.« (DGB-Index 2021: 6; s. a. die Beiträge von Schmucker/Sinopoli sowie Schmidt/Wille in diesem Band)

Das ist im Vergleich zur ortsgebundenen Arbeit an festen Arbeitsplätzen zum einen mit eingeschränkten Erholungsmöglichkeiten von der Arbeit verbunden. Verkürzte Erholungspausen und Ruhezeiten prägten die Arbeit in der pandemiegetriebenen mobilen Arbeit ebenso wie die häufiger anzutreffende Unfähigkeit, auch in der arbeitsfreien Zeit richtig abschalten zu können. Dabei ist das Arbeiten zu entgrenzten Zeiten zumeist nicht frei gewählt, sondern hängt eng mit der Arbeitsbelastung zusammen. Je höher diese ist, desto höher der Anteil der Beschäftigten mit Abendarbeit, unbezahlter Mehrarbeit und ständiger Erreichbarkeit.»Die Arbeitsbelastung spielt für die Entgrenzung der Arbeit eine wichtige Rolle. Vor allem im ›Neuen Normal‹, wo der räumliche und zeitliche Rahmen der Arbeit weniger stark vorgegeben ist als im ›Alten Normal‹, geht ein hoher Zeitdruck mit einer stark zunehmenden Entgrenzung einher. Das ist ein deutlicher Hinweis darauf, dass die Entgrenzung der Arbeit häufig durch einen hohen Arbeitsdruck vorangetrieben wird.« (ebd.: 11)

Es kann kaum überraschen, dass gerade das Ausmaß der Entgrenzung in einem engen Zusammenhang mit dem Vorhandensein von Betriebs- und Dienstvereinbarungen steht, die die Arbeitsbedingungen bei ortsflexiblem Arbeiten regeln.»Bei Beschäftigten im ›Neuen Normal‹ finden sich in Abhängigkeit von der Existenz betrieblicher Regelungen deutliche Unterschiede (…). Ohne entsprechende betriebliche Vereinbarungen liegt der Anteil der Beschäftigten mit Abendarbeit, ständiger Erreichbarkeit und unbezahlter Arbeit in der Freizeit zwischen 15 und 20 Prozentpunkten höher.« (ebd.: 14)

Die Auswirkung orts- und zeitflexibler Arbeit auf die Arbeitsbedingungen kann als paradigmatisch für das neue Normal der Arbeit gelten. Relevanten Verbesserungen und Erleichterungen stehen neue und intensive Belastungen gegenüber. Werden die Auswirkungen dieser Trends auf diejenigen einbezogen, die weiterhin an orts- und zeitgebundenen Arbeitsplätzen tätig sind, werden zusätzliche arbeits- wie sozialpolitische Problemlagen sichtbar. Schon in der (ersten?) Hochphase der Corona-Pandemie wurden Spaltungslinien zwischen Kurzarbeiter:innen, Homeoffice-Beschäftigten und den übrigen Arbeitenden deutlich, die in gewohnter Form mit zum Teil außerordentlich gestiegenen Belastungen in den Betrieben tätig waren, um die Wertschöpfung der Unternehmen aufrechtzuerhalten. Das hier deutlich werdende Wirkungsgeflecht aus Verbesserungen, Belastungen und Spaltungen markiert den Kontext, in dem sich die Arbeitspolitik des neuen Normal zu bewähren hat.

Arbeitsmarkt: Lieferketten-Probleme, Beschäftigungsrisiken und Kurzarbeit
Vor allem in der jüngeren Vergangenheit wurde die Verletzlichkeit der kapitalistischen »Hyper-Globalisierung« (Dani Rodrik) deutlich. Die Unternehmen treiben Outsourcing rund um den Globus auf die Spitze, und die Lieferketten werden immer dünner. Wenn diese reißen, geraten Produktion und schnell auch Arbeitsplätze in Gefahr. Aber auch die globalen Reaktionen auf die Corona-Pandemie sowie Sanktionen und Energiekosten in Folge des Ukraine-Kriegs haben zu massiven Problemen in den Betrieben, auf dem Arbeitsmarkt und in der Gesamtwirtschaft geführt.»Das preisbereinigte Brutto-

inlandsprodukt (BIP) wird (...) im Jahr 2023 um rund 1,7 Prozent niedriger liegen, als es ohne den Krieg gelegen hätte. Das Wirtschaftswachstum wird insbesondere durch die gestiegenen Preise für fossile Rohstoffe abgeschwächt. Sie belasten sowohl die Exportwirtschaft als auch die Konsummöglichkeiten der privaten Haushalte. Die niedrigeren Exportaktivitäten tragen den größten Anteil an der schwächeren Wirtschaftsleistung. Bis 2030 verliert die deutsche Wirtschaft über 260 Milliarden Euro an Wertschöpfung, die durch den Krieg in der Ukraine und die Energiekrise nicht realisiert werden kann. Auch auf dem Arbeitsmarkt kommt es zu überwiegend negativen Effekten. Zwischen 2022 und 2028 werden durchschnittlich 150 000 Personen weniger beschäftigt sein.« (Zika u. a. 2022: 5)

Von besonderer Bedeutung und vermutlich dauerhaft wirkend sind die Lieferkettenstörungen. Basierend auf einer Befragung des Instituts für Arbeitsmarkt- und Berufsforschung (IAB) »Betriebe in der Covid-19-Krise« wurde versucht, das Ausmaß von Lieferengpässen in Deutschland im Jahr 2021 abzuschätzen und zu untersuchen, welche Auswirkungen die Engpässe hatten und wie die Betriebe darauf reagierten. Demnach berichteten etwa 70 Prozent der Betriebe, die Vorleistungen bezogen, von Lieferengpässen im Jahr 2021. Überdurchschnittlich betroffen waren Betriebe im Verarbeitenden Gewerbe, im Baugewerbe sowie im Groß- und Einzelhandel. Hauptgrund für Lieferengpässe im Jahr 2021 war nach Einschätzung der Betriebe die Pandemie. Für 87 Prozent der Betriebe wirkten sich die Schwierigkeiten beim Bezug von Vorleistungen oder Zwischenprodukten negativ aus. Insbesondere im Verarbeitenden Gewerbe sowie im Groß- und Einzelhandel verzeichnete ein hoher Anteil der betroffenen Betriebe ein gesunkenes Geschäftsvolumen. Etwa 65 Prozent der Betriebe mit Lieferengpässen reagierten darauf, indem sie ihr Zuliefferernetzwerk erweiterten. Rund 50 Prozent der betroffenen Betriebe erhöhten ihre Preise, knapp 20 Prozent stellten weniger Personal ein, 14 Prozent machten von Kurzarbeit Gebrauch und 5 Prozent entließen Personal. Angesichts der weiterhin andauernden Pandemie und des Krieges in der Ukraine zeigt sich bereits heute (Sommer 2022), so die abschließende Bewertung der IAB-Autor:innen, dass Belastungen durch Lieferengpässe fortbestehen oder sogar zunehmen (Moritz u. a. 2022).

Auf dem Arbeitsmarkt verlief die Entwicklung ambivalent. Obwohl sich der Arbeitsmarkt als relativ robust erwies, explodierte in der Pandemie und durch die Folgen des Krieges insbesondere die Kurzarbeit. Im ersten Quartal 2020 waren gut 6 Mio. Kurzarbeiter:innen gemeldet, was einem Allzeithoch seit Erfassung der Daten entspricht. Bis zum ersten Quartal 2021 ging ihre Zahl auf ein immer noch extrem hohes Niveau von gut 3,8 Mio. Betroffener zurück. Über Branchen und Sektoren hinweg trug das Instrument der Kurzarbeit entscheidend dazu bei, Nachfrageschwankungen sowie Engpässe bei Material und Vorprodukten abzufangen und Entlassungen zu vermeiden. Auch wenn dies erheblich zur Vermeidung von Arbeitslosigkeit beitrug, so war es doch für die Beschäftigten auch mit spürbaren Einkommensverlusten verbunden, da längst nicht in allen Betrieben Regelungen zur Aufstockung des Kurzarbeitergeldes durchgesetzt werden konnten.

Was jedoch so gut wie gar nicht zum Tragen kam, war die Nutzung der Kurzarbeit für berufliche Weiterbildung. Um die Zeiten der Kurzarbeit sinnvoll zu nutzen, besteht für Beschäftigte die Möglichkeit, während der Kurzarbeit an beruflichen Weiterbildungsmaßnahmen teilzunehmen. Der Anspruch auf Kurzarbeitergeld bleibt dabei weiterhin bestehen. Ab Mai 2020 wurde den Arbeitgebern (mit der Einführung des § 106a SGB III) die Möglichkeit geboten, die Kosten, welche durch die berufliche Weiterbildung während Kurzarbeit entstehen, teilweise erstattet zu bekommen. Bei Vorliegen der Voraussetzungen (des § 106a SGB III) werden den Arbeitgebern insbesondere die Lehrgangskosten nach Betriebsgröße gestaffelt erstattet. Zudem werden die Sozialversicherungsbeiträge, die auf das Kurzarbeitergeld entfallen, während der Teilnahme an der Weiterbildungsmaßnahme zu 50 Prozent erstattet. Doch so attraktiv diese Regeln für die kurzarbeitenden Betriebe erscheinen mögen, die Kombination aus Kurzarbeit und Weiterbildung blieb eine ausgesprochene Seltenheit. Im Januar 2022 wurden in 160 258 Betrieben exakt 1 123 426 kurzarbeitende Beschäftigte registriert. In lediglich 2 481 Betrieben kam es zu einer Erstattung von Sozialversicherungsbeiträgen bei Weiterbildung, was einem Anteil von 1,5 Prozent entspricht. In 140 Betrieben wurden Lehrgangskosten erstattet; das entsprach weniger als 0,1 Prozent der Betriebe (alle Zahlen in diesem Absatz nach: BA 2022: Graphik 2 und Tab. 11).

Auch die betriebliche Ausbildung wurde vernachlässigt. Dies belegen etwa die Forschungen des IAB (Dummert/Umkehrer 2022). Demnach waren Ausbildungsbetriebe in Deutschland auf sehr unterschiedliche Weise von der Covid-19-Pandemie betroffen. Laut IAB-Betriebspanel gaben im Sommer und Herbst 2020 – also nach dem ersten Lockdown – 56 Prozent an, dass sie wirtschaftlich höchstens schwach negativ betroffen waren. Die Pandemie hatte zu diesem Zeitpunkt die Wahrscheinlichkeit, dass ein Betrieb im Jahr 2020 ausbildet, nicht signifikant reduziert. Allerdings hat sich die Zahl der Auszubildenden in wirtschaftlich negativ betroffenen Betrieben im Vergleich zu nicht betroffenen Betrieben von 2019 auf 2020 pandemiebedingt verringert. Wirtschaftlich negativ betroffene Betriebe haben für das Ausbildungsjahr 2020/2021 infolge der Pandemie deutlich weniger Ausbildungsverträge abgeschlossen als nicht betroffene Betriebe. Die Übernahmen von Ausbildungsabsolventinnen und -absolventen in Betrieben, die von der Pandemie wirtschaftlich negativ betroffen waren, verringerten sich von 2019 auf 2020 im Vergleich zu nicht betroffenen Betrieben signifikant.

Insgesamt gingen die teils widersprüchlichen Entwicklungen auf den Arbeitsmärkten mit einer Zunahme von objektiven Beschäftigungsrisiken und subjektiver Verunsicherung einher. Auch wenn etwa durch Kurzarbeit Beschäftigung gesichert werden konnte, bestanden Unsicherheit mit Blick auf die zukünftige Stabilität von Beschäftigung und Einkommen fort. Zur Widersprüchlichkeit der Arbeitsbedingungen gesellt sich die Unsicherheit der Arbeitsmarktentwicklung.

Einkommen: »Gierflation« der Konzerne und Alltagsnöte der unteren Einkommen
Auch die Einkommen der abhängig Arbeitenden entwickelten sich unterschiedlich. Die krasse soziale Ungleichverteilung der Inflationsfolgen setzte dabei gleichwohl auf einen positiven Trend in der Entwicklung der Haushaltseinkommen der letzten Jahre auf. Seit 1995 haben sowohl die Bruttolöhne als auch die bedarfsgewichteten Haushaltsnettoeinkommen in Deutschland im Durchschnitt deutlich zugelegt. Insbesondere unter Vollzeitbeschäftigten, so eine Studie des Deutschen Instituts für Wirtschaftsforschung (DIW) (Grabka 2022), fielen die realen Zuwächse bei den Löhnen mit einem Plus von mehr als 20 Prozent besonders positiv aus. Die Ungleichheit der Stundenlöhne nahm in den letzten Jahren sogar etwas ab und erreichte wieder ein Niveau wie zu Beginn der 2000er Jahre. Auch die Haushaltsnettoeinkommen stiegen zwischen 1995 und 2019 im Schnitt real um 26 Prozent. Alle Einkommensdezile legten zu, besonders stark das oberste Dezil. Der Anteil der Niedrigeinkommensbezieher:innen stagnierte seit 2015 bei rund 16,5 Prozent.

Während diese Verbesserungen der durchschnittlichen Einkommenspositionen der Haushalte auch auf eine erfolgreiche Tarifpolitik der Gewerkschaften zurückzuführen sein dürften, geraten mit der seit 2022 rapide steigenden Inflation die Reallöhne und Haushaltsnettoeinkommen wieder stärker unter Druck. Ökonom:innen rechnen mit einer »ungewöhnlichen Kombination von steigender Arbeitsproduktivität bei gleichzeitig sinkenden Reallöhnen« (Lübker/Janssen 2022: 12). Absehbar ist eine Verschlechterung der Verteilungsposition der Beschäftigten. »Denn trotz der zuletzt mit dem russischen Angriffskrieg gegen die Ukraine gesenkten Prognosen werden viele Konzerne hohe Gewinne verbuchen und Dividenden ausschütten, während die steigenden Verbraucherpreise, die Arbeitnehmer zu zahlen haben, nicht über höhere Löhne kompensiert werden.« (ebd.: 15)

Dabei beruht die gegenwärtige Inflation auf einem komplexen Ursachenbündel. Sie ist vor allem auf enorme Preissteigerungen bei zumeist importierten Gütern im Energie- und Nahrungsmittelbereich, auf Preiseffekte durch gerissene Lieferketten sowie auf politisch erzeugte Preiserhöhungen im Zuge des ökologischen Umbaus zurückzuführen, die etwa durch die Bepreisung von CO_2 wirken (Arbeitsgruppe Alternative Wirtschaftspolitik 2022: 193ff.). Gleichwohl ist die verbreitete Rede von der »grünen Inflation« (»Greenflation«) zumindest einseitig. Nicht minder bedeutend sind die Effekte der Preissteigerungen fossiler Energieträger sowie die bereits eingetretenen Umweltschäden und ihre Reparaturkosten. Diese kommen in der ausgewiesenen Inflationsrate nicht zum Vorschein. Gleichwohl können sie als eine Art »fossiler Inflation« begriffen werden, in der die Versäumnisse einer Entwicklung zum Ausdruck kommen, in der die Umweltschäden nicht in die Marktpreisbildungen eingingen und den Verursachern nicht in Rechnung gestellt wurden (Arbeitsgruppe Alternative Wirtschaftspolitik 2022: 199ff.). Insbesondere die Bepreisung des CO_2-Ausstoßes zielt darauf, diese externalisierten Kosten zu re-internalisieren.

Doch unbeschadet der Frage, ob die erhofften Markteffekte dieser Preispolitik (insbesondere der Rückgang des Verbrauchs fossiler und die steigende preisliche Attraktivität erneuerbarer Energien) wirklich eintreffen werden, so erzeugt die historisch hohe Inflation auch ein ernstes soziales Problem. Die sozial ungleich verteilte Betroffenheit von Belastungen ist offensichtlich und wird von Gegenmaßnahmen der Politik nicht umfänglich kompensiert. Eine Studie des DIW kommt zu folgendem Ergebnis: »Haushalte mit geringen Nettoeinkommen spüren den Preisanstieg besonders, da ihr Konsumanteil an den von der Inflation besonders betroffenen Gütern des Grundbedarfs sehr hoch ist. Bei der aktuell prognostizierten Inflation für 2022 belastet die Teuerung das unterste Einkommensdezil mit 5,3 Prozent ihres Nettohaushaltseinkommens, das oberste mit lediglich 1,1 Prozent. (…) Die von der Bundesregierung beschlossenen Maßnahmenpakete entlasten zwar vor allem Haushalte im niedrigsten Einkommensdezil. Dennoch gleichen sie die Mehrbelastung nicht vollständig aus. Zudem lässt sich beobachten, dass Haushalte bereits ab dem zweitniedrigsten Einkommensdezil signifikant belastet bleiben. Vor allem wegen geringer Spargutshaben und wenigen Anpassungsmöglichkeiten ist die untere Mittelschicht besonders von Preissteigerungen betroffen.« (Priem u. a. 2022: 388; s. dazu auch den Beitrag von Rudolf Hickel in diesem Band)

Die mangelnden Anpassungs- und Ausgleichsmöglichkeiten liegen darin begründet, dass insbesondere die Preise für Energie und Güter des Grundbedarfs gestiegen sind und diese in den unteren Einkommensdezilen einen größeren Anteil am Haushaltskonsum ausmachen. »Fast 70 Prozent ihres Nettoeinkommens geben die 20 Prozent der Haushalte mit den niedrigsten Einkommen für die durch die Inflation besonders belasteten Bereiche Nahrungsmittel, Wohnen (inklusive Haushaltsenergie) und Verkehr (inklusive Mobilitätsenergie) aus.« (ebd. 394) Zur Widersprüchlichkeit der Arbeitsbedingungen und der Unsicherheit der Arbeitsmarktentwicklung gesellt sich nun in wachsendem Maße auch die soziale Spaltung bei Einkommen und Lebenslagen.

Nachhaltige Arbeit, inklusive Verteilungspolitik, sozial-ökologische Wirtschaftsdemokratie – Polarsterne für das neue Normal in Arbeitswelt und Wirtschaft

Widersprüchliche Arbeitsbedingungen, unsichere Arbeitsmarktentwicklungen und soziale Polarisierung mit Blick auf Inflationsbetroffenheit und Einkommen bilden das Problempanorama, das die Arbeitswelt der Krisen- und Pandemiezeit prägt. Das stellt Anforderungen an Wissenschaft, Politik und Gewerkschaften gleichermaßen. Um im Gestrüpp von Trends und Unsicherheiten nicht die Orientierung zu verlieren, sind positive Zielbilder unverzichtbar. Sie können und sollten als »Polarsterne« einer weit gefassten Arbeitspolitik wirken, die die Hindernisse zu beseitigen trachtet, die einer gesundheits- und persönlichkeitsförderlichen und einer solidarischen Arbeitswelt der Zukunft entgegenstehen. Der Begriff des Polarsterns geht auf den marxistischen Philosophen Noberto Bobbio zurück (1994: 87ff.). Er führte ihn in die Debatte um die Frage ein, ob die Unterscheidung zwischen Rechts und Links heute noch einen Sinn mache. Bobbio bejahte diese Frage entschieden und bestimmte Egalitarismus und (globale) soziale Gleichheit unter den Menschen als den Polarstern linker Politik, durch den sich diese von rechten Politikentwürfen unterscheide.

Im hier diskutierten Zusammenhang können (und sollten) die *Konzepte nachhaltiger Arbeit, inklusiver Verteilungspolitik* und die *sozial-ökologische Wirtschaftsdemokratie* als Polarsterne wirken. Auch in der gewerkschaftlichen Politik. Als positive Zielbilder sollten sie gewerkschaftlichen Strategien (Urban 2022a) sowie der politischen Praxis Orientierung geben. Sie können die Hindernisse, die ihnen im Weg stehen, genauer benennen, können interessengeleitete Widerstände präzise definieren und Strategien ihrer Überwindung formulieren. Dass es sich dabei nur um Ausschnitte des Gesamtprojekts eines sozialen, ökologischen und demokratischen »neuen Normal« handeln kann, sollte nicht entmutigen. Es sollte vielmehr dazu anhalten, mit weiteren Kontroversen, weiteren Analysen und weiteren politischen Aktivitäten an dieser Aufgabe zu arbeiten.

Konflikte um das neue Normal

Nachhaltige Arbeit statt Prekarisierung und soziale Spaltung
Was meint zunächst nachhaltige Arbeit? Nachhaltige Arbeit meint gesundheits- und persönlichkeitsförderliche Arbeit, ergänzt um die gesellschaftliche und ökologische Dimension. Nachhaltig soll die Arbeit mit Blick auf die Gesundheit und die arbeitsinhaltlichen Ansprüche der Beschäftigten sein. Nachhaltig soll sie aber auch mit Blick auf die Gesellschaft sein; sie soll Einkommen und Sozialschutz für alle auf einem Niveau sichern, das eine hinreichende Beteiligung an der Wertschöpfung ermöglicht, die Teilhabe am gesellschaftlichen Leben gewährleistet und die Marginalisierung bestimmter Bevölkerungsgruppen ausschließt. Und schließlich muss diese Form der Arbeit auch mit Blick auf Naturbelastung und -verbrauch nachhaltig sein; sie muss sich in die unverzichtbaren Anstrengungen einfügen, die Klimakrise zu bekämpfen, den Klimawandel unter 1,5 Grad und den Ressourcenverbrauch in nachhaltigen Bahnen zu halten.

Ein solches Arbeitsverständnis bildet das Zentrum einer Arbeitsökologie, die die Reproduktion von Arbeit, Gesellschaft und Natur zusammendenkt (dazu Urban 2019: 183ff.; s. auch den Beitrag von Steffen Lehndorff in diesem Band).

Das muss Konsequenzen haben. Es lenkt die interessenpolitische Aufmerksamkeit zum einen auf eine intervenierende Arbeitspolitik, die den stillen Prozess permanenter Arbeitsverdichtung thematisiert und diesem durch eine entsprechende Tarif- und Gesundheitsschutzpolitik entgegenwirkt. Neben dem akut unverzichtbaren Infektionsschutz im Betrieb bleibt mittel- und langfristig vor allem ein präventiv ausgerichteter Arbeits- und Gesundheitsschutz gefordert. Neben dem nach wie vor notwendigen Abbau physischer Belastungen hat die Abwehr psychischer Gesundheitsgefahren in der Arbeit durch die gewachsenen Unsicherheiten enorm an Brisanz gewonnen. Der ohnehin drohende Marsch in die »Burnout-Gesellschaft« wurde dadurch beschleunigt (Urban 2019: 64ff. und 99ff.). Auch wenn Corona-Pandemie, Ukraine-Krieg und Lieferkettenprobleme Themen der psychischen Belastung der Beschäftigten aus den Schlagzeilen verdrängt haben, der Schutz vor dem zunehmenden Verschleiß der psychischen Gesundheit bleibt eines der zentralen Themen einer offensiven Arbeitspolitik. Und er wird seine Dringlichkeit auch dann nicht verloren haben, wenn sich die Folgewirkungen der gegenwärtigen Krisen verflüchtigt haben werden.

Eine nachhaltige Politik der Arbeitsökologie erfordert natürlich auch eine angemessene Sozialpolitik. Sie muss über die Weiterentwicklung der Sozialversicherungen zu allgemeinen Erwerbstätigenversicherungen und die Überwindung des gegenwärtigen Grundsicherungssystems (»Hartz IV«) die Voraussetzungen für ein bedarfsorientiertes und mindestsicherndes Schutzsystem schaffen. Und nicht zuletzt bedarf sie der Integration in die industriepolitischen Konzepte der De-Karbonisierung der volkswirtschaftlichen Wertschöpfung, die heute Fragen nach der Arbeitsqualität oft nicht einmal stellen, geschweige denn beantworten.

Inklusive (Um-)Verteilungspolitik statt »Übergewinnen« und Einkommensverlusten
Das alles setzt einen starken politischen Willen voraus. Aber es erfordert zugleich ein hinreichendes Finanzvolumen. In diesem Sinne kann Umverteilung als Schlüssel zur Öffnung des skizzierten Pfadwechsels in Wirtschaft und Gesellschaft begriffen werden. Die Idee der inklusiven Umverteilung weist dabei eine besondere Stoßrichtung auf. Sie zielt nicht nur auf die Beschaffung der notwendigen Finanzmittel für eine transformative Arbeitspolitik. Sie will zugleich der sozialen Polarisierung entgegentreten, die sich durch die skizzierte unterschiedliche Krisenbetroffenheit der Lohnabhängigen infolge von Corona-Krise, Ukraine-Krieg und Inflation verschärft hat.

Die Politik muss *erstens* und vor allem der sozialen Benachteiligung der unteren Einkommensgruppen zielgerichtet entgegenwirken. Die beschlossene Energiepreispauschale weist grundsätzlich in die richtige Richtung. Zugleich empfehlen sich Maßnahmen der politischen Regulierung durch Interventionen in die Preisbildung (etwa durch die Einführung verbindlicher Preisobergrenzen) für fossile Energieträger. Ziel ist die Bekämpfung der preistreibenden Effekte von Spekulationsgeschäften und oligopolistischen Preissetzungen. Zu Recht wird öffentlich darüber diskutiert, »wie viel Gier … hinter den steigenden Preisen (steckt)?« (Brinkmann 2022). Offensichtlich ist in der Tat, dass vor allem die Energiekonzerne ihre Preissetzungsmacht ausnutzen, um aus Profitmaximierungsgründen die Produkte künstlich zu verteuern. Diese »Gierflation« (ebd.) treibt die Preise und damit die Belastung der Haushalte weiter voran. Ihr muss politisch Einhalt geboten werden.

Die IG Metall hat in ihrem Konzept »Krisengewinne abschöpfen – Kosten deckeln« Vorschläge in die öffentliche Debatte eingebracht. Diese zielen zum einen darauf, über eine »Übergewinnsteuer« (»windfall tax«) jene Krisengewinne zu erfassen, die weder auf unternehmerische Leistung noch auf vorausschauende Investitionen zurückzuführen sind (»windfall profits«). Besonders offensichtlich wurde die Existenz dieser Gewinne bei Benzin und Diesel. Die Großhandelspreise sind phasenweise deutlich stärker gestiegen als die Rohölpreise. Das verweist auf die Marktmacht weniger Konzerne, die die Regeln marktlicher Preisbildung auszusetzen in der Lage sind. Eine Übergewinnsteuer würde nicht nur den Preisanstieg dämpfen, sondern dem Staat zugleich Einnahmen ermöglichen, die er für weitere Entlastungen zugunsten der Allgemeinheit verwenden könnte.

Zweitens muss der Gaspreis gedeckelt und müssen die Strompreise gesenkt werden. Denn der rasante Anstieg der Gaspreise ist in doppelter Hinsicht problematisch: Er verteuert den Gasverbrauch der Haushalte und treibt die Strompreise, weil Gas auch zur Produktion von Strom verwendet wird. Bei den Endverbraucher:innen werden die Preisschübe vielfach zeitversetzt und erst durch unterjährige Preiserhöhungen wirklich spürbar. Die Mehrkosten können sich für eine durchschnittliche Familie rasch auf 100 Euro pro Monat oder mehr summieren und werden im kommenden Jahr eher noch höher ausfallen. Die IG Metall forderte deshalb eine Deckelung des Gaspreises für den Grundverbrauch eines Haushaltes in Höhe von 8000 KWh. Der Gaspreisdeckel sollte sich am Preisniveau vom Ende des letzten Jahres orientieren und etwa 7,5 Cent pro KWh betragen. Die Mehrkosten der Gasversorger muss die Bundesregierung orientiert am Großhandelspreis kompensieren, um übermäßige Entschädigungen zu vermeiden. Außerdem forderte die IG Metall, das zur Stromproduktion genutzte Gas ebenfalls einem Preisdeckel zu unterstellen, damit der Gaspreis nicht länger die Strompreise treibt. Da die gegenwärtige Inflationsdynamik vor allem von den Energiepreisen getrieben wird, würde die Deckelung des Gaspreises für Verbraucher:innen wie für die Stromproduktion sowohl eine Entlastung für die Beschäftigten bedeuten als auch die Inflationsdynamik insgesamt bremsen.

Als *dritte* Komponente forderte die IG Metall Maßnahmen, die die soziale Unausgewogenheit der bisherigen Entlastungspakete der Bundesregierung korrigieren. Die Energiepreispauschale etwa richtete sich zunächst nur an einkommensteuerpflichtige Erwerbstätige. Rentner:innen, Studierende und Erwerbslose profitierten nicht. Die Bundesregierung besserte (auch auf Druck der IG Metall) nach und zahlte auch Rentner:innen und Studierenden eine Energiepreispauschale aus. Erwerbslose hingegen wurden auch hier nicht berücksichtigt. Um untere Einkommensgruppen zu entlasten, folgten weitere Maßnahmen. Dazu gehörten etwa eine Neuberechnung bzw. Erhöhung des Wohngeldes und eine graduelle Besserstellung von Arbeitslosengeld-II-Bezieher:innen im Rahmen eines neuen Bürgergeldes. Ein vom Einkommen und Verkehrsmittel unabhängiges Mobilitätsgeld und wirksame Maßnahmen zur Beseitigung der sozialen Schieflage blieben aus (vgl. etwa Arbeitsgruppe Alternative Wirtschaftspolitik 2022: 205 ff.).

Natürlich ist auch die gewerkschaftliche Tarifpolitik gefordert. Für die Beschäftigten zeichnen sich aufgrund der bislang verhaltenen Lohnentwicklung in allen Ländern der Europäischen Union – teilweise erhebliche – Reallohneinbußen ab. Dies setzt die Gewerkschaften unter Druck, über höhere Tarifabschlüsse Kaufkraftverluste auszugleichen (Lübker/Janssen 2022). Das gilt auch für Deutschland. Auch hier hat die Tarifpolitik einen deutlichen Beitrag zur Sicherung der Reallöhne zu leisten. Alleine wäre sie mit dieser Aufgabe gleichwohl überfordert. Einmal aus machtpolitischen Gründen, da in Krisenzeiten gewerkschaftliche Mobilisierung erschwert ist; zugleich lässt die seit Jahren rückläufige Tarifbindung die volkswirtschaftliche Lohnsetzungskraft der Gewerkschaften sinken. Hier zeigt sich erneut die Unverzichtbarkeit eines immer wieder neu zu definierenden politischen Mandats der Gewerkschaften. Verweigert sich die gewerkschaftliche Tarifpolitik traditionell und mit guten Gründen der Indienstnahme als Reparaturinstrument einer verfehlten Wirtschafts- und Sozialpolitik, so werden doch gerade in der gegenwärtigen wirtschaftlichen Situation die Grenzen von Verteilungspolitik auf der Ebene der Primäreinkommensverteilung deutlich. Ohne eine ergänzende Wirtschaftspolitik (Preis- und Steuerpolitik) und Sozialpolitik (Einkommenstransferpolitik) dürfte bereits die Stabilisierung der Beschäftigteneinkommen durch die Tarifpolitik kaum realistisch sein; von einer Umverteilung zugunsten der Arbeits- und Sozialeinkommen ganz zu schweigen. Neben der elementaren Bedeutung tarifpolitischer Einkommenskonflikte werden eben auch ihre Grenzen und die notwendige Ergänzung durch eine einkommensstabilisierende Wirtschafts- und Sozialpolitik sichtbar. Ein Sachverhalt, aus dem auch für die Zukunft die richtigen Lehren gezogen werden sollten.

Sozial-ökologische Wirtschaftsdemokratie statt grünem Kapitalismus
Wer die Blockade gegenüber einer solchen nachhaltigen Gerechtigkeitspolitik überwinden will, muss die Macht- und Eigentumsverhältnisse des deutschen Gegenwartskapitalismus anvisieren. Gleiches gilt, vielleicht sogar in verstärktem Maße, für die De-Karbonisierung seines ökonomischen Entwicklungsmodells. Dabei scheint der Kapitalismus längst dabei, sich des Klimathemas anzunehmen. Viele Unternehmen setzen auf Investitionen zur Reduzierung ihres CO_2-Ausstoßes, die Europäische Zentralbank will den Klimaschutz verstärkt in ihre geldpolitischen Geschäfte einbeziehen (EZB 2022) und Larry Fink, der Chef des weltgrößten Vermögensverwalters BlackRock, setzt auf die transformative Kraft des Kapitalismus und mahnt die globale CEO-Elite zu mehr Nachhaltigkeit im Investment, weil nur eine nachhaltige kapitalistische Anlagepolitik im langfristigen Interesse der Anleger sei (Fink 2022). Auch die Ampel-Koalition verbindet ihr Fortschrittsversprechen mit Bekenntnissen zu mehr Nachhaltigkeit in Politik und Wirtschaft.
　Die Summe von gut 4 Billionen US-Dollar, die laut Fink (ebd.) bereits heute in »nachhaltige Anlagen« fließen, ist zweifelsohne beeindruckend. Doch der analytische Blick lässt auch am Zielbild des grünen Stakeholder-Kapitalismus à la BlackRock erhebliche Skepsis aufkommen. Weder die Logik grüner Kapitalinvestitionen aus Renditegründen noch die angekündigte Politik der Am-

pelregierung werden an die eigentlichen Probleme heranreichen. Denn diese liegen im System (Urban 2019 und 2022a). Nicht einzelne Produkte oder Produktionsverfahren, ja nicht einmal primär CO_2-intensive Energieträger, die es zu überwinden gilt, bilden das eigentliche Problem. Dieses Problem liegt tiefer. Es wurzelt in den pathologischen Wachstumszwängen eines kapitalistischen Akkumulationsregimes, das keine immanenten Stopp-Regeln kennt. In Gesellschaften des globalen Nordens ist es der Motor der gesellschaftlichen Entwicklung insgesamt. Stottert dieser Motor, gerät die Wirtschaft und mit ihr die Gesellschaft in Schwierigkeiten. Der Kapitalismus wächst, oder er gerät in die Krise. Dass dieses Wachstumsmodell auf der Verbrennung nicht erneuerbarer, fossiler Energieträger beruht, macht die Sache nicht einfacher. Aber selbst ein ungebremstes Wachstum auf der Grundlage grüner Energie würde früher oder später mit den Kapazitäten der Natur kollidieren. Auf einem Planeten mit endlichen Ressourcen und begrenzten Schadstoffsenken ist unendliches und unbegrenztes Wachstum nicht möglich.

Die grünen Investitionen der Unternehmen und die Wirtschaftspolitik der Regierung bleiben auf halbem Wege stehen. Sie setzen zu Recht auf die Erneuerung der stofflichen Basis des wirtschaftlichen Wachstums. Aber sie stellen die ungebremste Wachstumsdynamik und ihre Antriebskräfte nicht infrage, sondern befördern sie. Mehr noch: Die Lieferprobleme bei russischem Gas drohen eine Renaissance von Kohle und die Aufwertung von ökologisch desaströsem Fracking-Gas aus den USA einzuleiten. Selbst der Ausstieg aus dem Ausstieg der Atomkraft scheint möglich. Das Ganze könnte also auf große Rückschritte bei der erreichten ökologischen Modernisierung des privatwirtschaftlichen Wachstumsmodells hinauslaufen, vom notwendigen systemischen Pfadwechsel ganz zu schweigen. Doch ein solcher Pfadwechsel ist unverzichtbar.

Ein gesellschafts- und naturverträgliches Wachstum unterschiede sich grundlegend vom bisherigen. Es fiele wohl dauerhaft flacher aus, da es nicht Wachstum um jeden Preis fördert, sondern nur dort, wo gesellschaftlicher Nutzen zu erwarten ist; es müsste nachhaltiger ausfallen, da es die Grenzen der Natur als Grenzen des Wachstums akzeptiert; und es müsste sich gerechter vollziehen, indem es die Verlierer:innen des Strukturwandels nicht in Arbeitslosigkeit oder Prekarität abdrängt, sondern ihnen neue Perspektiven eröffnet und die dazu notwendigen Ressourcen durch eine umverteilende Steuer- und Abgabenpolitik aktiviert.

Doch der Übergang in ein solches Entwicklungsmodell überfordert den Markt. Er stellt eine Spielanordnung dar, in der private Akteure ihr ökonomisches Handeln an maximalen Renditen oder Nutzen ausrichten und anfallende Kosten, wenn möglich, auf die Gesellschaft oder die Natur abwälzen. Sollen gesellschaftliche Gebrauchswerte, ökologische Nachhaltigkeit und soziale Gerechtigkeit zu Zielmarken sozialen Handelns werden, sind andere Spielregeln unverzichtbar. Ein möglichst hoher gesellschaftlicher und ökologischer Nutzen sollte bei Entscheidungen über Investitionen, Standortwahl und Produktion Vorrang haben. Das erfordert politische Eingriffe, die bis in die Unternehmensentscheidungen hineinreichen. Wo dem Eigentum oder Verfügungsrechte entgegenstehen, muss neu über ihre Legitimation und Verteilung diskutiert werden. Auf jeden Fall muss der Dreiklang aus Maximierungslogik, Wachstumszwang und Naturverbrauch beendet werden. Es geht um die demokratische Regulierung wirtschaftlicher Entscheidungen im Sinne dessen, was einst Wirtschaftsdemokratie genannt wurde.

Mit anderen Worten, die Realisierung einer gesundheitsförderlichen und partizipativen Arbeitsverfassung, eine auf soziale Inklusion zielende Umverteilungspolitik und vor allem die Neuprogrammierung der Ökonomie vom Profit- zum Nachhaltigkeits-Prinzip werden auf die Macht- und Einkommensinteressen durchaus mächtiger sozialer Interessengruppen stoßen. Zu diesen gehören vermögende Personen und Haushalte, die sogenannten Reichen und Superreichen, sowie diejenigen, die aus dem Eigentum an Produktionsmitteln und Kapital das Recht auf Dominanz über den Produktionsprozess ableiten. Zielführende Konzepte wie das der ökologischen Kreislaufwirtschaft (»Curricular Economy«) zeigen, dass ohne politische Interventionen in den marktdominierten Strukturwandel die unverzichtbare Kombination aus selektivem Wachstum, Ressourceneffizienz und Recycling nicht erwartet werden kann. Gleiches gilt für den Weg in eine umweltverträgliche Wasserstoffwirtschaft (Arbeitsgruppe Alternative Wirtschaftspolitik 2022). Die Frage nach gesellschaftlichen Allianzen, die sich diesen Aufgaben widmen, wird immer dringlicher.

Ausblick: Ein Sondervermögen für die sozial-ökologische Transformation als integratives Projekt
Insgesamt könnten sich die skizzierten Politiken im Kampf um ein sozial-ökologisches Sofortprogramm bündeln. Ein solches, Akteure und Interessenlagen integrierendes Projekt müsste den entsprechenden arbeits-, verteilungs- und demokratiepolitischen Anforderungen genügen und finanziell ausreichend dimensioniert sein. Unverzichtbar wären also eine offensiv-regulative Arbeitspolitik, ein umverteilendes Steuer-, Abgaben- und Beitragsregime sowie eine Demokratisierungsoffensive in Arbeitswelt und Wirtschaft. Wie immer seine Teilschritte ausfallen mögen, Ambitionen und Zielbilder müssen über den grünen Kapitalismus hinausweisen. Es geht um mehr als eine grüne Modernisierung der aktuellen Wirtschaft. An weitreichenden Eingriffen in die

Strukturen und Spielregeln eines Wirtschaftsmodells, das aus sich heraus die systemische Übernutzung von Arbeit und Natur nicht beenden wird, führt perspektivisch kein Weg vorbei.

Ein solches Nachhaltigkeitsprojekt würde schon aufgrund seiner notwendigen finanziellen Dimension über bisher bekannte öffentliche Investitionsprojekte hinausweisen. In der Fachwissenschaft wird das notwendige Finanzvolumen für die De-Karbonisierung wie für den öffentlichen Anteil daran, je nach Zuschnitt und Zeitraum, auf 860 bis 6000 Mrd. Euro geschätzt. Dabei kann allein der öffentliche Finanzbedarf für Klimainvestitionen in den Jahren 2021 bis 2030 auf etwa 500 Mrd. Euro veranschlagt werden. Diese gesellen sich zu den geschätzten Bedarfen an öffentlichen Investitionen jenseits der Klimawende hinzu, die auf etwa 460 Mrd. Euro geschätzt wurden. Unter Berücksichtigung von Abgrenzungsschwierigkeiten und Überschneidungen dürfte sich das notwendige öffentliche Investitionsvolumen für die kommende Dekade auf etwa 600 bis 800 Mrd. Euro belaufen (Zahlen nach Dullien/Rietzler/Truger 2022: 278ff.).

Die Beschaffung der notwendigen Aufwendung für den Bund, vor allem aber auch für Länder und Kommunen, wird innerhalb der grundgesetzlich verankerten »Schuldenbremse« nicht möglich sein. Sie bietet Spielräume, setzt aber der öffentlichen Kreditaufnahme zugleich enge Grenzen. Zusätzlich scheint eine aggressiv umverteilende Steuer- und Abgabenpolitik unverzichtbar. Dies liefe auf einen gesellschaftlichen Großkonflikt um die Verteilung der jährlichen Wertschöpfung hinaus. Ein solcher Konflikt müsste nicht zuletzt durch die Gewerkschaften angezettelt und konsequent vorangetrieben werden. Die Rechtfertigung dafür kann aus der jüngeren Vergangenheit lernen und argumentative Energie beziehen. Dem zu erwartenden Einwand, ein solchermaßen dimensioniertes Unterfangen sei nicht zu finanzieren und überfordere die Wirtschaft, kann das Faktum der Mobilisierung von dreistelligen Milliardenbeträgen gegen den drohenden Banken- und Unternehmens-Crash in der Finanzmarktkrise (2008ff.) und der Covid-19-Pandemie (2022ff.) entgegengehalten werden. Und nicht zuletzt der milliardenschwere Rüstungs-Booster von Olaf Scholz zeigt, was möglich ist, wenn der politische Wille stark genug ist (kritisch dazu Urban 2022b).

Deutlich wurde: Wenn die systemische Not groß genug ist und die gefährdeten Interessen mächtig genug sind, lassen sich auch großdimensionierte Rettungsaktivitäten in Gang setzten, die zuvor als völlig illusorisch bewertet worden waren. Die unterschiedlichen Varianten dieses Notfall-Pragmatismus (Urban 2022c) ließen (Schein-)Gewissheiten und Dogmen hinter sich und stellten in beeindruckender Radikalität Systemstabilisierung über Ideologietreue. Doch einen nachhaltigen Pfadwechsel bedeuteten sie noch nicht. Sie waren kein Resultat reflektierter Lernprozesse, die aus der Zukunftsunfähigkeit neoliberaler Politiken Konsequenzen gezogen hätten. Soll aber genau das geschehen, soll aus der mangelnden Zukunftsfähigkeit des globalen Finanzmarktkapitalismus und seiner systemkonformen Politiken die Kraft einer grundlegenden Zeitenwende werden, bedarf es weitreichender Veränderungen. Solche sind unverzichtbar in den öffentlichen Debatten und sozialen Konflikten sowie – im Optimalfall – mit Blick auf eine nachhaltige Veränderung der gesellschaftlichen und politischen Kräfte- und Mehrheitsverhältnisse. Ohne diese Veränderungen werden die notwendigen Interventionen in Wirtschaft, Gesellschaft und Politik nicht zustande kommen. Die Gewerkschaften sollten sich in den Kampf um diese Veränderungen einschalten.

Literatur

Adam, Caroline/Bengler, Klaus/Brandl, Christopher/Nitsch, Verena/u.a. (2021): Maßnahmen und Lösungen zur Arbeitsgestaltung für den Umgang mit der COVID-19-Pandemie: Eine systematische Analyse der Arbeit im Primär-, Sekundär- und Tertiärsektor in Deutschland. Zeitschrift für Arbeitswissenschaft Bd. 75 H. 4, S. 527–541

Arbeitsgruppe Alternative Wirtschaftspolitik (2022): Memorandum 2022. Raus aus dem Klimanotstand – Ideen für den Umbruch. Köln: PapyRossa

Bobbio, Norberto (1994): Rechts und Links. Gründe und Bedeutungen einer politischen Unterscheidung. Berlin. Klaus Wagenbach

Brinkmann, Bastian (2022): Wieviel Gier steckt hinter den steigenden Preisen? In: Süddeutsche Zeitung vom 19. Juli 2022

Bundesagentur für Arbeit – Statistik- (BA) (2022): Angezeigte und gemeldete Kurzarbeit. (Zeitreihen Monats- und Jahreszahlen). Nürnberg. Juni

Detje, Richard/Kronauer, Martin/Sauer, Dieter/Schumann, Michael (2022): Trägt das Fortschrittsversprechen? Das Programm der Ampelkoalition, in: WSI Mitteilungen 75. Jg. H. 4, S. 267–276

Deutscher Gewerkschaftsbund (DGB) (2022): Arbeit der Zukunft im »Neuen Normal«? Entgrenzung und Erholung bei digitaler und mobiler Arbeit. Sonderauswertung der Repräsentativumfrage zum DGB-Index Gute Arbeit 2021.

Dullien, Sebastian/Rietzler, Katja/Truger, Achim (2022): Die Corona-Krise und die sozialökologische Transformation: Herausforderungen für die Finanzpolitik, in: WSI Mitteilungen 75. Jg. H 4., S. 277–285

Dummert, Sandra/Umkehrer, Matthias (2022): Auswirkungen der Covid-19-Pandemie nach dem ersten Lockdown 2020. Weniger Übernahmen nach einer betrieblichen Ausbildung. IAB-Kurzbericht 4

Europäische Zentralbank (EZB) (2022): »EZB unternimmt weitere Schritte, um Klimaschutz stärker in ihre geldpolitischen Geschäfte einzubeziehen«. Pressemitteilung vom 04.07.2022

Fink, Larry (2022): Die transformative Kraft des Kapitalismus. Brief an die CEOs 2022. (Larry Finks Brief an CEOs 2022 | BlackRock; Zugriff am 10.08.2022)

Grabka, Markus (2022): Löhne, Renten und Haushaltseinkommen sind in den vergangenen 25 Jahren real gestiegen. DIW-Wochenbericht 23

Konflikte um das neue Normal

Kagerl, Christian/Moritz, Michael/Roth, Duncan/Stegmaier, Jens/Stepanok, Ignat/Weber, Enzo (2022): Energiekrise und Lieferstopp für Gas: Auswirkungen auf die Betriebe in Deutschland, in: Wirtschaftsdienst 102. Jg., H. 6, S. 486–491

Lübker, Malte/Janssen, Thilo (2022): Europäischer Tarifbericht des WSI 2021/2022. Tarifpolitik im Zeichen von Krise, Krieg und Inflation. IMK Report Nr. 77

Moritz, Michael/Roth, Duncan/Stegmaier, Jens/Stepanok, Ignat (2022): Lieferengpässe in Deutschland 2011. Betriebe reagieren mit Anpassung bei Produktion, Preis und Personal. IAB-Kurzbericht 13

Ott, Gritt/Pütz, Sebastian/Schmauder, Martin (2021): Maßnahmen und Lösungen zur Arbeitsgestaltung für den Umgang mit der COVID-19 Pandemie: Eine systematische Analyse der Arbeit im Primär-, Sekundär- und Tertiärsektor in Deutschland, in: Zeitschrift für Arbeitswissenschaft, 75. Jg. H. 4, S. 527–541

Priem, Maximilian/Kritikos, Alexander S./Morales, Octavio/Schulze-Düding, Johanna (2022): Folgen der Inflation treffen untere Mittelschicht besonders: Staatliche Hilfspakete wirken nur begrenzt, in: DIW Wochenbericht H. 28, S. 388–394

Schmitz, Christoph/Urban, Hans-Jürgen (Hrsg.) (2022): Arbeitspolitik nach Corona. Probleme-Konflikte-Perspektiven. Frankfurt/M.: Bund

Schönauer, Inken (2022): »Sind keine Umweltschützer, sondern Kapitalisten«, Larry Fink: Blackrock-Chef mahnt mehr Nachhaltigkeit an (faz.net); Zugriff: 02. August 2022

Tooze, Adam (2022): Kawumm. Gastbeitrag in: Die Zeit, Nr. 29, 15. 7

Urban, Hans-Jürgen (2019): Gute Arbeit in der Transformation. Über eingreifende Politik im Gegenwartskapitalismus. Hamburg: VSA-Verlag

Urban, Hans-Jürgen (2022a): Gewerkschaftliche Strategiebildung in der ökologischen Transformation, in: WSI-Mitteilungen Jg. 75, H. 4, S. 337–341

Urban, Hans-Jürgen (2022b): Zeitenwende wohin? Die moralische Empörungsspirale als Sackgasse, in: Blätter für deutsche und internationale Politik H.7, S. 79–88

Urban, Hans-Jürgen (2022c): Zwischen Notfall-Pragmatismus und Pfadwechsel. Erfahrungen aus der Corona-Pandemie und der Blick auf die neue Normalität, in: Schmitz, Christoph/Urban, Hans-Jürgen (2022), S. 29–47

Zika, Gerd/Schneemann, Christian/Weber, Enzo/Zenk, Johanna/Kalinowski, Michael/Maier, Tobias/Wolter, Marc Ingo (2022): Die Folgen des Kriegs in der Ukraine und der Energiekrise für Wirtschaft und Arbeitsmarkt in Deutschland. IAB Forschungsbericht 11

Anhang:
Das neue Normal.
Konflikte um die Arbeit der Zukunft
Daten, Schwerpunkte, Trends

Anhang

Inhalt

1. Basisdaten zu Arbeitsbedingungen und Arbeitsverhältnissen _____ 231
   1.1 Prekarisierung und erodierende Tarifbindung _____ 231
   1.2 Verfestigung des Niedriglohnsektors _____ 235
   1.3 Homeoffice und mobile Arbeit _____ 240
2. Psychische Belastungen _____ 247
3. Psyche und Arbeitswelt _____ 250
   3.1 Psychische Störungen in der Allgemeinbevölkerung _____ 250
   3.2 Krankenstand: Trends und Ursachen der Arbeitsunfähigkeit _____ 253
   3.3 Arbeitsunfähigkeit infolge psychischer Störungen _____ 254
   3.4 Frühberentungen infolge psychischer Störungen _____ 258
4. Arbeitsunfälle _____ 261
5. Berufskrankheiten _____ 264
6. Arbeitszeiten – aktuelle Trends _____ 273
7. Infrastrukturdaten _____ 280
   7.1 Personalstand und Tätigkeit der Aufsichtsbehörden und -dienste _____ 280
   7.2 Zum Entwicklungsstand des betrieblichen Arbeitsschutzes _____ 285

Der folgende Anhang erläutert ausgewählte aktuelle Trends im Arbeits- und Gesundheitsschutz und zur Gestaltung der Arbeit und präsentiert ausgewählte Daten anhand einiger Themenschwerpunkte. Ein Anspruch auf Vollständigkeit wird nicht erhoben. Soweit auf der Basis vorhandener Daten möglich, werden in dieser Ausgabe Erfahrungen des Arbeitsschutzes in den Jahren der Corona-Pandemie 2020 und 2021 berücksichtigt. Verfasser:innen dieses Anhangs sind Jürgen Reusch (Abschnitte 1, 2, 5 und 6), Joseph Kuhn und Daniela Blank (Abschnitt 3) sowie Uwe Lenhardt (Abschnitte 4 und 7.1.). Abschnitt 7.2 enthält Ausarbeitungen von Jürgen Reusch und Uwe Lenhardt. Die Grafiken, Tabellen und den Satzentwurf des Anhangs hat Frank Walensky-Schweppe angefertigt.

Daten, Schwerpunkte, Trends

1. Basisdaten zu Arbeitsbedingungen und Arbeitsverhältnissen

1.1 Prekarisierung und erodierende Tarifbindung

Grundsätzlich haben die Einbrüche der Krisenjahre 2020 bis 2022 nichts Wesentliches am Charakter des Arbeitsmarktes als prekäre Vollerwerbsgesellschaft geändert (s. dazu ausführlicher Jahrbuch Gute Arbeit 2019, Datenanhang, S. 281 ff.). Nach dem Lockdown zeigten sich Ende 2021 erste Ansätze einer Rückkehr zu den alten Verhältnissen. Alles, was die Verhältnisse prekär machte und macht, bestand und besteht weiter.

Die positive Beschäftigungsentwicklung der Jahre nach der Krise 2008 ff. war im Kern geprägt durch die rasante Ausweitung der Teilzeitarbeit zu Lasten der Vollzeitbeschäftigung (s. Jahrbuch Gute Arbeit 2021, Datenanhang, S. 297 ff.). Die Teilzeitquote kletterte von 17,9 % (1991) auf über 38 % (etwa seit 2010) und blieb auch in den Krisenjahren 2020 bis 2022 so hoch (Abb. 1). Die positive Arbeitsmarktentwicklung der 2010er Jahre beruhte fast ausschließlich auf der Ausbreitung schlecht bezahlter, häufig nicht tarifgebundener, unsicherer, nicht Existenz sichernder und daher prekärer Arbeit. Maßgeblich dafür war weitgehend die Zunahme von Minijobs, Leiharbeit, befristeten Stellen, Teilzeitarbeit und Solo-Selbstständigkeit.

Der Bereich der unbefristeten Vollzeitbeschäftigung lag 2019 bei etwa 25 Mio., während es 2010 knapp 23 Mio. gewesen waren. Im Vergleich zur Gesamtbeschäftigung ist dieser Sektor allerdings geschrumpft: 1991 gab es noch fast 29 Mio. Vollzeitbeschäftigte (s. Jahrbuch 2021, Datenanhang, S. 298). Das ist ein Rückgang der Vollzeitbeschäftigung für diesen Zeitraum um rund 4 Mio., während die Gesamtzahl der Arbeitnehmer:innen zwischen 1991 und 2019 von 35 Mio. auf 41 Mio. anstieg. 1991 hatte die Teilzeitquote noch 17,9 % betragen, 2019 war sie auf 38,6 % gestiegen. Analog dazu war der Anteil des Vollzeitsektors von 81 % auf 61 % zurückgegangen.

Der Zuwachs atypischer Beschäftigung im genannten Zeitraum ist also nicht einfach das Ergebnis der Umwandlung bestehender Beschäftigungsverhältnisse in atypische (und zumeist prekäre), sondern resultiert aus der Schaffung eines wachsenden Sektors deregulierter Arbeit. Die Erosion des Normalarbeitsverhältnisses ist Teil einer wachsenden Polarisierung unter den Arbeitnehmer:innen. Die Zunahme atypischer Beschäftigung wird so auch als Prekarisierungs- oder Deregulierungsdruck auch für die (noch) normal Beschäftigten spürbar (s. dazu Nicole Mayer-Ahuja, Jahrbuch Gute Arbeit 2019, S. 77–82).

Anhang

Abb. 1: Beschäftigung und Arbeitsvolumen 1991–2022 (in 1000) — Gute Arbeit

	2000	2010	2011	2012	2013	2014	2015	2016	2017	2018	2019	2020	2021	2022
ArbeitnehmerInnen	35 922	36 533	37 014	37 500	37 869	38 306	38 721	39 288	39 983	40 631	41 102	40 860	40 991	41 532
Vollzeit	25 309	22 825	22 918	23 230	23 288	23 534	23 705	23 958	24 335	24 999	25 256	25 145	25 258	25 454
Teilzeit	10 613	13 707	14 096	14 270	14 581	14 772	15 017	15 330	15 648	15 582	15 846	15 715	15 733	16 978
Teilzeitquote	29 %	37,5 %	38,1 %	38,1 %	38,5 %	38,6 %	38,8 %	39,0 %	39,1 %	38,5 %	38,6 %	38,5 %	38,4 %	38,7 %
Arbeitsvolumen (in Mio. Stunden)	48 837	47 845	48 665	48 785	50 220	51 032	51 756	52 422	53 332	54 267	54 829	51 430	52 423	53 331

Quelle: IAB Kurzberichte 6/2016, 9/2017, 7/2018, 18/2019, 7/2020, 6/2021, 7/2022. Zahlen für 2022 sind Schätzungen mit Stand vom März 2022; Teilzeit = inkl. geringfügige Beschäftigung.

Die scheinbare Stabilität erlebte mit Beginn der Corona-Krise eine deutliche Zäsur. Zwar konnte die Kurzarbeit einen großen Teil der Einbrüche abfangen, aber in den Jahren 2020 und 2021 gingen die Zahlen bei den abhängig Beschäftigten dennoch zurück (Abb. 2). Parallel gab es einen deutlichen Anstieg der Teilzeitbeschäftigung über 20 Wochenstunden. Im Bereich der atypischen Beschäftigung verloren zahlreiche befristet Beschäftigte 2020 ihren Arbeitsplatz; 2021 kam es hier zu einer leichten Erholung, allerdings noch weit unter den Zahlen von 2019. Der Anteil der Teilzeitbeschäftigung unter 20 Wochenstunden nahm deutlich zu. 2020 brach die geringfügige Beschäftigung gegenüber dem Vorkrisenjahr 2019 drastisch ein, gleichzeitig gingen viele Leiharbeitsplätze verloren. Das änderte sich 2021 wieder.

Abb. 2: Normale und atypische Beschäftigung 2008 – 2021 — Gute Arbeit

Jahr	Normalbeschäftigte		atypisch Beschäftigte			
	Zusammen	Darunter Teilzeit über 20 Std.	Befristet	Teilzeit unter 20 Std.	Minijobs	Leiharbeit
2008	22 981	2 382	2 827	4 920	2 578	636
2019	26 825	4 102	7 333	2 296	4 650	932
2020	26 410	4 522	2 153	4 399	1 944	639
2021	26 374	4 584	2 346	4 259	1 666	932

Quelle: Ergebnisse des Mikrozensus; Destatis 2022; Angaben in Tausend

Für das Jahr 2022 erwarteten die amtlichen Schätzungen zum Jahresbeginn zunächst noch einen weiteren leichten Konjunkturaufschwung. Diesen Erwartungen machten allerdings der Ukraine-Krieg, Lieferengpässe und Probleme der Globalisierung sowie die rasant ansteigende Inflation einen Strich durch die Rechnung. Nach Angaben des

Daten, Schwerpunkte, Trends

IAB rechneten die Arbeitsagenturen zwar mit einem weiteren Wachstum der Beschäftigung, aber nicht mehr so stark wie Ende 2021 noch erhofft. Gegenüber dem Jahr 2019 ging 2020 die Zahl der beschäftigten Arbeitnehmer:innen zurück, verharrte 2021 mit ganz leichten Zuwächsen etwa auf diesem Niveau.

Die immer weitergehende Erosion der Tarifbindung haben wir in den früheren Jahrbüchern dokumentiert, zuletzt im Datenanhang der Ausgabe 2022 (Seite 335 ff.). Dieser Erosionsprozess hat sich fortgesetzt und hat sich während der Corona-Krise auch negativ auf die Arbeitsbedingungen und Arbeitsverhältnisse ausgewirkt. Insgesamt ging die Tarifbindung in branchentarifgebundenen Betrieben zwischen 2000 und 2020 in West und Ost von 44 % auf 26 % zurück (Abb. 3). Von den Betrieben waren 2020 hochgerechnet noch rund 28 % im Westen und 19 % im Osten durch Branchentarifverträge gebunden. Haus- oder Firmentarifverträge gelten für jeweils 2 % der Betriebe in den alten und neuen Bundesländern.

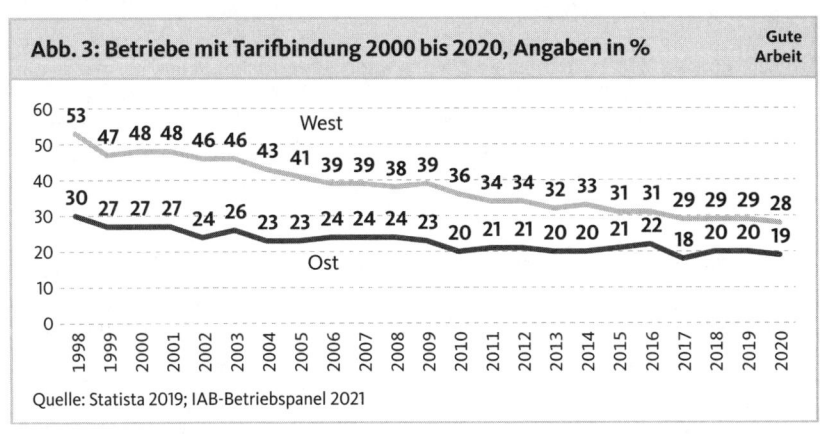

Abb. 3: Betriebe mit Tarifbindung 2000 bis 2020, Angaben in %

Gute Arbeit

West: 53, 47, 48, 48, 46, 46, 43, 41, 39, 39, 38, 39, 36, 34, 34, 32, 33, 31, 31, 29, 29, 29, 28
Ost: 30, 27, 27, 27, 24, 26, 23, 23, 24, 24, 24, 23, 20, 21, 21, 20, 20, 21, 22, 18, 20, 20, 19

Jahre: 1998–2020

Quelle: Statista 2019; IAB-Betriebspanel 2021

Das WSI schreibt dazu in seinem Tarifpolitischen Jahresbericht 2022: »Die Arbeitsbedingungen in nicht-tarifgebundenen Unternehmen sind in der Regel deutlich schlechter als in Unternehmen mit Tarifvertrag. Im Durchschnitt müssen Beschäftigte ohne Tarifvertrag pro Woche knapp eine Stunde länger arbeiten, erhalten jedoch gleichzeitig knapp 22 % weniger Geld.« Bei den Beschäftigten arbeiteten 2020 nach Daten des IAB-Betriebspanels nur noch 51 % aller Beschäftigten in tarifgebundenen Betrieben, davon 43 % in Betrieben mit Branchentarifverträgen und 8 % in Betrieben mit Haus- oder Firmentarifverträgen (Abb. 4). 49 % der Beschäftigten arbeiten in Betrieben ohne Tarifbindung. 74 % der Betriebe haben keinen Tarifvertrag; umgekehrt gilt ein Tarifvertrag nur noch für 24 % aller Betriebe.

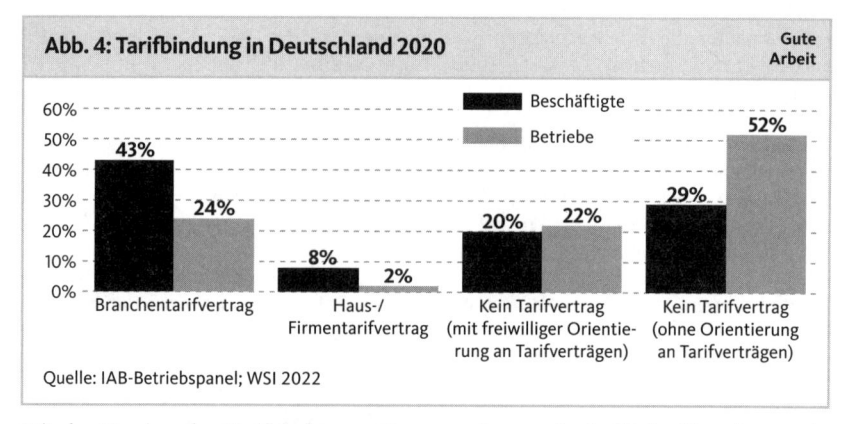

Anhang

Abb. 4: Tarifbindung in Deutschland 2020 — Gute Arbeit

	Beschäftigte	Betriebe
Branchentarifvertrag	43%	24%
Haus-/Firmentarifvertrag	8%	2%
Kein Tarifvertrag (mit freiwilliger Orientierung an Tarifverträgen)	20%	22%
Kein Tarifvertrag (ohne Orientierung an Tarifverträgen)	29%	52%

Quelle: IAB-Betriebspanel; WSI 2022

Mit der Erosion der Tarifbindung verlieren auch gewerkschaftliche Verankerung in Betrieben und unter Beschäftigten und damit auch die betriebliche Mitbestimmung weiter an Boden. Denn inzwischen arbeitet nur noch eine Minderheit der Beschäftigten in Betrieben mit Betriebsrat, vor allem in Ostdeutschland (Abb. 5). Dieser Erosionsprozess setzte sich im Pandemie-Jahr 2020 weiter fort. Daten für 2021 lagen bei Redaktionsschluss dieser Ausgabe noch nicht vor.

Abb. 5: Vorhandensein von Betriebsräten nach Betriebsgröße (2021) — Gute Arbeit

Anzahl der Beschäftigten im Betrieb	Betriebe mit Betriebsrat	Beschäftigte in Betrieben mit Betriebsrat
5-50	5%	7%
51-100	29%	29%
101-199	45%	47%
200-500	64%	66%
Über 500	81%	86%
Insgesamt	8%	38%

Quelle: IAB-Betriebspanel 2022

Gegenüber den bereits dramatischen Zahlen des Jahres 2020 (Jahrbuch 2022, Datenanhang, Abb. 3 S. 336) sind im Krisenjahr 2021 Zahlen noch einmal zurückgegangen. 2021 haben insgesamt nur noch 8 % aller Betriebe (ab 5 Beschäftigten) überhaupt einen Betriebsrat, und nur noch 38 % aller Beschäftigten arbeiten in Betrieben, in denen es einen Betriebsrat gibt.

Der Anteil der Beschäftigten in Betrieben mit 5 bis 50 Beschäftigten, die einen Betriebsrat haben, sank seit dem Jahr 2000 bis 2021 in Westdeutschland von 14 % auf nur noch 7 %, in Ostdeutschland von 14 % auf 8 %. Er ist also von einem ohnehin niedrigen Ausgangsniveau nochmals zurückgegangen. Hier verliert die betriebliche Mitbestimmung weiter an Boden.

2021 wurden in Ostdeutschland 34 % der Beschäftigten durch einen Betriebsrat vertreten, in Westdeutschland 39 %. Gegenüber 2020 war das ein weiterer Rückgang.

Eine im Auftrag der Hans-Böckler-Stiftung im Juni 2020 angefertigte Online-Befragung von 6300 Erwerbstätigen ergab auch, dass das Fehlen von Tarifverträgen in der Corona-Krise erheblich dazu beigetragen hat, die soziale Ungleichheit zu verschärfen und Beschäftigten Einkommensverluste zu bringen. Danach erhielten beispielsweise 54 % der Beschäftigten mit Tarifvertrag eine Aufstockung des Kurzarbeitergelds, aber nur 31 % derjenigen ohne Tarifvertrag.

1.2 Verfestigung des Niedriglohnsektors

Die dauerhafte Prekarisierung der Arbeitswelt äußert sich besonders deutlich in der weit verbreiteten Niedriglohnbeschäftigung. Deutschland hat einen der größten Niedriglohnsektoren in Europa – maßgeblich geschaffen durch politische Entscheidungen der verschiedenen Bundesregierungen seit den 1990er Jahren. Nach Daten des Statistischen Amts der EU – Eurostat (2018) befinden sich 20,7 % aller Beschäftigungsverhältnisse in Deutschland im Niedriglohnsektor. Eine höhere Niedriglohnquote haben nur Lettland (23,5 %), Litauen, Estland, Polen und Bulgarien. Alle weiteren EU-Mitgliedsländer habe eine geringere Niedriglohnquote. Deutlich unter 10 % liegen Schweden (3,6 %), Portugal (4 %) und Finnland (5 %).

Aktuelle Studien und Daten zeigen vor allem: Der Niedriglohnsektor hat sich verfestigt und ist zu einem zentralen Bestandteil der Arbeitsverhältnisse geworden. Für die große Mehrheit der dort Arbeitenden ist er eine Sackgasse, kein Einstieg oder Sprungbrett in besser entlohnte Arbeit, und er ist auch keine nur vorübergehende Abweichung von einem ansonsten intakten System auskömmlicher und Existenz sichernder Arbeit.

> *Was ist Niedriglohn?*
> Die Niedriglohnschwelle liegt bei zwei Dritteln des mittleren Stundenlohns (Medianschwelle). Damit ist wohlgemerkt nicht der Durchschnittslohn gemeint. Diese Schwelle lag nach Berechnungen des IAQ 2018 noch bei 11,21 Euro. Die Bertelsmann-Stiftung errechnete für 2020 eine Schwelle von 11,40 Euro. Nach Daten des Statistischen Bundesamtes vom Dezember 2021 liegt die Schwelle inzwischen allerdings bei 12,27 Euro, also über dem seit Oktober 2022 geltenden Mindestlohn. Mit Blick auf die Explosion der Lebenshaltungskosten 2022 muss davon ausgegangen werden, dass die Niedriglohnschwelle inzwischen höher liegt. Dafür lagen bei Redaktionsschluss noch keine aktuellen Daten vor.
>
> Niedriglohn kann auch mit dem monatlichen Bruttolohn (einschließlich der Zuschläge) bei Vollzeitbeschäftigung beziffert werden. Als niedrig gilt ein Bruttolohn dann, wenn er auch bei Vollzeitarbeit nicht ausreicht, den Betroffenen die materielle Existenz zu sichern. Niedriglohn liegt daher am Rande der Armutsgrenze. Die bundeseinheitliche Niedriglohnschwelle für Deutschland lag 2021 bei einem Bruttomonatslohn von 2344 Euro (West 2417, Ost inkl. Berlin 2004 Euro).
>
> Bis Ende 2020 betrug der gesetzliche Mindestlohn 9,35 Euro. Zum 1. Januar 2021 stieg der Mindestlohn auf 9,50 Euro, zum 1. Juli 2021 auf 9,60 Euro, zum 1. Januar 2022 auf 9,82 Euro und zum 1. Juli 2022 auf 10,45 Euro. Zum 1. Oktober 2022 wurde der Mindestlohn auf 12 Euro angehoben. Danach wird ihn die Mindestlohnkommission weiter schrittweise anpassen. Mit 12 Euro befindet sich der Mindestlohn immer noch deutlich im Niedriglohnbereich. Der gesetzliche Mindestlohn ist seit 2015 immer weiter hinter der allgemeinen Lohnentwicklung zurückgeblieben.

Der relativ kräftige Anstieg der Löhne im Jahrzehnt bis etwa 2019 hat sich auch den Niedriglohnbereich positiv ausgewirkt. 2011 lag der Anteil der Niedriglohnbeschäftigten

Anhang

an den sozialversicherungspflichtig Vollzeitbeschäftigten bei 21,1 %. Bis zum Jahr 2020 ging er zurück auf 18,7 % (Abb. 6). Diese Zahlen, die das WSI der Bundesagentur für Arbeit entnommen hat, beziehen sich aber ausschließlich auf sozialversicherungspflichtige Vollzeitbeschäftigung, erfassen den gesamten Niedriglohnsektor also nicht.

Abb. 6: Niedriglohnsektor 2011 – 2020. Unterer Entgeltbereich in % der sozialversicherungspflichtig Vollzeitbeschäftigten — Gute Arbeit

Jahr	2011	2012	2013	2014	2015	2016	2017	2018	2019	2020
Deutschland gesamt							35	33,6	32,1	
West	39,3	38,5	37,9	37,3	36,1				30,4	29,1
Ost	21,1	20,6	20,3	20,3	20,2	20,1	19,8	19,3	18,8	18,7
	16,9	16,4	16,2	16,5	16,6	16,7	16,7	16,5	16,3	16,4

Quelle: WSI Policy-Brief 1/2022; Böckler Impuls 1/2022

Knapp ein Fünftel der Beschäftigten erwirtschaftet also trotz Vollzeitarbeit nur einen nicht Existenz sichernden Niedriglohn. Das WSI schreibt dazu: »Auffällig ist, dass sich dieser Rückgang allein aus der Entwicklung im Osten speist. Wie die Tabelle zeigt, hat sich der prozentuale Anteil der Geringverdiener unter den sozialversicherungspflichtig Vollzeitbeschäftigten zwischen 2011 und 2020 im Westen kaum verändert und liegt aktuell bei 16,5 %. Gleichzeitig ist jedoch die Zahl der sozialversicherungspflichtig Vollzeitbeschäftigten deutlich gestiegen, so dass die absolute Zahl der Geringverdiener im Westen um gut 200 000 zugenommen hat.« Im Osten sank nicht nur der prozentuale Anteil der Niedriglohnbeschäftigten, sondern auch ihre absolute Zahl, nämlich um 320 000.

Die Aussage, dass knapp ein Fünftel der Beschäftigten im Niedriglohnsektor arbeitet, bedeutet genau: Ein Fünftel der sozialversicherungspflichtig Vollzeitbeschäftigten. Das sind, wie oben gezeigt (Abb. 6) rund 26 Mio. Beschäftigte von den rund 41,5 Mio. »Arbeitnehmer:innen« oder abhängig Beschäftigten. Zur Gruppe der sozialversicherungspflichtig Vollzeitbeschäftigten zählt das Statistische Bundesamt allerdings auch die rund 4,5 Mio. Teilzeitbeschäftigten, die mehr als 20 Wochenstunden arbeiten. Zählen wir diese hier realistischerweise eher zu den atypisch Beschäftigten, und rechnen noch die befristet Beschäftigten (2,3 Mio.), die Teilzeitbeschäftigten unter 20 Wochenstunden (4,2 Mio.), die Minijobber:innen (rd. 1,7 Mio.) und die Leiharbeitsbeschäftigten (0,9 Mio.) hinzu (alle Zahlen für 2021), so sind das bereits 13,6 Mio. Arbeitende, von denen wahrscheinlich ein erheblicher Teil dem Niedriglohnsektor zuzurechnen ist. Das sind aber immer noch nicht alle. Mitzuzählen sind auch die Werkvertragsbeschäftigten (über deren Zahl der Bundesregierung keine genauen Angaben vorliegen, Bundestagsdrucksache 19/17679 vom 6.3.2020) sowie die rd. 2,3 Mio. Soloselbständigen. Dann kommen wir auf eine Zahl von rd. 17 Mio. Arbeitenden, die zu einem beträchtlichen Teil mit Sicherheit auch im Niedriglohnsektor arbeiten. Und das ist insgesamt deutlich mehr als ein Fünftel der Beschäftigten insgesamt.

Die Zahlen in Abb. 6 bedeuten außerdem: In der Gruppe der Frauen liegt der Anteil der Geringverdienerinnen bei 25,4 %, der der Männer bei 15,4 %. Beschäftigte unter

25 Jahren (39 %) und solche ohne deutsche Staatsbürgerschaft (36,9 %) sind besonders häufig im Niedriglohnbereich tätig. Frauen haben zudem auch überdurchschnittlich häufig Teilzeitstellen, erzielen also bei Weitem kein Existenz sicherndes Einkommen. Auch nach Wirtschaftszweigen variiert der Anteil der Geringverdiener:innen stark, Besonders groß ist er im Gastgewerbe (68,9 %), in der Leiharbeit (67,9 %) und in der Landwirtschaft (52,7 %).

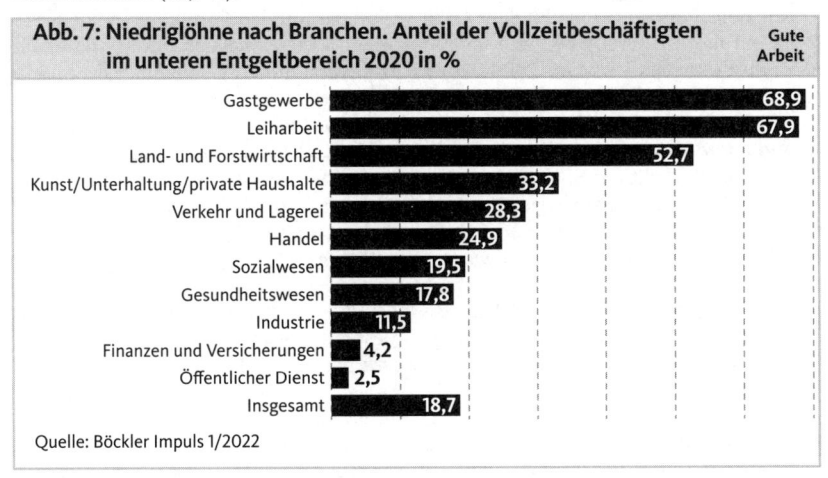

Abb. 7: Niedriglöhne nach Branchen. Anteil der Vollzeitbeschäftigten im unteren Entgeltbereich 2020 in % — Gute Arbeit

Branche	%
Gastgewerbe	68,9
Leiharbeit	67,9
Land- und Forstwirtschaft	52,7
Kunst/Unterhaltung/private Haushalte	33,2
Verkehr und Lagerei	28,3
Handel	24,9
Sozialwesen	19,5
Gesundheitswesen	17,8
Industrie	11,5
Finanzen und Versicherungen	4,2
Öffentlicher Dienst	2,5
Insgesamt	18,7

Quelle: Böckler Impuls 1/2022

Die Rückgänge der Niedriglohnbeschäftigung in den Jahren 2019 und 2020 erklären sich teilweise auch daraus, dass während der Corona-Krise viele Beschäftigte zu 100 % in Kurzarbeit waren und in der Verdiensterhebung nicht berücksichtigt wurden. Das Statistische Bundesamt schreibt in seiner Pressemeldung vom 20.12.2021 dazu: »Es ist davon auszugehen, dass der Anteil der Niedriglohnempfängerinnen und -empfänger in dieser Beschäftigtengruppe überproportional hoch gewesen war.«

Das IAQ hat darauf hingewiesen (IAQ-Report 6/2021), dass auch Kerngruppen der Beschäftigten in hohem Maß von Niedrigeinkommen betroffen sind: Fast drei Viertel der Niedriglohnbezieher:innen haben eine abgeschlossene Berufsausbildung oder sogar einen akademischen Abschluss. Und gut 40 % der Niedriglohnbezieher:innen sind Vollzeitbeschäftigte. Das IAQ verwies weiter darauf, das vor allem die Mehrheit der Minijobber:innen (knapp 77 %) im Niedriglohnsektor arbeitete – von denen viele während der Pandemie-Krise auch ihren schlecht bezahlten Job ganz verloren. 37 % der befristet Beschäftigten arbeiteten im Niedriglohnsektor.

Beschäftigte in Branchen, die in der Corona-Krise plötzlich überall als »systemrelevant« erkannt wurden, machen einen Großteil der Niedriglohnbezieher:innen aus: 2018 war mehr als die Hälfte der Niedriglohnbeschäftigten im Groß- und Einzelhandel, in der Transport- und Nahrungsmittelindustrie sowie in den Bereichen Bildung, Gesundheits- und Sozialwesen tätig.

Insgesamt verschärfte die Corona-Krise die Problematik des Niedriglohnsektors – vor allem für Minijobber:innen. Sie fielen durch das Sicherheitsnetz des Kurzarbeitergeldes, rutschten tiefer in Armut und wurden nicht selten arbeitslos. Besonders prekär war und ist die Lage von Beschäftigten, bei denen der Minijob der Haupterwerb war –

Anhang

rund drei Viertel von ihnen verdienten 2018 weniger als 11,40 Euro pro Stunde, und ein Aufstieg aus dem Niedriglohn gelang ihnen nur halb so häufig wie den Vollzeitbeschäftigten. Sie haben keinen Anspruch auf Kurzarbeitergeld, und der drastische Beschäftigungsrückgang bei dieser Gruppe von bereits 4,6 % im März 2020 im Vergleich zum Vorjahresmonat zeigt: Insbesondere für Haushalte mit niedrigen Einkommen brach mit der Corona-Krise ein erheblicher Teil des verfügbaren Einkommens weg.

Mit dem Lockdown im Frühjahr 2020 verloren zahlreiche Minijobber:innen von heute auf morgen ihre Arbeit und ihr Einkommen. Nach Angaben der Minijob-Zentrale wurde bereits im März 2020 224 000 Minijobber:innen gekündigt. Die Kündigungsfrist von sechs Wochen wurde weithin ignoriert. In den Folgemonaten ging die Kündigungswelle weiter. Etwa im Juni stieg die Zahl der Minijobs dann langsam wieder an und lag wieder bei rund 6 Mio. – deutlich weniger als Ende 2019. Minijobber:innen haben kein Anrecht auf Sozialleistungen, falls sie ihren Job verlieren. Ob sie ihn als Haupt- oder Nebentätigkeit ausüben – der Verlust dieses Einkommens trifft die jeweiligen Beschäftigten hart, Kurzarbeitergeld bekommen sie nicht. Minijobs sind geradezu ein Geschenk für Arbeitgeber: Diese haben stets Zugriff auf ein Heer von Beschäftigten, die sie nach Belieben anheuern und feuern können. Genau das zeigte sich in der Corona-Krise deutlich. Minijobs laden die Arbeitgeber zum Betrug ein. Und der Lockdown traf gerade solche Branchen besonders hart, in denen Minijobs zum Geschäftsmodell gehören. Die Alternative wären besser bezahlte sozialversicherungspflichtige Beschäftigungsverhältnisse.

Eng verwandt mit dem Thema Niedriglohn ist das Thema Armut (siehe Kasten). Nach dem Armutsbericht 2022 des Paritätischen Gesamtverbands hat die Armutsquote im Jahr 2021 mit 16,6 % einen neuen Höchststand erreicht. Der Verarmungstrend setzte etwa 2006 ein und hat sich seither kontinuierlich fortgesetzt. Trotz der wirtschaftlichen Stabilisierung und der Reallohnzuwächse der 2010er Jahre ist die Armutsquote seither von 14 % (2006) auf den bisherigen Höchststand 2021 gestiegen (Abb. 8). Diese Entwicklung verläuft parallel zur Ausbreitung und Verfestigung des Niedriglohnsektors. Die Zahl der Armen nahm in den genannten 15 Jahren um über 2 Mio. Menschen zu – von 11,5 auf 13,8 Mio. 2021 wurden 300 000 mehr Betroffene verzeichnet als 2020. Gegenüber der Zeit vor dem Ausbruch der Pandemie sind es 600 000 mehr. Es muss damit gerechnet werden, dass das Jahr 2022 mit der Explosion der Lebenshaltungskosten die Zahl der Armen bzw. Armutsgefährdeten weiter ansteigen lässt.

Armut und Armutsgefährdung
Die Armutsschwelle wird ähnlich definiert wie die Niedriglohnschwelle (s. o.). Armut wird in wohlhabenden Ländern wie Deutschland nicht über direkte Not wie Hunger oder Obdachlosigkeit definiert. Im Kern geht es vielmehr darum, ob das Haushaltseinkommen für gesellschaftliche Teilhabe ausreicht. Die Armutsgefährdungsquote (oft verkürzt als Armutsquote bezeichnet) gibt dabei den Anteil der Bevölkerung an, der mit weniger als 60 Prozent des mittleren (Haushalts-)Einkommens auskommen muss.

Daten, Schwerpunkte, Trends

Abb. 8: Armutsentwicklung 2005–2021, Angaben in %   Gute Arbeit

Werte: 14,0 – 14,3 – 14,4 – 14,6 – 14,5 – 15,0 – 15,0 – 15,5 – 15,4 – 15,7 – 15,7 – 15,8 – 15,9 – 15,5 – 16,2 – 16,6
(Jahre: 2006 2007 2008 2009 2010 2011 2012 2013 2014 2015 2016 2017 2018 2019 2020 2021)

Quelle: Paritätischer Wohlfahrtsverband, Armutsbericht 2022

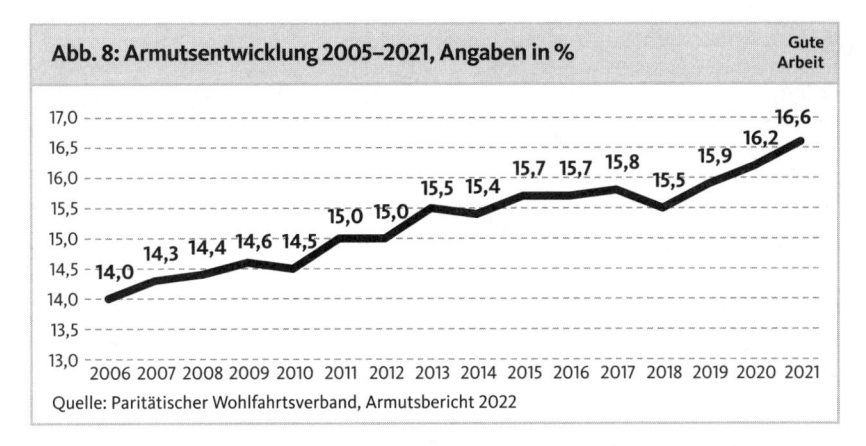

Auffallend ist in diesem Zusammenhang auch die Zunahme von Armut unter Erwerbstätigen. Auch hier verzeichnet der Paritätische eine Zunahme. Bis 2019 lag die Armutsquote unter Erwerbstätigen noch ziemlich stabil bei 8 %. 2020 stieg sie dann auf 8,7 %, 2021 auf 8,8 % – ein für Erwerbstätige hohes Niveau. Die Differenzierung zeigt: Bei abhängig Beschäftigten betrug die Quote 2021 8,4 %, bei den Selbstständigen dagegen lag sie bei 13,1 %. Deren Armutsquote war damit um 46 % höher als 2019, als es noch 9 % waren.

Zunehmende Armutsgefährdung unter Erwerbstätigen hängen auch mit dem rapiden Anstieg der Teilzeitbeschäftigung in den Krisenjahren 2020 und 2021 zusammen (s. o. Abb. 2). 2019 waren noch 2,3 Mio. Menschen in Teilzeit tätig. 2020 stieg deren Zahl sprunghaft auf 4,4 Mio. an, 2021 waren es knapp 4,3 Mio. Der Armutsbericht des Paritätischen Wohlfahrtsverband führt das auf krisenbedingte Arbeitszeitreduzierungen zurück.

Die Selbstständigen befanden sich 2020/21 noch einmal in deutlich schlechterer Position als die abhängig Beschäftigten. Der Armutsbericht des Paritätischen stützt sich dabei teilweise auf die fünf Erhebungswellen der Hans-Böckler-Stiftung zwischen April 2020 und Juni/Juli 2021. Hier gaben 55 % der Selbstständigen an, soloselbstständig zu sein. Im Lauf der Krise mussten viele von ihnen ihre Tätigkeit reduzieren, etwa durch Auftragsrückgänge oder gesetzliche Vorgaben im Zuge der Pandemiebekämpfung (Lockdown). Mitte 2021 verzeichneten 37 % der Selbstständigen und 44 % der Soloselbstständigen Einkommensverluste. »Es fand eine auffällige Einkommensverschiebung nach unten statt«, schreibt der Armutsbericht des Paritätischen. »Der Anteil der Einkommensbezieher:innen von nur unter 1500 Euro monatlich vergrößerte sich in der Pandemie (bis Juli 2021) bei den Selbstständigen mit weiteren Beschäftigten von 5 auf 11 % und bei den Soloselbständigen von 17 auf 23 %.« (s. a. WSI-Policy-Brief 60, 09/2021) Über die Armutsbetroffenheit nach soziodemografischen Merkmalen gibt die nachstehende Abb. 9 genauere Auskunft.

Anhang

Abb. 9: Armutsquote nach soziodemografischen Merkmalen 2019–2021 in % — Gute Arbeit

Merkmal	2019	2020	2021
Insgesamt	15,9	16,2	16,6
18-25 Jahre	25,8	25,9	25,5
25-50 Jahre	14,1	14,4	14,6
50-65 Jahre	12,0	12,3	12,7
Männlich	15,2	15,3	15,7
Weiblich	16,6	17,0	17,5
Einpersonenhaushalt	26,5	27,8	28,1
Zwei Erwachsene ohne Kind	8,7	8,7	9,2
Alleinerziehend mit Kind(ern)	42,7	40,4	41,6
Zwei Erwachsene mit zwei Kindern	11,0	11,4	11,1
Zwei Erwachsene mit drei und mehr Kindern	30,9	31,2	31,6
Erwerbstätige	8,0	8,7	8,8
Selbstständige	9,0	13,0	13,1
Abhängig Erwerbstätige	7,9	8,3	8,4
Erwerbslose	57,9	52,0	48,8
Rentner:innen, Pensionär:innen	17,1	17,5	17,9
Ohne deutsche Staatsangehörigkeit	35,2	35,9	35,3
Mit deutscher Staatsangehörigkeit	13,2	13,3	13,9
Mit Migrationshintergrund	27,8	28,0	29,1
Ohne Migrationshintergrund	11,7	11,8	12,3

Quelle: Paritätischer Wohlfahrtsverband, Armutsbericht 2022

1.3 Homeoffice und mobile Arbeit

Das Homeoffice als eine besondere Form mobiler Arbeit hat seit Anfang 2020, also seit Beginn der Corona-Pandemie, einen rasanten Aufschwung erlebt. Inzwischen muss es als fester Bestandteil der Arbeitsbedingungen des neuen Normal betrachtet werden. Die Beiträge von Urban, Schmucker/Sinopoli und Schmidt/Wille in diesem Band gehen darauf ein. Im Datenanhang der Jahrbücher 2021 (s. 322 ff.) und 2022 (S. 340 ff.) haben wir ausführlich die Unterschiede und Besonderheiten von Telearbeit, Homeoffice und mobiler Arbeit dargestellt. Darauf wird hier noch einmal verwiesen.

Am 20. März 2022 lief die Verpflichtung der Arbeitgeber aus, den Beschäftigten – so betrieblich möglich – aus Gründen des Infektionsschutzes Arbeit im Homeoffice anzubieten. Zum 1. Oktober 2022 trat eine neue SARS-Cov-2-Arbeitsschutzverordnung in Kraft, die bis zum 7. April 2023 befristet wurde. Entgegen vorherigen Ankündigungen verpflichtet sie die Arbeitgeber nicht, den Beschäftigten Homeoffice anzubieten (wie es in der vorherigen Verordnung der Fall war). Sie verpflichtet sie lediglich, auf Grundlage einer Gefährdungsbeurteilung ein betriebliches Hygienekonzept zu erstellen und darauf aufbauend Corona-Schutzmaßnahmen zu vereinbaren und umzusetzen. Dazu kann auch – muss aber nicht – ein Homeoffice-Angebot an die Beschäftigten gehören. Hier gilt im Sinne § 5 Arbeitsschutzgesetz und der einschlägigen Paragrafen im BetrVG und den PersVG die Mitbestimmung der Interessenvertretungen, soweit diese in den Betrieben vorhanden und aktionsfähig sind. Die Verordnung verpflichtet die Arbeitgeber auch, weitere Schutzmaßnahmen zu prüfen (Abstandsregeln, Maskenpflicht, Test- und Impfangebote).

Wir haben oben gezeigt (Abb. 5), dass nur 38 % aller Beschäftigten in Betrieben mit Betriebsrat arbeiten; flächendeckend ist das nur in den meisten mittelgroßen und in

Daten, Schwerpunkte, Trends

den großen Betrieben der Fall. Nur in 8 % aller Betriebe gibt es überhaupt Betriebsräte. Die Lücken sind vor allem in kleinen und mittleren Betrieben besonders auffällig. Hier ist die Umsetzung der neuen Empfehlungen weitgehend der Einsicht der Arbeitgeber überlassen. Ähnliches gilt insbesondere für die Pflicht der Arbeitgeber, »erforderliche« Maßnahmen des Arbeitsschutzes – also auch des Infektionsschutzes – aus einer Gefährdungsbeurteilung abzuleiten. Die bisherigen GDA-Betriebsbefragungen haben gezeigt, dass auch bei großzügiger Interpretation nur gut die Hälfte aller Betriebe eine solche Gefährdungsbeurteilung macht (s. dazu Jahrbuch 2021, S. 371 ff.).

Vor Ausbruch der Pandemie war das Homeoffice eine eher seltene Ausnahme Nach Daten des DIW arbeiteten bis zum Jahr 2019 lediglich 12 % der Beschäftigten – vor allem Hochqualifizierte und besser Bezahlte – regelmäßig oder gelegentlich am heimischen Arbeitsplatz (DIW-Wochenbericht 11/2019). Das DIW hatte seinerzeit auch errechnet, dass rund 40 % aller Tätigkeiten rein technisch auch von zu Hause aus erledigt werden könnten. Das WSI hatte festgestellt, dass vor der Pandemie etwa 13 % der abhängig Beschäftigten überwiegend zu Hause arbeiteten, weitere 4 % wechselnd (WSI-Report 65, April 2021).

Der Homeoffice-Boom begann etwa Mitte März 2020. Im April 2020 arbeiteten rund 27 % der Beschäftigten auf diese Weise. Mit einigen Schwankungen je nach Infektionswelle und gesetzlichen Vorgaben erreicht der Boom im Januar 2021 wieder einen Stand von 24 % (Abb. 10).

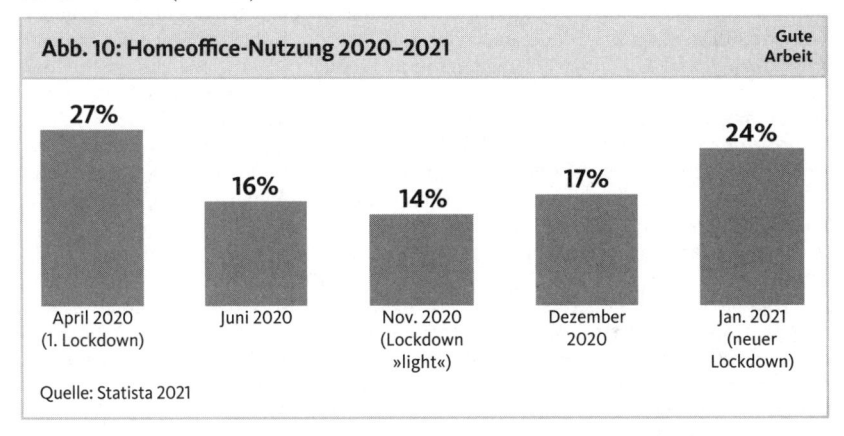

Abb. 10: Homeoffice-Nutzung 2020–2021

- April 2020 (1. Lockdown): 27 %
- Juni 2020: 16 %
- Nov. 2020 (Lockdown »light«): 14 %
- Dezember 2020: 17 %
- Jan. 2021 (neuer Lockdown): 24 %

Quelle: Statista 2021

Im April/Mai 2021 erreichten die Zahlen der Homeoffice-Nutzung mit rund 31 % den bisherigen Höchststand (Abb. 11). Sie lagen dann aber auch bis ins Jahr 2022 hinein immer bei Werten um 27 oder 28 %. Aufschlussreich sind in diesem Zusammenhang allerdings die Nutzungs-Zahlen für die verschiedenen Wirtschaftsbereiche. Hier sind die Unterschiede naturgemäß sehr groß. Die meisten Homeoffice-Nutzer:innen finden wie im Bereich der öffentlichen und privaten Dienstleistungen. Hier lagen die höchsten Werte Anfang 2021 bei rund 42 %. Deutlich weniger Homeoffice gab es im verarbeitenden Gewerbe, und am niedrigsten waren die Nutzungszahlen im Einzelhandel, noch geringer im Bauhauptgewerbe.

Anhang

Abb. 11: Beschäftigte im Homeoffice nach Wirtschaftszweigen 2021/2022 — Gute Arbeit

	2/21	3/21	4/21	5/21	6/21	7/21	8/21	12/21	1/22	2/22	3/22	4/22	8/22
Gesamtwirtschaft	40,9	42,6	41,1	41,5	38,5	35,4	33,4	38,2	39,2	39,6	38,7	35,3	35,5
Verarbeitendes Gewerbe	30,3	31,7	30,8	31,0	28,4	25,5	23,8	27,9	28,4	28,2	27,6	24,9	24,5
Dienstleistungen	24,3	24,3	25,3	24,0	21,4	18,1	16,4	19,7	20,3	19,0	18,6	16,3	15,5
Großhandel	21,3	22,7	22,9	20,8	17,2	15,8		20,8	20,2	19,5	18,2	16,2	15,3
Einzelhandel	9,8	11,4	10,0	9,8	7,6	6,3	5,3	6,6	6,9	6,3	7,1	6,4	5,4
Bauhauptgewerbe	10,1	8,3	11,3	9,9	8,4	6,3	5,0	8,5	7,7	7,7	7,5	6,3	5,1

Quelle: ifo Institut, September 2022

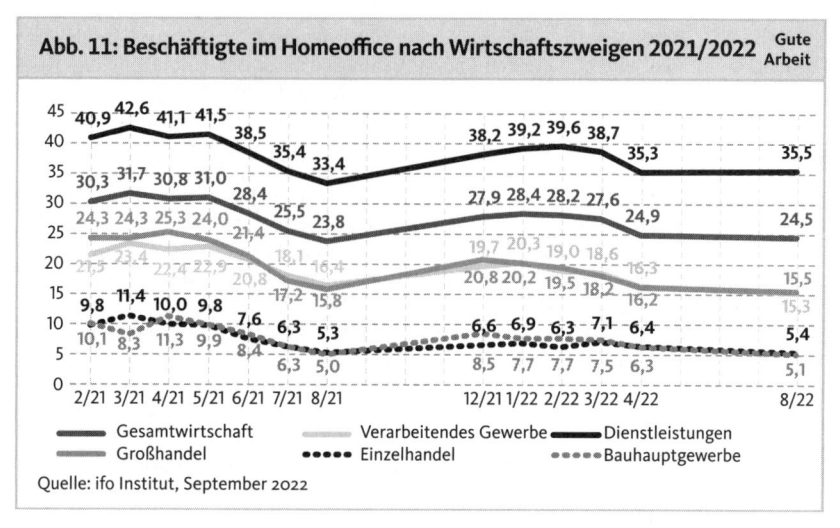

Erhebungen des DGB-Index Gute Arbeit haben die unterschiedliche Relevanz des Homeoffice bzw. der ortsflexiblen Arbeit für verschiedenen Berufsgruppen genauer untersucht. Das zeigt die Sonderauswertung »Arbeit der Zukunft im neuen Normal? Entgrenzung und Erholung bei digitaler und mobiler Arbeit«. Sie basiert auf der Repräsentativumfrage unter 6400 Beschäftigten im ersten Halbjahr 2021 (s. dazu den Beitrag von Rolf Schmucker/Robert Sinopoli in diesem Band). Demnach gab es etliche Berufe, in denen mehr als 50 % der dort Beschäftigten häufig oder oft im Homeoffice arbeiteten: IT-Berufe, Lehrberufe, Berufe in Forschung und Entwicklung, Einkauf und Vertrieb, Unternehmensorganisation, Versicherungs- und Finanzdienstleistungen, Öffentliche Verwaltung und viele Büro- und Sekretariatsberufe.

Nutzungsdaten über den August 2022 hinaus standen bei Redaktionsschluss dieses Buches Ende September 2022 noch nicht zur Verfügung. Trotz der weichen und unverbindlichen Formulierungen in der neuen SARS-CoV-2-Arbeitsschutzverordnung war aber für Herbst/Winter 2022/23 eine erneute stärkere Inanspruchnahme des Homeoffice zu erwarten. Diesmal nicht nur aus Gründen des Infektionsschutzes, sondern auch wegen der Energie- und Gaskrise und der sprunghaft gestiegenen Kosten für Heizenergie. Es ging um die Temperaturen in Arbeitsräumen während der Heizperiode. Politik und viele Unternehmen drängten darauf, gesundheitsverträgliche Mindesttemperaturen in Arbeitsräumen per Ausnahmeregelung absenken zu dürfen. Die Beschäftigten könnten zum Ausgleich zu Hause arbeiten – offenbar in der optimistischen Erwartung, dass es dann in den Privatwohnungen noch immer warm genug sein werde. Damit würden Betriebe allerdings auch einen Teil der gestiegenen Kosten für Heizenergie auf den Privatbereich der Beschäftigten abwälzen. Teilweise wird das von den Unternehmensverbänden bewusst angesteuert. So kündigte Stefan Wolf, Präsident des Arbeitgeberverbands Gesamtmetall, im September 2022 an (Der Spiegel 10.9.2022), die Betriebe der Branchen würden die Beschäftigten im Herbst/Winter ins Homeoffice schicken. So verbrauchten die Firmen weniger Gas und müssten weniger heizen. Die Arbeitgeber würden so die hohen Heizkosten auf den Privatbereich der Belegschaften abwälzen. Diese Androhung rief scharfen Protest des IG Metall-Vorsitzenden Jörg Hofmann hervor. Es sei sicherlich nicht energieeffizienter, dass viele Beschäftigte zu Hause arbeiteten und dort Strom und Heizenergie verbrauchten. Denn es gehe ja »um das Sparen von Energie in der Krise nicht um das Sparen für das Unternehmen«.

Raumtemperatur in Arbeitsstätten

Metallarbeitgeber-Chef Wolf drängte bei seinem Plädoyer für Homeoffice in der Gaskrise auch darauf, den Betrieben ein weiteres Absenken der Raumtemperatur in Arbeitsstätten zu ermöglichen. »Man« müsse »darüber nachdenken, ob man die Arbeitsstättenverordnung nochmals ändert und wir auf 18 Grad runtergehen können«. Hier also ein paar Hinweise an den Arbeitgeberfunktionär zur geltenden Rechtslage.

Anhang 3.5. der Arbeitsstättenverordnung selbst sagt zur Temperatur in Arbeitsräumen zunächst, sie müssten »während der Nutzungsdauer unter Berücksichtigung der Arbeitsverfahren und der physischen Belastungen der Beschäftigten eine gesundheitlich zuträgliche Raumtemperatur haben«. Die Anforderung an eine »gesundheitlich zuträgliche Raumtemperatur« wird dort auch ausdrücklich für Sanitär-, Pausen- und Bereitschaftsräume, Kantinen, Erste-Hilfe-Räume und Unterkünfte gestellt. Eine konkrete Temperatur wird da nicht genannt.

Das geschieht aber in der die Verordnung konkretisierenden Arbeitsstättenregel ASR A3.5. Dort heißt es, die Mindesttemperatur in Arbeitsräumen bei überwiegendem Sitzen und bei körperlich leichter Tätigkeit müsse 20° C betragen. Bei mittelschweren Tätigkeiten (die nicht konkret definiert sind) seien 19° C ausreichend. Nur bei körperlich schweren Arbeiten seien Temperaturen zwischen 19° und 17° C im Arbeitsraum angemessen. In Pausen-, Bereitschafts-, Sanitärräumen u. ä. müsse die Mindesttemperatur aber immer 21° C betragen.

Diese ASR ist – wie alle anderen Arbeitsstättenregeln auch – im Ausschuss für Arbeitsstätten in einem oftmals schwierigen Konsensfindungsverfahren zwischen Vertreter:innen der Arbeitgeber, der Gewerkschaften, der BGen, der Länder und der Wissenschaft erarbeitet worden. Das Ergebnis wurde dann vom Arbeitsministerium übernommen. Die so vereinbarten Maßzahlen können also nicht handstreichartig »von oben« geändert werden.

Und dann ist da noch die Mitbestimmung in der betrieblichen Praxis. Was genau im jeweiligen Betrieb »leichte« oder »mittelschwere« Tätigkeiten sind und mit welchen Maßnahmen die jeweils vorgeschriebene gesundheitlich zuträgliche Raumtemperatur zu erreichen ist, muss im Rahmen einer Gefährdungsbeurteilung nach § 3 Arbeitsstättenverordnung ermittelt und entschieden werden. Hier gilt uneingeschränkt die Mitbestimmung des Betriebsrats.

Zum 1. Oktober 2022 trat eine von der Bundesregierung beschlossene Energiesparverordnung in Kraft. Sie gilt für zunächst zwei Jahre. Sie erlaubt es, die Raumtemperatur in »öffentlichen Nichtwohngebäuden« auf maximal 19° C zu beschränken. Gemeint sind Verwaltungsgebäude, Museen, Kinos, Theater, Supermärkte usw. und generell auch Büros. Wörtlich heißt es nach Angaben der Bundesregierung: »In

Anhang

Arbeitsstätten wird die Mindestraumtemperatur um ein Grad Celsius abgesenkt. In öffentlichen Arbeitsstätten ist dies zugleich die Höchsttemperatur. Erlaubt sind maximal 19°. Gemeinschaftsflächen, an denen sich nicht dauerhaft Personen aufhalten, dürfen nicht mehr beheizt werden.«

Die Verordnung steht damit allerdings in einem Widerspruch zur genannten Arbeitsstättenregel ASR A3.5, die bei überwiegend sitzender Tätigkeit in Büros 20° C als Mindesttemperatur (Lufttemperatur) vorschreibt. Die Energiesparverordnung nimmt keinen ausdrücklichen Bezug auf diese Arbeitsstättenregel. Damit bleibt es unklar, ob für Büros 19° C als Maximaltemperatur oder 20° C als Mindesttemperatur der Raumluft gelten sollen. Da sich die Energiesparverordnung in diesem Punkt nur auf Büros und weitere öffentliche Räume bezieht, geht z. B. die BAuA davon aus, dass für Betriebskantinen, Umkleideräume usw. weiterhin nach der ASR A3.5 21° als Mindesttemperatur vorgeschrieben sind.

Die Auswertungen des DGB-Index Gute Arbeit haben typische Probleme im Zusammenhang mit der Homeoffice-Nutzung gezeigt: Auf der einen Seite erleben Beschäftigte mehr Arbeitszeitsouveränität, auf der anderen Seite auch stärkere Entgrenzung. Viele können nicht richtig abschalten, müssen Zeitdruck und überlange Arbeitszeiten in Kauf nehmen. Vieles hängt an den betrieblichen Regelungen. Die Beschäftigtenbefragungen des DGB-Index belegen einige weitere Probleme. So wird von den im Homeoffice Arbeitenden häufiger erwartet, auch außerhalb der normalen Arbeitszeit erreichbar zu sein. 32 % berichten, das sei »sehr häufig« oder »oft« der Fall. Beschäftigte im alten Normal erleben das auch, aber viel seltener (18 % »sehr häufig« oder »oft« – Abb. 12).

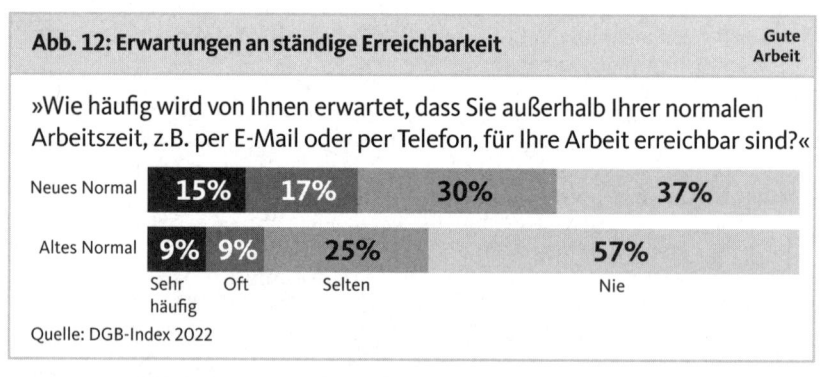

Abb. 12: Erwartungen an ständige Erreichbarkeit — Gute Arbeit

»Wie häufig wird von Ihnen erwartet, dass Sie außerhalb Ihrer normalen Arbeitszeit, z.B. per E-Mail oder per Telefon, für Ihre Arbeit erreichbar sind?«

	Sehr häufig	Oft	Selten	Nie
Neues Normal	15 %	17 %	30 %	37 %
Altes Normal	9 %	9 %	25 %	57 %

Quelle: DGB-Index 2022

Diese Erreichbarkeitserwartung geht einher mit weiterer Entgrenzung der Arbeitszeiten. Fast die Hälfte der im Homeoffice Arbeitenden (46 %) berichtet, dass sie Erholungspausen »Sehr häufig« oder »oft« verkürzen oder ganz ausfallen lassen. Bei herkömmlichem Arbeiten in Betrieb oder Büro sind es allerdings auch 29 % (Abb. 13).

Abb.: 13: Erholungspausen fallen aus oder werden verkürzt — Gute Arbeit

»Wie häufig kommt es vor, dass Sie bei Ihrer Arbeit Erholungspausen verkürzen oder ganz ausfallen lassen?«

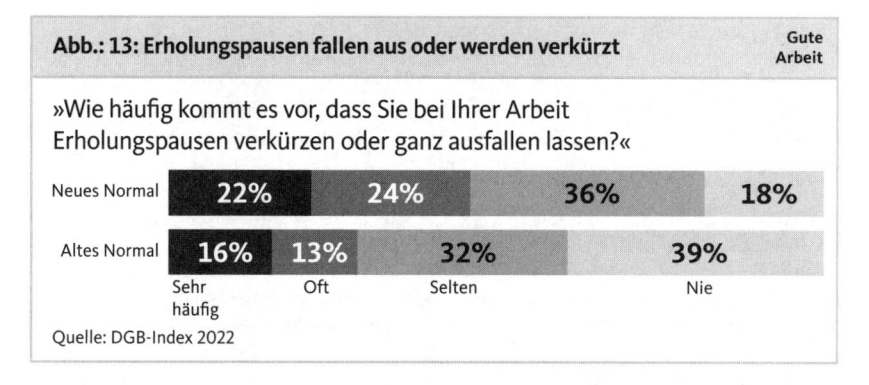

	Sehr häufig	Oft	Selten	Nie
Neues Normal	22%	24%	36%	18%
Altes Normal	16%	13%	32%	39%

Quelle: DGB-Index 2022

Die Entgrenzung der Arbeit betrifft auch die Überstunden. 23% der im Homeoffice Arbeitenden berichten von mehr als fünf Überstunden pro Woche, im alten Normal sind das 15%. Das alles beeinträchtigt die Fähigkeit der Beschäftigten, in der Freizeit von der Arbeit abzuschalten. In welchem Maß das der Fall ist, hängt sehr stark davon ab, ob und wie die Arbeit im Homeoffice durch eine Betriebsvereinbarung geregelt ist. Wo es keine Betriebsvereinbarung gibt, fühlen sich 60% der Befragten auf diese Weise belastet. Mit einer Betriebsvereinbarung sind es weniger, allerdings auch immer noch 41%. Auch der Ausfall von Erholungspausen hängt sehr stark davon ab, ob die Arbeit im Homeoffice über eine Betriebsvereinbarung geregelt ist. Ist das der Fall, betrifft es zwar auch noch 41% der Beschäftigten, im Homeoffice jedoch bedeutet das Fehlen eine Betriebsvereinbarung, dass 55% der Beschäftigten Erholungspausen ausfallen lassen (Abb. 14).

Abb. 14: Betriebsvereinbarungen und beeinträchtigte Erholung im »neuen Normal« — Gute Arbeit

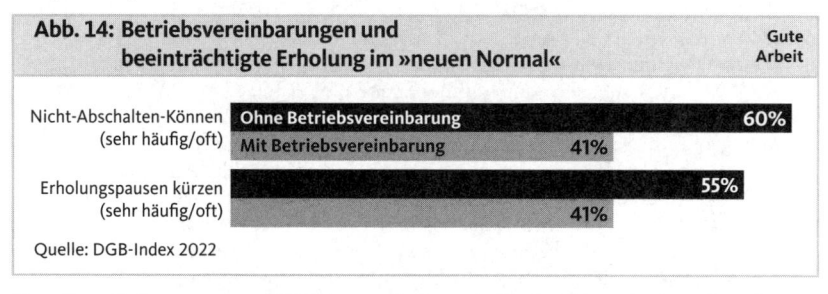

Nicht-Abschalten-Können (sehr häufig/oft)	Ohne Betriebsvereinbarung	60%
	Mit Betriebsvereinbarung	41%
Erholungspausen kürzen (sehr häufig/oft)		55%
		41%

Quelle: DGB-Index 2022

Vor allem die letztgenannte Abbildung offenbart ein hartnäckig weiterbestehendes Problem: Dort, wo es Betriebsvereinbarungen zur Arbeit im Homeoffice gibt, können sie die Tendenz zur Entgrenzung der Arbeit zwar reduzieren, das jedoch auch nur in Maßen. Das zeigt: Wenn die Regelung der Arbeit im Homeoffice weitgehend oder ganz auf die betriebliche Ebene verlagert bleibt, sind dieser Regelung Grenzen gesetzt. Interessenvertretungen hätten sehr viel bessere Möglichkeiten, mobile Arbeit und Homeoffice betrieblich zu regeln, wenn die gesetzlichen Grundlagen dafür ebenfalls besser wären. Genau diese gesetzlichen Regelungen zur Arbeit im Homeoffice sind lückenhaft und zu schwach (siehe Kasten). Die Möglichkeiten der Arbeitgeber, die Beschäftigten zu gesundheitlich und sozial belastendem Arbeiten im Homeoffice zu drängen, sind groß, vor allem, wenn sich der Staat weiter seiner Verantwortung entzieht.

Anhang

Rechtsgrundlagen zur Arbeit im Homeoffice
Die o.g. aktuelle SARS.CoV-2-Arbeitsschutzverordnung steht auf der Seite des BMAS zum Download (www.bmas.de). Sie wurde am 9.9.2022 vom Bundestag verabschiedet und trat am 1. Oktober 2022 in Kraft (bis 7.4.2023). Sie lässt den Arbeitgebern Hintertüren offen, die dort enthaltenen Regelungen vorwiegend als unverbindliche Empfehlungen zu behandeln.

Das Arbeitsschutzkontrollgesetz (1. Januar 2021) zielte zunächst darauf, die Arbeitsbedingungen in der Fleischindustrie zu verbessern. Es soll außerdem den Vollzug im betrieblichen Arbeitsschutz durch mehr Kontrollen verbessern, u.a. durch eine Mindestbesichtigungsquote von 5% bis 2026 (www.bmas.de/DE/Service/Gesetze-und-Gesetzesvorhaben/arbeitsschutzkontrollgesetz.html). Die Analyse in diesem Datenanhang zur Tätigkeit der Aufsichtsbehörden zeigt allerdings, dass der Personalstand dieser Behörden nicht danach aussieht, als könnten sie demnächst dieser Verpflichtung nachkommen.

Das Betriebsrätemodernisierungsgesetz (beschlossen am 28. Mai 2021, in Kraft seit 1.7.2021) enthält neue Regelungen zur Mitbestimmung mit Blick auf Digitalisierung und künstliche Intelligenz und soll die Mitbestimmung stärken. Es präzisiert auch die betriebliche Mitbestimmung bei mobiler Arbeit (also auch beim Homeoffice) – allerdings nur beim »wie« (also bei der Ausgestaltung mobiler Arbeit, und da auch nur, wenn sie mit modernen Informationstechnologien erfolgt), nicht beim »ob«. Der Arbeitgeber kann über die Einführung mobiler Arbeit weiter alleine entscheiden. Das Gesetz ist insofern allenfalls ein erster Schritt. (dserver.bundestag.de/btd/19/298/1929819.pdf).

Und die Arbeitsstättenverordnung?
Arbeitsformen wie mobile Arbeit und Arbeit im Homeoffice als spezielle Form mobiler Arbeit werden vom derzeitigen Arbeitsschutzregelwerk nur vage erfasst. Vor allem die Arbeitsstättenverordnung (in der geltenden Fassung von 2016) kennt bisher nur die ortsfeste Tele(heim)arbeit. Für die Ausgestaltung fehlt es an praxisnahen Regelungen. Entgegen einem ersten Entwurf der Arbeitsstättenverordnung aus dem Jahr 2014 wurde auf heftigen Druck und mit Hilfe einer Medienkampagne der Arbeitgeberverbände die Definition von Telearbeit im § 2 (7) der ArbStättV so stark eingeschränkt, dass die allermeisten Formen von mobiler Arbeit gar nicht darunterfallen. Das hatte die neue Verordnung ändern wollen, das konnten die Arbeitgeber jedoch abwenden. Telearbeitsplätze sind seither vom Arbeitgeber auf seine Kosten fest eingerichtete Bildschirmarbeitsplätze im Privatbereich der Beschäftigten mit einer vertraglichen Definition der Arbeitszeit und der Dauer der Bereitstellung der benötigten technischen Ausstattung. Laut § 1 (3) ArbStättV muss für solche Telearbeitsplätze bei der erstmaligen Inbetriebnahme eine Gefährdungsbeurteilung gemacht werden. Für sie gilt außerdem der § 6 ArbStättV, der den Arbeitgeber zur Unterweisung der Beschäftigten verpflichtet, sowie der Anhang 6 der Verordnung, in dem die allgemeinen Anforderungen an Bildschirmarbeitsplätze aufgeführt sind (entspricht in Kern der alten Bildschirmarbeitsverordnung). Allerdings gibt es die hier genannte Form der Telearbeit sehr selten. Der Homeoffice-Boom der vergangenen drei Jahre hat zudem dafür gesorgt, dass diese seltene Form der Telearbeit eher ein Auslaufmodell ist. Die Arbeitsstättenverordnung regelt also die seltene Ausnah-

meform der Telearbeit, klammert aber das massenhaft verbreitete Homeoffice weiterhin aus!

Die (im August 2020 in Kraft getretene und Ende Mai 2021) aufgehobene SARS-CoV-2-Arbeitsschutzregel hat erstmals Homeoffice als eine Form mobilen Arbeitens definiert. Zugleich aber mit dem Hinweis, dass die Regelungen der Arbeitsstättenverordnung zur Telearbeit davon unberührt bleiben.

Im Klartext bedeutet das alles: Die ArbStättV gilt für mobile Arbeit gar nicht, also auch nicht fürs Homeoffice. Es gelten nur in allgemeinster Form das Arbeitsschutzgesetz und das Arbeitszeitgesetz. Es gibt dazu allerdings keine praxisnahen verbindlichen Regelungen, auf die sich die Betriebsparteien stützen könnten. Was es gibt, sind lediglich empfehlende Hinweise (etwa der Länderbehörden und der DGUV). Nach rund drei Jahren Erfahrung mit mobiler Arbeit und der Aussicht, dass diese Arbeitsform für einen großen Teil der Beschäftigten fester Bestandteil des neuen Normal sein wird, ist das noch mehr ein untragbarer Zustand als schon 2016. Alle Regelungserfordernisse sind somit auf die Betriebsparteien abgewälzt. Die große Zahl der Beschäftigten, die zukünftig Homeoffice in Betrieben ohne Betriebsrat erledigen wird, hat umso mehr das Nachsehen.

Drei Jahre Erfahrung mit dem Homeoffice-Boom machen es inzwischen besser möglich, die Anforderungen an das neue Normal im Homeoffice konkreter zu benennen. Da wir dazu in den Datenanhängen der Jahrbücher Gute Arbeit 2021 (322 ff.) und 2022 (340 ff.) schon viel geschrieben haben, hier nur wenige Stichworte:
- Homeoffice muss freiwillig sein und eine Kombination von Homeoffice und Arbeit im Betrieb ermöglichen.
- Die Leistungserwartungen müssen klar definiert sein.
- Das Arbeitszeitgesetz und ggf. tarifliche Arbeitszeitregelungen gelten auch im Homeoffice; die gesamte Arbeitszeit muss erfasst werden.
- Die Arbeitsplätze im Homeoffice müssen ergonomisch gut ausgestattet sein, der Versicherungsschutz muss geregelt sein. Ebenso muss es finanzielle Regelungen geben für den Verbrauch von Heizung, Strom usw.

2. Psychische Belastungen

Im Abschnitt zu psychischen Belastungen des Datenanhangs des vergangenen Jahrbuches (S. 349 ff.) standen die Auswirkungen der Corona-Krise mit ihren wirtschaftlichen und sozialen Folgen für die Beschäftigten im Vordergrund. Das betraf vor allem die Jahre 2020 und 2021. Sie haben das Belastungsspektrum für die Belegschaften in den Betrieben in kurzer Zeit massiv verändert. Seit Jahresbeginn 2022 sind nun noch die Belastungen durch die Explosion der Lebenshaltungskosten und den damit zusammenhängenden sich abzeichnenden Wirtschaftsabschwung hinzugekommen. Belastbare aktuelle neue Daten für das Jahr 2022 lagen bei Redaktionsschluss dieses Buches Ende September allerdings erst sehr wenige vor. Eine im Juni 2021 durchgeführte Befragung des IAB und der BAuA in 2000 Betrieben zeigte, dass zu den Ängsten der Beschäftigten vor einer Infektion inzwischen neue Belastungen hinzugekommen

Anhang

waren, vor allem durch notwendige Anpassungen der Arbeitsabläufe, der Arbeits- und Erholungszeiten und der Personalbemessung. Abb. 15 gibt Aufschluss über häufig genannten Belastungen im Zusammenhang mit der Corona-Krise und deren Ausmaß.

Abb. 15: Belastungen in der Corona-Krise 2021 — Gute Arbeit

Belastung	%
Erschwernisse der Arbeit mit Kunden oder anderen betriebsexternen Kontaktpersonen	67%
Angst der Beschäftigten vor einer Infektion	35%
Überforderung durch erhöhtes Arbeitsaufkommen	28%
Verschlechterung der betriebsinternen Kommunikation	22%
Abgrenzung von Arbeit und Freizeit im Homeoffice	20%
Längere Arbeitszeiten bzw. Überstunden	18%

Quelle: BAuA kompakt 2022

Zwei Drittel der Befragten registrierten Erschwernisse der Arbeit mit Kunden/Klienten usw. Auch Überforderung durch erhöhtes Arbeitsaufkommen und Verschlechterung der betriebsinternen Kommunikation wurden genannt. Jede/jeder Fünfte fand, dass sich die Grenzen zwischen Arbeit und Freizeit im Homeoffice verwischten. Das Bild differenziert sich noch einmal, wenn man die unterschiedliche Betroffenheit einzelner Wirtschaftszweige betrachtet (Abb. 16).

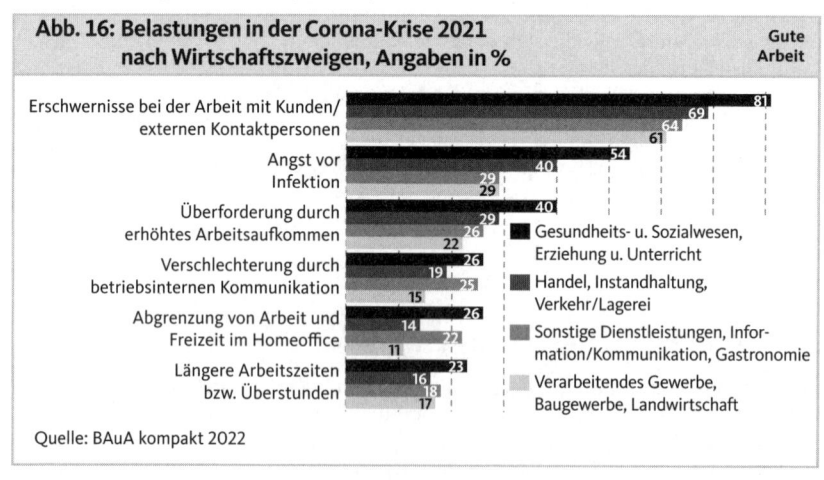

Abb. 16: Belastungen in der Corona-Krise 2021 nach Wirtschaftszweigen, Angaben in % — Gute Arbeit

Belastung	Gesundheits- u. Sozialwesen, Erziehung u. Unterricht	Handel, Instandhaltung, Verkehr/Lagerei	Sonstige Dienstleistungen, Information/Kommunikation, Gastronomie	Verarbeitendes Gewerbe, Baugewerbe, Landwirtschaft
Erschwernisse bei der Arbeit mit Kunden/externen Kontaktpersonen	81	69	64	61
Angst vor Infektion	54	40	29	29
Überforderung durch erhöhtes Arbeitsaufkommen	40	29	26	22
Verschlechterung durch betriebsinternen Kommunikation	26	25	19	15
Abgrenzung von Arbeit und Freizeit im Homeoffice	26	22	14	11
Längere Arbeitszeiten bzw. Überstunden	23	18	17	16

Quelle: BAuA kompakt 2022

Hier sieht man deutlich: Beschäftigte im Gesundheits-, Sozial- und Erziehungswesen erlebten in besonders hohem Maße Erschwernisse der Arbeit mit Kunden und Klienten (81 %), fühlten sich überfordert und mussten längere Arbeitszeiten und Überstunden verkraften. Ebenfalls überdurchschnittlich hoch waren diese Belastungen in den Bereichen Handel und Verkehr.

Daten, Schwerpunkte, Trends

Nach einer Yougov-Befragung vom April 2021 gaben 2020 48 % der befragten Beschäftigten an, sie hätten genauso viel Stress wie vor der Corona-Krise. 2021 sagten das 51 %. 31 % meinten, sie hätten nun mehr Stress; 2020 waren es erst 17 % gewesen. Die Beschäftigtenbefragung im Rahmen des DGB-Index Gute Arbeit (Januar bis Juni 2021) ergab, dass 30 % der Beschäftigten Arbeitserschwernisse im Zusammenhang mit den Infektionsschutzmaßnahmen registrierten (8 % in sehr hohem Maß, 22 % in hohem Maß). In den Jahren 2020 und 2021 gab es einen starken Schub für digitale Arbeitsmittel. 27 % der Befragten bemängelten allerdings, sie hätten dazu keine »angemessene« Schulung erhalten. 35 % sahen darin eine Belastungszunahme. Den zeitweiligen Flächen deckenden Übergang zum Homeoffice erlebten 32 % der Befragten als Belastungszunahme (DGB-Index 2021).

2022 verschoben sich die Schwerpunkte des Belastungsspektrums dann sehr rasch. Probleme im Zusammenhang mit Corona-Infektionen blieben bestehen, traten aber gegenüber einem neuen und sehr starken sozialen Belastungsempfinden in den Hintergrund. Das zeigen Befunde einer weiteren Erwerbspersonenbefragung der Hans-Böckler-Stiftung von Ende April 2022. Zu dieser Zeit war der Ukraine-Krieg schon in vollem Gange und hatten die rasanten Anstiege der Lebenshaltungskosten schon eingesetzt. Hier äußerten nur noch 13 % große Sorge vor einer Covid-19-Ansteckung. Ebenfalls 13 % äußerten Sorge um die eigene berufliche Zukunft, und 11 % sorgten sich sehr um die Sicherheit ihres Arbeitsplatzes, weitere 30 % etwas. 26 % sorgten sich aber um die eigene wirtschaftliche Situation, 44 % um die allgemeine wirtschaftliche Entwicklung. 54 % äußerten Ängste vor den steigenden Preisen, 41 % sahen eine Zunahme der sozialen Ungleichheit (siehe Abb. 17).

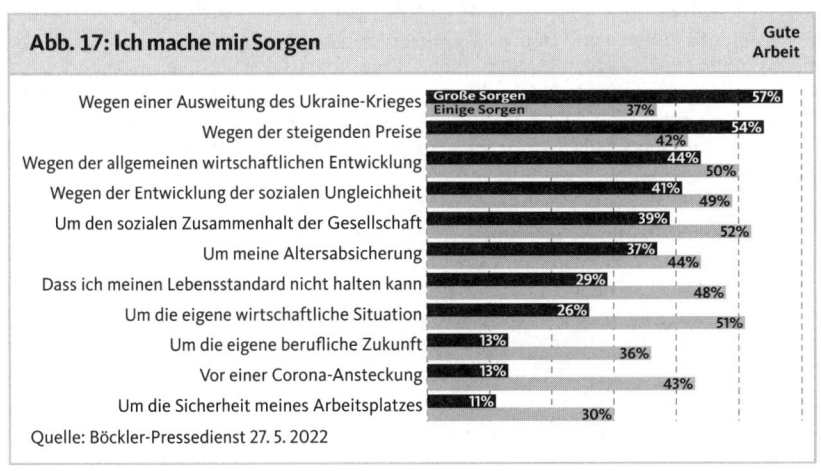

Abb. 17: Ich mache mir Sorgen — Gute Arbeit

	Große Sorgen	Einige Sorgen
Wegen einer Ausweitung des Ukraine-Krieges	57 %	37 %
Wegen der steigenden Preise	54 %	42 %
Wegen der allgemeinen wirtschaftlichen Entwicklung	44 %	50 %
Wegen der Entwicklung der sozialen Ungleichheit	41 %	49 %
Um den sozialen Zusammenhalt der Gesellschaft	39 %	52 %
Um meine Altersabsicherung	37 %	44 %
Dass ich meinen Lebensstandard nicht halten kann	29 %	48 %
Um die eigene wirtschaftliche Situation	26 %	51 %
Um die eigene berufliche Zukunft	13 %	36 %
Vor einer Corona-Ansteckung	13 %	43 %
Um die Sicherheit meines Arbeitsplatzes	11 %	30 %

Quelle: Böckler-Pressedienst 27. 5. 2022

Daten aus der Betriebs- und Personalrätebefragung des WSI im Jahr 2021 geben Aufschluss über Belastungen in den Betrieben anhand der von den Interessenvertretungen genannten Probleme. Nach den Themen befragt, die 2020 und 2021 in der Arbeit der Interessenvertretungen eine besonders große Rolle gespielt haben, wurde »Corona und die Folgen für den Betriebsablauf« an erster Stelle genannt. Danach folgen »Arbeitsschutz und Gesundheitsförderung«, »Mobile Arbeit und Homeoffice«

Anhang

sowie »neue Techniken und Digitalisierung« (Abb. 18). Das letztgenannte Thema hat seit 2018 den größten Bedeutungszuwachs erfahren.

Abb. 18: Häufigste Themen der Betriebsrats- und Personalratsarbeit 2020/2021 (Gute Arbeit)

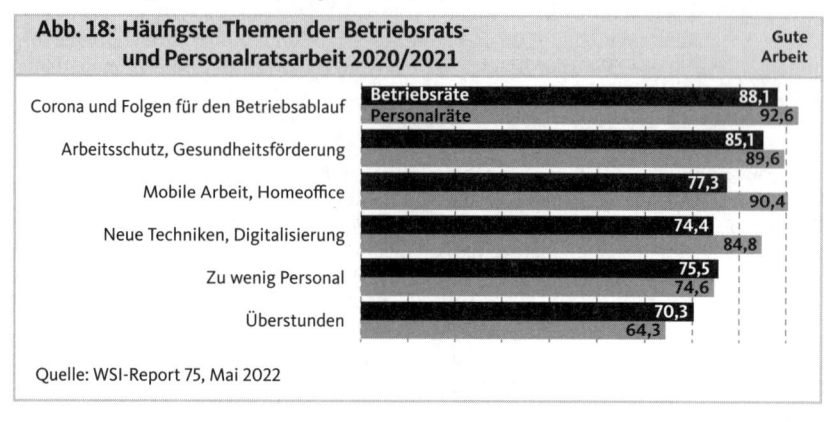

Thema	Betriebsräte	Personalräte
Corona und Folgen für den Betriebsablauf	88,1	92,6
Arbeitsschutz, Gesundheitsförderung	85,1	89,6
Mobile Arbeit, Homeoffice	77,3	90,4
Neue Techniken, Digitalisierung	74,4	84,8
Zu wenig Personal	75,5	74,6
Überstunden	70,3	64,3

Quelle: WSI-Report 75, Mai 2022

3. Psyche und Arbeitswelt

3.1 Psychische Störungen in der Allgemeinbevölkerung

Psychische Störungen sind in der Allgemeinbevölkerung relativ weit verbreitet. Nach einer großen europäischen Studie ist mehr als ein Viertel der Bevölkerung im erwerbsfähigen Alter im Laufe eines Jahres einmal von einer psychischen Störung betroffen. Dementsprechend häufig sind psychische Störungen auch unter den Beschäftigten. Nur ein Teil dieser Krankheitslast schlägt sich in den Arbeitsunfähigkeitsdaten nieder (Abb. 19).

Abb. 19: Häufigkeit in der Bevölkerung, Altersgruppe 18–65 Jahre (Gute Arbeit)

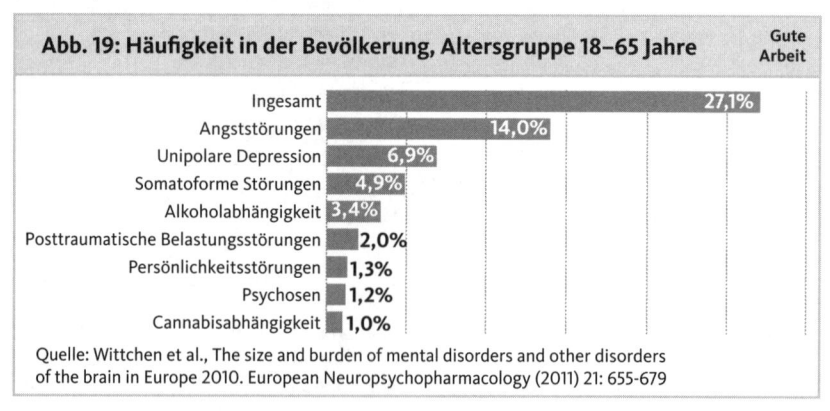

Ingesamt	27,1%
Angststörungen	14,0%
Unipolare Depression	6,9%
Somatoforme Störungen	4,9%
Alkoholabhängigkeit	3,4%
Posttraumatische Belastungsstörungen	2,0%
Persönlichkeitsstörungen	1,3%
Psychosen	1,2%
Cannabisabhängigkeit	1,0%

Quelle: Wittchen et al., The size and burden of mental disorders and other disorders of the brain in Europe 2010. European Neuropsychopharmacology (2011) 21: 655-679

Von der Größenordnung her werden diese Angaben durch Behandlungsdaten der Krankenkassen bestätigt. Demnach weisen beispielsweise – nach den aktuell zugänglichen Daten – rund 38,2 % der Versicherten der Barmer im Jahr 2020 im ambulanten Bereich eine Diagnose aus dem Bereich der psychischen Störungen auf (Abb. 20).

Abb. 20: Psychische Störungen, Diagnosen im ambulanten Bereich — Gute Arbeit

Jahr	2007	2008	2009	2010	2011	2012	2013	2014	2015	2016	2017	2018	2019	2020
Anteil der betroffenen Barmer-Versicherten	29,1 %	29,4 %	31,5 %	32,3 %	32,6 %	23,9 %	34,0 %	35,2 %	35,7 %	36,3 %	36,7 %	37,0 %	37,4 %	38,2 %

Datenquelle: Barmer Arztreport 2021 S.65; standardisiert mit der Durchschnittsbevölkerung Deutschland 2005 bzw. mit der Durchschnittsbevölkerung Deutschland 2020

Viele Fachleute sind der Auffassung, dass die psychischen Störungen an sich nicht zunehmen, sondern dass es nur zu einer stärkeren Offenlegung der vorhandenen Krankheitslast im Versorgungssystem gekommen ist, etwa bei den Behandlungen oder den Krankschreibungen. Auch Auswirkungen der Coronakrise auf die psychische Gesundheit der Erwachsenen sind noch nicht verlässlich zu bewerten[1]. Es ist allerdings davon auszugehen, dass wie bei früheren Krisen auch hier psychische Langzeitfolgen auftreten werden[2].

Von der Entwicklung psychischer Störungen bzw. Erkrankungen zu unterscheiden ist die Zunahme psychischer Belastungen am Arbeitsplatz (s. dazu auch Abschnitt 2), die jedoch nicht unmittelbar mit einer Zunahme psychischer Störungen einhergehen muss, sondern sich gesundheitlich auch in körperlichen Störungen niederschlagen kann (mehr dazu in Abschnitt 3.3).

Dass psychische Störungen immer häufiger Anlass für ärztliche und psychotherapeutische Behandlungen sowie für Arbeitsunfähigkeit und Frühberentung werden, zeigt sich deutlich in den Routinedaten des Versorgungssystems. So gab es beispielsweise bei den Krankenhausfällen infolge von psychischen Störungen im erwerbsfähigen Alter (15 bis unter 65 Jahre) 2019 fast 1 Mio. stationäre Behandlungsfälle, rund 24 % mehr als zu Beginn des Jahrtausends (Abb. 21). Im Jahr 2020 gingen die stationären Behandlungsfälle stark zurück (790 642 Fälle). Allerdings ist dieser Rückgang auf eine geringere Inanspruchnahme aufgrund der Veränderungen der psychosozialen Versorgungsstruktur infolge der Corona-Pandemie zurückzuführen und bedeutet keinen Rückgang der Krankheitslast. Dessen ungeachtet ist aber bei den stationären Fällen nach einer kontinuierlichen Zunahme zwischen 2000 und 2014 seit einigen Jahren ein leichter Rückgang zu verzeichnen.

---

1 Mauz at al. Psychische Gesundheit der erwachsenen Bevölkerung in Deutschland während der COVID-19-Pandemie. Ein Rapid-Review. Journal of Health Monitoring 2021 6(S7).
2 Röhrle B.: Die psychosozialen Folgen von Desastern: Möglichkeiten zur Bewältigung. Arbeitspapier 2020. http://www.gnmh.de/daten/20200418-Roehrle-psychosoziale-Folgen-von-Disaster.pdf

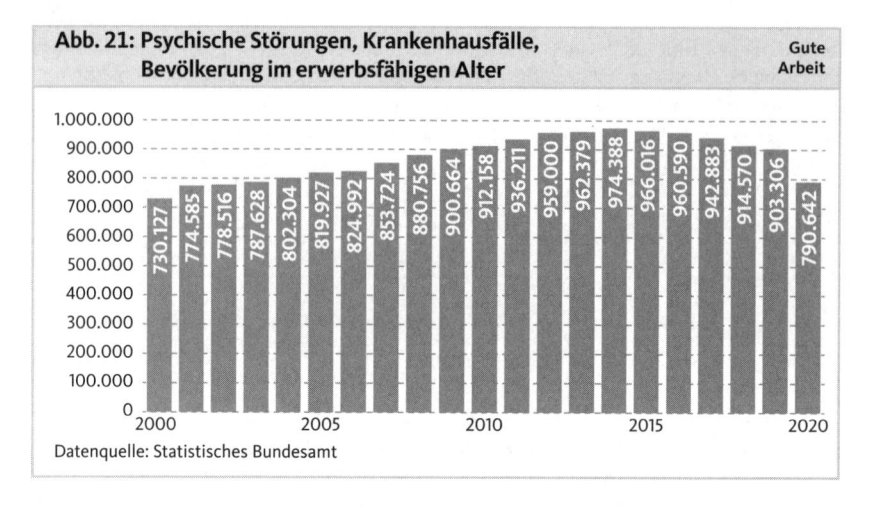

Anhang

Abb. 21: Psychische Störungen, Krankenhausfälle, Bevölkerung im erwerbsfähigen Alter — Gute Arbeit

Jahr	Fälle
2000	730.127
2001	774.585
2002	778.516
2003	787.628
2004	802.304
2005	819.927
2006	824.992
2007	853.724
2008	880.756
2009	900.664
2010	912.158
2011	936.211
2012	959.000
2013	962.379
2014	974.388
2015	966.016
2016	960.590
2017	942.883
2018	914.570
2019	903.306
2020	790.642

Datenquelle: Statistisches Bundesamt

Bei den Psychopharmaka-Verordnungen geht es im Wesentlichen um Psychoanaleptika und Psycholeptika. Psychoanaleptika umfassen Medikamente mit vorwiegend anregender Wirkung, Psycholeptika solche mit vorwiegend dämpfender Wirkung auf die Psyche. Zur Untergruppe der Psychoanaleptika gehören beispielsweise Antidepressiva sowie Ritalin. Beispiele für Psycholeptika sind zentral wirksame Schmerz-, Beruhigungs- und Schlafmittel sowie Antipsychotika. Die Verordnungszahlen bei den Psychoanaleptika nehmen seit Jahren zu, zwischen 2006 und 2021 um 90%. Darin spiegelt sich zum Teil auch der Anstieg der diagnostizierten Depressionen wider. Psycholeptika-Verordnungen gingen dagegen leicht zurück (Abb. 22).

Abb. 22: Psychoanaleptika- und Psycholeptika-Verordnungen, Deutschland (DDD – »Definierte Tagesdosen« pro GKV-Versichertem) — Gute Arbeit

Jahr	Psychoanaleptika	Psycholeptika
2006	13,0	8,2
2007	14,3	8,1
2008	16,2	8,3
2009	17,7	8,4
2010	19,4	8,3
2011	20,6	8,3
2012	21,3	8,1
2013	21,8	8,0
2014	22,6	8,0
2015	23,0	7,9
2016	23,0	7,7
2017	23,0	7,6
2018	23,4	7,4
2019	23,9	7,3
2020	24,4	7,3
2021	24,7	7,2

Datenquellen: GKV-Spitzenverband, Statistisches Bundesamt, BMG; Ratenberechnung ab 2015 LGL

3.2 Krankenstand: Trends und Ursachen der Arbeitsunfähigkeit

Der Krankenstand der Pflichtversicherten in der gesetzlichen Krankenversicherung (GKV) lag 1960 bei 5,11 %. 1970 wurden 5,60 % verzeichnet, 1973 erreichte der Krankenstand einen Höhepunkt mit 5,86 %. Seit den 1990er Jahren bis 2008 war er rückläufig. 2007 wurde mit 3,22 % der niedrigste Stand überhaupt seit Einführung der Statistik und der Einführung der Lohnfortzahlung im Jahr 1970 gemessen. Seit 2008 steigt der Krankenstand wieder. 2021 lag er bei 4,34 % (Abb. 23). In diesem Anstieg spiegeln sich verschiedene Faktoren wider, neben einer »Normalisierung« historisch niedriger Krankenstände beispielsweise auch die Alterung der Erwerbsbevölkerung, die Belastungen der Beschäftigten und Veränderungen auf dem Arbeitsmarkt.

Abb. 23: Der Krankenstand in Deutschland im Trend, 1960–2021 (in %) — Gute Arbeit

bis 1990: alte Länder | ab 1991: Deutschland gesamt

Datenquelle: bis 1969: IAB, ab 1970: BMG, GKV-Statistik KM 1.
Ab 2005 ohne ALG II-Empfänger, Datenzusammenstellung: LGL.

Für differenzierte Betrachtungen des Krankenstands, z. B. nach Diagnosen oder Altersgruppen, muss auf die Daten einzelner Krankenkassen zurückgegriffen werden. Betrachtet man das Krankschreibungsgeschehen nach Altersgruppen, so zeigt sich, dass die Zahl der Arbeitsunfähigkeitsfälle (AU-Fälle) bei den Jüngeren vergleichsweise hoch ist, während hier die AU-Tage je Fall niedrig liegen. Mit zunehmendem Alter sinkt die Zahl der AU-Fälle zunächst, ab dem 35. Lebensjahr steigt sie wieder leicht an. Die Krankheitsdauer je Fall nimmt mit dem Alter kontinuierlich zu und erreicht ihren Gipfel mit durchschnittlich fast 26 Tagen jährlich bei den Über-60-Jährigen (Abb. 24). Die beschriebenen Unterschiede bei Häufigkeit und Länge von Arbeitsunfähigkeitsfällen und -dauer zwischen den einzelnen Altersgruppen lassen sich im Trend der vergangenen zehn Jahre durchweg beobachten. Allerdings ist im Jahr 2021 die Häufigkeit der Arbeitsunfähigkeitsfälle in den einzelnen Altersgruppen geringer, bei gleichzeitigem Anstieg der Erkrankungsdauer.

Anhang

Abb. 24: Arbeitsunfähigkeitsfälle nach Altersgruppen (AU-Daten der DAK 2021)

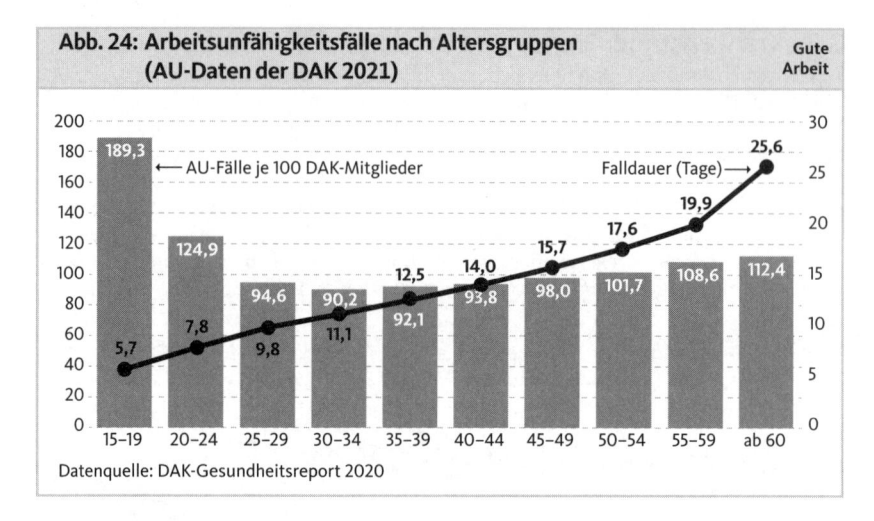

Altersgruppe	AU-Fälle je 100 DAK-Mitglieder	Falldauer (Tage)
15–19	189,3	5,7
20–24	124,9	7,8
25–29	94,6	9,8
30–34	90,2	11,1
35–39	92,1	12,5
40–44	93,8	14,0
45–49	98,0	15,7
50–54	101,7	17,6
55–59	108,6	19,9
ab 60	112,4	25,6

Datenquelle: DAK-Gesundheitsreport 2020

Bei den Diagnosegruppen, die den Krankenstand verursachen, liegen die Erkrankungen des Muskel-Skelett-Systems an erster Stelle. Danach folgen die psychischen Erkrankungen sowie Krankheiten des Atmungssystems und Verletzungen. Die Reihenfolge der Krankheitsarten kann je nach Kassenart wechseln. Als einzige Krankheitsart weisen die psychischen Störungen eine kontinuierlich steigende Tendenz auf (siehe dazu Abschnitt 3.3).

3.3 Arbeitsunfähigkeit infolge psychischer Störungen

Alle Krankenkassen verzeichnen seit vielen Jahren einen starken und stetigen Anstieg der psychischen Störungen bei den Krankschreibungen. Auch in den Jahren, als der Krankenstand insgesamt rückläufig war, hat die Arbeitsunfähigkeit infolge psychischer Störungen weiter zugenommen. Bei den DAK-Mitgliedern beispielsweise hat sich die Zahl der Krankheitstage infolge psychischer Störungen seit 1997 auf das 3,6-fache erhöht, die Zahl der AU-Fälle stieg auf das 2,8-fache (Abb. 25).

Daten, Schwerpunkte, Trends

Abb. 25: Arbeitsunfähigkeit aufgrund psychischer Störungen (AU-Daten der DAK) — Gute Arbeit

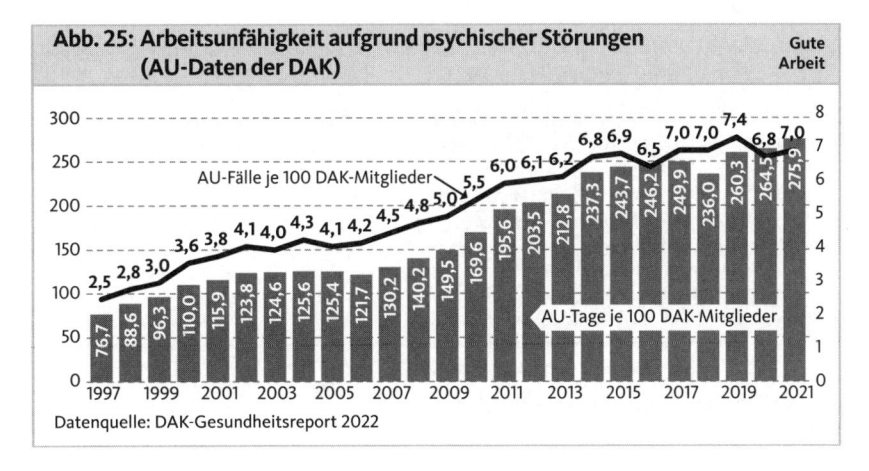

Werte AU-Fälle je 100 DAK-Mitglieder (Linie): 2,5; 2,8; 3,0; 3,6; 3,8; 4,1; 4,0; 4,3; 4,1; 4,2; 4,5; 4,8; 5,0; 5,5; 6,0; 6,1; 6,2; 6,8; 6,9; 7,0; 7,0; 6,5; 7,4; 6,8; 7,0

Werte AU-Tage je 100 DAK-Mitglieder (Balken): 76,7; 88,6; 96,3; 110,0; 115,9; 123,8; 124,6; 125,6; 125,4; 121,7; 130,2; 140,2; 149,5; 169,6; 195,6; 203,5; 212,8; 237,3; 243,7; 246,2; 249,9; 236,0; 260,3; 264,5; 275,9

Jahre: 1997, 1999, 2001, 2003, 2005, 2007, 2009, 2011, 2013, 2015, 2017, 2019, 2021

Datenquelle: DAK-Gesundheitsreport 2022

Der Bericht Sicherheit und Gesundheit bei der Arbeit der Bundesregierung (SuGA) fasst Daten mehrerer Krankenkassen zusammen (Abb. 26). Danach lagen 2020 die psychischen Störungen mit 14 % an zweiter Stelle der Krankheitsursachen, hinter den Muskel-Skelett-Erkrankungen (24,1 %). 2007 hatte der Anteil der psychischen Störungen noch 8,6 % betragen und war seitdem kontinuierlich angestiegen. Die anderen genannten Diagnosegruppen wiesen im 10-Jahres-Trend konstante oder leicht rückläufige Anteile auf.

Abb. 26: Arbeitsunfähigkeitstage nach Diagnosegruppen 2020 — Gute Arbeit

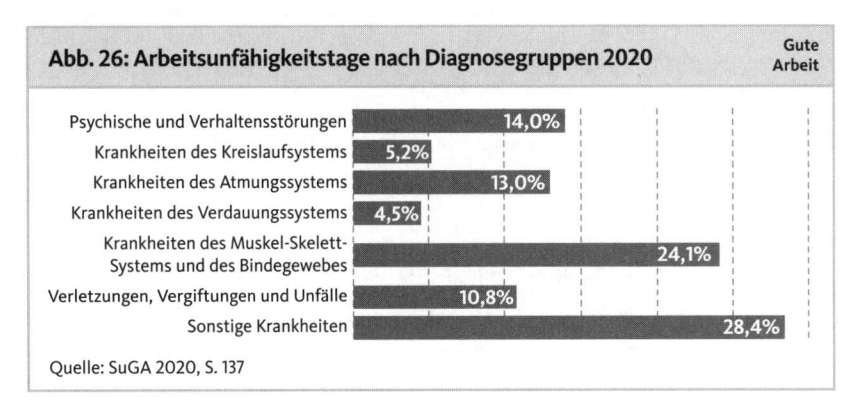

- Psychische und Verhaltensstörungen: 14,0 %
- Krankheiten des Kreislaufsystems: 5,2 %
- Krankheiten des Atmungssystems: 13,0 %
- Krankheiten des Verdauungssystems: 4,5 %
- Krankheiten des Muskel-Skelett-Systems und des Bindegewebes: 24,1 %
- Verletzungen, Vergiftungen und Unfälle: 10,8 %
- Sonstige Krankheiten: 28,4 %

Quelle: SuGA 2020, S. 137

Bei einzelnen Kassenarten kann der Anteil der psychischen Störungen am Krankenstand jedoch auch deutlich höher liegen, wie z. B. die DAK-Daten mit einem Anteil von 19,0 % für die psychischen Störungen zeigen (Abb. 27).

Anhang

Abb. 27: Anteile der 10 wichtigsten Krankheitsarten an den AU-Tagen, AU-Daten der DAK, Jahr 2021 — Gute Arbeit

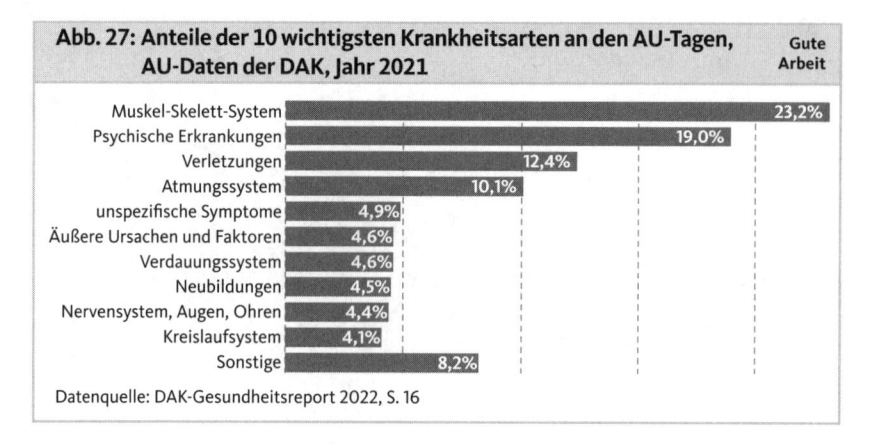

Muskel-Skelett-System	23,2%
Psychische Erkrankungen	19,0%
Verletzungen	12,4%
Atmungssystem	10,1%
unspezifische Symptome	4,9%
Äußere Ursachen und Faktoren	4,6%
Verdauungssystem	4,6%
Neubildungen	4,5%
Nervensystem, Augen, Ohren	4,4%
Kreislaufsystem	4,1%
Sonstige	8,2%

Datenquelle: DAK-Gesundheitsreport 2022, S. 16

Der langjährige Anstieg der Krankheitstage aufgrund von psychischen Störungen hat viele Gründe, z. B. das bessere Versorgungsangebot, mehr Sensibilität für das Thema und eine teilweise Entstigmatisierung psychischer Störungen, aber auch die hohen psychischen Belastungen der Beschäftigten schlagen sich vermutlich zum Teil hier nieder. Im Vergleich zum Vorjahr verzeichneten einige Krankenkassen, darunter die DAK, die BKK und die TK, eine leichte Zunahme des Anteils psychischer Störungen an allen AU-Tagen.

Krankschreibungen wegen psychischer Störungen dauern im Schnitt deutlich länger als Krankschreibungen wegen anderer Diagnosen – mit Ausnahme von Tumorerkrankungen. Im Jahr 2021 waren es bei den DAK-Mitgliedern 39,2 Tage pro Fall, mehr als fünfmal so viel wie bei den Atmungserkrankungen und doppelt so viel wie bei den Muskelskeletterkrankungen (Abb. 29, S. 257).

Welche Einzeldiagnosen sich in welchem Umfang hinter den psychischen Erkrankungen (ICD 10 F00-F99) verbergen, zeigt Abb. 28. Die weitaus meisten Fehltage innerhalb der Gruppe der psychischen Störungen werden demnach durch Depressionen verursacht.

Abb. 28: Psychische Störungen nach den wichtigsten Einzeldiagnosen, AU-Tage je 100 Versicherte (AU-Daten der DAK, Jahr 2021) — Gute Arbeit

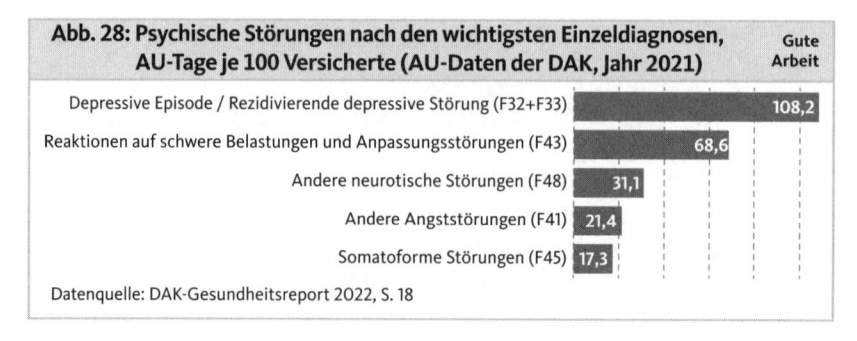

Diagnose	AU-Tage je 100 Versicherte
Depressive Episode / Rezidivierende depressive Störung (F32+F33)	108,2
Reaktionen auf schwere Belastungen und Anpassungsstörungen (F43)	68,6
Andere neurotische Störungen (F48)	31,1
Andere Angststörungen (F41)	21,4
Somatoforme Störungen (F45)	17,3

Datenquelle: DAK-Gesundheitsreport 2022, S. 18

Daten, Schwerpunkte, Trends

Abb. 29: Durchschnittliche Falldauer einer Krankschreibung (in Tagen, DAK-Mitglieder) — Gute Arbeit

Jahr	2009	2010	2011	2012	2013	2014	2015	2016	2017	2018	2019	2020	2021
Neubildungen	31,7	31,7	31,6	34,1	35,7	38,4	38,8	39,4	37,3	35,4	37,4	42,4	42,5
Psychische Erkrankungen	28,0	28,9	30,5	33,2	34,2	35,1	35,5	38,1	35,5	33,7	35,4	38,8	39,2
Krankheiten des Kreislaufsystems	18,5	18,8	19,1	19,9	20,8	20,9	21,2	22,5	20,9	21,8	21,6	23,9	24
Verletzungen und Vergiftungen	17,4	17,8	18,1	19,2	19,1	19,0	19,3	20,9	20,2	20,8	20,9	20,1	19,5
Krankheiten des Muskel-Skelett-Systems und des Bindegewebes	17,1	17,2	17,5	18,7	18,2	18,0	18,3	19,5	18,5	18,7	18,4	23,2	18
Krankheiten des Nervensystems, des Auges und des Ohres	10,2	10,5	10,5	11,1	10,9	10,5	10,8	11,2	10,8	11,6	10,8	11,8	11,5
Symptome und abnorme klinische und Laborbefunde	9,0	9,2	9,5	9,8	8,5	7,5	7,4	7,8	7,7	8,5	7,9	8,4	7,5
Krankheiten des Atmungssystems	6,4	6,3	6,4	6,6	6,6	6,3	6,5	6,5	6,5	6,9	6,4	7,8	7,1
Krankheiten des Verdauungssystems	5,8	5,9	6,0	6,2	6,2	6,1	6,1	6,4	6,2	6,6	6,4	7,1	7
Infektiöse und parasitäre Krankheiten	5,7	5,3	5,5	5,7	5,6	5,3	5,4	5,4	5,6	5,7	5,5	6,6	6,1

Datenquelle: DAK-Gesundheitsreports 2009–2020

Betrachtet man die Entwicklung der Krankschreibungen aufgrund psychischer Störungen im Lebenslauf nach Geschlecht, so zeigt sich ein nahezu gleicher Verlauf der AU-Fälle und AU-Tage bei Frauen und Männern, wobei unter den DAK-Mitgliedern die Frauen einen höheren Krankenstand aufweisen als die Männer (Abb. 30).

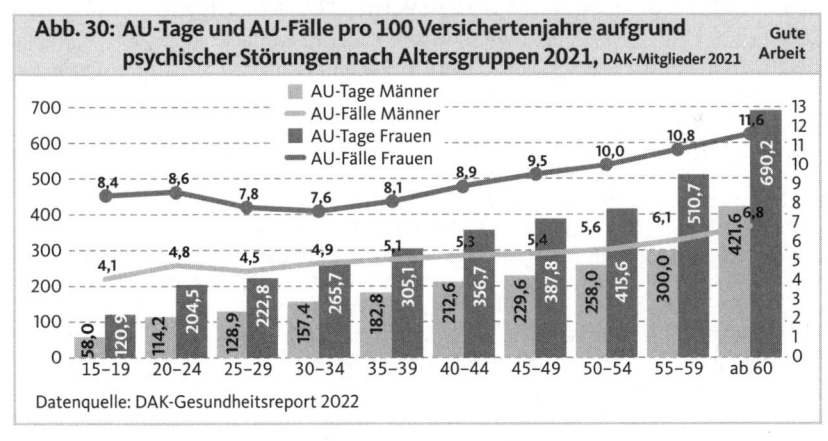

Abb. 30: AU-Tage und AU-Fälle pro 100 Versichertenjahre aufgrund psychischer Störungen nach Altersgruppen 2021, DAK-Mitglieder 2021 — Gute Arbeit

Altersgruppe	AU-Tage Männer	AU-Tage Frauen	AU-Fälle Männer	AU-Fälle Frauen
15–19	58,0	120,5	4,1	8,4
20–24	204,5	222,8	4,8	8,6
25–29	114,2	222,8	4,5	7,8
30–34	128,9	265,7	4,9	7,6
35–39	157,4	305,1	5,1	8,1
40–44	182,8	356,7	5,3	8,9
45–49	212,6	387,8	5,4	9,5
50–54	229,6	415,6	5,6	10,0
55–59	258,0	510,7	6,1	10,8
ab 60	421,6	690,2	6,8	11,6

Datenquelle: DAK-Gesundheitsreport 2022

Untersuchungen zeigen, dass gerade bei psychischen Erkrankungen das Phänomen des »Präsentismus« besonders weit verbreitet ist. Darunter versteht man Anwesenheit am Arbeitsplatz trotz Krankheit. Hier spielt z. B. eine Rolle, dass die Stigmatisierung psychischer Erkrankungen weiter wirksam ist. Längst nicht alle diagnostizierten psychischen Erkrankungen führen auch zu einer Krankschreibung. Die Beschäftigten- und Bevölkerungsbefragung der Initiative Neue Qualität der Arbeit von 2020 zeigt, dass 62 % der Befragten trotz Symptome zur Arbeit gehen würden. Es leiden also mehr Beschäftigte an psychischen Störungen, als sich in der AU-Statistik niederschlägt.

Eine besonders auffällige Erscheinung im Zusammenhang von psychischen Belastungen und Krankschreibungen ist die Entwicklung der Krankheitstage durch Burnout-Diagnosen (Z73) im Zeitverlauf. Während diese ICD-Ziffer viele Jahre selten genutzt wurde, haben sich Krankheitstage durch Burnout von 2006 bis 2011 mehr als verdreifacht. Darin spiegelt sich der durch Medienberichte über Burnout häufigere Gebrauch der Zusatzdiagnose Z73 durch die Ärzte wider. In den letzten Berichtsjahren 2015-2020 gibt es keine gravierenden Veränderungen mehr (Abb. 31).

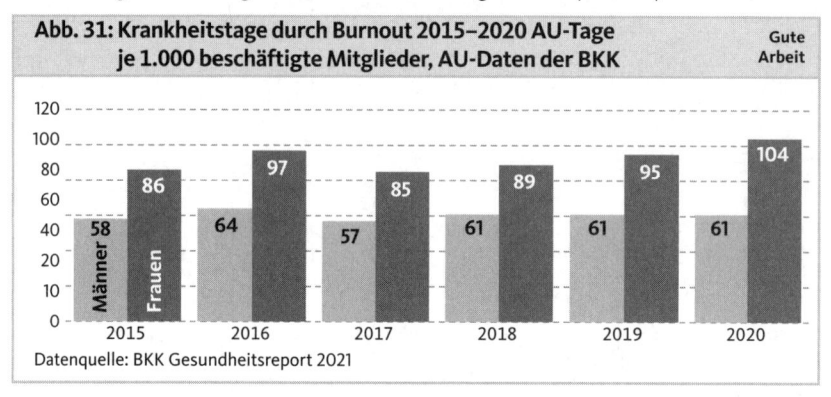

Abb. 31: Krankheitstage durch Burnout 2015–2020 AU-Tage je 1.000 beschäftigte Mitglieder, AU-Daten der BKK

Jahr	Männer	Frauen
2015	58	86
2016	64	97
2017	57	85
2018	61	89
2019	61	95
2020	61	104

Datenquelle: BKK Gesundheitsreport 2021

3.4 Frühberentungen infolge psychischer Störungen

Im Jahr 2021 gingen in Deutschland 165 803 Menschen infolge einer Erwerbsminderung vorzeitig in die Rente, das war jeder 8. Rentenzugang (2020: 175 808 Zugänge). Das durchschnittliche Rentenzugangsalter bei Erwerbsminderung lag im Jahr 2021 bei den Frauen bei 53,1 Jahren und bei den Männern bei 54,9 Jahren. Bei krankheitsbedingter Frühberentung infolge psychischer Störungen (ohne Abhängigkeitserkrankungen) liegt es mit etwa 52 Jahren noch darunter.

Diagnosebezogene Daten zu den krankheitsbedingten Frühberentungen lagen zum Redaktionsschluss für 2021 noch nicht vor. 67 984 Menschen gingen 2020 infolge einer psychischen Störung vorzeitig in Rente (2020: 72 990) (Abb. 32). Das ist ein Anteil von ca. 41 % an allen Erwerbsminderungsrenten. Laut der Deutschen Rentenversicherung ist der Rückgang der Frühberentungen im Jahr 2021 vermutlich durch eine Normalisierung der Zugangszahlen bedingt. Im Jahr 2020 gab es eine erhöhte Zugangszahl aufgrund der Anhebung der Zurechnungszeit ab 2019.

Daten, Schwerpunkte, Trends

Abb. 32: Rentenzugänge wegen verminderter Erwerbsfähigkeit — Gute Arbeit

Jahr	Krankheiten des Muskel-Skelett-Systems und des Bindegewebes		Psychische Störungen		Krankheiten des Herz-Kreislauf-Systems		Neubildungen	
	Männer	Frauen	Männer	Frauen	Männer	Frauen	Männer	Frauen
2007	14 394	11 567	25 256	28 632	12 477	4 374	12 214	11 002
2008	13 979	11 803	26 287	31 124	12 323	4 510	11 651	11 220
2009	14 014	12 222	29 006	35 463	12 520	4 734	12 114	11 354
2010	14 204	12 290	31 698	39 248	13 023	5 045	12 349	11 687
2011	13 539	11 893	32 642	40 631	12 524	4 795	11 558	11 179
2012	12 512	11 684	32 516	41 944	12 234	4 819	11 364	10 976
2013	12 158	11 645	32 268	42 477	11 737	4 821	10 880	10 746
2014	10 849	11 009	31 301	41 671	11 509	4 607	10 555	10 497
2015	10 326	10 963	31 557	42 677	11 417	4 729	11 067	11 271
2016	10 938	11 878	31 426	43 042	11 428	4 746	10 940	11 379
2017	10 372	11 008	30 117	41 186	11 713	4 773	10 729	11 902
2018	10 319	11 323	29 564	42 107	10 617	4 846	10 745	11 659
2019	9 665	10 524	27 912	39 409	10 444	4 722	11 041	11 764
2020	10 605	11 796	29 437	43 553	11 389	5 015	12 166	13 469

Quelle: Deutsche Rentenversicherung: Statistikportal statistik-rente.de/drv

Bereits seit 2005 sind die psychischen Störungen die größte Diagnosegruppe unter den krankheitsbedingten Frühberentungen. Im langfristigen Trend ist die absolute Zahl der Fälle dieser Diagnosegruppe bis 2013 gestiegen, gegen den rückläufigen Trend bei den krankheitsbedingten Frühberentungen insgesamt. Ein ähnliches Bild zeigt sich im Verlauf der Rate je 100 000 aktiv Versicherte (Abb. 33).

Abb. 33: Frühberentungen infolge psychischer Störungen Trend – Rate je 100 000 aktiv Versicherte — Gute Arbeit

	Insgesamt	Männer	Frauen
2000	102,0	93,8	111,4
2001	137,2	125,1	150,6
2002	130,4	117,9	144,3
2003	134,3	122,6	147,3
2004	140,1	128,9	152,6
2005	137,4	125,3	150,5
2006	132,4	121,6	144,0
2007	138,2	125,5	151,6
2008	147,1	131,0	164,2
2009	165,4	145,0	187,0
2010	180,9	157,7	205,4
2011	186,9	162,4	212,6
2012	188,7	160,8	218,1
2013	206,5	173,0	242,2
2014	201,6	167,8	237,6
2015	203,5	167,8	241,4
2016	201,1	164,4	240,3
2017	189,6	154,5	227,5

Quelle: Deutsche Rentenversicherung, Ratenberechnung 2017–2020 LGL

Anhang

Abb. 33: Frühberentungen infolge psychischer Störungen Trend – Rate je 100 000 aktiv Versicherte — Gute Arbeit

Jahr	Gesamt	Männer	Frauen
2018	187,8	149,0	229,6
2019	173,8	138,4	212,4
2020	186,6	144,4	232,5

Quelle: Deutsche Rentenversicherung, Ratenberechnung 2017–2020 LGL

Jahrzehnte lang standen die Muskel-Skelett-Erkrankungen an erster Stelle der Diagnosehäufigkeit bei den Frühberentungen. Noch 1995 waren sie die mit Abstand häufigste Ursache für krankheitsbedingte Frühinvalidisierung. Damals betrug ihr Anteil 28,9 %; Herz-Kreislauf-Erkrankungen und psychische Erkrankungen hatten deutlich geringere Anteile (18,2 % bzw. 18,6 %). Danach verschoben sich die Schwerpunkte allerdings deutlich. Im Jahr 2000 lag die Diagnosehäufigkeit von Muskel-Skelett-Erkrankungen und psychischen Erkrankungen nahezu gleichauf (25,4 % und 24,2 %). 2005 waren die psychischen Erkrankungen mit einem Anteil von 32,3 % bereits die mit großem Abstand häufigste Ursache für Frühinvalidisierung, weit vor den Muskel-Skelett-Erkrankungen, die nur noch mit 18,1 % zu Buche schlugen. Etwa seit den 2010er Jahren bewegt sich der Anteil der psychischen Erkrankungen am Frühberentungsgeschehen konstant knapp über 40 %. 2020 waren es 41,5 % (Abb. 34).

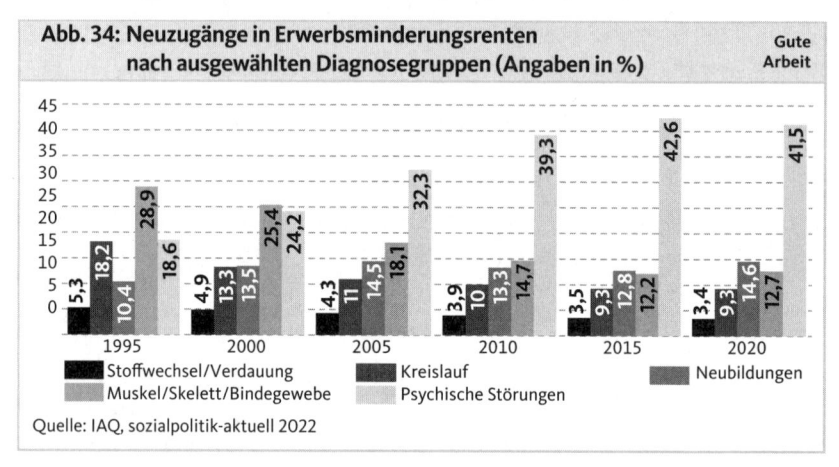

Abb. 34: Neuzugänge in Erwerbsminderungsrenten nach ausgewählten Diagnosegruppen (Angaben in %) — Gute Arbeit

Jahr	Stoffwechsel/Verdauung	Kreislauf	Neubildungen	Muskel/Skelett/Bindegewebe	Psychische Störungen
1995	5,3	18,2	10,4	28,9	18,6
2000	4,9	13,3	13,5	25,4	24,2
2005	4,3	11	14,5	18,1	32,3
2010	3,9	10	13,3	14,7	39,3
2015	3,5	9,3	12,8	12,2	42,6
2020	3,4	9,3	14,6	12,7	41,5

Quelle: IAQ, sozialpolitik-aktuell 2022

Abb. 35 gibt überdies Aufschluss über die Geschlechterspezifik dieser Entwicklung. Frauen sind sehr viel häufiger betroffen als Männer. Im Jahr 2020 betrug die Quote je 100 000 Versicherte für die psychischen Erkrankungen 186,6 bei den Männern, bei den Frauen hingegen 232,5. Oder anders ausgedrückt: Bei den Männern war der Anteil der psychischen Erkrankungen am Frühberentungsgeschehen 34,8 %, bei den Frauen 47,8 %.

Abb. 35: Krankheitsbedingte Frühberentungen, 2020

Diagnosen	Insgesamt		Männer		Frauen	
	Fälle	je 100 000 aktiv Versicherte	Fälle	je 100 000 aktiv Versicherte	Fälle	je 100 000 aktiv Versicherte
Psychische Störungen	72 990	186,6	29 437	144,4	43 553	232,5
Muskel-Skeletterkrankungen	22 401	57,3	10 605	52,0	11 796	63,0
Krebs	25 635	65,5	12 166	59,7	13 469	71,9
Krankheiten des Kreislaufsystems	16 404	41,9	11 389	55,8	5 015	26,8
Krankheiten des Nervensystems	12 691	32,4	6 139	30,1	6 552	35,0
Sonstige	11 447	29,3	6 563	32,2	4 884	26,1
Insgesamt	175 808	449,4	84 640	415,1	91 168	486,7

Quelle: Deutsche Rentenversicherung, Ratenberechnung LGL

4. Arbeitsunfälle

Gewichtsverschiebungen zwischen den Wirtschaftssektoren (Stichwort: Tertiarisierung), technologische Umbrüche und auch Verbesserungen im Arbeitsschutz haben dazu geführt, dass die Häufigkeit von Unfallereignissen in der Arbeitswelt über die Jahrzehnte hinweg stark abgenommen hat. Alleine im Zeitraum 1991–2019 sank die Rate der meldepflichtigen Arbeitsunfälle gesamtwirtschaftlich um knapp 60 %, die der zur Berentung führenden und der tödlichen Unfälle sogar um 70 bzw. 63 %.

Nachdem das Unfallniveau bereits 2019 einen vorläufigen historischen Tiefststand erreicht hatte, sorgte die Pandemie im darauffolgenden Jahr für einen erneuten, drastischen Rückgang. Da zahlreiche Betriebe heruntergefahren, viele Beschäftigte auf Kurzarbeit gesetzt und Arbeitstätigkeiten zunehmend in den häuslichen Bereich verlagert wurden, reduzierte sich die Wahrscheinlichkeit des Auftretens von Arbeitsunfällen deutlich, dementsprechend sank die Unfallrate binnen eines Jahres um rund 12 % – so stark wie noch nie wie in den zurückliegenden drei Dekaden. 2021 hatte sich die Wirtschaftstätigkeit trotz anhaltender Pandemiesituation dann aber doch so weit belebt, dass dies zu einem Wiederanstieg der Unfallhäufigkeit führte: Die Zahl der meldepflichtigen Arbeitsunfälle je 1000 Vollarbeiter:innen« nahm gegenüber 2020 um rund 7 % zu (Abb. 36). Inwieweit dies auch mit Veränderungen des Umfangs und der Struktur der Homeoffice-Nutzung im Verlauf des vergangenen Jahres zu tun hat, lässt sich nicht sicher beantworten, hinreichend differenzierte Daten hierzu lagen zum Zeitpunkt der Abfassung dieses Datenanhangs noch nicht vor.

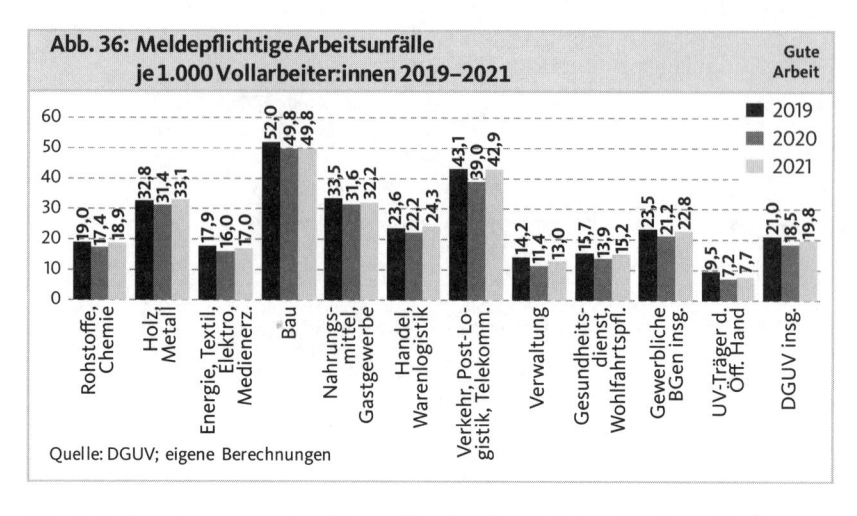

Anhang

Abb. 36: Meldepflichtige Arbeitsunfälle je 1.000 Vollarbeiter:innen 2019–2021

Quelle: DGUV; eigene Berechnungen

Die Aufwärtsentwicklung der Unfallziffer (meldepflichtige Arbeitsunfälle je 1000 Vollarbeiter:innen) im Jahre 2021 war in allen von der DGUV-Statistik ausgewiesenen Branchengruppen – mit Ausnahme der Bauwirtschaft, wo der Wert praktisch gleichblieb – zu beobachten (Abb. 36). Dabei sticht vor allem der Zuständigkeitsbereich der Verwaltungs-BG hervor, der (nachdem er 2020 von allen gewerblichen Unfallversicherungsträgern den mit Abstand stärksten Rückgang zu verzeichnen hatte) mit +14 % die höchste Steigerungsrate aufwies. Eine prozentuale Zunahme im zweistelligen Bereich (+10 %) findet man darüber hinaus auch noch im Bereich Verkehr/Post-Logistik/Telekommunikation, wogegen insbesondere die Branchengruppen Holz/Metall (+5,4 %) und Nahrungsmittel/Gastgewerbe (+1,9 %) einen unterdurchschnittlichen Anstieg der Unfallhäufigkeit verzeichnet hatten.

Nicht nur hinsichtlich der Veränderung der Unfallrate, sondern auch in Bezug auf deren Niveau existieren deutliche Branchenunterschiede. Nachdem im Jahr 2020 die Landwirtschaft mit 48,5 meldepflichtigen Arbeitsunfällen je 1000 Vollarbeiter:innen erstmals nicht mehr den Spitzenplatz eingenommen hatte (neuere Daten für diesen Wirtschaftszweig lagen bei Redaktionsschluss noch nicht vor), rangiert nunmehr das Baugewerbe ganz oben. Dessen Unfallziffer (49,8) war im Jahr 2021 mehr als doppelt so hoch wie in der gewerblichen Wirtschaft insgesamt (ohne Landwirtschaft und Öffentliche Hand). Ein deutlich erhöhtes Unfallrisiko existiert außerdem noch in den Branchengruppen Verkehr/Post-Logistik/Telekommunikation (88,2 % über dem gewerblichen Durchschnitt), Holz/Metall (48,1 % ü. D.) und Nahrungsmittel/Gastgewerbe (41,2 % ü. D.), während sich Handel/Warenlogistik nahe dem Durchschnittsniveau und die übrigen Branchengruppen mehr oder weniger deutlich darunter bewegen. Am Ende der Hierarchie unfallträchtiger Sektoren befindet sich die Öffentliche Hand mit einer um zwei Drittel unter dem Wert der gewerblichen Wirtschaft liegenden Unfallziffer (7,7 meldepflichtige Arbeitsunfälle je 1000 Vollarbeiter:innen, Abb. 36).

Die zuvor präsentierten Zahlen betreffen alle zu einer Arbeitsunfähigkeit von mehr als drei Tagen führenden sowie tödlichen Arbeitsunfälle, ohne weiter nach deren Schweregrad zu differenzieren. Das quantitative Ausmaß gravierender nichttödlicher Arbeitsunfälle lässt sich an der Zahl der neuen Arbeitsunfallrenten je 10000 Vollarbeiter:innen festmachen. Da sich Veränderungen der Häufigkeit schwerer Arbeitsunfälle aber erst mit einer deutlichen Zeitverzögerung in der Unfallrentenstatistik niederschlagen, war hier ein »Corona-Effekt« in den 2020er-Zahlen noch nicht erkennbar. 2021 war dies jedoch eindeutig der Fall: DGUV-weit ging die Rate der neuen Unfallrenten mit einem Minus von 6,2 % außergewöhnlich stark – am stärksten im Bereich der Verwaltungs-BG – zurück (Abb. 37).

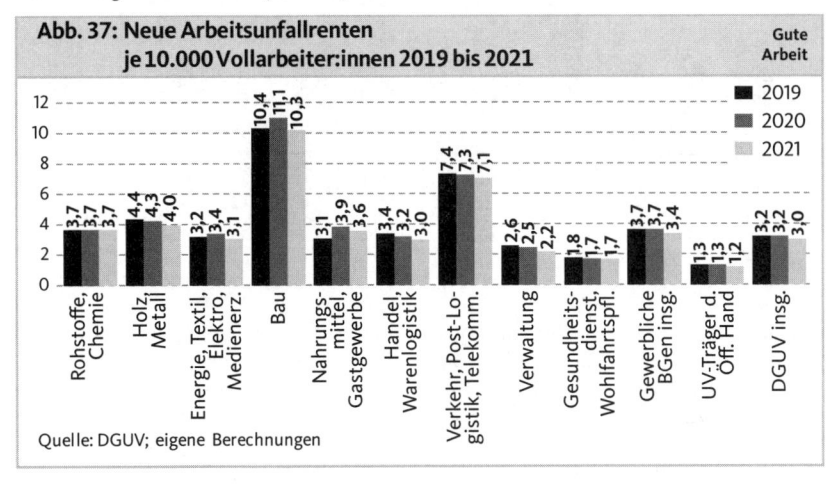

Abb. 37: Neue Arbeitsunfallrenten je 10.000 Vollarbeiter:innen 2019 bis 2021

Gute Arbeit

Branche	2019	2020	2021
Rohstoffe, Chemie	3,7	3,7	3,7
Holz, Metall	4,4	4,3	4,0
Energie, Textil, Elektro, Medienerz.	3,2	3,4	3,1
Bau	10,4	11,1	10,3
Nahrungsmittel, Gastgewerbe	3,1	3,9	3,6
Handel, Warenlogistik	3,4	3,2	3,0
Verkehr, Post-Logistik, Telekomm.	7,4	7,3	7,1
Verwaltung	2,6	2,5	2,2
Gesundheitsdienst, Wohlfahrtspfl.	1,8	1,7	1,7
Gewerbliche BGen insg.	3,7	3,7	3,4
UV-Träger d. Öff. Hand	1,3	1,3	1,2
DGUV insg.	3,2	3,2	3,0

Quelle: DGUV; eigene Berechnungen

Die höchste Zahl an neuen Arbeitsunfallrenten je 10 000 Vollarbeiter:innen innerhalb der gewerblichen Wirtschaft (ohne Landwirtschaft) wies 2021 der Bausektor mit dem Dreifachen des Durchschnittswertes (10,3) auf. Mehr als doppelt so hoch wie im gewerblichen Durchschnitt war die Rate in der Branchengruppe Verkehrswirtschaft/ Post-Logistik/Telekommunikation (7,1), hinter der mit einigem Abstand Holz/Metall (4,0) und die restlichen Wirtschaftsbereiche folgen, am Ende der Rangskala die Öffentliche Hand mit 1,2 neuen Arbeitsunfallrenten je 10 000 Vollarbeiter:innen (Abb. 37). In den bei Redaktionsschluss vorliegenden Statistiken für 2021 noch nicht berücksichtigt war die Landwirtschaft, die im Jahr zuvor aber einen hohen Wert von 10,4 je 10 000 Vollarbeiter:innen zu verzeichnen hatte.

Wie eingangs erwähnt, sind tödliche Arbeitsunfälle langfristig stark zurückgegangen und und inzwischen äußerst seltene Ereignisse. In kurzfristiger Betrachtung entwickelte sich die Rate der tödlichen Arbeitsunfälle ähnlich wie die der meldepflichtigen Unfälle insgesamt: Während die Zahl der arbeitsbedingt zu Tode Gekommenen je 100 000 Vollarbeiter:innen im Jahre 2020 DGUV-weit deutlich gesunken war, stieg sie im Folgejahr wieder stark an und lag mit 1,25 sogar leicht über dem Vor-Corona-Niveau (Abb. 38).

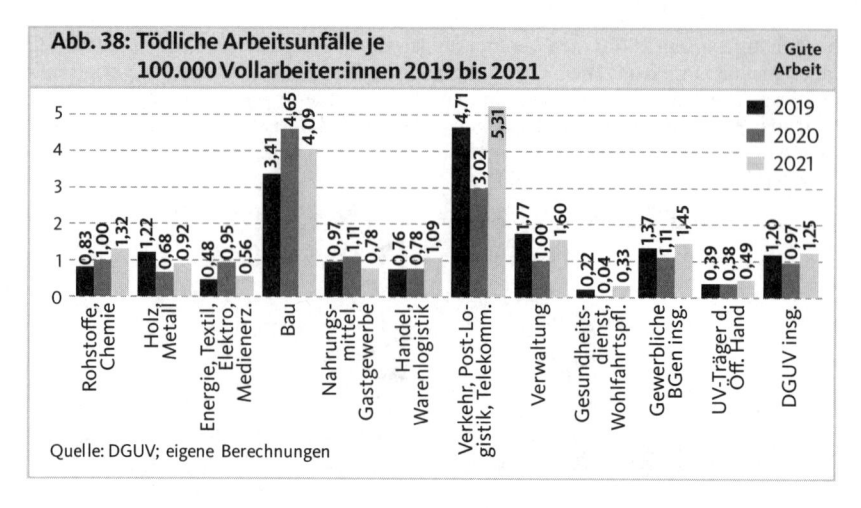

Anhang

Abb. 38: Tödliche Arbeitsunfälle je 100.000 Vollarbeiter:innen 2019 bis 2021 — Gute Arbeit

Quelle: DGUV; eigene Berechnungen

Die höchste Rate tödlicher Arbeitsunfälle verzeichnet traditionell die Landwirtschaft, im Jahre 2020 kamen dort rund 8 von 100 000 Vollarbeiter:innen unfallbedingt bei der Arbeit ums Leben. Im DGUV-Bereich (ohne Landwirtschaft), für den aktuellere Zahlen aus 2021 vorliegen, rangiert die Verkehrswirtschaft (inkl. Post-Logistik und Telekommunikation) mit 5,31 Fällen je 100 000 Vollarbeiter:innen ganz oben, gefolgt von der Bauwirtschaft (4,09). Demgegenüber fallen die Werte der anderen Wirtschaftssektoren deutlich ab, sie bewegen sich zwischen 1,60 (Bereich der Verwaltungs-BG) und 0,33 (Gesundheitsdienst/Wohlfahrtspflege) (Abb. 38). In diesem Zusammenhang ist zu beachten, dass bei generell sehr niedrigen Häufigkeitswerten, wie man sie im Falle tödlicher Arbeitsunfälle vorfindet, starke prozentuale Schwankungen und Verschiebungen zwischen den Branchengruppen sehr leicht zustande kommen und deshalb nicht überinterpretiert werden dürfen.

5. Berufskrankheiten

Wer sich bei der Arbeit oder auf dem Arbeitsweg mit dem Corona-SARS-CoV-2 Virus infiziert bzw. an Covid-19 erkrankt, sollte das dem zuständigen Unfallversicherungsträger als Arbeits- oder Wegeunfall bzw. als Berufskrankheit (BK) anzeigen. Der DGB hat darauf hingewiesen, dass die Leistungen hier deutlich besser sind als bei der gesetzlichen Krankenversicherung. Das ist vor allem wegen der noch unerforschten Spät- und Langzeitfolgen wichtig.

Das Thema Berufskrankheit bzw. Arbeitsunfall hat in den Corona-Jahren 2020, 2021 und 2022 sehr rasch hohe Bedeutung erlangt. Das BMAS hatte 2020 bekannt gegeben, dass die in der BK-Liste enthaltene BK 3101 »Infektionskrankheiten« die Erkrankung durch Covid-19 grundsätzlich einschließt. Damit ist aber noch längst nicht alles klar. Auch nach relativ kurzer Frist muss leider festgestellt werden, dass sich die aus dem BK-Recht und der BK-Praxis bekannten Probleme hier reproduzieren. Der Bericht »Sicherheit und Gesundheit bei der Arbeit« (SuGA) für das Jahr 2020 enthält den vorsorglichen Hinweis: »Eine Anerkennung von Covid-19 als Berufskrankheit ist vor allem für Beschäftigte im Gesundheitswesen, in der Wohlfahrtspflege und in Laboratorien möglich.« Es heißt dann einschränkend weiter, eine solche Anerkennung »kann darüber hinaus aber auch bei Beschäftigten erfolgen, die bei ihrer Tätigkeit in ähnlichem Maß einer Infektionsgefahr ausgesetzt sind«. Das bedeutet konkret: Bei Beschäftigten im Gesundheitswesen und in der Wohlfahrtspflege kann eine Covid-19-Erkrankung als Verdacht auf eine Berufskrankheit angezeigt werden. Bei ebenfalls an Covid-19 erkrankten Beschäftigten in anderen Berufen besteht die Möglichkeit, einen Arbeitsunfall anzuzeigen, wenn Hinweise auf eine beruflich verursachte Infektion vorliegen.

Das BK-Recht in Deutschland ist vom Gesetzgeber bisher so angelegt, dass nur ein kleiner Teil der beruflich verursachten Erkrankungen amtlich überhaupt als »Berufskrankheit« anerkannt wird. Die Details sind in der BK-Verordnung geregelt, aus der wiederum eine Liste der Berufskrankheiten hervorgeht (BK-Liste). Diese Liste ist im Lauf der Jahre mehrfach erweitert worden und umfasst aktuell 82 mögliche Berufskrankheiten. Das bedeutet auch: Das Gros der arbeitsbedingten Erkrankungen kommt per Definition für die Anerkennung einer Berufskrankheit gar nicht in Frage.

Sollte diese rechtliche Hürde allerdings im Fall einer bestimmten Erkrankung genommen sein, folgt für die Betroffenen sogleich die nächste: Ein sehr großer Teil der Verdachtsmeldungen wird im üblichen Prüfungsverfahren durch die Berufsgenossenschaften oder Unfallkassen nicht anerkannt, und nur ein sehr kleiner Teil der Anerkennungen wird entschädigt. Hier stoßen Erkrankte auf eine restriktive Anerkennungspraxis.

Häufig wird die berufliche Verursachung der angezeigten Krankheit bestritten. Oder sie wird zwar eingeräumt, aber nicht in der für erforderlich gehaltenen Dosis. In nicht wenigen Fällen lässt sich die lange zurückliegende Gesundheitsgefährdung nicht mehr klar nachweisen. Bei medizinischen Gutachten gab es oftmals gravierende Mängel, und es herrschte eine gewisse Intransparenz.

Viele Jahre galt außerdem: Von Erkrankten wurde – bis zur Reform 2020 – in etlichen Fällen verlangt, den belastenden Arbeitsplatz aufzugeben (»Unterlassungszwang«) – mit der Begründung, so solle eine Verschlimmerung der Krankheit verhindert werden. Es liegt auf der Hand, dass die Betroffenen aus existenzieller Not und aus Angst vor Arbeitslosigkeit oftmals nicht bereit waren, dem nachzukommen. Dann wurde ihre Krankheit bisher vielleicht als beruflich bedingt akzeptiert, es blieb allerdings eine förmliche Anerkennung versagt. Dieser Unterlassungszwang, gegen den sich die Gewerkschaften hartnäckig gewehrt hatten, ist 2020 aufgehoben worden. Die entsprechende Änderung des § 9 Abs. 1 Satz 2 SGB VII trat am 1. Januar 2021 in Kraft. (Da der Bericht SuGA 2020, auf den hier Bezug genommen wird, das Berichtsjahr 2020 abbildet, ist dort diese Neuerung noch nicht berücksichtigt.) Seit 2022 umfasst die BK-Liste 82 Positionen. Der Unterlassungszwang betraf 9 dieser Berufskrankheiten, nämlich die BK-Nummern 1315 (Erkrankungen durch Isocyanate), 2101 (Erkrankungen der Sehnenscheiden), 2104 (Erkrankungen durch Vibrationen), 2108 (Bandscheibenbedingte Erkrankungen der Lendenwirbelsäule), 2109 (Bandscheibenbedingte Erkrankungen der Halswirbelsäule), 2110 (Bandscheibenbedingte Erkrankungen der Lendenwirbelsäule), 4301 (obstruktive Atemwegserkrankungen durch allergisierende Stoffe), 4302 (Lungenerkrankungen durch exogene Substanzen) und 5101 (Hauterkrankungen durch Feuchtarbeit). Allein die Hauterkrankungen, obstruktiven Atemwegserkrankungen und bandscheibenbedingten Erkrankungen der Lendenwirbelsäule sind stark

Anhang

verbreitet. Sie machten z. B. 2019 mehr als ein Drittel (38 %) aller BK-Verdachtsanzeigen aus. Ebenfalls 2019 wurden von den 30 415 angezeigten Berufskrankheiten dieser Gruppe nur 1184 anerkannt, das waren weniger als 4 %. Wir sehen weiter unten, ob und wie das zukünftig das Anerkennungsverfahren verändern wird. Die DGUV selbst hat darauf hingewiesen, dass zusammen mit der Streichung des Unterlassungszwangs einige der betreffenden BK-Nummern »hinsichtlich ihrer Tatbestandsmerkmale angepasst« worden seien »um weiterhin Bagatellerkrankungen von der Entschädigung auszuschließen« (DGUV-Forum 1–2/2021).

Abb. 39 gibt einen Überblick über die Zahlen im Zeitverlauf bis zum Jahr 2020. Für die vergangenen zehn Jahre ist – mit Schwankungen – die Zahl der jährlichen Verdachtsanzeigen allmählich angestiegen. Diese jährlichen Anzeigen auf Verdacht einer Berufskrankheit lagen 2007 und 2008 bei rund 64 000. 2009 stieg die Zahl auf 70 000, 2010 auf über 73 000, stieg dann weiter an und pendelte seit 2015 um 80 000 und stieg dann 2019 auf fast 85 000. Das Pandemiejahr 2020 brachte dann einen weiteren drastischen Einschnitt. Hauptursache dafür war der starke Anstieg von Verdachtsanzeigen im Zusammenhang mit der BK 3101 Infektionskrankheiten, hier vor allem durch Erkrankungen im Zusammenhang mit Covid-19 (Abb. 39). Gegenüber dem Jahr 2019 stieg die Zahl der Verdachtsanzeigen 2020 um rund 26 000 Fälle auf 111 055. Das war eine Zunahme um fast ein Drittel (31 %). Dabei stellten Infektionskrankheiten (BK 3101) mit 33 595 Verdachtsfällen den Hauptanteil. 30 332 dieser Anzeigen wurden im Zusammenhang mit Covid-19 gestellt. Das sind 27,3 % aller Verdachtsanzeigen.

Vollständige Daten für 2021 lagen bei Redaktionsschluss dieses Datenanhangs noch nicht vor. Aktuelle Daten der DGUV (s. vertikale Spalte für 2021 in Abb. 39) geben allerdings Aufschluss über die Dramatik der Entwicklung. Die Zahl der Verdachtsanzeigen 2021 hat sich gegenüber 2020 mehr als verdoppelt. Dieser Anstieg ist zum allergrößten Teil (120 207) auf Covid-19-Erkrankungen zurückzuführen. 2021 wurde bei gut 123 000 Fällen das Vorliegen einer Berufskrankheit anerkannt – mehr als dreimal so viele wie im Vorjahr. 102 348 Anerkennungen betrafen Erkrankungen durch Covid-19. Eine Rente wurde bei 5331 Fällen bewilligt, gegenüber dem Vorjahr eine Zunahme um 4,5 %. Bemerkenswert hoch ist allerdings auch die Zahl der Ablehnungen, nämlich 21 225 oder 38 % mehr als 2020.

Infolge der Reform des BK-Rechts gab es 2021 keine Fälle mehr, bei denen die berufliche Verursachung zwar festgestellt wurde, bei denen die versicherungsrechtlichen Voraussetzungen (Unterlassungszwang) aber nicht erfüllt waren. Als weiterer Indikator zur Erfassung des BK-Geschehens wurde 2021 die Zahl der Fälle erhoben, bei denen erstmals ein Maßnahme nach dem geänderten § 3 BKV bewilligt wurde (Übergangsleistungen an Betroffene, die die gefährdende Tätigkeit freiwillig aufgeben und dadurch Einkommenseinbußen in Kauf nehmen müssen). 2021 waren das 29 816 Fälle.

Daten, Schwerpunkte, Trends

Abb. 39: Berufskrankheiten 2011–2021 — Gute Arbeit

Kategorie	2011	2012	2013	2014	2015	2016	2017	2018	2019	2020	2021
Verdachtsanzeigen	74337	73574	74680	75102	81702	80163	79774	82622	84853	111055	227730
Verdacht bestätigt, aber besondere versicherungsrechtl. Voraussetzungen nicht erfüllt	19389	20061	20686	20869	20555	19635	18378	18302	17205	15856	
Anerkennungen	15880	15949	16413	16969	18041	22320	21772	21794	20422	39551	123626
BK-Verdacht nicht bestätigt	39060	37564	37581	37263	43111	41208	39624	42526	47226	55648	76873
Neue BK-Renten	5534	5053	4926	5277	5180	5458	5064	4921	4806	5194	5331
Todesfälle durch eine BK	2560	2468	2357	2469	2415	2576	2609	2457	2581	2393	2548

Quelle: SuGA 2013-2020; DGUV 2022

Der hier bis zum Jahr 2021 dokumentierte rapide Anstieg hat sich auch 2022 fortgesetzt, was sich in den hier aufgeführten SuGA-Daten noch nicht widerspiegelt. Daten dazu enthält Abb. 40.

Abb. 40: Berufskrankheiten und Arbeitsunfälle im Zusammenhang mit Covid-19 2020 bis 2022 — Gute Arbeit

Zeitpunkt	Berufskrankheiten				Arbeitsunfälle		
	Verdachtsanzeigen	Entschiedene Fälle	Anerkennungen	Todesfälle	Meldungen	Versicherungsfälle	Todesfälle
31.12.2020	30329	23337	18543	14	12223	4247	5
31.12.2021	182502	161920	120398	86	38255	13851	96
31.08.2022	406065	337126	241556	110	63731	22752	149

Quelle: DGUV 2022

Aktuelle Daten der DGUV für 2022 reichten bei Redaktionsschluss bis einschließlich August 2022. In den ersten acht Monaten des Jahres hatte die Zahl der Verdachtsanzeigen bereits das mehr als Doppelte des gesamten Jahres 2021 erreicht, die Zahl der Anerkennungen hatte sich ebenfalls verdoppelt. Von den entschiedenen Fällen waren 95570 abgelehnt worden. Da die Arbeitsunfälle wegen Covid-19 faktisch auch BK-Verdachtsanzeigen sind, stieg die Gesamtzahl auf 469796 Fälle (gegenüber knapp 85000 in 2019), von denen 264308 mit Versicherungsleistungen anerkannt wurden; das war eine Quote von 53%.

Seit 2020 ist also durch Corona eine ganz neue Situation entstanden. Gegenüber den Zahlen im Datenanhang 2021 (S. 362ff.) haben sich die Proportionen stark verschoben. Bei der BG Gesundheit und Wohlfahrtspflege sind die Anerkennungsquoten überdurchschnittlich hoch (knapp 70%), bei anderen wie der BG Handel und Warenlogistik (BGHW) beträgt sie nur knapp 15%. Bei den Arbeitsunfällen ist die Anerkennungsquote niedriger als bei den BKen. Hier werden rund zwei Drittel der Anzeigen (64%) nicht anerkannt.

Zur Gesamtthematik der Berufskrankheiten durch Covid-19 sind einige weitere Erläuterungen erforderlich. Nach dem 2020 erfolgten Hinweis der Bundesregierung,

Anhang

die in der BK-Liste enthaltene BK 3101 »Infektionskrankheiten« schließe auch eine Erkrankung durch Covid-19 ein, konkretisierte die DGUV: Dies gelte nicht uneingeschränkt, sondern nur für bestimmte Berufs- und Tätigkeitsfelder. Im Einzelnen:
- Die Anerkennung einer COVID-19-Erkrankung als Berufskrankheit (BK-Nr. 3101 Infektionskrankheiten) setzt voraus, dass die erkrankte Person im Gesundheitsdienst, der Wohlfahrtspflege oder in einem Laboratorium tätig war oder durch eine andere Tätigkeit in ähnlichem Maße infektionsgefährdet war. Die Berufsgenossenschaft Gesundheitsdienst und Wohlfahrtspflege hat in diesem Kontext eine Beweiserleichterung eingeführt.
- Erfolgt eine Infektion mit dem Corona-Virus SARS-CoV-2 infolge einer Beschäftigung außerhalb dieser Tätigkeitsbereiche bzw. in Bereichen mit nachweislich geringerer Gefährdung, kann die Erkrankung ein Arbeitsunfall sein. Dies gilt auch, wenn die Infektion auf dem Weg zur oder von der Arbeit erfolgt ist (Wegeunfall).
- Ob die Voraussetzungen zur Anerkennung einer COVID-19-Erkrankung als Arbeitsunfall oder Berufskrankheit vorliegen, hat der zuständige Träger der gesetzlichen Unfallversicherung im Einzelfall zu prüfen und zu bewerten (wie bei anderen Unfallanzeigen oder Anzeigen auf Berufskrankheit auch).
- Im Bereich des Arbeitsunfalls muss die Infektion auf eine nachweislich mit dem Virus infizierte Person (»Indexperson«) zurückzuführen sein. Dies setzt einen intensiven beruflichen Kontakt mit der Indexperson voraus. Hierbei kommt es vor allem auf die Dauer und die Intensität des Kontaktes an.
- Lässt sich keine konkrete Indexperson feststellen, kann im Einzelfall auch eine größere Anzahl nachweislich infizierter Personen innerhalb eines Betriebs oder einer Einrichtung herangezogen werden.
- Die Leistungen bei einer COVID-19 Erkrankung (Akutbehandlung, Rehabilitation, Verletztengeld, Rente) sind bei einem anerkannten Arbeitsunfall und einer anerkannten Berufskrankheit identisch.[3]

Das alles sei, so kritisierte der DGB, insgesamt völlig unzureichend[4]. Neben den zweifellos betroffenen Beschäftigten des Gesundheitswesens, der Wohlfahrtspflege und der Laboratorien müssten beispielsweise auch Lehrer:innen, Erzieher:innen, Polizist:innen, Beschäftigte im Wach- und Sicherheitsdienst und der Beauty-Branche berücksichtigt werden. Außerdem auch Beschäftigte in der fleischverarbeitenden Industrie, in Post- und Logistikzentren oder landwirtschaftlichen Betrieben, in Einrichtungen der privaten und öffentlichen Fürsorge, in Schulen und Kitas, in Justizanstalten. Daten der Krankenkassen hätten zudem gezeigt, dass Leiharbeitende im produzierenden Bereich ebenfalls betroffen seien. Hier müssten die in der BK 3101 geltenden Definitionen erweitert werden.

Das geschah bisher allerdings nicht. Nach Auskunft des BMAS habe der Ärztliche Sachverständigenbeirat Berufskrankheiten (ÄSVB) geprüft, ob nach aktuellem wissenschaftlichem Erkenntnisstand weitere Tätigkeiten außerhalb der in der BK 3101 genannten ein vergleichbar hohes Infektionsrisiko aufwiesen. Dafür gebe es derzeit keine Belege, vielleicht ändere sich das aber in der Zukunft.

Die damalige Bundestagsabgeordnete Jutta Krellmann (Die Linke) sagte dazu: »Riskiert ein Arbeitgeber die Gesundheit seiner Beschäftigten, muss er für die Folgekosten

---

3   ww.dguv.de/de/mediencenter/hintergrund/corona_arbeitsunfall/index.jsp
4   www.dgb.de/themen/++co++4a38ec78-3df7-11eb-8d02-001a4a160123

aufkommen. Doch viele Beschäftigte, die an Corona erkranken, werden abgeblockt, damit die Arbeitgeberbeiträge zur gesetzlichen Unfallversicherung niedrig bleiben. Denn diese zahlt der Arbeitgeber allein. Dadurch sparen sich Arbeitgeber unter anderem das Geld für Leistungen in Form von Therapien, Behandlungen und Hilfsmaßnahmen für die Wiedereingliederung in den Beruf. Gerade weil viele Corona-Erkrankte unter krassen Langzeitfolgen leiden, brauchen sie die beste Behandlung. Deshalb muss Corona für alle Berufsgruppen als Berufskrankheit anerkannt werden. Die Begrenzung auf nur einige wenige Berufsgruppen muss aufgehoben werden. Und es muss Schluss sein, Kosten der Pandemie den gesetzlichen Krankenkassen und damit der Allgemeinheit aufzudrücken. Die Bundesregierung hat dafür zu sorgen, dass alle Betroffene ihre Rechte kennen. Deshalb brauchen wir unabhängige Beratungsstellen für Betroffene von Berufskrankheiten in allen Bundesländern, wie es sie in Hamburg, Bremen und Berlin schon gibt.«[5]

Der DGB wies darauf hin, manche Arbeitgeber oder Dienstherren blockierten Unfall- und BK-Anzeigen oder versuchten, Beschäftigte abzuwimmeln. Etliche Unfallversicherungsträger informierten zudem entweder gar nicht oder nur sehr unzureichend auf ihrer Homepage. Beschäftigte seien in jedem Fall auch immer berechtigt, auch selbst den Verdacht auf eine BK anzuzeigen.

Gehen wir noch einmal zurück zu den Daten zu BK-Anzeigen generell. Hier waren bei Redaktionsschluss die aktuellen Daten des Jahres 2020 laut SuGA zugänglich. Sie zeigen aber bei weitem noch nicht das Ausmaß des BK-Geschehens im Zusammenhang mit Covid-19. Trotzdem offenbaren auch schon die Daten des Jahres 2020, dass die jahrelang fast unveränderte Kontinuität im BK-Geschehen nun unterbrochen wurde (Abb. 41).

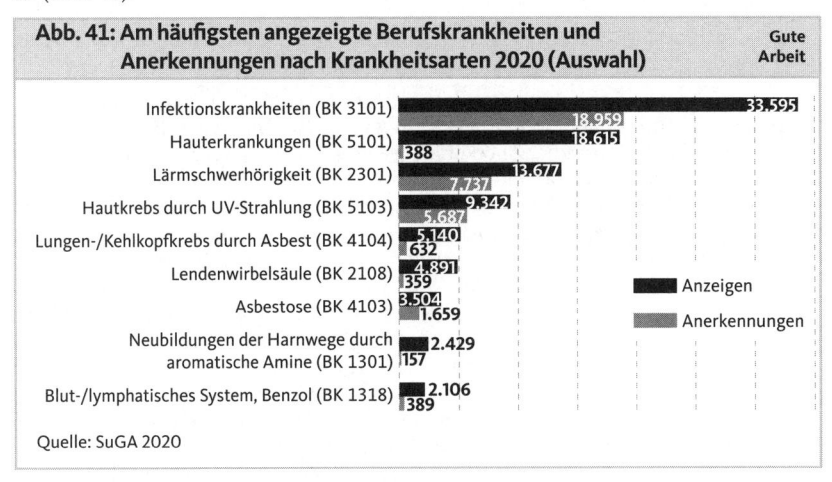

Abb. 41: Am häufigsten angezeigte Berufskrankheiten und Anerkennungen nach Krankheitsarten 2020 (Auswahl) — Gute Arbeit

Krankheitsart	Anzeigen	Anerkennungen
Infektionskrankheiten (BK 3101)	33.595	18.959
Hauterkrankungen (BK 5101)	18.615	388
Lärmschwerhörigkeit (BK 2301)	13.677	7.731
Hautkrebs durch UV-Strahlung (BK 5103)	9.342	5.687
Lungen-/Kehlkopfkrebs durch Asbest (BK 4104)	5.140	632
Lendenwirbelsäule (BK 2108)	4.891	359
Asbestose (BK 4103)	3.504	1.659
Neubildungen der Harnwege durch aromatische Amine (BK 1301)	2.429	157
Blut-/lymphatisches System, Benzol (BK 1318)	2.106	389

Quelle: SuGA 2020

Während in den vorherigen Jahren stets die Hauterkrankungen den Löwenanteil der Verdachtsfälle ausmachten, rückten nun erstmals die Infektionskrankheiten an die ers-

---

5 http://jutta-krellmann.de/aktuelles/berufskrankheit-corona-mehr-als-vier-von-zehn-faellen-nicht-anerkannt

Anhang

te Stelle. Sie machen 30% aller Verdachtsanzeigen aus, die Hautkrankheiten 16,8%, gefolgt von der Lärmschwerhörigkeit (12,3%). Die 2015 als BK anerkannten Hautkrebserkrankungen durch UV-Strahlen machten 2020 8,4% aller Verdachtsanzeigen aus. Hier werden – ähnlich wie bei der Lärmschwerhörigkeit – die anhaltenden Mängel der Prävention offenkundig. Es folgen noch die bandscheibenbedingten Erkrankungen der Lendenwirbelsäule (4,4%).

Bei den Anerkennungen zeigt sich ein anderes Bild. Auch hier hat die Corona-Pandemie die Proportionen früherer Jahre verschoben (Abb. 42).

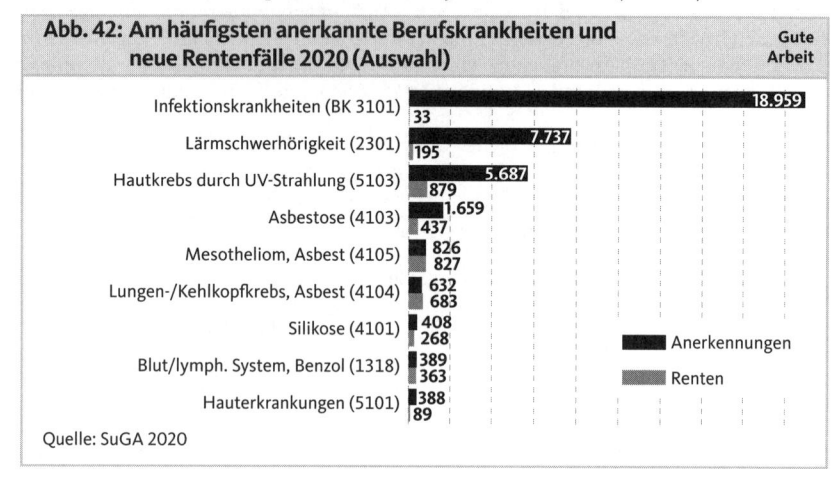

Abb. 42: Am häufigsten anerkannte Berufskrankheiten und neue Rentenfälle 2020 (Auswahl)

Berufskrankheit	Anerkennungen	Renten
Infektionskrankheiten (BK 3101)	18.959	33
Lärmschwerhörigkeit (2301)	7.737	195
Hautkrebs durch UV-Strahlung (5103)	5.687	879
Asbestose (4103)	1.659	437
Mesotheliom, Asbest (4105)	826	827
Lungen-/Kehlkopfkrebs, Asbest (4104)	632	683
Silikose (4101)	408	268
Blut/lymph. System, Benzol (1318)	389	363
Hauterkrankungen (5101)	388	89

Quelle: SuGA 2020

2020 sind erstmals die Infektionskrankheiten durch Covid-19 die auch am häufigsten anerkannte Berufskrankheit. Die Anerkennungsquote war hier 56%. Es folgt dann die Lärmschwerhörigkeit mit einer Anerkennungsquote von ebenfalls 56%. Bei den besonders häufig angezeigten Hautkrebserkrankungen liegt die Quote bei 30%.

Große Unterschiede bestehen bei einzelnen Krankheitsarten auch zwischen Anerkennungen und neuen Renten (Abb. 42). Bei den anerkannten Berufskrankheiten 3101 durch Covid-19 fallen die 33 bewilligten Renten praktisch gar nicht ins Gewicht. Bei einigen Krankheiten, wie z.B. den Asbest-Berufskrankheiten 4104 (Lungen- und Kehlkopfkrebs) oder 4105 (Mesotheliom) ist die Zahl der Entschädigungen/Renten wie schon in den Vorjahren nahezu gleich mit der Zahl der Anerkennungen oder sogar höher, weil Fälle aus früheren Jahren entschieden wurden. Bei anderen klafft hier eine große Divergenz. Am auffälligsten ist das bei der Lärmschwerhörigkeit (BK 2301). Hier kommen auf 7737 Anerkennungen nur 195 Renten. Ein anderes Bild ergibt sich bei der neuen Berufskrankheit Hautkrebs (BK 5103). Gegenüber dem Jahr 2015 ist die Zahl der Anerkennungen bei dieser Berufskrankheit drastisch gestiegen (von 2000 auf 5687). Auf diese relativ hohe Zahl der Anerkennungen kommen aber nur knapp 879 Rentenbewilligungen.

2020 starben (nach den aktuellen Daten von SuGA 2020) 2393 Menschen an den Folgen einer Berufskrankheit – folgt man den amtlichen Zahlen (Abb. 43). Das sind fast 7 Todesopfer pro Tag. Da die Kluft zwischen Verdachtsmeldungen und Anerkennungen groß ist, muss von einer weiteren Dunkelziffer ausgegangen werden. Fast zwei

Drittel dieser Todesfälle – 63,7 % sind den drei großen Asbest-Berufskrankheiten zuzurechnen. Rechnet man noch die Silikose (BK 4101) mit 10,9 % der BK-Todesfälle hinzu, so entfallen drei Viertel aller BK-Todesfälle der amtlichen Statistik (74,6 %) auf Erkrankungen, die auf sehr lange zurückliegende Belastungen durch Krebs erzeugende Stäube zurückzuführen sind.

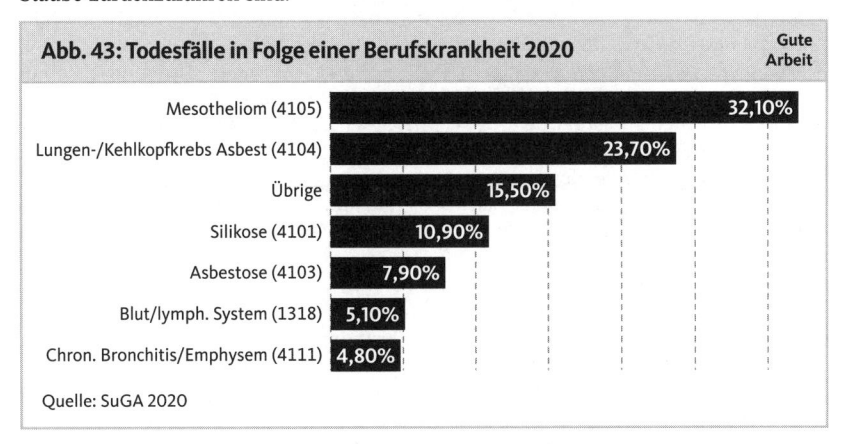

Abb. 43: Todesfälle in Folge einer Berufskrankheit 2020

Mesotheliom (4105)	32,10 %
Lungen-/Kehlkopfkrebs Asbest (4104)	23,70 %
Übrige	15,50 %
Silikose (4101)	10,90 %
Asbestose (4103)	7,90 %
Blut/lymph. System (1318)	5,10 %
Chron. Bronchitis/Emphysem (4111)	4,80 %

Quelle: SuGA 2020

Die Kluft zwischen dem sich weiter ändernden Belastungsspektrum in der Arbeitswelt und der amtlichen BK-Liste nach wie vor groß. Allein die Altlasten – nämlich der drei großen Asbest-Berufskrankheiten (4103 Asbestose, 4105 Mesotheliom und 4104 Lungen-/Kehlkopfkrebs) – machen 2020 37 % aller neuen BK-Renten aus.

Erneuerungsbedarf gibt es vor allem bei vielen Krebs erzeugenden Chemikalien, bei weit verbreiteten mechanischen Belastungen, bei neuen Belastungen durch Zwangshaltungen und bewegungsarmen Tätigkeiten vor allem im Dienstleistungsbereich, so etwa durch ständiges Sitzen im Beruf. Das gilt erst recht für psychische Belastungen am Arbeitsplatz, die vielfältige Erkrankungen auslösen können. 2020 ff. kamen noch die durch Covid-19 erzeugten infektiösen Erkrankungen hinzu.

Am 1. Januar 2021 traten die im SGB VII beschlossenen Änderungen zum Recht der Berufskrankheiten in Kraft. Wie schon erwähnt, entfällt damit der bisher geltende so genannte Unterlassungszwang bei 9 Berufskrankheiten. Ohne Übertreibung lässt sich feststellen, dass die IG Metall die treibende Kraft dieser Reform war. Einer der Gründe liegt darin, dass 30 % der angezeigten BK-Verdachtsfälle aus dem Organisationsbereich der IG Metall kommen. Die Reform des BK-Rechts ist ausführlicher erläutert in der Zeitschrift »Gute Arbeit«, Heft 5/2020 (S. 8–16). Hier nur einige Stichpunkte dazu.

Weiter oben wurde schon erläutert, dass das BK-Recht für Betroffene hohe Hürden aufbaut – ein Zustand, der schon lange sehr kritisch diskutiert wird. Die IG Metall verwies in ihrer Stellungnahme zum Referentenentwurf des Gesetzes 2020 vor allem auf drei Probleme, an denen eine Reform des BK-Rechts ansetzen müsse:
- Häufig kann die berufliche Exposition nicht nachgewiesen werden.
- Berufskrankheiten folgen – bis auf zwei Ausnahmen – alle dem Muster: Eine Belastung ruft eine bestimmte Erkrankung hervor.
- Bei neun Berufskrankheiten verhindert der so genannten Unterlassungszwang eine Anerkennung.

Anhang

Die wichtigsten Elemente der Reform sind:
- *Unterlassungszwang*: Diese bisher bei 9 BKen bestehende Regelung wird aufgehoben. Der jetzt aufgehobene Unterlassungszwang umfasst immerhin die Hälfte aller Verdachtsanzeigen. Rückwirkend bis 1997 sollen alle Fälle, in denen Versicherte Nachteile hatten, weil sie die belastende Tätigkeit nicht aufgaben wollten oder konnten, noch einmal geprüft werden. Das werten die Gewerkschaften als großen Fortschritt und als Erleichterung für die zahlreichen Betroffenen.
- *Ärztlicher Sachverständigenbeirat (ÄSBV)*: Dieses Gremium wird nun rechtlich verankert, seine Funktion wird gestärkt. Bei der Bundesanstalt für Arbeitsschutz und Arbeitsmedizin ist für den ÄSBV eine Geschäftsstelle eingerichtet worden. Das Gremium muss einer jährlichen Berichtspflicht nachkommen. Damit verbindet sich die Hoffnung, dass die überfällige Erweiterung der BK-Liste nun rascher vorangeht. Allerdings kritisieren die Gewerkschaften, dass für den ÄSBV eine Beteiligung von Gewerkschaften und Arbeitgeberverbänden, etwa in einem sozialpolitischen Ausschuss, nicht vorgesehen ist.
- *Expositionskataster*: Dessen Einführung ist von entscheidender Bedeutung, denn oftmals scheitern die Ansprüche Erkrankter daran, dass die Expositionsdaten in den Betrieben nicht, nicht mehr oder nicht vollständig genug vorhanden sind. Da viele Arbeitgeber ihrer Verpflichtung zur Gefährdungsbeurteilung nicht nachkommen, fehlen auch hier oftmals notwendige Daten.
- *Mitwirkungspflicht der Versicherten*: Insbesondere die IG Metall begrüßt die Einführung einer solchen Mitwirkungspflicht der Versicherten bei der Tertiärprävention. Sie fordert allerdings, die Arbeitgeber zu verpflichten, den Beschäftigten diese Mitwirkung auch aktiv zu ermöglichen und eine entsprechende Weigerung als Ordnungswidrigkeit zu ahnden.
- *Forschungsbericht der DGUV*: Die DGUV soll zukünftig jährlich einen Forschungsbericht vorlegen – eine wichtige Basis zur Anerkennung von Berufskrankheiten und zur Verankerung neuer BKen. Die Gewerkschaften schlagen vor, hier auch die Geschlechterperspektive zum Bestandteil dieses Berichts zu machen und eine Verbändeanhörung einzurichten, um inhaltliche Anregungen und Hinweise auf Lücken aufnehmen zu können. Die IG Metall merkt zudem kritisch an, dass auch so gesehen der andauernde Abbau der Stellen der Landesgewerbeärzte für den Erkenntnisgewinn zum BK-Geschehen kontraproduktiv ist. Die Daten belegen diesen Abbau: 2005 wiesen die amtlichen Daten noch bundesweit 121 Gewerbeärzte aus, 2010 noch 90 und 2017 gerade mal noch 68. Entgegen den gut begründeten Forderungen und Anregungen der Gewerkschaften hat der Gesetzgeber in dem Reformprojekt auch einige gravierende Lücken gelassen. Nämlich:
- *Neue Erkrankungen*: Seit Langem steigt der Anteil psychischer Erkrankungen am arbeitsbedingten Erkrankungsgeschehen (s. o. Abschnitt 3). Demgegenüber bleibt auch das reformierte BK-Recht einem veralteten Erkrankungsgeschehen verhaftet. Zudem bringt die Digitalisierung der Arbeitswelt neue Belastungen und somit auch neue Gesundheitsstörungen und Erkrankungen mit sich, die das BK-Recht bisher nicht berücksichtigt, z. B. Sehstörungen durch die Nutzung von Datenbrillen oder neue körperliche Belastungen durch permanentes Sitzen oder andere ergonomische Probleme. Jetzt müsste es wenigstens Aufgabe des ÄSBV werden, eine Erweiterung der BK-Liste um psychische Störungen in Angriff zu nehmen. Die Gewerkschaften haben das BMAS aufgefordert, dem ÄSBV einen entsprechenden Prüfauftrag zu erteilen.

Daten, Schwerpunkte, Trends

- *Härtefallregelung*: Eine solche fehlt in der Gesetzesreform. Das wird vor allem dort relevant, wo das BK-Recht noch dem veralteten Grundsatz anhängt, dass eine Erkrankung immer monokausal im Zusammenhang mit einer Exposition gesehen wird, die eventuell nicht das geforderte Ausmaß hatte – ebenfalls eine veraltete und medizinisch nicht tragfähige Herangehensweise. Die IG Metall forderte in ihrer Stellungnahme zum Referentenentwurf des Gesetzes: »So sollte der Gesetzgeber es ermöglichen, dass zukünftig die Einwirkdosen aller Gifte, die dasselbe Organ schädigen, addiert werden können. Im Ergebnis würden viele Härtefälle die Schwelle zur Anerkennung überschreiten – ohne dass eine Generalklausel für Härtefälle eingeführt werden müsste, die eine Vielzahl von Einzelprüfungen zur Folge hätte«.
- *Niedrigschwellige Beratung*: Die Gewerkschaften fordern, unabhängige Beratungsstellen für Versicherte einzurichten, um sie im komplizierten BK-Verfahren zu unterstützen. Ein solches bundesweites Netz sollte nach dem Vorbild der Beratungsstellen in Berlin, Hamburg und Bremen aufgebaut werden. Es wird sich in dieser Legislaturperiode zeigen müssen, ob aus den guten Ansätzen der BK-Reform auch gute Praxis wird.

6. Arbeitszeiten – aktuelle Trends

Schon vor der Pandemie ging die Haupttendenz bei den Arbeitszeiten zu einer tiefen Zerklüftung der Arbeitszeitlandschaft, zu einer »neuen Vielfalt«, wie Steffen Lehndorff in seinem Beitrag im Jahrbuch 2017 festgestellt hat (Seite 81–91). »Der Basistrend der Arbeitszeitentwicklung kann mit den Worten Entstandardisierung, Ausdifferenzierung und Flexibilisierung zusammengefasst werden. Der Anteil der Beschäftigten, deren Arbeitszeiten von Tarifverträgen beeinflusst werden, geht zurück – nicht nur, aber auch wegen des Rückgangs der Tarifbindung. Zunehmende Frauenerwerbstätigkeit und wachsender Dienstleistungssektor lassen klassische (männlich dominierte) Industriebereiche mit eher standardisierten Arbeitszeiten schrumpfen, während Sektoren mit hohen Anforderungen an zeitliche Verfügbarkeit und Flexibilität wachsen.« (ebd., Seite 82f.)

Mit dem Beginn der Pandemie wurden neue Entwicklungen wirksam. In vielen Branchen wurden die Arbeitszeiten aufgrund wirtschaftlicher Einschränkungen zeitweilig verkürzt, u. a. durch Kurzarbeit. Andererseits setzten sich bei vielen versorgungs- oder systemrelevanten Bereichen besonders belastende, lange und oftmals »atypische« Arbeitszeiten durch. Wiederum andere Beschäftigtengruppen mussten aufgrund hoher privater Anforderungen in der Krise ihre Arbeitszeit flexibler und damit vielfach auch ungünstiger gestalten, etwa um Kinderbetreuung und Arbeit unter einen Hut zu bringen. Vor allem im Datenanhang des Jahrbuches 2021 sind wir diesen Entwicklungen genauer nachgegangen (S. 339ff.).

Der Zusammenhang zwischen Arbeitszeit und Gesundheit ist in den vergangenen Jahrbüchern mehrfach Thema – auch des Datenanhangs – gewesen, besonders ausführlich in der Ausgabe 2017 (S. 335–355), hier auf der Basis der umfangreichen Daten der ersten Arbeitszeitbefragung der Bundesanstalt für Arbeitsschutz und Arbeitsmedizin. Die ihr zugrundeliegenden Daten wurden 2015 erhoben, der Arbeitszeitreport der BAuA erschien Ende 2016, parallel zum Redaktionsschluss des Jahrbuches 2017. Die

Anhang

BAuA-Daten wurden zudem im Bericht »Sicherheit und Gesundheit bei der Arbeit« 2015 der Bundesregierung (SuGA, 2016 erschienen) zusammengefasst.
Inzwischen haben zwei weitere Befragungswellen stattgefunden. Die zweite 2017, die dritte 2019. Die Ergebnisse hat die BAuA 2020 in einem ersten Bericht zusammengefasst. Auch der Bericht »Sicherheit und Gesundheit bei der Arbeit 2019« (SuGA) enthält eine erste Zusammenfassung (S. 67–73). Die BAuA arbeitete 2021 an einer weiteren Befragung im Rahmen ihres Projekts »Arbeitszeitberichterstattung für Deutschland«. Ergebnisse waren bei Redaktionsschluss dieses Bandes noch nicht veröffentlicht. In der Antwort der Bundesregierung auf die kleine Anfrage der Fraktion Die Linke zu Arbeitszeit und Überstunden in Deutschland (BT-Drucksache 20/3202 vom 28. August 2022) werden allerdings vereinzelt Ergebnisse aus dieser Befragung präsentiert (s. u.).

Die SARS-CoV-2-Epidemie beeinflusste die Arbeitszeitbedingungen vieler Beschäftigter. Unter anderem waren Beschäftigte systemrelevanter Berufe massivem Druck ausgesetzt, länger und intensiver zu arbeiten, zu Bedingungen, die auch vor der Pandemie schon extrem belastend waren. Das betraf besonders die Reinigungsberufe, Verkaufsberufe, Pflegeberufe und Erziehungs- und Sozialberufe. Abb. 44 zeigt auf der Basis von Daten des DGB-Index Gute Arbeit, dass diese Berufe auch schon unmittelbar vor der Pandemie in hohem Maße zu »atypischen« und belastenden Zeiten arbeiteten.

Abb. 44: Verbreitung atypischer Arbeitszeitlagen *Gute Arbeit*

Antworten zusammengefasst aus »sehr häufig«, »oft« bzw. »ständig« und »regelmäßig« bei Schichtarbeit.

	Arbeit am Wochenende	Arbeit am Abend (zwischen 18 und 23 Uhr)	Nachtarbeit (zwischen 23 und 6 Uhr)	Schichtarbeit
Alle Berufsgruppen	28 %	27 %	9 %	16 %
Reinigungsberufe	24 %	22 %	7 %	16 %
Verkaufsberufe	68 %	37 %	3 %	37 %
Pflegeberufe	73 %	57 %	31 %	62 %
Erziehungs- und Sozialberufe	15 %	17 %	3 %	12 %

Quelle: DGB-Index Kompakt 1/2020

Zu ähnlichen Ergebnissen kam auch die BAuA-Arbeitszeitbefragung 2019. Auch sie zeigte, dass vor allem Beschäftigte in den »versorgungsrelevanten« Berufen arbeitszeitlich besonders stark belastet waren, vor allem durch lange Arbeitszeiten, verkürzte Ruhezeiten und häufige belastende »atypische« Arbeitszeitlagen (Abb. 45).

Abb. 45: Arbeitszeiten in versorgungsrelevanten und nicht-versorgungsrelevanten Berufsgruppen, Anteile in %

Gute Arbeit

Tatsächliche Wochenarbeitszeit	Gesamt	versorgungs-relevant	nicht-versor-gungsrelevant
20–34 Std.	18,5	25,2	15,6
35–39 Std.	16,5	17,2	16,2
40–47 Std.	49,1	38,7	53,6
48–59 Std.	10,0	10,1	9,9
Verkürzte Ruhezeiten			
Mind. Einmal im Monat	18,1	23,0	16,1
Seltener als einmal i. M.	81,9	77,0	83,9
Wochenendarbeit			
Keine	59,5	48,6	64,2
Nur samstags	17,0	16,1	17,4
Auch Sonn- und Feiertags	23,5	35,2	18,4
Schichtarbeit			
7-19 Uhr	79,5	68,1	84,4
Versetzte Arbeitszeiten	9,3	13,1	7,7
Wechselschicht ohne Nachtanteile	5,0	8,3	3,7
Wechselschicht mit Nachtanteilen	6,1	10,5	4,2
Einfluss auf ...			
Arbeitsbeginn, wenig/kein Einfluss	56,0	69,3	50,3
Arbeitsbeginn, viel Einfluss	44,0	30,7	49,7
Pausenzeitpunkt, wenig/kein E.	42,5	48,9	39,8
Pausenzeitpunkt, viel E.	57,5	51,1	60,2
Stunden frei, wenig/kein E.	56,4	65,7	52,3
Stunden frei, viel E.	43,6	34,3	47,7
Urlaub/Tage frei, wenig/kein E.	38,4	43,0	36,5
Urlaub, Tage frei, viel E.	61,6	57,0	63,5
Flexibilitätsanforderungen			
Änderung Arbeitszeit, oft	12,1	18,6	9,2
Änderung Arbeitszeit, selten	87,9	81,4	90,8
Rufbereitschaft mind. Einmal/Monat, ja	6,4	8,6	5,4
Rufbereitschaft mind. Einmal/Monat, nein	93,6	91,4	94,6
Bereitschaftsdienst, mind. Einmal/Monat, ja	5,2	7,7	4,2
Bereitschaftsdienst, mind. Einmal/Monat, nein	94,8	92,3	95,8

Quelle: SuGA 2020

Lange Wochenarbeitszeiten zwischen 40 und 47 Stunden sind bei den nicht-versorgungsrelevanten Berufsgruppen stärker verbreitet (53,6 %) als bei den versorgungsrelevanten (38,7 %). Bei diesen ist dagegen der Anteil der Teilzeitbeschäftigung (25,2 %) deutlich höher als bei den nicht-versorgungsrelevanten Berufen. Die versorgungsrelevanten Berufe sind stärker belastet mit verkürzten Ruhezeiten und mit Arbeit an Sonn- und Feiertagen. Auch »atypische« Arbeitszeiten außerhalb der Zeit von 7 bis 19 Uhr betrifft die versorgungsrelevanten Berufe (knapp 40 %) stärker als die nicht-versorgungsrelevanten (15,6 %). Die Beschäftigten in den versorgungsrelevanten Berufen haben zudem weniger Einfluss auf ihre Arbeitszeiten und müssen mit höheren Flexibilitätsanforderungen zurechtkommen.

Anhang

Die Diskrepanz zwischen vertraglich vereinbarten und tatsächlichen Wochenarbeitszeiten haben wir im Datenanhang des Jahrbuches 2021 ausführlicher betrachtet (S. 339 ff.). Sie zeigt sich auch in der über die Jahre relativ konstant hohen Anzahl von Überstunden. In der BAuA-Arbeitszeitbefragung von 2019 war etwa seit 2017 ein leichter Rückgang zu beobachten, der mit der konjunkturellen Abschwächung zusammenhing. Einen Rückgang der Überstundenzahlen registrierte die BAuA vor allem in Industrie und Handwerk sowie in kleineren Betrieben mit unter 49 Beschäftigten. Männer leisteten 2019 durchschnittlich 3,8 Überstunden pro Woche (2017 4,5), Frauen 2,9 Stunden.

Nach Daten des IAB wurden 2017 1,7 Mrd. Überstunden geleistet (789 Mio. bezahlt und 925 Mio. unbezahlt). Für 2018 zählte das IAB 1,9 Mrd. Überstunden insgesamt (962 Mio. bezahlte und 935 Mio. unbezahlte), für 2019 1,86 Mrd. (916 Mio. bezahlte und 948 Mio. unbezahlte). Ein Tiefpunkt wurde 2020 erreicht. In diesem Jahr führten Pandemie-Krise und Lockdown sowie Lieferkettenprobleme im Zusammenhang mit Problemen der Globalisierung zu einem deutlichen Rückgang auf insgesamt 1,66 Mrd. Stunden (775 bezahlte und 892 unbezahlte). Mit der beginnenden wirtschaftlichen Erholung im Jahr 2021 änderte sich das wieder. Die Zahl der bezahlten und unbezahlten Überstunden stieg langsam wieder an, erreichte aber noch nicht wieder den Stand von 2019 (Abb. 46).

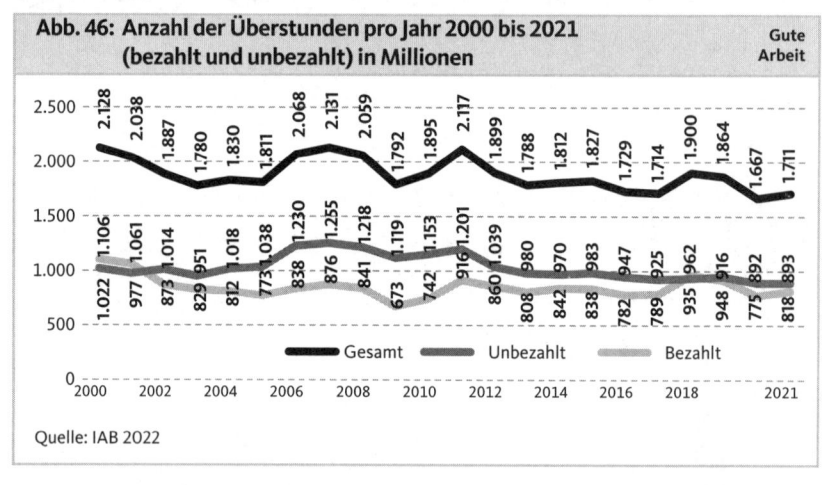

Abb. 46: Anzahl der Überstunden pro Jahr 2000 bis 2021 (bezahlt und unbezahlt) in Millionen — Gute Arbeit

Quelle: IAB 2022

Die Kleine Anfrage der Linken (BT-Drucksache 20/2930) hatte auch nach den Gründen für die hohe Zahl der Überstunden gefragt. Die Bundesregierung nahm in ihrer Antwort (BT-Drucksache 20/3202) Bezug auf die (ansonsten seinerzeit noch unveröffentlichten) Ergebnisse der neuen BAuA-Arbeitszeitbefragung von 2021 (Abb. 47). Dabei wurden diese Gründe in zwei Stufen abgefragt. Zunächst konnten verschiedenen Gründe angegeben werden, Mehrfachnennungen waren möglich. Hierbei wurden nur Befragte berücksichtigt, die mindestens zwei Überstunden pro Woche angaben. Im zweiten Schritt wurde dann gefragt, welches der wichtigste Grund für die Überstunden aus Sicht der Beschäftigten war. Hier konnte dann nur noch ein Grund genannt werden.

Abb. 47: Gründe für Überstunden, Anteile in % — Gute Arbeit

Gründe für Überstunden	Einzelne Abfrage (Mehrfachnennungen möglich)	Hauptgrund (Einfachantwort)
Betrieblich angeordnet	23,8	6,7
Arbeit nicht zu schaffen	79,7	38,4
Für Kolleg:innnen einspringen	36,3	7,5
Organisatorische Fehlplanungen	29,9	5,5
Frei zu einem anderen Zeitpunkt	42,5	9,5
Zuverdienst	15,6	3,6
Beruflich Vorankommen	36,4	4,8
Sonstige betriebliche Gründe	44,8	10,5
Sonstige private Gründe	10	1,3
Spaß an der Arbeit	60,5	12,3

Quelle: BT-Drucksache 20/3202

Bei der ersten Abfragerunde war die Antwort, anders sei die Arbeit nicht zu schaffen, mit großem Abstand die häufigste (79,7 %). Ebenfalls sehr häufig genannt wurden Gründe, die mit Personalknappheit, möglicherweise krankheitsbedingten Ausfällen, Auftragsüberlastung und organisatorischen Problemen zusammenhängen: betrieblich angeordnet (23,8 %), für Kolleg:innen einspringen (36,3 %). Auch der Wunsch nach Zuverdienst spielte eine wichtige Rolle (15,6 %).

Die zweite Abfragerunde, bei der die Beschäftigten den einen Grund angeben sollten, der für sie ausschlaggebend war, Überstunden zu leisten, bestätigt den Befund: An erster Stelle und mit weitem Abstand geht es darum, dass die Arbeit anders nicht zu schaffen ist (38,4 %). Unter den weiteren Gründen für Überstunden folgen an zweiter Stelle »sonstige betriebliche Gründe« (10,5 %), der Wunsch, zu anderer Zeit frei nehmen zu können (9,5 %), der Druck, für Kolleg:innen einspringen zu müssen (7,5 %), betriebliche Anordnung von Überstunden (6,7 %), organisatorische Fehlplanungen (5,5 %) und der Wunsch, betrieblich voranzukommen (4,8 %). Ob die außerdem häufig gegebene Antwort, man mache aus »Spaß« an der Arbeit Überstunden, ernst zu nehmen ist, kann bezweifelt werden.

Auch die Befragung des DGB-Index Gute Arbeit (Report 2019) kommt zu einem ähnlichen Ergebnis. Hier gaben 38 % der Befragten an, sie müssten häufig wegen Personalmangel eine größere Arbeitsmenge abarbeiten und länger arbeiten. Bei den Erziehungs- und Unterrichtsberufen betraf das 47 %, in der Gastronomie 46 % und im Gesundheitswesen 44 %. 63 % der Befragten gaben an, wegen Personalmangel Überstunden zu leisten.

2021 wurde der Trend zu überlangen Arbeitszeiten (über 48 Wochenstunden) wieder deutlicher sichtbar, erreichte allerdings noch nicht den Stand früherer Jahre vor der Pandemie. Über den Stand des Jahres 2021 gibt ebenfalls die BAuA-Arbeitszeitbefragung Aufschluss, auf die sich die Bundesregierung in ihrer Antwort auf die kleine Anfrage der Linken bezieht (Abb. 48).

Anhang

Abb. 48: Überlange Arbeitszeiten (mehr als 48 Wochenstunden), 2021, in % der Nennungen

Gute Arbeit

Gesamt		11,7
Teilzeit		0,9
Vollzeit		15,6
Befristet		10,8
Männer		15,7
Frauen		7,1
Monatliches Bruttogehalt 1500–2499 Euro		7,6
Monatliches Bruttogehalt 2500–3499 Euro		9,5
Monatliches Bruttogehalt 3500–4499 Euro		10,0
Monatliches Bruttogehalt 4500 Euro und mehr		23,9
Fertigungsberufe		9,1
Bau- und Ausbauberufe		13,7
Gesundheitsberufe		13,4
Soziale und kulturelle Dienstleistungsberufe		11,7
Handelsberufe		12,7
Unternehmensbezogene Dienstleistungsberufe		8,2
IT- und nat.wiss. Dienstleistungsberufe	9,2	
Sicherheitsberufe	24,7	
Verkehrs- u. Logistikberufe	16,4	

Quelle: BT-Drucksache 20/3202

Abb. 48 zeigt: Überlange Arbeitszeiten sind vor allem bei Vollzeit-Beschäftigten verbreitet, bei Männern deutlich mehr als bei Frauen. Auch Beschäftigte in befristeten Stellen haben häufig überlange Arbeitszeiten. Zwar steigt der Anteil überlange Arbeitender mit dem Einkommen an und betrifft vor allem qualifizierte Tätigkeiten. Aber überlange Arbeitszeiten sind auch bei Beschäftigten mir geringeren Einkommen verbreitet. Von langen Arbeitszeiten betroffen sind insbesondere Menschen in Bau- und Ausbauberufen, Gesundheitsberufen, im Handel, im sozialen und kulturellen Dienstleistungsbereich. Besonders hoch ist der Anteil bei den Verkehrs- und Logistikberufen und bei den Sicherheitsberufen. Das spricht dafür, dass vor allem bei Tätigkeiten, die häufig nicht tariflich geregelt sind oder sich nahe am Niedriglohnsektor befinden, überlange Arbeitszeiten die geringe Einkommenssituation ausgleichen sollen.

Der hohe Anteil unbezahlter Überstunden, die Kluft zwischen vertraglichen und tatsächlichen Arbeitszeiten und die hohe Zahl überlanger Arbeitszeiten sind zudem ein Indiz dafür, dass Arbeitszeiten der Beschäftigten oftmals nicht oder nicht vollständig erfasst werden. Hier hat sich die Rechtslage mit einer Entscheidung des Bundesarbeitsgerichts (BAG) vom 13. September 2022 (1 ABR 22/21) geändert. Dort heißt es: »Der Arbeitgeber ist nach § 3 Abs. 2 Nr. 1 Arbeitsschutzgesetz verpflichtet, ein System einzuführen, mit dem die von den Arbeitnehmern geleistete Arbeitszeit erfasst werden kann.« Das BAG ging über diese gesetzliche Regelung hinaus und wertete Zeiterfassung als eine Maßnahme des Arbeits- und Gesundheitsschutzes und stützte sich deshalb auf das Arbeitsschutzgesetz und nicht in erster Linie auf das Arbeitszeitgesetz. Der § 3 (»Grundpflichten des Arbeitgebers«) Abs. 2 Nr. 1 ArbSchG lautet: »Zur Planung und Durchführung der Maßnahmen nach Absatz 1 (gemeint sind die »erforderlichen Maßnahmen des Arbeitsschutzes«) hat der Arbeitgeber unter Berücksichtigung der Art der Tätigkeiten und der Zahl der Beschäftigten 1. für eine geeignete Organisation zu sorgen und die erforderlichen Mittel bereitzustellen«.

Das BAG bezog sich indirekt auch auf eine Entscheidung des Europäischen Gerichtshofs (EuGH, 14.5.2019 – C 55/18), das so genannte Stechuhr-Urteil. Demnach wird Zeiterfassung als Maßnahme des Arbeits- und Gesundheitsschutzes betrachtet und muss folglich die gesamte Tages- und Wochenarbeitszeit der Beschäftigten umfassen. Damit zog der BAG einen Schlussstrich unter die Debatte, die der EuGH in Deutschland ausgelöst hatte. Denn nach dem Wortlaut des Arbeitszeitgesetzes in seiner aktuellen Fassung § 16 Abs. 2 ist der Arbeitgeber lediglich verpflichtet, »die über die werktägliche Arbeitszeit ... hinausgehende Arbeitszeit der Arbeitnehmer aufzuzeichnen« und ggf. nachzuweisen. Nach dem EuGH-Urteil war klar, dass das Arbeitszeitgesetz in diesem entscheidenden Punkt geändert werden muss, auch wenn das den Arbeitgebern heftig gegen den Strich ging und geht. Die Ampel-Koalition hatte es damit allerdings nicht eilig. Zwar hatte schon 2019 Bundesarbeitsminister Hubertus Heil eine Anpassung angekündigt, aber in der Koalitionsvereinbarung heißt es lediglich und sehr unverbindlich: »Im Dialog mit den Sozialpartnern prüfen wir, welchen Anpassungsbedarf wir angesichts der Rechtsprechung des Europäischen Gerichtshofs zum Arbeitszeitrecht sehen.«

Ein Gutachten des gewerkschaftsnahen Hugo-Sinzheimer-Instituts (Daniel Ulber: Vorgaben des EuGH zur Arbeitszeiterfassung, Frankfurt/Main 2020), war jedenfalls zu der Auffassung gekommen, dass das Urteil jetzt schon Wirkung entfalte und dass das Arbeitszeitgesetz angepasst werden müsse. Im Vorwort heißt es: »Die zentrale Frage ist, ob das in Deutschland derzeit geltende Arbeitszeitrecht den vom EuGH gestellten Anforderungen an die Arbeitszeiterfassung genügt oder Handlungsbedarf besteht. Der Autor macht deutlich, dass das Urteil im deutschen Recht verbindlich gilt und bestätigt, dass die Bundesrepublik infolge der Entscheidung die öffentlichen wie privaten Arbeitgeber zur Einführung der täglichen Arbeitszeiterfassung für alle Beschäftigten verpflichten muss.« Dem ist nun offenbar auch das BAG gefolgt. Die Gewerkschaften begrüßten die BAG-Entscheidung, wie sie auch schon das EuGH-Urteil begrüßt hatten. Die IG Metall wertete die BAG-Entscheidung als Hilfe »im Kampf gegen Millionen unbezahlte Überstunden, die die Beschäftigten jedes Jahr in Deutschland leisten«.

Es verwundert dagegen nicht, dass die Arbeitgeber weder vom EuGH-Urteil noch von der BAG-Entscheidung begeistert waren. Die Bundesvereinigung der deutschen Arbeitgeberverbände (BDA) kritisierte das Urteil des BAG »überstürzt und nicht durchdacht«. Das Gericht überdehne mit seiner Entscheidung den Anwendungsbereich des Arbeitsschutzgesetzes deutlich, meinte BDA-Hauptgeschäftsführer Steffen Kampeter. »Damit werden Beschäftigte und Unternehmen ohne gesetzliche Konkretisierung überfordert. Diese Entscheidung darf nicht dazu führen, dass bewährte und von den Beschäftigten gewünschte Systeme der Vertrauensarbeitszeit in Frage gestellt werden.«

Micha Klapp, Leiterin der Abteilung Recht beim DGB-Bundesvorstand, widersprach dieser Auffassung[6] und betonte: »Vertrauensarbeitszeiten und Homeoffice sind weiter möglich. Klargestellt ist nun aber, dass der Arbeitgeber seiner Verpflichtung zum Arbeitsschutz auch in diesen Modellen nachkommen muss. Das heißt, er muss tätig werden, wenn Höchstarbeitszeiten überschritten werden oder Ruhezeiten nicht eingehalten werden.« Das BAG hatte ein Mitbestimmungsrecht zum »ob« einer Arbeitszeiterfassung verneint, weil ja der Arbeitgeber dazu gesetzlich verpflichtet sei. In der Frage des »ob« gibt es demnach für ihn keinen Entscheidungsspielraum. Zur Frage

---

6 Interview auf bund-verlag.de, s. https://www.bund-verlag.de/betriebsrat/aktuellesbr~BAG-Zeiterfassung-ist-Pflicht-Micha-Klapp-Interview~.html

Anhang

des »wie« bestehen aber durchaus ausfüllungsbedürftige Spielräume. Micha Klapp im Interview: »Anders zu bewerten ist die Frage, wie die Arbeitszeiterfassung konkret ausgestaltet wird – so lange es hier keine abschließenden Regelungen gibt, verbleibt Raum für Mitbestimmung.« Betriebsräte können also durchaus die Initiative ergreifen und ihre Beteiligungsrechte hinsichtlich der Modalitäten einer betrieblichen Regelung einfordern. Außerdem haben sie nach § 80 Abs. 1 Nr. 9 und Abs. 2 und 3 ein Überwachungsrecht, was die zugunsten der Beschäftigten geltenden gesetzlichen Verpflichtungen des Arbeitgebers betrifft.

7. Infrastrukturdaten

7.1 Personalstand und Tätigkeit der Aufsichtsbehörden und -dienste

»Viel zu wenig Kontrollen« titelte die Süddeutsche Zeitung am 13.6.2022 mit Blick auf die Tätigkeit der Landes-Arbeitsschutzbehörden – nicht ohne auf den Umstand zu verweisen, dass in manchen Bundesländern die Arbeitsbedingungen pro Betrieb »im Schnitt nur alle 100 Jahre überprüft« würden. Ähnliche Schlagzeilen waren auch schon in früheren Jahren zu lesen gewesen, und in Tat ist es nichts Neues, dass die Arbeitsschutzbehörden trotz umfangreicher und komplexer gewordener Vollzugsaufgaben immer weniger in der Lage sind, ihre Aufsichtsfunktion vor Ort zu erfüllen. Neu ist allerdings, dass es nunmehr eine gesetzliche »Elle« gibt, an der der Umfang der behördlichen Kontrolltätigkeit zu messen ist: Das seit dem 1.1.2021 geltende Arbeitsschutzkontrollgesetz schreibt den Ländern nämlich vor, spätestens ab 2026 eine Mindestbesichtigungsquote von jährlich 5 % aller Betriebe in ihrem jeweiligen Zuständigkeitsbereich zu gewährleisten.

Sicherlich war nicht davon auszugehen, dass die Länder nach Jahren rückläufiger Kontrolldichte von heute auf morgen würden radikal umsteuern können. Aber nennenswerte Schritte in die gewünschte Richtung hätte man durchaus erwarten müssen. Daten aus dem ersten Jahr der Gültigkeit des Arbeitsschutzkontrollgesetzes (wie auch die für den zitierten SZ-Artikel recherchierten Zahlen aus dem ersten Halbjahr 2022) wirken diesbezüglich eher ernüchternd: Bundesweit hat sich der Anteil der besichtigten an allen Betrieben gegenüber 2020 praktisch nicht verändert und liegt mit 2,5 % deutlich unterhalb der gesetzlich fixierten Zielgröße. In den meisten Bundesländern wies die Besichtigungsquote eine im Vergleich zum Vorjahr stagnative oder sogar leicht rückläufige Tendenz auf, lediglich in Bremen und Thüringen (und mit Einschränkungen Nordrhein-Westfalen, Sachsen-Anhalt und Schleswig-Holstein) deutete sich eine positive Entwicklung an. Inzwischen bewegen sich nurmehr zwei Länder oberhalb der 5 %-Marke (Bremen und Sachsen-Anhalt), während dies eine Dekade zuvor noch auf acht Länder zutraf (Abb. 49).

Daten, Schwerpunkte, Trends

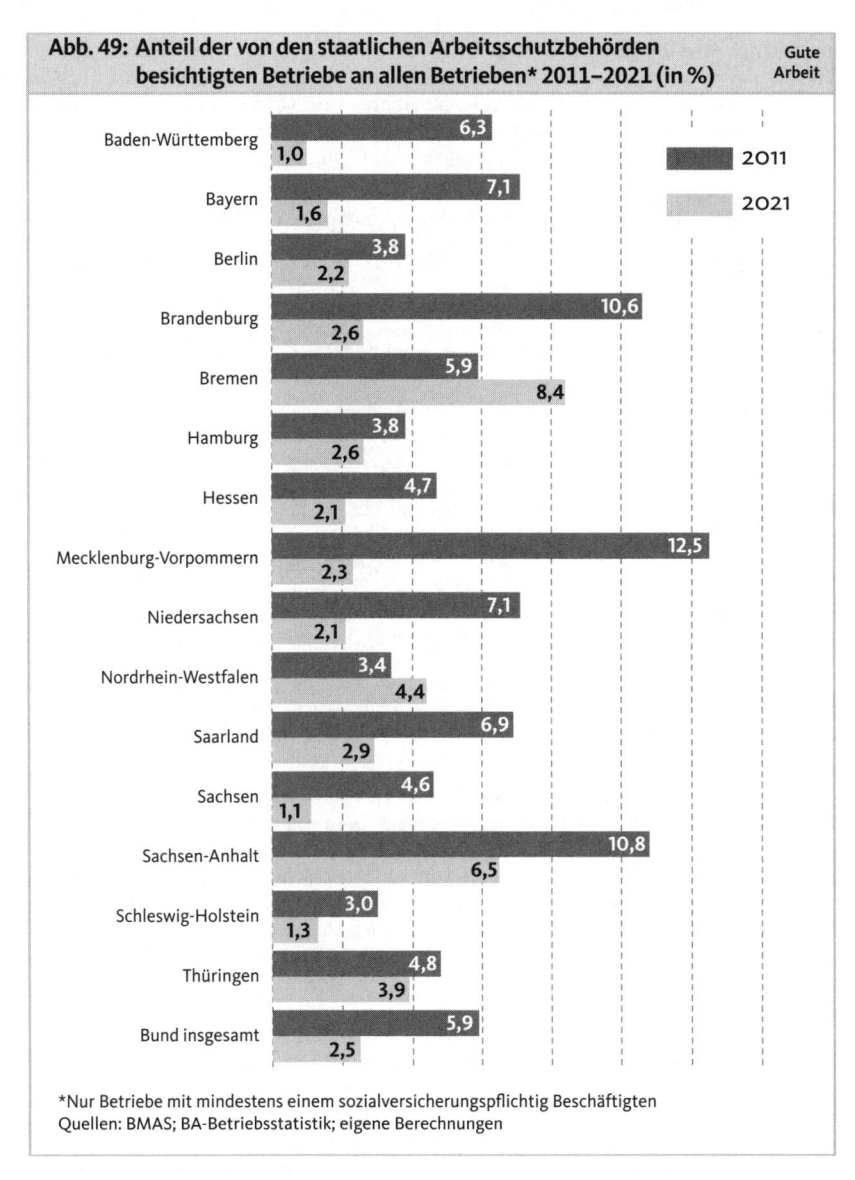

Abb. 49: Anteil der von den staatlichen Arbeitsschutzbehörden besichtigten Betriebe an allen Betrieben* 2011–2021 (in %) — Gute Arbeit

Bundesland	2011	2021
Baden-Württemberg	6,3	1,0
Bayern	7,1	1,6
Berlin	3,8	2,2
Brandenburg	10,6	2,6
Bremen	5,9	8,4
Hamburg	3,8	2,6
Hessen	4,7	2,1
Mecklenburg-Vorpommern	12,5	2,3
Niedersachsen	7,1	2,1
Nordrhein-Westfalen	3,4	4,4
Saarland	6,9	2,9
Sachsen	4,6	1,1
Sachsen-Anhalt	10,8	6,5
Schleswig-Holstein	3,0	1,3
Thüringen	4,8	3,9
Bund insgesamt	5,9	2,5

*Nur Betriebe mit mindestens einem sozialversicherungspflichtig Beschäftigten
Quellen: BMAS; BA-Betriebsstatistik; eigene Berechnungen

Das zentrale Hemmnis bei der Erfüllung ihrer Überwachungsaufgaben sind sicherlich die unzureichenden Personalkapazitäten der Arbeitsschutzbehörden. Von dem um die Mitte der 2000er Jahre besonders intensiv betriebenen und bis 2013 reichenden Personalabbau hat sich die Aufsicht bis heute nicht substanziell erholt. Einen mehr als nur geringfügigen Zuwachs an Aufsichtsbeamt:innen insgesamt (+127/+4,2 %) gab es

Anhang

nach Jahren der Stagnation eigentlich erst 2020, wobei zwei Drittel dieses Anstiegs allein aufs Konto von Baden-Württemberg gingen, das ein – zumindest erstaunlich zu nennendes – Plus von 14 % innerhalb eines Jahres vermeldete. 2021 war es mit dem Aufwärtstrend auch schon wieder vorbei, bundesweit verzeichnete die Statistik kaum mehr Aufsichtsbeamt:innen als im Jahr davor (Abb. 50).

Abb. 50: Zahl der Aufsichtsbeamt:innen insgesamt 2011–2021										Gute Arbeit
	2011	2014	2015	2016	2017	2018	2019	2020	2021	2011-21
Baden-Württemberg	579	512	534	544	535	547	566	647	667	+15,2 %
Bayern	384	325	374	360	332	330	325	316	332	-13,5 %
Berlin	95	105	98	102	102	92	102	113	106	+11,6 %
Brandenburg	129	92	88	78	81	80	80	78	64	-50,4 %
Bremen	25	34	33	32	31	31	25	27	27	+8,0 %
Hamburg	62	66	63	61	60	62	61	57	62	±0,0 %
Hessen	132	243	237	234	229	258	259	280	290	+120,0 %
Mecklenburg-Vorpommern	82	87	86	84	73	70	74	75	71	-13,4 %
Niedersachsen[1]	474	436	443	449	462	455	462	447	458	-3,4 %
Nordrhein-Westfalen	451	466	495	507	519	541	534	567	555	+23,1 %
Rheinland-Pfalz	192	169	169	172	173	126	164	164	163	-15,1 %
Saarland	28	25	29	29	28	28	25	27	24	-14,3 %
Sachsen	154	144	126	124	121	122	127	135	128	-16,9 %
Sachsen-Anhalt	108	104	98	93	86	86	89	87	86	-20,4 %
Schleswig-Holstein	30	52	52	54	53	55	56	56	56	+86,7 %
Thüringen	129	73	73	71	77	74	66	66	62	-51,9 %
Insgesamt	3054	2933	2998	2994	2962	2957	3015	3142	3151	+3,2 %

[1] Zahlen ab 2014 wegen überhöhter Angaben im SuGA aus den Jahresberichten der niedersächsischen Gewerbeaufsicht entnommen. Quelle: SuGA, verschiedene Jahrgänge; eigene Berechnungen

Hinzu kommt, dass die 16 Länder, was die Entwicklung ihrer Aufsichtskapazitäten betrifft, ein höchst unterschiedliches Bild abgeben. Während die Statistiken einiger Länder wie Hessen, Schleswig-Holstein, Nordrhein-Westfalen oder Baden-Württemberg für den Zeitraum 2011–2021 beachtliche (wenn auch nicht immer völlig plausible) Steigerungen ausweisen, stehen z. B. Thüringen, Brandenburg oder Sachsen-Anhalt heute erheblich schlechter da als vor zehn Jahren. Auch die jüngste Entwicklung im Jahr 2021 fiel in einigen Ländern noch einmal deutlich negativ aus, etwa in Brandenburg (-17,9 % gegenüber 2020), im Saarland (-11,1 %), in Berlin (-6,2 %) oder in Thüringen (-6,1 %) (Abb. 50).

Die Problematik knapper Personalkapazitäten in den Aufsichtsbehörden wird zusätzlich dadurch verschärft, dass diese außer für die Überwachung des Arbeitsschutzes zunehmend auch für Aufgaben in anderen Bereichen, etwa dem Immissionsschutz oder der Produktsicherheit, zuständig sind. Dem Bericht der Bundesregierung zu Sicherheit und Gesundheit bei der Arbeit (SuGA) zufolge waren bundesweit zuletzt noch nicht einmal 1900 Aufsichtsbeamt:innen mit der Einhaltung von Arbeitsschutzvorschriften im engeren Sinne befasst, rund 40 % der vorhandenen Aufsichtskapazitäten entfallen also auf Aktivitäten in Rechtsgebieten außerhalb des Arbeitsschutzes. In einzelnen Ländern kann dieser Anteil durchaus noch höher liegen, so in Rheinland-Pfalz (knapp 60 %) oder Bayern (knapp 50 %) (Abb. 51).

Daten, Schwerpunkte, Trends

Abb. 51: Anteil der Aufsichtsbeamt:innen mit Arbeitsschutzaufgaben an allen Aufsichtsbeamt:innen (in %) 2014–2021
Gute Arbeit

	2014	2015	2016	2017	2018	2019	2020	2021	2014-21
Baden-Württemberg[1]	-	-	-	-	-	-	-	-	-
Bayern[2]	-	-	-	52,7	52,7	52,0	50,3	51,5	-
Berlin	63,8	66,3	66,7	65,7	64,1	59,8	58,4	61,3	-3,9 %
Brandenburg	69,6	65,9	67,9	69,1	66,3	67,5	70,5	75,0	+7,8 %
Bremen	47,1	48,5	53,1	51,6	54,8	52,0	59,3	55,6	+18,0 %
Hamburg	87,9	87,3	86,9	85,0	87,1	80,3	77,2	77,4	-11,9 %
Hessen	61,3	63,7	64,1	61,6	52,7	56,4	58,2	54,5	-11,1 %
Mecklenburg-Vorpommern	58,6	62,8	61,9	64,4	64,3	64,9	66,7	67,6	+15,4 %
Niedersachsen[3]	44,5	51,7	51,0	49,6	50.3	49,6	51,9	49,1	+10,3 %
Nordrhein-Westfalen	64,6	60,4	61,1	60,9	60,4	60,9	60,7	62,2	-3,7 %
Rheinland-Pfalz	30,2	30,2	41,9	41,0	42,0	41,5	40,2	40,5	+34,1 %
Saarland	64,0	62,1	62,1	64,3	67,9	72,0	66,7	70,8	+10,6 %
Sachsen	85,4	87,3	86,3	85,1	82,8	84,3	85,2	78,9	-7,6 %
Sachsen-Anhalt	68,3	61,2	61,3	61,6	60,5	60,7	74,7	75,6	+10,7 %
Schleswig-Holstein	94,2	92,3	88,9	94,3	96,4	96,4	98,2	96,4	+2,3 %
Thüringen	86,3	87,7	88,7	80,5	66,2	68,2	65,2	69,4	-19,6 %
Insgesamt (ohne Baden-Württemberg)	-	-	-	60,0	59,6	58,8	59,8	59,1	-
Insgesamt (ohne Baden-Württemberg, Bayern)	60,7	61,1	62,1	61,1	60,7	59,8	61,1	60,3	-0,7 %

[1] Unberücksichtigt, da Zahlen der Aufsichtsbeamt:innen mit Arbeitsschutzaufgaben bis 2020 gar nicht und 2021 in unplausibler Höhe gemeldet wurden. [2] Bis einschl. 2016 keine Angaben über die Zahl der Aufsichtsbeamt:innen mit Arbeitsschutzaufgaben verfügbar. [3] Zahlen der Aufsichtsbeamt:innen insgesamt wegen überhöhter Angaben im SuGA aus den Jahresberichten der niedersächsischen Gewerbeaufsicht entnommen. Quelle: SuGA, versch. Jahrg.; eigene Berechnungen

Dass die arbeitsschutzbezogene Kontrolltätigkeit vor Ort erheblich nachgelassen hat, erscheint vor dem Hintergrund des zuvor Gesagten geradezu zwangsläufig. Die Zahl der von den Aufsichtsbeamt:innen jährlich besichtigten Betriebe ist im Zeitraum 2011–2021 von rund 123 000 auf knapp 55 000 (-56%), die der dort durchgeführten Besichtigungen von ca. 168 000 auf knapp 73 000 (-57%) gesunken. Einen besonders starken Einbruch (-16% bzw. -19%) gab es im ersten Pandemiejahr 2020, als infektionsschutzrechtliche Maßgaben und Lockdowns den Zugang zu Betrieben erheblich erschwerten. Auch 2021 blieben die Rahmenbedingungen für das Aufsichtshandeln aufgrund der Pandemie schwierig: Zwar stiegen die Zahl der aufgesuchten Betriebe und die der durchgeführten Besichtigungen leicht – um 5,4% bzw. 3,2% – an, das Vor-Corona-Niveau wurde jedoch nicht annähernd wieder erreicht (Abb. 52). Allerdings nahm die Entwicklung zuletzt einen regional höchst unterschiedlichen Verlauf: Während einige Länder (insbesondere Thüringen, Schleswig-Holstein, Bremen und Nordrhein-Westfalen) ihre Besichtigungstätigkeit trotz anhaltender Pandemie deutlich intensivierten, verzeichneten andere (wie etwa Baden-Württemberg, Hamburg, Sachsen oder Rheinland-Pfalz) zum Teil drastische Rückgänge.

Anhang

Abb. 52: Besichtigungstätigkeit der Arbeitsschutzbehörden der Länder 2011–2021

Gute Arbeit

Besichtigte Betriebe: 2011: 123.252; 2019: 61.864; 2020: 51.962; 2021: 54.774
Durchgeführte Besichtigungen*: 2011: 167.546; 2019: 86.435; 2020: 70.487; 2021: 72.753

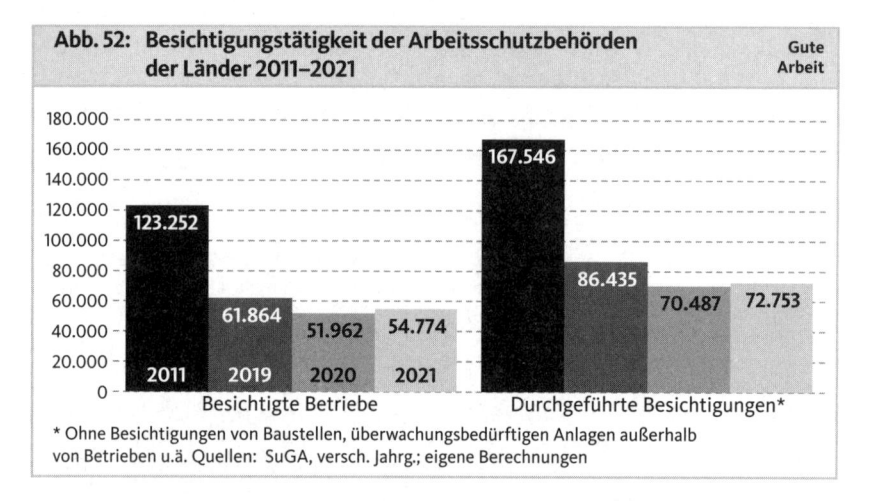

* Ohne Besichtigungen von Baustellen, überwachungsbedürftigen Anlagen außerhalb von Betrieben u.ä. Quellen: SuGA, versch. Jahrg.; eigene Berechnungen

Eine Stärkung staatlichen Aufsichtshandelns ist auch deshalb wichtig, weil die gravierenden Lücken, die sich hier inzwischen auftun, nicht einfach von den Unfallversicherungsträgern (UVT) kompensiert werden können. Diese bilden zwar die »zweite Säule« des institutionellen Arbeitsschutzes in Deutschland, haben aber ein teilweise anders geartetes Aufgabenprofil als die staatlichen Behörden und weisen zudem selbst eine rückläufige Personalausstattung sowie eine (wenn auch im Vergleich zu den Landes-Arbeitsschutzverwaltungen weniger stark) abnehmende Besichtigungstätigkeit auf: zwischen 2011 und 2021 reduzierte sich hier die Zahl der Aufsichtspersonen um 11,6 %, die Zahl der besichtigten Unternehmen um 32,5 % und die Zahl der durchgeführten Besichtigungen um 23,5 % (Abb. 53).

Abb. 53: Aufsichtspersonal und Besichtigungstätigkeit der Unfallversicherungsträger* 2011–2021

Gute Arbeit

Aufsichtspersonen**: 2011: 2.552; 2019: 2.247; 2020: 2.255; 2021: 2.299
Besichtigte Unternehmen: 2011: 261.675; 2019: 261.675; 2020: 166.595; 2021: 176.658
Durchgef. Besichtigungen: 2011: 519.966; 2019: 473.285; 2020: 338.137; 2021: 398.003

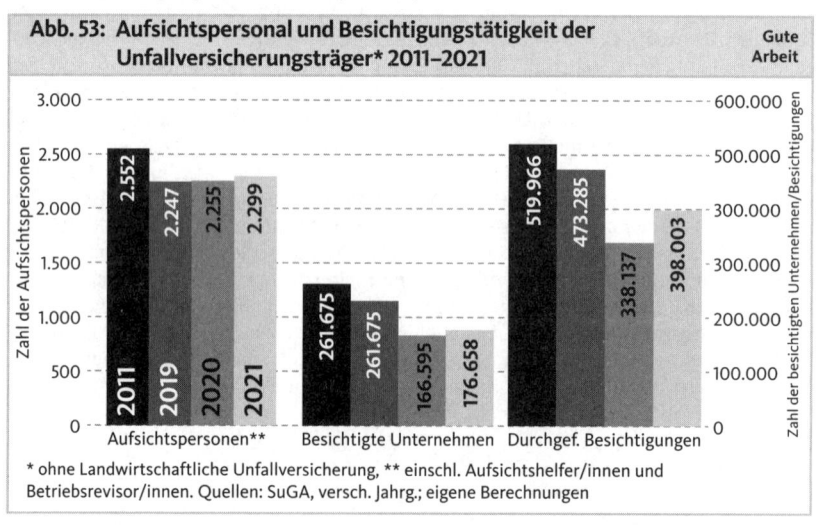

* ohne Landwirtschaftliche Unfallversicherung, ** einschl. Aufsichtshelfer/innen und Betriebsrevisor/innen. Quellen: SuGA, versch. Jahrg.; eigene Berechnungen

An einer substanziellen Stärkung der staatlichen Aufsicht führt also kein Weg vorbei, wenn an dem Anspruch einer effektiven Durchsetzung von Arbeitsschutzvorschriften in den Betrieben festgehalten werden soll. Dazu bedarf es auf jeden Fall eines deutlichen und nachhaltigen Personalzuwachses. Die notwendige Verbesserung der staatlichen Aufsichtspraxis hat indessen nicht nur einen quantitativen, sondern auch einen qualitativen Aspekt, zu dem u.a. die Schärfung, Vereinheitlichung und konsequente Umsetzung der Kriterien für die Auswahl zu besichtigender Betriebe sowie für die Besichtigungsdurchführung zählen. Es ist zu hoffen, dass dies den Ländern künftig besser gelingt als in der Vergangenheit, denn bisherige Versuche in dieser Richtung waren nicht sonderlich erfolgreich.

7.2 Zum Entwicklungsstand des betrieblichen Arbeitsschutzes

Die Krisen der vergangenen Jahre haben den staatlichen und betrieblichen Arbeitsschutz in einer Situation angetroffen, in der er – ohnehin seit Jahren defizitär – den sich verschärfenden Problemen nicht ausreichend gewachsen war. Allein die nach wie vor bedenkliche Entwicklung der Personalsituation der Aufsichtsbehörden der Länder, wie im vorherigen Abschnitt dargestellt, belegt das nachdrücklich. Während in den bisherigen Krisenjahren 2020 bis 2022 die Probleme des Arbeitsschutzsystems deutlicher hervorgetreten sind, hat sich die Datenlage, die zur genaueren Beurteilung dieser Entwicklung eigentlich benötigt würde, mit den jähen Veränderungen vorerst nicht Schritt gehalten. Gerade über die genannten drei Krisenjahren liegen bisher nur wenige belastbare Daten vor (s. Kasten).

> Die bisher letzte große BIBB-BAuA-Erwerbstätigenbefragung hat 2018 stattgefunden; die nächste ist für 2023/24 geplant. Derzeit liegen auch immer noch nur die Ergebnisse der beiden GDA-Betriebsbefragungen von 2011 und 2015 vor. Immerhin hat die BAuA zusammen mit dem IAB während der Jahre der Pandemie mehrere Befragungswellen in Betrieben organisiert und Daten von SOEP-Sonderbefragungen ausgewertet, die sich unter anderem auf Fragen des Arbeitsschutzes beziehen. Die Ergebnisse wurden in einer Reihe BAuA-Publikationen veröffentlicht und werden hier berücksichtigt (BAuA-kompakt, BAuA-Fokus, verschiedene Ausgaben). Die Ergebnisse der beiden Betriebsbefragungen der GDA 2011 und 2015 wurden zusammen mit weiteren Daten 2019 veröffentlicht. Neuere Ergebnisse liegen bisher nicht vor.
>
> Seit fast 20 Jahren organisiert das WSI Befragungen von Betriebs- und Personalräten zur Situation in den Betrieben und Verwaltungen mit unterschiedlichen Themenschwerpunkten. Die aktuelle Befragung hat in der zweiten Jahreshälfte 2021 stattgefunden. Erste Ergebnisse liegen vor. Daneben hat die Hans-Böckler-Stiftung Erwerbspersonen in Betrieben zu ihrer Arbeitssituation befragt. Aktuelle Ergebnisse der Befragungswelle vom Frühjahr 2020 wurden im WSI-Pressedienst vom 27.5.2022 vorgelegt und in diesem Datenanhang berücksichtigt.
>
> Die in diesem Datenanhang ausführlicher vorgestellten Befunde des DGB-Index Gute Arbeit beruhen auf Daten, die im ersten Halbjahr 2021 erhoben wurden und geben Aufschluss über die krisenhafte Zuspitzung in den Betrieben und öffentlichen Verwaltungen seit Beginn der Pandemie. Insgesamt ermöglichen alle diese Daten in der Gesamtschau einen Einblick in die Veränderungen, die die Pandemie

Anhang

seit Anfang 2020 für die Beschäftigten in den Betrieben mit sich brachte. Es liegt aber auf der Hand, dass die dramatische soziale Zuspitzung des Jahres 2022 in diesen Daten noch nicht erfasst werden kann.

Ein zuverlässiger Indikator zum Zustand des betrieblichen Arbeitsschutzes ist der Stand der Gefährdungsbeurteilungen nach dem Arbeitsschutzgesetz. Die Gefährdungsbeurteilung bildet sozusagen den permanenten Problemfall des betrieblichen Arbeitsschutzes. Und auch wenn sich der diesbezügliche Stand in den 2010er Jahren leicht verbessert hat, hat nach wie vor ein großer Teil aller Betriebe, vor allem der mittleren und kleineren Betriebe – nach eigenen Angaben – keine Gefährdungsbeurteilung vorzuweisen.

Nach den beiden – nun allerdings schon etwas älteren – GDA-Betriebs- und Beschäftigtenbefragungen (2011 und 2015; siehe www.gda-portal.de/de/Ueber-die-GDA/Evaluation/Evaluation) wird diese seit 1996 bestehende gesetzliche Verpflichtung auch Jahrzehnte nach Inkrafttreten des Arbeitsschutzgesetzes nur in rund der Hälfte der Betriebe erfüllt, wobei sich offenbar keine substanzielle Verbesserung eingestellt hat. Umsetzungslücken gibt es vor allem im kleinbetrieblichen Bereich (< 50 Beschäftigte), während in Mittel- und Großbetrieben die Implementation inzwischen weiter fortgeschritten scheint – zumindest quantitativ betrachtet (Abb. 54).

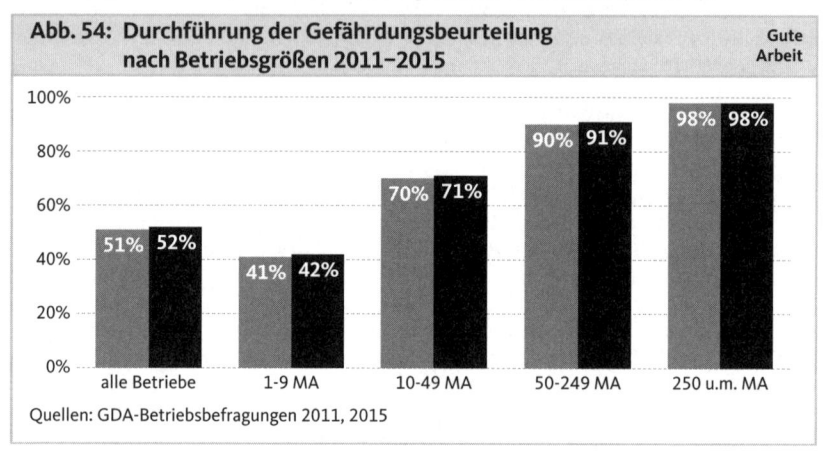

Abb. 54: Durchführung der Gefährdungsbeurteilung nach Betriebsgrößen 2011–2015

Betriebsgröße	2011	2015
alle Betriebe	51%	52%
1-9 MA	41%	42%
10-49 MA	70%	71%
50-249 MA	90%	91%
250 u.m. MA	98%	98%

Quellen: GDA-Betriebsbefragungen 2011, 2015

Die beiden genannten GDA-Befragungswellen sind allerdings auch der Frage genauer nachgegangen, welche Konsequenzen denn aus der eigentlichen Beurteilung der Gefährdungen folgten. Hier ergibt sich dann sogleich ein deutlich ernüchterndes Bild (Abb. 55). Auch wenn insgesamt etwa die Hälfte der Betriebe nach eigenen Angaben eine Gefährdungsbeurteilung gemacht hat, hat nur eine Minderheit daraus praktische Konsequenzen gezogen. Damit wird der eigentliche Zweck der Gefährdungsbeurteilung zum erheblichen Teil verfehlt.

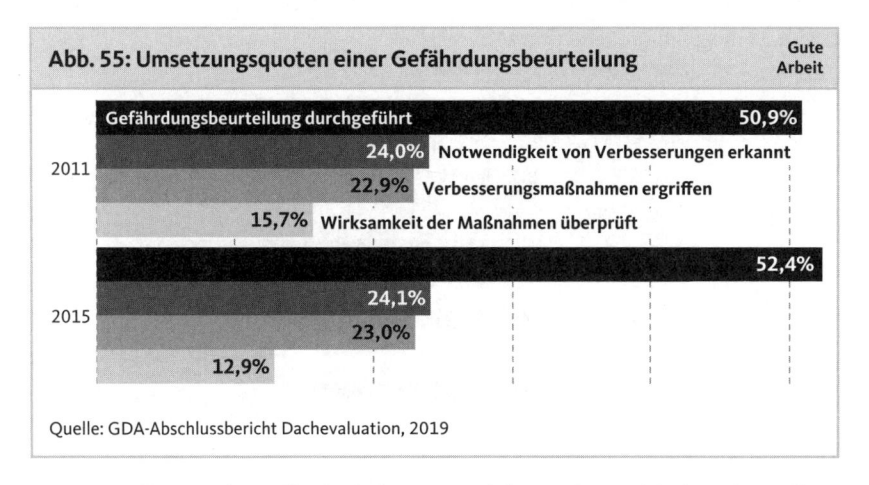

Abb. 55: Umsetzungsquoten einer Gefährdungsbeurteilung — Gute Arbeit

2011
- Gefährdungsbeurteilung durchgeführt: 50,9 %
- Notwendigkeit von Verbesserungen erkannt: 24,0 %
- Verbesserungsmaßnahmen ergriffen: 22,9 %
- Wirksamkeit der Maßnahmen überprüft: 15,7 %

2015
- Gefährdungsbeurteilung durchgeführt: 52,4 %
- Notwendigkeit von Verbesserungen erkannt: 24,1 %
- Verbesserungsmaßnahmen ergriffen: 23,0 %
- Wirksamkeit der Maßnahmen überprüft: 12,9 %

Quelle: GDA-Abschlussbericht Dachevaluation, 2019

Insgesamt gibt etwa die Hälfte der befragten Betriebe an, eine Gefährdungsbeurteilung gemacht zu haben. Das ist für sich genommen bereits ein bedenklich niedriger Wert. Aber nur 13 % aller befragten Betriebe haben – nach eigenen Angaben – überprüft, ob beschlossene und auch umgesetzte Verbesserungsmaßnahmen wirksam geworden sind. Das liegt auch daran, dass nur 46 % der Betriebe, die eine Gefährdungsbeurteilung gemacht haben, überhaupt einen Verbesserungsbedarf festgestellt haben. 54 % haben mit anderen Worten bei der Gefährdungsbeurteilung alles ok gefunden und es bei dieser Einschätzung belassen. Gemessen an der Gesamtzahl der befragten Betriebe haben dann lediglich 24,1 % Verbesserungsmaßnahmen als notwendig erachtet (nach den Zahlen von 2015). Von diesen Betrieben haben dann nach eigenen Angaben wiederum 95 % auch Maßnahmen ergriffen. Das sind 23 % aller befragten Betriebe. Den Weg von der Erhebung und Beurteilung der Gesundheitsrisiken am Arbeitsplatz zu Verbesserungsmaßnahmen findet also noch nicht einmal ein Viertel aller Befragten. Von denjenigen, die Maßnahmen ergriffen haben, haben wiederum nur etwas mehr als die Hälfte, nämlich 56,3 % überprüft, ob diese Maßnahmen auch wirksam gewesen sind. Und das sind dann exakt die 13 % der Gesamtheit der befragten Betriebe. Ein ernüchterndes Ergebnis.

Einen – was die Häufigkeit von Gefährdungsbeurteilungen betrifft – etwas positiveren Befund lieferte eine neuere Erhebung von Mitte 2021. Hier wurden nämlich 2000 Geschäftsführungen von Betrieben zum Infektionsschutz in ihren Betrieben befragt (BAuA-Kompakt November 2021). Danach hatten insgesamt 62 % aller Betriebe die Maßnahmen zum Infektionsschutz auf der Grundlage einer Gefährdungsbeurteilung getroffen. Bei den Kleinbetrieben unter 10 Beschäftigten sagten das allerdings nur 54 %, bei den Betrieben zwischen 10 und 49 Beschäftigten 74 %, bei den größeren Betrieben über 50 Beschäftigte sogar 86 % (Abb. 56).

Anhang

Abb. 56: Regelungsebenen der Maßnahmen nach Betriebsgröße (Anteile in %) — Gute Arbeit

Vereinbarungen zwischen Führungskräften und Beschäftigten:
- Alle: 67
- 1–9 Beschäftigte: 68
- 10–49 Beschäftigte: 67
- 50+ Beschäftigte: 59

Gefährdungsbeurteilungen nach ArbSchG:
- Alle: 62
- 1–9 Beschäftigte: 54
- 10–49 Beschäftigte: 74
- 50+ Beschäftigte: 86

Dienst- und Betriebsbesprechungen:
- Alle: 80
- 1–9 Beschäftigte: 79
- 10–49 Beschäftigte: 85

Arbeitsschutzausschuss:
- Alle: 55
- 50+ Beschäftigte: 68

Betriebs- und Dienstvereinbarungen:
- Alle: 50
- 50+ Beschäftigte: 55

Quelle: BAuA-Kompakt November 2021

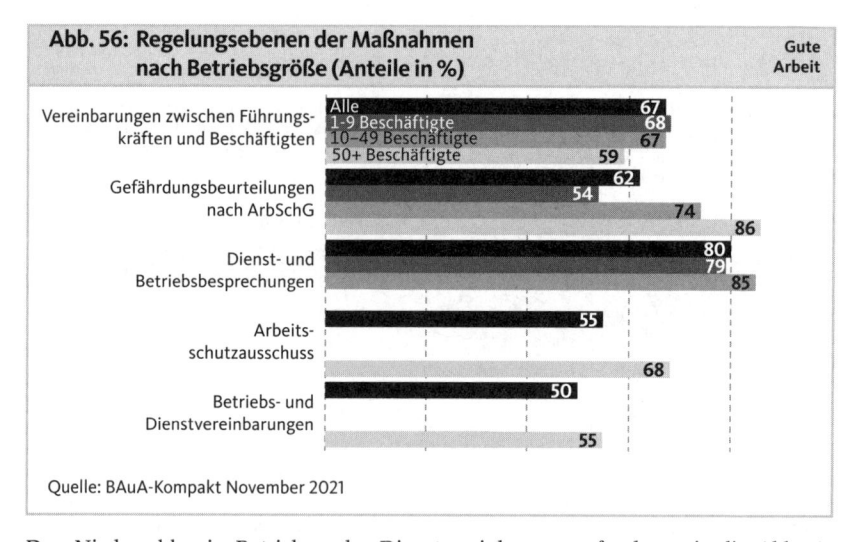

Den Niederschlag in Betriebs- oder Dienstvereinbarungen fanden, wie die Abb. 56 zeigt, diese Absprachen allerdings insgesamt nur in 50 % aller Betriebe. Kleinbetriebe werden hier gar nicht aufgeführt, in Betrieben über 20 Beschäftigte waren es 46 %, in Betrieben mit mehr als 50 Beschäftigten 55 %. Für die kleinen (> 10 Beschäftigte) und mittleren (10–49 Beschäftigte) Betriebe gaben die Geschäftsleitungen an, die Maßnahmen seien über (auch mündliche) »Vereinbarungen zwischen Führungskräften und Beschäftigten« getroffen worden, welcher Art diese auch gewesen sein mögen. Ergänzend erscheint es logisch, dass große Anteile der befragten kleinen und mittleren Betriebe ihre Maßnahmen über »Besprechungen« festlegten. Diese Rubrik fehlte den größeren Betrieben 50+; hier überwogen die Betriebs- und Dienstvereinbarungen. Allerdings ist eine Quote von nur 55 % Vereinbarungen auch bei den größeren Betrieben über 50 Beschäftigte durchaus nicht positiv. Die hier genannten »Gefährdungsbeurteilungen« haben sich nur in maximal der Hälfte der Fälle auch in schriftlichen Festlegungen niedergeschlagen. Eher bedenklich scheint auch der Hinweis, dass der Arbeitsschutzausschuss nach § 11 Arbeitssicherheitsgesetz nur in insgesamt 55 % aller Betriebe über 20 Beschäftigte in Aktion getreten ist.

Weitere Befragungen von BAuA und IAB aus dem Jahr 2020 bestätigen das gewonnene Bild. Bei der zweiten Befragungswelle unter 1556 Betrieben (BAuA-Kompakt, Oktober 2020) zeigte sich, dass die Entscheidung über Maßnahmen des Infektionsschutzes in der Hauptsache »Chefsache« war. Bei 44 % der Betriebe wurden die Fachkräfte für Arbeitssicherheit oder die Betriebsärzte hinzugezogen, 18 % der Betriebe griffen auf externe Beratung zurück. Und nur in ganzen 15 % wurden die »Arbeitnehmervertretungen« eingebunden, wie es in der genannten Quelle heißt.

Es muss befürchtet werden, dass sich die Situation seither nicht durchgreifend verändert hat, zumal das Aufsichtshandeln, wie gezeigt, ja auch nicht besser geworden ist. Manche Erhebungen werten die Lage sogar noch pessimistischer. Den Ergebnissen der Betriebsrätebefragung des WSI von 2016 (WSI-Report 40, 2018) zufolge führen bisher 76 % der Betriebe die gesetzlich vorgeschriebene Gefährdungsbeurteilung nicht wie vorgesehen durch. Basis ist eine Umfrage unter mehr als 2000 Betriebsräten.

Daten, Schwerpunkte, Trends

Einen einigermaßen aktuellen Aufschluss über den Stand der Gefährdungsbeurteilung in den Betrieben geben die Daten des DGB-Index Gute Arbeit. In der Erhebung des ersten Halbjahres 2021 wurde danach gefragt, ob es zur Umsetzung der damaligen Corona-Arbeitsschutzverordnung eine Gefährdungsbeurteilung zur Ermittlung und ggf. Aktualisierung der erforderlichen Infektionsschutzmaßnahmen in den Betrieben gegeben habe. Die SARS-CoV-2-Arbeitsschutzverordnung war im Januar 2021 in Kraft getreten und lief im Frühjahr 2022 in ihrer damaligen Form aus. In ihrem § 2 hatte die Verordnung eine solche Gefährdungsbeurteilung verbindlich vorgeschrieben. Sie enthielt die Verpflichtung der Arbeitgeber, »die Gefährdungsbeurteilung hinsichtlich erforderlicher zusätzlicher Maßnahmen des Infektionsschutzes zu überprüfen und zu aktualisieren«. Obwohl die rechtlichen Vorgaben des Arbeitsschutzes hinsichtlich des Corona-Infektionsrisikos damit präzisiert wurden, gab es bei der betrieblichen Umsetzung offenbar Defizite. Lediglich 42 % der Beschäftigten berichteten, dass für ihren Arbeitsplatz eine entsprechende Gefährdungsbeurteilung durchgeführt wurde (Abb. 57). Bei 37 % war dies nicht der Fall, 21 % wussten nicht, ob es eine solche Gefährdungsbeurteilung gegeben hat.

Abb. 57: Gefährdungsbeurteilung zum betrieblichen Infektionsrisiko

»Gab es aufgrund der Corona-Pandemie eine Gefährdungsbeurteilung zur Ansteckungsgefahr an Ihrem Arbeitsplatz?«

- Weiß nicht: 21 %
- Ja: 42 %
- Nein: 37 %

Quelle: DGB-Index Gute Arbeit, Report 2021

Defizite in der Durchführung der Gefährdungsbeurteilung zeigen sich in den GDA-Evaluationen aber auch in qualitativer Hinsicht. Psychische Belastungen werden trotz ihrer deutlich gestiegenen Relevanz in sehr viel geringerem Umfang (zu 41 %) von Gefährdungsbeurteilungen aufgegriffen als die traditionell im Mittelpunkt des Arbeitsschutzes stehenden Belastungen und Gefährdungen durch Arbeitsumgebung (73 %), körperlich schwere Arbeit (67 %) und Maschinen/Arbeitsgeräte (70 %) (Abb. 58). Selbst von den Großbetrieben mit 250 und mehr Beschäftigten geben 30 % an, psychische Belastungen bei der Gefährdungsbeurteilung außen vor zu lassen.

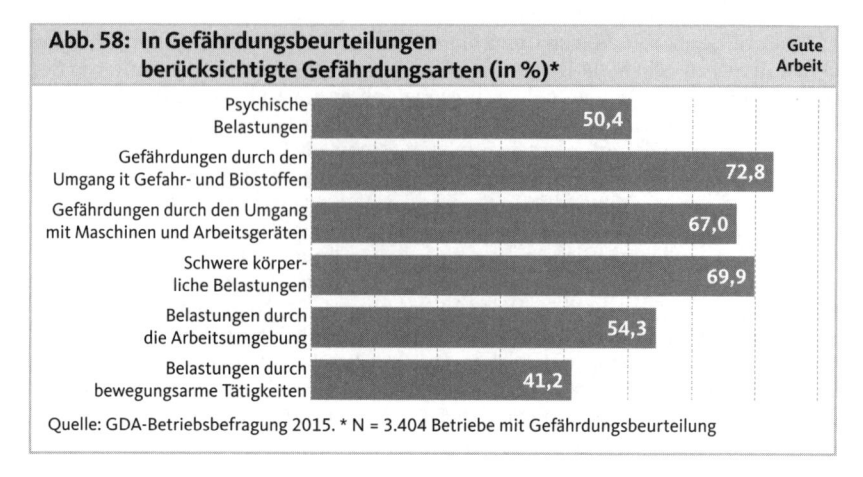

Anhang

Abb. 58: In Gefährdungsbeurteilungen berücksichtigte Gefährdungsarten (in %)* *Gute Arbeit*

- Psychische Belastungen: 50,4
- Gefährdungen durch den Umgang it Gefahr- und Biostoffen: 72,8
- Gefährdungen durch den Umgang mit Maschinen und Arbeitsgeräten: 67,0
- Schwere körperliche Belastungen: 69,9
- Belastungen durch die Arbeitsumgebung: 54,3
- Belastungen durch bewegungsarme Tätigkeiten: 41,2

Quelle: GDA-Betriebsbefragung 2015. * N = 3.404 Betriebe mit Gefährdungsbeurteilung

Insgesamt lautet der Befund, dass dort, wo Gefährdungsbeurteilungen gemacht werden, die »klassischen« Felder des Arbeitsschutzes im Vordergrund stehen. Nur in einer Minderheit der Fälle – und von 2011 bis 2015 sogar mit rückläufiger Tendenz – werden z. B. die Arbeitszeitgestaltung und die sozialen Beziehungen im Betrieb untersucht, wie eine BAuA-Analyse der GDA-Evaluationen auch schon vor Ausbruch der Pandemie gezeigt hat (Abb. 59).[7] In der genaueren Analyse zeigte sich, dass in Produktionsbetrieben sehr viel häufiger Gefährdungen durch Maschinen, schwere körperliche Belastungen, Arbeitsumgebungsfaktoren durch Gefahr- und Biostoffe untersucht wurden, während in Dienstleistungsbetrieben eher psychische Belastungen und Belastungen durch bewegungsarme Tätigkeiten im Mittelpunkt standen.

Abb. 59: In Gefährdungsbeurteilungen überprüfte Themen (in %, Mehrfachnennungen) *Gute Arbeit*

	2011	2015
Arbeitsplatzgestaltung	88,7	88,4
Arbeitsumgebung	89,1	90,9
Arbeitsmittel	94,7	91,4
Arbeitszeitgestaltung	48,4	47,4
Umgang mit schwierigen Personengruppen	38,6	
Arbeitsorganisation	55,5	
Arbeitsabläufe und Arbeitsverfahren	75,5	
Soziale Beziehungen	44,4	35,2

Quelle: BAuA 2018

Insgesamt sind schon lange bekannte und – gerade auch von den Gewerkschaften kritisierte – Defizite und Mängel des Arbeitsschutzsystems in der Pandemie noch deutlicher offengelegt und sogar weiter verschärft worden. Gewerkschaftliche Initiativen haben dazu beigetragen, diese Defizite abzumildern. Aber das Problem ist geblieben. Das belegen auch mehrere Betriebsbefragungen, deren Ergebnisse die Bundesanstalt für

---

7 Sommer/R. Kerschek/U. Lenhardt: Gefährdungsbeurteilung in der betrieblichen Praxis: Ergebnisse der GDA-Betriebsbefragungen 2011 und 2015, BAuA, Dortmund 2018.

Arbeitsschutz und Arbeitsmedizin (BAuA) in den Jahren der Pandemie veröffentlichte. Generell zeigte sich: In großen Betrieben wurde einiges getan, in kleinen weniger. Und es überwogen – entgegen den Vorgaben des Arbeitsschutzrechts – verhaltenspräventive Maßnahmen. Die Belegschaften selbst sahen das mit Recht kritisch. Laut einer Beschäftigtenbefragung des WSI attestierten sie zwar zu 54% dem Arbeitgeber, im Sinne des Infektionsschutzes aktiv geworden zu sein. Jede/r dritte Befragte (33%) sah das aber nur mit Einschränkungen so, jede/r Achte gar nicht.[8]

Auf der Grundlage seiner Beschäftigtenbefragung kritisiert das WSI, viele Betriebe setzten zu einseitig auf verhaltensorientierte Maßnahmen und vernachlässigten die Verhältnisprävention, indem sie z.B. die Arbeitsabläufe und die Arbeitsorganisation nicht an die Bedingungen der Corona-Pandemie anpassten. So beschränkten sich viele Unternehmen darauf, von ihren Beschäftigten die Einhaltung der Hygiene- und Abstandsregeln oder das Tragen von Masken anzumahnen – passten aber die Leistungsanforderungen nicht an die veränderten Umstände an, die vor allem bei körperlich anstrengenden Tätigkeiten durch das dauerhaft erschwerte Atmen beim Tragen einer Maske entstehen können.[9]

Auch eine im Mai 2021 von der BAuA veröffentlichte umfassendere Erhebung im Rahmen des Sozial-ökonomischen Panels (SOEP) zeitigte ähnliche und in manchen Punkten sogar noch problematischere Ergebnisse (Abb. 60). Dazu wurden zunächst insgesamt 6700 Haushalte befragt. Die BAuA interviewte auf dieser Basis im Mai-Juli 2020 und noch einmal im Januar-Februar 2021 abhängig Beschäftigte zu den Arbeitsschutzmaßnahmen in ihren Betrieben. An der ersten Runde nahmen 940 Personen teil, an der zweiten 2654.[10]

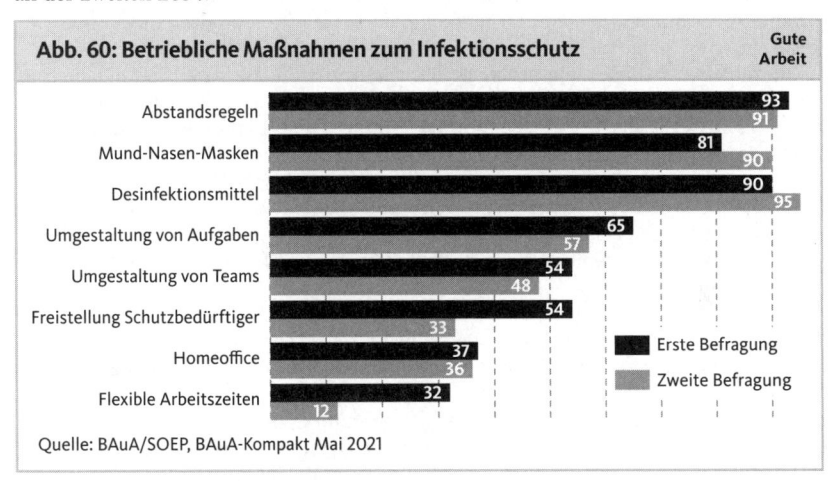

Abb. 60: Betriebliche Maßnahmen zum Infektionsschutz — Gute Arbeit

Maßnahme	Erste Befragung	Zweite Befragung
Abstandsregeln	93	91
Mund-Nasen-Masken	81	90
Desinfektionsmittel	90	95
Umgestaltung von Aufgaben	65	57
Umgestaltung von Teams	54	48
Freistellung Schutzbedürftiger	54	33
Homeoffice	37	36
Flexible Arbeitszeiten	32	12

Quelle: BAuA/SOEP, BAuA-Kompakt Mai 2021

---

8 Auswertung des WSI-Portals Lohnspiegel.de mit Ergebnissen der Beschäftigtenbefragung zu Arbeitsschutzmaßnahmen der Arbeitgeber gegen Corona; www.wsi.de (Pressedienst 11.2.2021).
9 WSI-Portal Lohnspiegel, Böckler-Pressedienst vom 11.2. 2021, mit Ergebnissen der Beschäftigtenbefragung zu Arbeitsschutz- und Infektionsschutzmaßnahmen der Arbeitgeber.
10 S. ausführlicher: S.C. Meyer u.a.: Gut geschützt im Betrieb? Arbeitsschutz in der Corona-Pandemie aus Sicht der Beschäftigten. BAuA-kompakt, Mai 2021. www.baua.de.

Anhang

Das Gros der Befragten gab an, personenbezogene Maßnahmen seien in ihren Betrieben das Mittel der Wahl gewesen. 90 % erwähnten z. B. die Bereitstellung von Mund-Nasen-Schutzmasken und die Einführung von Abstandsregeln. Organisatorische Maßnahmen gab es dagegen sehr viel seltener. Für nur 57 % der Befragten waren die Arbeitsaufgaben zur Reduzierung der Kontakthäufigkeit umgestaltet worden. Eine im gleichen Sinn vorgenommene Umgestaltung der Teams gab es nur für 48 %. Für 22 % der Beschäftigten gab es gar keine organisatorischen Maßnahmen. Insgesamt nahmen die organisatorischen Maßnahmen von der ersten zur zweiten Befragungsrunde sogar ab. Von flexiblen Arbeitszeiten zwecks Minderung des Infektionsrisikos wussten bei der zweiten Befragungswelle nur noch 12 % der Beschäftigten. Vor allem in den Fertigungsberufen war dieser negative Trend besonders stark. Die – meist eher neutral formulierende – BAuA selbst schreibt, es sei »eine deutliche Dominanz personenbezogener im Vergleich zu organisatorischen Maßnahmen zu beobachten, die sich im Zeitvergleich noch verstärkte«, wohl, weil diese »leichter umzusetzen« seien. Dies alles sei »aus Arbeitsschutzperspektive kritisch zu bewerten«.[11]

Diese in der Pandemie in besonderem Maße offenbar gewordenen Probleme verweisen allerdings auch auf Schwachstellen und Lücken, die das Arbeitsschutzregelwerk schon länger kennzeichnen. Die größten Defizite:
- Es fehlt gerade heute an einer Anti-Stress-Verordnung. Der Blick auf das Ausmaß psychischer Belastungen und des damit verbundenen Erkrankungs- und Frühverrentungsgeschehens in diesem Datenanhang bestätigt, wie dringend erforderlich eine solche Verordnung ist.
- Es fehlt zudem an einem zeitgemäßen Regelwerk zu den anhaltend hohen körperlichen Belastungen. Die alte Lastenhandhabungs-Verordnung des Jahres 1996 entspricht schon lange nicht mehr dem heutigen physischen Belastungsspektrum.
- Die zählebigen Umsetzungsprobleme bei der Gefährdungsbeurteilung, die auch in den vergangenen Krisenjahren sichtbar wurden, belegen, dass es höchste Zeit ist für eine rechtsverbindliche Arbeitsschutzverordnung zur Gefährdungsbeurteilung, die eine praxisnahe Handlungsanleitung bietet und den bisherigen Flickenteppich überwindet. Die 2017 in Kraft getretene Arbeitsstättenregel »ASR V3Gefährdungsbeurteilung« ist durchaus positiv zu bewerten, kann aber eine generelle und verbindliche Verordnung nicht ersetzen.
- Arbeitsformen wie mobile Arbeit und Arbeit im Homeoffice als spezielle Form mobiler Arbeit werden vom derzeitigen Arbeitsschutzregelwerk nur vage erfasst. Vor allem die Arbeitsstättenverordnung kennt bisher nur die ortsfeste Tele(heim)arbeit. Auch hier fehlt es an praxisnahen Regelungen. In Abschnitt 1.3 wurde gezeigt, dass trotz der einschlägigen Erfahrungen der Pandemie-Jahre dieser Zustand fortbesteht.

Die neuen Herausforderungen an die Arbeitsgestaltung »nach Corona«, die Prekarisierung der Arbeitsverhältnisse und Arbeitsbedingungen, die Erosion von Tarifbindung und Mitbestimmung, die Systeme von Sub- und Subsub-Unternehmen in vielen Wirtschaftsbereichen, die Welle der Digitalisierung in der Pandemiekrise, die Herausbildung neuer Arbeitsformen treffen zusammen mit einem System des Arbeitsschutzes und der Betriebsverfassung, das auf diese Flexibilisierungs- und Dekonstruktionsprozesse zu wenig eingestellt ist. Diese Defizite haben auch die neuen und zumeist zeitlich befristeten Regelungen der Pandemie-Zeit nicht ausgleichen können. Prekäre Arbeitsformen

---

11 Ebd. S. 4.

Daten, Schwerpunkte, Trends

laufen zumeist unterhalb des Radars des institutionalisierten Arbeitsschutzes und der Arbeitssicherheit (etwa bei mobiler Arbeit, die zugleich prekär ist). Die Regelungen zur sicherheitstechnischen und arbeitsmedizinischen Betreuung durch die DGUV-Vorschrift 2 erfassen beispielsweise den prekären Bereich überhaupt nicht.

Hinzu kommen nach wie vor nicht überwundene Ungereimtheiten des dualen Arbeitsschutzsystems. Verbesserungsbedarf in diesem System benannte umfassend auch der Evaluationsbericht der EU-Expertenkommission SLIC (Senior Labour Inspectors Committee) von 2017, der das bundesdeutsche Arbeitsschutzsystem – schon zum zweiten Mal – kritisch unter die Lupe nahm. Dem Arbeitsschutzsystem seit der letzten Evaluation 2004/2006 werden durchaus einige Fortschritte bescheinigt. Es wird aber unterstrichen, dass es auch noch enorme Probleme gibt und dass tiefgreifende Verbesserungen notwendig sind, zumal sich die Arbeitsbedingungen ständig verändern. Die wichtigsten Probleme aus Sicht der SLIC-Kommission:

- Die Zusammenarbeit zwischen Bund und Ländern auf der einen Seite und Ländern und Unfallversicherung auf der anderen ist nach wie vor nicht zufriedenstellend. Auch die Rolle des Bundes – hier des Bundesarbeitsministeriums (BMAS) – in der Kooperation mit den Ländern wurde kritisiert. Der Bund könne sich nicht auf die Rechtsetzung beschränken und so tun, als ginge ihn die mangelhafte Umsetzung (der »Vollzug«) durch die Länder nichts an.
- Die aktive und risiko-orientierte Überwachung durch die Arbeitsschutzbehörden wird trotz »leichter« Verbesserungen seit 2004/2006 weiter als unzureichend und zu schwach bewertet. Es gibt zu wenig aktive Überwachung – hauptsächlich verursacht durch Personalmangel.
- Bei den Sanktionen habe es – so der Bericht – seit der vergangenen Evaluation »nicht viele Fortschritte« gegeben. Es werde zu wenig sanktioniert, und die verhängten Sanktionen seien zu milde, um nachhaltig zu sein. Die Gewerbeaufsicht agiere mehr als Beratungsorgan und zu wenig als »Gewerbepolizei«.

Kompetenz verbindet

Gute Arbeit

Die Fachzeitschrift für
Arbeitsschutz und Arbeitsgestaltung

- informiert über aktuelle Entwicklungen und Trends im Arbeits- und Gesundheitsschutz
- berichtet über neue gesetzliche Regelungen, beispielhafte Betriebsvereinbarungen und aktuelle Rechtsprechung
- zeigt Wege zur menschen- und alternsgerechten Gestaltung von Arbeitsplätzen
- liefert erprobte Praxistipps zum Umgang mit Gefahrstoffen, Stress, psychischen Belastungen, Lärm und Mobbing
- informiert über Mitbestimmungsrechte und Handlungsmöglichkeiten der Interessenvertretungen
- enthält eine Extra-Rubrik speziell zur Teilhabepolitik
- bietet Online-Ausgabe, Online-Archiv und ePaper

Weitere Informationen und Bestellmöglichkeit unter:
www.gutearbeit-online.de

Bund-Verlag